Krüger/Homp · Kernkompetenz-Management

Wilfried Krüger/Christian Homp

Kernkompetenz-Management

Steigerung von Flexibilität und Schlagkraft im Wettbewerb

GABLER

Professor Dr. Wilfried Krüger ist Inhaber des Lehrstuhls für Organisation, Unternehmungsführung und Personalwirtschaft an der Universität Gießen. Seine Hauptarbeitsgebiete sind Strategisches Management, Projektmanagement und Management des Wandels. Er ist der Praxis unterrichtend und beratend verbunden.

Dipl. Kfm. Christian Homp ist Forschungsassistent und Doktorand am Lehrstuhl von Professor Dr. Wilfried Krüger. Er betreut das SGO-Forschungsprojekt Kernkompetenz-Management. Sein Forschungsinteresse konzentriert sich auf die Entwicklung und strategische Nutzung von Kernkompetenzen.

Die Deutsche Bibliothek – CIP-Einheitsaufnahme

Krüger, Wilfried:
Kernkompetenz-Management : Steigerung von
Flexibilität und Schlagkraft im Wettbewerb /
Wilfried Krüger/Christian Homp. –
Wiesbaden : Gabler, 1997
   ISBN 3–409–13022-5

Der Gabler Verlag ist ein Unternehmen der Bertelsmann Fachinformation.

© Betriebswirtschaftlicher Verlag Dr. Th. Gabler GmbH, Wiesbaden 1997
Lektorat: Barbara Roscher, Ulrike Lörcher

Höchste inhaltliche und technische Qualität unserer Produkte ist unser Ziel. Bei der Produktion und Verbreitung unserer Bücher wollen wir die Umwelt schonen: Dieses Buch ist auf säurefreiem und chlorfrei gebleichtem Papier gedruckt. Die Einschweißfolie besteht aus Polyäthylen und damit aus organischen Grundstoffen, die weder bei der Herstellung noch bei der Verbrennung Schadstoffe freisetzen.

Die Wiedergabe von Gebrauchsnamen, Handelsnamen, Warenbezeichnungen usw. in diesem Werk berechtigt auch ohne besondere Kennzeichnung nicht zu der Annahme, daß solche Namen im Sinne der Warenzeichen- und Markenschutz-Gesetzgebung als frei zu betrachten wären und daher von jedermann benutzt werden dürften.

Druck: Wilhelm & Adam, Heusenstamm
Bindung: Osswald & Co., Neustadt/Weinstraße
Printed in Germany

ISBN 3-409-13022-5

Vorwort des Herausgebers

Die Ausrichtung und Konzentration der Unternehmungen auf Kernkompetenzen ist in den letzten Jahren in der Wissenschaft zu einem wichtigen Thema geworden und hat in der Praxis grundlegende Veränderungen ausgelöst. Handlungsbedarf ergibt sich hauptsächlich aus der fortschreitenden Globalisierung der Märkte, dem Eintritt neuer Anbieter und damit der deutlichen Verschärfung der Konkurrenz, was zu weitgehender Margenerosion und unausweichlichem Kostendruck führt. Ziel jeder Unternehmung muss es deshalb sein, langfristige und grundlegende Wettbewerbsvorteile aufzubauen. Ermöglicht wird diese zunehmende Konzentration auf Kernkompetenzen unter anderem durch die wesentlichen Fortschritte in der Informatik und Telekommunikation aber auch durch die Entwicklung eines Marktes für Supportdienstleistungen.

Das Management solcher Kernkompetenzen hat in der Praxis einen grossen Einfluss auf sämtliche Führungsaspekte. So sind Kernkompetenzen zu definieren, im strategischen und operativen Planungsumfeld zu berücksichtigen und entsprechende Prozesse und Strukturen sowie konkrete Programme zu deren Pflege und Weiterentwicklung festzulegen. Diese Aufgaben haben einen grossen Einfluss auf die Organisationsarbeit ganz generell. Es ist deshalb notwendig, dass Organisationsspezialisten den Ansatz des Kernkompetenz-Managements verstehen und in ihre Tätigkeit einbeziehen.

Die Schweizerische Gesellschaft für Organisation hat sich vor einigen Jahren vorgenommen, neue Ansätze in den Bereichen Organisations- und Betriebswirtschaftslehre zu untersuchen und die praktische Umsetzung zu unterstützen. Im Rahmen von Forschungsprojekten ist eine Schriftenreihe entstanden, in welcher die entsprechenden Ergebnisse veröffentlicht werden. Ein ganz wichtiges Ziel dabei ist die Förderung der Verbindung zwischen Theorie und Praxis.

Das vorliegende Werk zum Thema Kernkompetenz-Management stellt das Ergebnis eines solchen Forschungsprojektes dar. Mit Prof. Dr. Wilfried Krüger und Christian Homp konnten zwei ausgewiesene Wissenschafter mit der Ausarbeitung dieses Projektes betraut werden. Es ist ihnen gelungen, einen weiteren Meilenstein in der Schriftenreihe der Schweizerischen Gesellschaft für Organisation (SGO) zu setzen, eine Lücke in der betriebswirtschaftlichen Literatur zu schliessen und dem Wissenschafter und Praktiker ein wertvolles Instrument für die tägliche Arbeit in die Hand zu geben. Insbesondere ist auf die höchst gelungene Verbindung zwischen der Vermittlung theoretischen Wissens und der Reflektion in praktischen Beispielen hinzuweisen. Für das ausser-

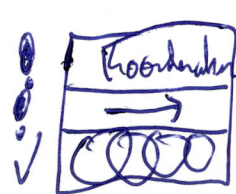

gewöhnliche Engagement, die motivierende und herausfordernde Zusammenarbeit sowie für die termingetreue Arbeit ist ein grosser und verbindlicher Dank auszusprechen.

Ich wünsche auch diesem neuen Werk in der Schriftenreihe der SGO eine weite Verbreitung und eine interessierte Leserschaft. Die Inhalte des Werkes sollen zu zahlreichen Gesprächen Anlass geben und von praktischem Nutzen für die Führungs- und Organisationsarbeit sein.

Zürich, im Juni 1997

Schweizerische Gesellschaft für Organisation
Dr. Markus Sulzberger

Vorwort

Die Anstrengungen der Wirtschaftspraxis sind seit einigen Jahren durch Schwächen-abbau gekennzeichnet. Es geht um die Beseitigung von Wettbewerbsnachteilen und die Wiedererlangung der Wettbewerbsfähigkeit. In dem Zusammenhang ist auch regelmäßig von einer Konzentration auf Kernfähigkeiten bzw. Kernkompetenzen als den besonderen Stärken einer Unternehmung die Rede. Von den vielfältigen Restrukturierungsprogrammen den Aufbau von spezifischen Kompetenzen und damit die Gewinnung von Stärken und Wettbewerbsvorteilen zu erwarten, wäre allerdings in den meisten Fällen ebenso verkehrt wie von einer Abmagerungskur Muskelaufbau zu erhoffen. Insofern ist die Arbeit noch lange nicht getan, im Gegenteil, den wenigsten Unternehmungen kann man bei realistischer Betrachtung den Besitz von Kernkompetenzen attestieren.

Was not tut, ist daher ein gezieltes Fitnesstraining für Unternehmungen. Nur so läßt sich Stärke entwickeln, nur dann kann ernsthaft von Kernkompetenzen die Rede sein im Sinne dauerhaft in spezifischen Ressourcen und Fähigkeiten verankerten Wettbewerbsvorteilen, die sich auf andere Märkte transferieren lassen. Das Anliegen dieses Buches ist es demgemäß, ein „**kompetenzorientiertes Fitnessprogramm**" für Unternehmungen zu entwickeln.

Die einzelnen Kapitel geben praktisch verwertbare und theoretisch fundierte Antworten auf alle wesentlichen Fragen, denen sich eine Unternehmung gegenübersieht, wenn sie sich ein individuelles Programm aufbauen will:

- Was sind Kernkompetenzen und welche Strategieoptionen eröffnet bzw. unterstützt der Kernkompetenzen-Ansatz (Kap. 2, 3)?

- Welche Aufgaben muß das Management für die Identifikation, Entwicklung, Integration und Nutzung sowie den Transfer von Kernkompetenzen erfüllen und welche Instrumente sind hierfür einsetzbar (Kap. 4, 9)?

- Welche Auswirkungen hat der Kernkompetenz-Ansatz für die Strukturen und Prozesse einer Unternehmung (Kap. 5, 6)?

- Was ist im Sinne der Querschnittsaufgabe „Wissensmanagement" zu tun, um die personellen Ressourcen und Fähigkeiten kompetenzorientiert zu entwickeln und zu nutzen (Kap. 7)?

- Welche Aufgaben umschließt das Kernkompetenz-Controlling und welcher Instrumente kann es sich bedienen (Kap. 8)?

■ Wie erfolgt die praktische Umsetzung dieses Ansatzes, welche Systemunterstützung wird benötigt und wie kann ein Einführungsprojekt aussehen (Kap. 9)?

Wie diese Fragen zeigen, ist die Konzeption des Buches weitgespannt und umfassend angelegt. Die theoretische Grundlage ist durch eine Integration der Arbeiten zum marktorientierten Ansatz und zum ressourcenorientierten Ansatz gekennzeichnet. Besonderes Gewicht ist dabei auf eine Verknüpfung der Erfolgssegmente „Strategie", „Strukturen/Prozesse", „Systeme" und „Human Ressources" gelegt worden. So entstand ein abgerundeter Ansatz marktorientierter Kernkompetenzen, der über bisherige Arbeiten, z.B. von Hamel und Prahalad, erheblich hinausgeht. Der Aufbau dieser Schrift ist für den eiligen Leser in einer Management Summary (Kap. 1), die Essenz in abschließenden Thesen zum Kernkompetenz-Management (Kap. 10) sichtbar gemacht. Diese 10 Thesen sind als Agenda für das Topmanagement formuliert.

Der Stand und die Erfahrungen der Praxis flossen über zahlreiche Hintergrundgespräche und halbstandardisierte Interviews mit Unternehmern, Topmanagern und Beratern in der Schweiz und in Deutschland in den Text ein. Es zeigte sich dabei, daß es keine „Modellunternehmung" gibt, die alle behandelten Probleme gelöst hat. Die ausgewählten Fallbeispiele demonstrieren in ihrer Gesamtheit daher bausteinartig, wie die Lösungen aussehen könnten.

Die Praxisnähe des Buches besteht also nicht in einem Nachzeichnen der Praxis oder gar in einer rezeptartigen Aufbereitung von Erfahrungen. Sie entsteht vielmehr erst durch die theoretisch-konzeptionelle Integration und grundlegende Weiterentwicklung des Vorhandenen. Im Ergebnis zeigt der Text Wege für ein innovatives, zukunftsorientiertes Vorgehen auf. Er möchte ein Leitfaden für das Topmanagement sowie seine internen und externen Berater sein. Er will Hilfestellung bei der jetzt notwendigen Reorientierung und Remodellierung bieten, die auf die Restrukturierung folgen müssen. Und er soll nicht zuletzt der Erneuerung und Wiederbelebung unternehmerischen Denkens und echten Unternehmertums dienen. So eingesetzt, kann die vorliegende Arbeit dem Anwender dabei helfen, von einer durch Marktdruck ausgelösten Beseitigung von Schwächen zu einem kompetenzgestützten Stärkenaufbau und einer dauerhaften Vorteilsposition im Wettbewerb vorzustoßen.

Die Autoren sind allen, die an der Entstehung des Buches mitgewirkt haben, in Dankbarkeit verbunden. Die Schweizerische Gesellschaft für Organisation unterstützte die Arbeit durch einen Forschungsauftrag. Herr Dr. Markus Sulzberger stand uns als Gesprächspartner professionell und hoch kooperativ zur Seite. Die Vorstandsmitglieder der Gesellschaft gaben uns anläßlich eines Workshops und in Einzelgesprächen wertvolle Hinweise. Frau Gisela Kubli unterstützte die Projektentwicklung in vielfältiger Weise. Wir danken ferner allen unseren Gesprächs- und Interviewpartnern für ihre Auskunftsbereitschaft und für die Abdruckgenehmigungen. Besonders zu schätzen wissen wir

8

außerdem die Mühen von Jost Hammer, Inhaber der Management Praxis St. Gallen, seinem Partner Peter Lustenberger, Dr. Gunther Schwarz, Geschäftsführer der Boston Consulting Group und Dr. Robert Zaugg, Union Bank of Switzerland. Sie alle haben sich als Testleser zur Verfügung gestellt und ihre Anregungen, aber auch Bestätigungen kamen der endgültigen Fassung sehr zugute.

In Diskussionen und Workshops erhielten wir zahlreiche Anregungen von unseren wissenschaftlichen Mitstreitern am Lehrstuhl: Dipl.-Kffr. Larissa Becker, Dipl.-Kffr. Dietgard Jantzen-Homp, Dipl.-Wirtsch.-Ing. Norbert Bach (M.Sc.), Dr. Wolfgang Buchholz, Dipl.-Kfm. Andreas Janz und Dipl.-Kfm. Christian Rohm.

Bei der technischen Erstellung von Text und Abbildungen konnten wir uns auf den Einsatz des Lehrstuhlteams verlassen: Frau Renate Himmighoffen im Sekretariat sowie die studentischen Hilfskräfte Carsten Brehm, Monika Dienstbach, Oliver Klante und Thomas Wriebe.

Gießen, im Mai 1997

Wilfried Krüger

Christian Homp

Inhaltsverzeichnis

13

15

16

Erstes Kapitel

Management-Summary

Die Thematik der Kernkompetenzen beschäftigt Theorie und Praxis gleichermaßen. Bisher fehlte jedoch ein umfassendes Konzept, das alle wesentlichen Fragen behandelt und auf integrierte Weise Lösungen entwickelt, die dem Anwender zeigen, was zu tun ist, um eine Unternehmung tatsächlich auf Kernkompetenzen auszurichten. Genau dies soll das vorliegende Buch leisten. Das Gesamtgebäude des Konzepts besteht aus acht Teilen, die in den Kapiteln 2-9 ausgearbeitet werden. In graphischer Form ergeben sie ein Vorstellungsmodell des Kernkompetenz-Managements, das Abb. 1/1 zeigt.

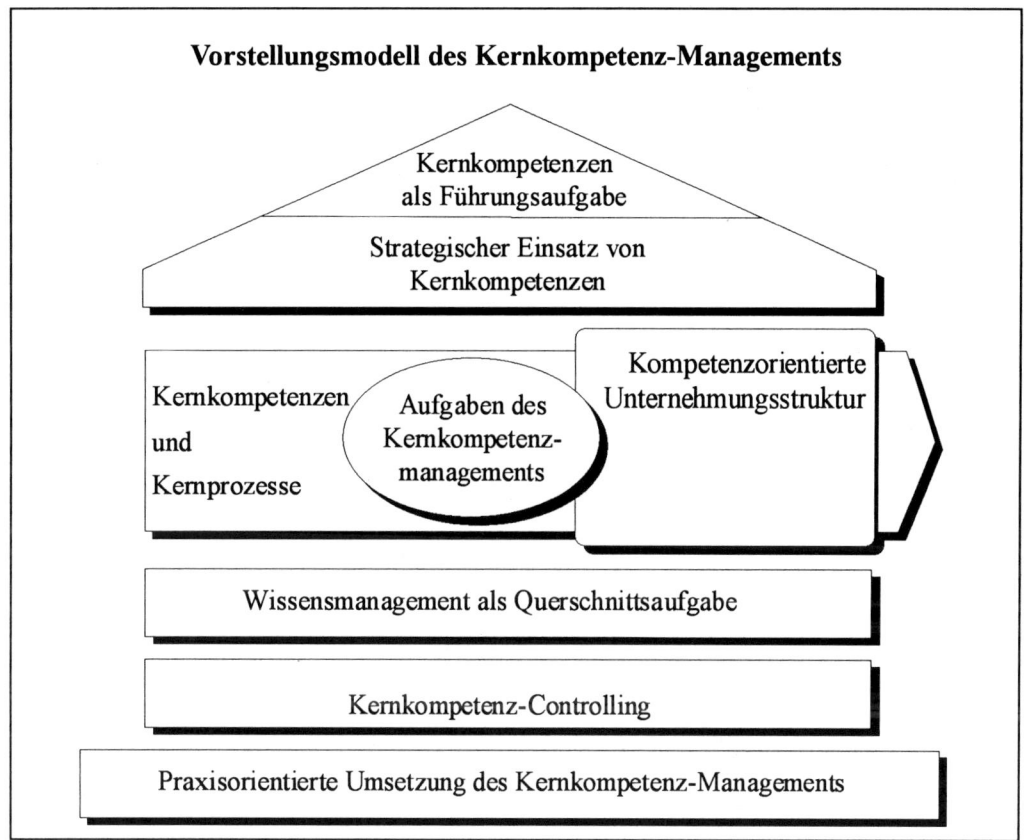

Abb. 1/1

Kultivieren der Kernkompetenzen als Führungsaufgabe: Von „Kern" ist derzeit viel die Rede, selten aber in einer Form, hinter der sich neue Inhalte verbergen. Für Führungskräfte, die sich und ihre Aufgaben zukunftsorientiert entwickeln wollen, muß daher zunächst geklärt werden, was Kernkompetenzen überhaupt sind und aus welchen Ressourcen und Fähigkeiten sie sich zusammensetzen. Es ist zu prüfen, worin das Neue und Besondere dieses Ansatzes liegt, um den sich gelegentlich aufdrängenden Eindruck zu vermeiden, daß hier - wieder einmal - alter Wein in neuen Schläuchen angeboten wird (Kap. 2). Stichworte sind:

- Bestimmung, Formen und Zusammensetzung von Kernkompetenzen

- Basis- und Metakompetenzen

- Kernkompetenzen in der Wertschöpfungskette der Unternehmung

Strategischer Einsatz von Kernkompetenzen: Kernkompetenzen sind eine neue strategische Waffe, dies vor allem bei dem Bemühen, aus gesättigten Märkten auszubrechen und Wachstumsfelder zu erreichen. Der besondere Vorteil einer kompetenzorientierten Vorgehensweise liegt außerdem darin, in Zeiten raschen Wandels überlegt und überlegen reagieren zu können, da der Besitz von Kernkompetenzen vielfältige Anpassungs- und Entwicklungsmöglichkeiten bietet. Die langfristige Ausrichtung an einer tragfähigen unternehmerischen Idee tritt an die Stelle der weithin zu beobachtenden operativen Hektik. Solche Chancen bieten sich allerdings nur demjenigen, der bereit und in der Lage ist, über eine „Restrukturierung" hinauszugehen und eine weitreichende „Reorientierung" und "Remodellierung"in Angriff zu nehmen (Kap. 3):

- Kernbedürfnisse des Kunden und marktorientierte Kernkompetenzen

- Differenzierung, Kostenführerschaft und Diversifikation auf der Basis von Kernkompetenzen, Outpacingstrategie

- Angriffs-, Verteidigungs- und Netzwerkstrategien

Aufgaben des Kernkompetenz-Managements: Wer sich dieser Herausforderung stellen will, hat eine ganze Reihe von klar definierten Aufgaben zu erfüllen, die insgesamt einen Kernkompetenz-Management-Zyklus bilden: Identifikation, Entwicklung, Integration, Nutzung und Transfer von Kernkompetenzen (Kap. 4). Aus der Fülle der Details eine kleine Auswahl:

- Unternehmungsprozeß als Gegenstrom

- Aufgaben im marktlichen und vormarktlichen Wettbewerb

- Aufbau des Kernkompetenz-Portfolios

- Bündelung von Ressourcen und Fähigkeiten

- Formen des Transfers zur Erhöhung des Unternehmungswerts

20

Kernkompetenzen und Kernprozesse: Die Definition von unternehmungsweiten Kernprozessen bahnt Wege, auf denen das Management einerseits an die gesuchten Kompetenzquellen gelangen kann und die es andererseits nutzen kann, um die Koordination und Bündelung sowie den Transfer der Ressourcen und Fähigkeiten vorzunehmen (Kap. 5).

- Möglichkeiten der Definition von Kernprozessen
- Erarbeiten einer Kompetenzlandkarte
- Formulierung einer Prozeßstrategie

Kompetenzorientierte Unternehmungsstrukturen: Eine konsequente Anwendung des Kernkompetenz-Ansatzes bedeutet auch, daß eine Unternehmung gegebenenfalls zu einem Umbau ihrer Organisationsstruktur bereit sein muß. Dies kann im Grenzfall sogar dazu führen, daß Restrukturierungen der Vergangenheit, wie z.B. Dezentralisierung und Outsourcing, teilweise rückgängig zu machen sind (Kap. 6).

- Strukturen als Kompetenzplattformen
- Anforderungen an Kompetenzplattformen
- Weiterentwicklung der funktionalen und divisionalen Strukturen
- Hybride Organisation als Zukunftsmodell

Wissensmanagement als Querschnittsaufgabe: Formal betrachtet, ist die Verwirklichung des Kernkompetenz-Ansatzes ein spezifischer Prozeß des Unternehmungswandels. Inhaltlich geht es in jedem Fall darum, individuelles und kollektives Wissen zu identifizieren, zu verbessern und zu perfektionieren, dies nach Möglichkeit in der Weise, daß schwer kopierbare Verfahren und Produkte entstehen. Nur so lassen sich dauerhafte Wettbewerbsvorteile erzielen, läßt sich nachhaltiger Kundennutzen stiften. Aus dieser Tatsache resultiert die Notwendigkeit, ein unternehmungsweites Wissensmanagement einzurichten, das mit Hilfe geeigneter Instrumente Lern- und Entwicklungsprozesse in Gang setzt und in Gang hält (Kap. 7).

- Arten des Wissens im Zyklus des Kernkompetenz-Managements
- Formen des Wissenserwerbs in der Unternehmungspraxis
- Instrumente des Wissensmanagements

Kernkompetenz-Controlling: Ein einmaliger, kompetenzorientierter Umbau der Unternehmung, so schwierig, aber auch verdienstvoll er im Einzelfall sein mag, reicht nicht aus. Gerade für Kernkompetenzen gilt, daß sie außerdem im Unternehmungsalltag ständig überwacht und weiterentwickelt werden müssen. Um diese Einbindung in die Tagesarbeit des Managements sicherzustellen, ist ein Kernkompetenz-Controlling aufzubauen. Hierfür lassen sich einerseits bereits bekannte Instrumente nutzen, andererseits sind einige neue Methoden anwendbar. Durch Controlling sind die Chancen, aber auch die spezifischen Risiken der Kernkompetenz-Orientierung im Verlauf des Management-Zyklus beherrschbar zu machen (Kap. 8).

- Risiken des Kernkompetenz-Ansatzes

- Problemfelder im Management-Zyklus

- Aufgaben und Instrumente des Kernkompetenz-Controlling

Praxisorientierte Umsetzung des Kernkompetenz-Managements: Auch die besten Konzepte sind letztlich nur so gut wie ihre intelligente und wirkungsvolle Umsetzung. Der professionellen Einführung des Kernkompetenz-Managements sowie einer Verankerung entsprechender Aufgaben und organisatorischer Kompetenzen hat daher die besondere Aufmerksamkeit des Topmanagements zu gelten (Kap. 9).

- Organisation eines Kernkompetenz-Projektes

- Personalpolitische Konsequenzen

- Systemunterstützung

Agenda für das Topmanagement: Aus allen diesen Einsichten, Erkenntnissen und Erfahrungen ergibt sich eine Fülle von Einzelergebnissen, die abschließend in Thesenform zusammengestellt werden. Diese Thesen sind als Agenda für das Topmanagement verfaßt, von dessen Akzeptanz der Erfolg des Konzepts in entscheidendem Maße abhängt. Damit verfügt der Leser über einen Kurzleitfaden, der es ihm zum einen erlaubt, seine Buchlektüre zu überprüfen und der ihm zum anderen als Handreichung für seine eigenen Umsetzungsbemühungen dienen kann (Kap. 10).

Zweites Kapitel

Kultivieren der Kernkompetenzen als Führungsaufgabe

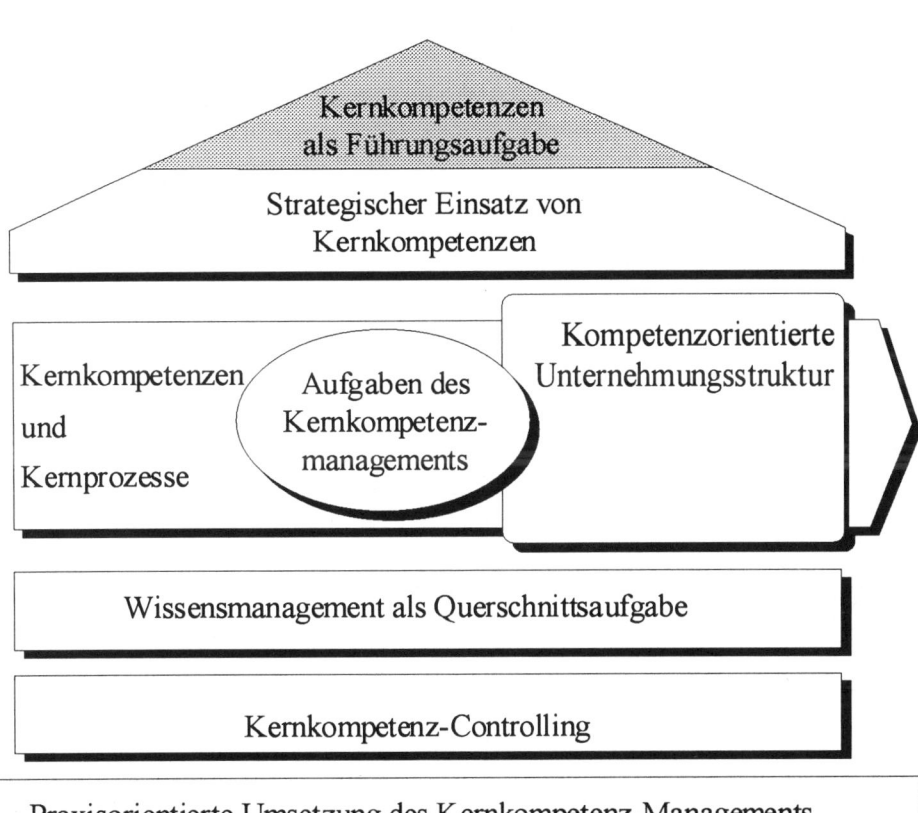

Was sind Kernkompetenzen, worauf beruhen sie und wozu dienen sie dem Topmanagement?

1. Charakteristik und Bedeutung von Kernkompetenzen

Die Aufgabe der Unternehmungsführung besteht, allgemein gesprochen, darin, das Überleben und die erfolgreiche Weiterentwicklung der Unternehmung im Wettbewerb zu sichern. Hierfür ist ein erhebliches Maß an Flexibilität und Anpassungsfähigkeit erforderlich. Nur so kann den vielfältigen Überraschungen und Gefahren begegnet werden. „Anpassung" allein im Sinne nachvollziehenden, **reaktiven Handelns** genügt allerdings nicht, um eine führende Rolle im Markt zu übernehmen. Wer nur in der Defensive verharrt, kann keine Schlacht gewinnen. Also müssen die Unternehmungen auch Offensivgeist entwickeln, und sie müssen den Mut und die Fähigkeit zu eigenständigem, **proaktivem Handeln** aufbringen, um gestaltend auf ihr marktliches und außermarktliches Umfeld einzuwirken. Neben die Flexibilität hat die Schlagkraft zu treten. Erst beides zusammen macht die Handlungsfähigkeit aus.

In einer Zeit, die durch raschen Wandel auch der Managementkonzepte und -moden gekennzeichnet ist, kann der Kernkompetenz-Ansatz wesentlich dazu beitragen, eine sichere und dauerhaft tragfähige Basis für unternehmerisches Handeln und unternehmerischen Erfolg zu schaffen. Kompetenzgestütztes Verbessern von Produkten und Leistungen begünstigt die Handlungsfähigkeit im vorhandenen Markt. Der Transfer von Ressourcen und Fähigkeiten auf neue Produkte und Märkte erlaubt darüberhinaus proaktives Handeln, bedeutet Schlagkraft und Flexibilität auch auf neuen Feldern.

Kernkompetenzen bedingen eine Konzentration auf das Wesentliche, sie bilden eine Quelle für **Wettbewerbsvorteile**, und nicht zuletzt führen sie zu vielfältigen Möglichkeiten der Wertschaffung, sind also mögliche **Werttreiber** einer Unternehmung.

Führungskräfte, die dieses Potential nutzen wollen, müssen sich allerdings zunächst sehr intensiv damit beschäftigen, die Ressourcen und Fähigkeiten ihrer Unternehmung zu analysieren, um herauszufinden, welche Ansatzpunkte für Kernkompetenzen vorhanden sind. Sie müssen definieren, worin die besonderen Stärken der Unternehmung zukünftig liegen sollen und in welchen Produkten und Märkten sie einzusetzen sind. Mit einem Wort: das Kultivieren von Kernkompetenzen ist eine Schlüsselaufgabe der Unternehmungsführung.

Nur wenige Unternehmungen besitzen Kernkompetenzen. Sie zu erlangen und zu erhalten, stellt höchste Ansprüche. Kernkompetenzen sind die innere Schicht, das „Kernstück" einer dreischichtigen Unternehmungskompetenz (vgl. Abb. 2/1).

Bildlich gesprochen geht es darum, in den Kern einer "Kompetenzzwiebel" vorzudringen. Die äußere Schicht **(Kompetenz 1. Ordnung)** ist dann erreicht, wenn eine Unternehmung ihre **Fähigkeiten** und **Ressourcen** so entwickelt und kombiniert, daß sie erfolgreich im Wettbewerb mithalten kann. Das Ergebnis der Kompetenz 1. Ordnung ist also die **Wettbewerbsfähigkeit** einer Unternehmung. Welche Anstrengungen es bereits kostet, dieses Niveau zu erreichen, haben die Restrukturierung der letzten Jahre gezeigt.

Unternehmungskompetenz, so wie sie hier begriffen und interpretiert wird, entsteht erst durch die Bewährung im Markt und nicht dadurch, daß eine Unternehmung interne Fähigkeiten besitzt und Kompetenz für sich beansprucht. Kompetenz muß vom Kunden erkannt und anerkannt worden sein. Unternehmungskompetenzen sind markterprobte Fähigkeiten. Dies gilt auch für die tieferliegenden Kompetenzschichten.

Eine Unternehmung, die sich einen Vorsprung erarbeitet hat, besitzt **Wettbewerbsvorteile**. Um dies zu erreichen, muß sie über besondere Qualitäten verfügen, erst recht, wenn der Vorsprung dauerhaft sein soll. Die Gesamtheit dieser besonderen Ressourcen und Fähigkeiten wird hier als **Kompetenz 2. Ordnung** bezeichnet.

Der Begriff „Kernkompetenz" sollte dagegen nur verwendet werden, wenn eine Unternehmung darüber hinaus in der Lage ist, ihre Ressourcen und Fähigkeiten zum Aufbau neuer Produkte und/oder Märkte einzusetzen. Diese **Transferierbarkeit** ist das zusätzliche, besondere Merkmal der **Kernkompetenzen** als den **Kompetenzen 3. Ordnung**.

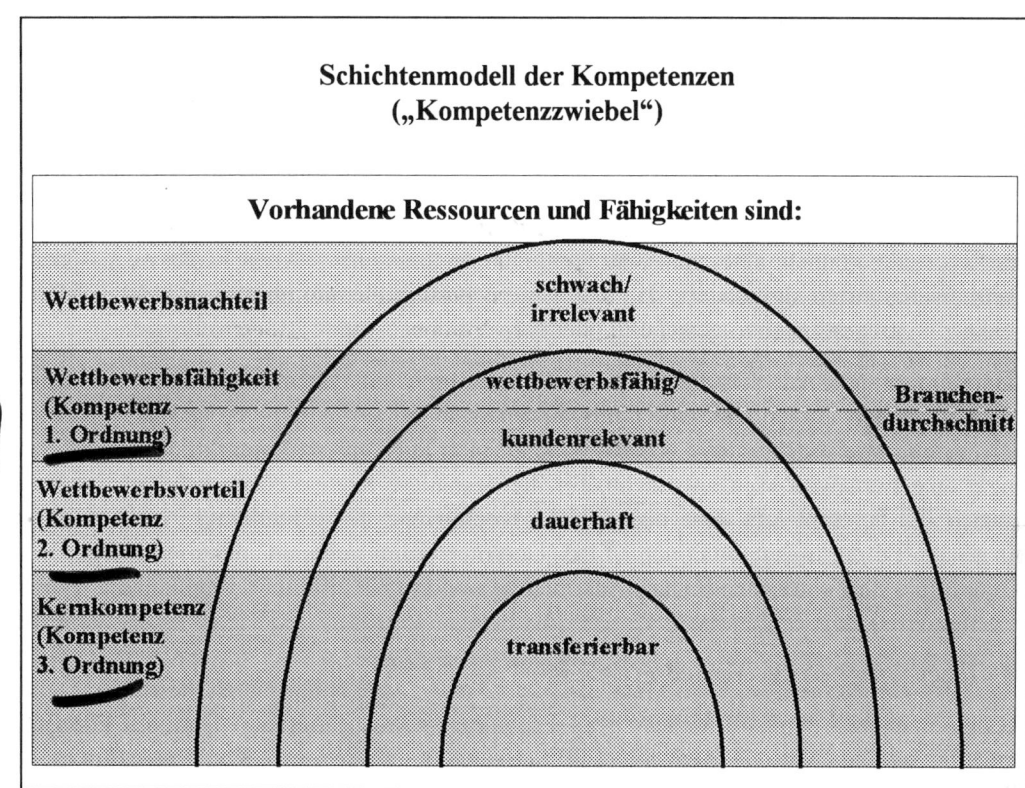

**Schichtenmodell der Kompetenzen
(„Kompetenzzwiebel")**

Vorhandene Ressourcen und Fähigkeiten sind:

Wettbewerbsnachteil — schwach/irrelevant

Wettbewerbsfähigkeit (Kompetenz 1. Ordnung) — wettbewerbsfähig/kundenrelevant

Branchendurchschnitt

Wettbewerbsvorteil (Kompetenz 2. Ordnung) — dauerhaft

Kernkompetenz (Kompetenz 3. Ordnung) — transferierbar

Abb. 2/1

SONY besitzt spezifische Fähigkeiten in der Feinmechanik, Optik und Elektronik, die zu einer unternehmungsweiten Kernkompetenz, der Miniaturisierung, gebündelt wurden. Ausgehend von Produkten wie dem Walkman, sind diese Fähigkeiten in viele andere Produkte übertragen worden, z.B. Discman, Videokameras, Hifi-Geräte. Kein Konkurrent ist in der Lage, kleinere Geräte herzustellen. Damit hat SONY die Schritte von der Wettbewerbsfähigkeit zur Kernkompetenz vollzogen.

Eine **Kernkompetenz** ist die **dauerhafte** und **transferierbare Ursache** für den **Wettbewerbsvorteil** einer Unternehmung, die auf **Ressourcen** und **Fähigkeiten** basiert.

Aus diesen Überlegungen ergeben sich **drei Merkmale einer Kernkompetenz**:

■ Ursachen für Wettbewerbsvorteile

Kernkompetenzen stellen eine Kombination aus Ressourcen und Fähigkeiten dar, die erst die Basis für Wettbewerbsvorteile bildet. „Überragende Motorleistung" als vorteilhafte Produkteigenschaft beruht z.B. auf besonderen Fähigkeiten in der technischen Entwicklung sowie der perfekten Beherrschung des Herstellungsprozesses. Wettbewerbsvorteile können also aus Kernkompetenzen entstehen. Aber keineswegs jeder Wettbewerbsvorteil signalisiert, daß eine Unternehmung Kernkompetenzen besitzt. Man denke z.B. an gesetzlich abgesicherte oder subventionsgestützte Marktstellungen.

Das Kernkompetenzdenken läßt sich im übrigen auch auf den **außermarktlichen Bereich** anwenden. Akzeptanz und Glaubwürdigkeit in der Öffentlichkeit sind häufig ähnlich wichtig wie Marktanteile. Letztlich spielt sich auch im außermarktlichen Bereich sogar eine Form von Wettbewerb ab, für die besondere Kompetenzen gebildet werden können. Es herrscht z.B. eine ausgeprägte Konkurrenz um öffentliches Ansehen und staatliche Förderungsmaßnahmen. Eine Unternehmung versucht dabei, strategische Vorteile bei den unterschiedlichen Anspruchsgruppen (z.B. Staat, Öffentlichkeit, Bürgerinitiativen) zu erlangen.

■ Dauerhaftigkeit der Vorteilserzielung

Kernkompetenzen sind im Vergleich zu Produkten relativ langlebig. Dadurch können auch die erzielten Vorteile im Erfolgsfall ihrerseits dauerhaft sein. „Kompetenz im Motorenbau" z.B. besteht über mehrere aufeinanderfolgende Serien und Versionen hinweg und kann eine Unternehmung über viele Jahrzehnte prägen, wie das Beispiel Bayerische **Motoren**werke (BMW) zeigt. Die Dauerhaftigkeit der Vorteilserzielung ist um so stärker ausgeprägt, je schlechter die spezifischen Ressourcen und Fähigkeiten **imitierbar** und je weniger sie **substituierbar** sind. Um dies zu erreichen, ist allerdings eine regelmäßige Pflege und ständige Weiterentwicklung der Kernkompetenz erforderlich. Das Merkmal der Dauerhaftigkeit darf also keinesfalls so verstanden werden, daß sich einmal erreichte Positionen sozusagen „von alleine" halten lassen. „Die Konkurrenz schläft nicht", dies ist zwar eine Binsenwahrheit, sie wird aber dennoch immer wieder vergessen.

■ Transferierbarkeit der Kompetenz

Das Schlüsselmerkmal des Kernkompetenzbegriffs ist die Übertragbarkeit von Kompetenzen auf verschiedene Produkte, Dienste, Regionen, Kundengruppen. Kompetenzen, die als Kernkompetenz eingestuft werden sollen, müssen also **transferierbar** sein. Dabei kann sich der Transfer auf ähnliche oder sehr unterschiedliche Produkte erstrecken. In der Transferierbarkeit liegt die Chance für ein proaktives, innovierendes Vorgehen.

Allerdings ist damit auch ein besonderes unternehmerisches Risiko verbunden. Ob ein Transfer Erfolg hat, läßt sich erst im nachhinein bestimmen.

BMW z.B. erarbeitete sich über Jahre hinweg besondere Fähigkeiten in der Entwicklung, dem Design und der Fertigung von Automobilen der Luxusklasse. Ihren ersten, seinerzeit als spektakulär empfundenen Ausdruck fanden diese Fähigkeiten Mitte der 80er Jahre in den Wagen der neuen 7er-Baureihe, die auch mit einem 12-Zylindermotor angeboten wurden. BMW startete damit einen Frontalangriff auf die S-Klasse von Mercedes-Benz. Im Abstand von jeweils wenigen Jahren wurden auf der Grundlage der in der 7er-Baureihe erworbenen Fähigkeiten die Typen der 5er-Baureihe und der 3er-Baureihe neu konzipiert und erfolgreich eingeführt. Dies ist ein Beispiel für einen gelungenen **Fähigkeitstransfer**, der innerhalb eines Produktprogramms zu einer weitreichenden Innovierung und am Markt zu einem ganz ungewöhnlichen Erfolg führte. Ein Kernprodukt in jedem BMW ist der Motor. Die dort bewiesene Kompetenz machte es möglich, daß BMW z.B. gegen die Konkurrenz von Mercedes-Benz zum Motorenlieferanten von Rolls Royce wurde (1995). Dies ist ein Beispiel für einen Kompetenztransfer in neue Märkte.

2. Strategische Vorteile und Kernkompetenzen in der Wertschöpfungskette

2.1 Strategische Vorteile im Unternehmungsprozeß

2.1.1 Merkmale strategischer Vorteile und ihre Bestimmung

Aktives Management ist durch das stete Bemühen um die Gewinnung von Wettbewerbsvorteilen gekennzeichnet. Wettbewerbsvorteile müssen vom Kunden wahrgenommen werden. Sie müssen daher immer im Ergebnis des Wertschöpfungsprozesses sichtbar sein, z.B. in der Qualität der Produkte, der Zuverlässigkeit der Lieferung, dem Kundenservice. Die Quellen der Wettbewerbsvorteile liegen in den vorgelagerten Teilen der Wertschöpfungskette und damit in den Ressourcen und Fähigkeiten. Um Wettbewerbsvorteile zu erlangen, muß eine Unternehmung also Vorteile im Input (z.B. erstklassige Rohstoffe) und/oder Throughput (z.B. Verfahrenstechnik) bzw. in den externen Koppelungen (z.B. Just-in-time-Anlieferung) besitzen. In Vorteilskategorien ausgedrückt, sind Kernkompetenzen diejenigen strategischen Vorteile, die den Wettbewerbsvorteilen zugrunde liegen. Die Suche nach und Entwicklung von Kernkompetenzen ist daher gleichbedeutend mit der Bestimmung solcher - dauerhafter und transferierbarer - strategischer Vorteile. Zum Verständnis von Kernkompetenzen sind folglich zunächst die Eigenarten strategischer Vorteile zu klären.

■ Strategische Vorteile sind immer relative Größen

Strategische Vorteile sind nicht als absolute Größen bedeutsam, sondern nur in Relation zu anderen Unternehmungen. Es gilt, einen Vorsprung gegenüber anderen zu erzielen, insbesondere gegenüber Wettbewerbern. Was als Vorsprung gilt bzw. wichtig ist und ob eine Unternehmung einen Vorsprung besitzt, entscheidet letztlich der Kunde bzw. die jeweilige Anspruchsgruppe. Nur auf deren Nutzen hin sind Vorteile von Bedeutung.

■ Jede Unternehmung kann nach strategischen Vorteilen streben

Vielfach entsteht der Eindruck, bewußt oder unbewußt hervorgerufen, daß nur große Unternehmungen oder gar die jeweiligen Marktführer Wettbewerbsvorteile besitzen, daß also letztlich „Strategisches Management" eine Angelegenheit von wenigen sei. Dieser Eindruck ist grundfalsch. Abgesehen von gesicherten Monopolpositionen gibt es keine Unternehmung, die nicht prinzipiell nach einem besonderen Profil streben kann, um sich damit vom jeweiligen Wettbewerber abzuheben. Auch und gerade kleine und mittlere Unternehmungen, bis hin zum berühmten „Tante-Emma-Laden", sollten sich fragen, worin ihre Besonderheit besteht und warum der Kunde bei ihnen und nicht bei der Konkurrenz kaufen soll. Im Grunde ist das Denken in strategischen Vorteilen nichts anderes als eine moderne Version unternehmerischen Denkens. Besonders deutlich ist dies im Falle einer Unternehmungsgründung zu sehen. Wie soll eine Gründung gelingen, wenn es dem Gründer nicht gelingt, einen besonderen Nutzen für den Kunden zu stiften, den vorhandene Anbieter nicht offerieren?

■ Es gibt nichts, was nicht zum Vorteil werden könnte

Von Praktikern wird regelmäßig der Wunsch geäußert, doch eine Liste von strategischen Vorteilen bzw. Kernkompetenzen an die Hand zu bekommen. Dieser Wunsch ist ebenso subjektiv verständlich wie er naiv ist. In ihm drückt sich die ewige Suche nach dem „Stein der Weisen", nach „Erfolgsrezepten" aus. Gäbe es eine abschließende Liste möglicher Vorteile, so könnte jeder sie benutzen - und keiner hätte einen Vorteil. Jede Unternehmung muß sich in ihrer jeweils spezifischen Situation den nur für sie geltenden, möglichst schwer kopierbaren Vorteil erarbeiten.

Als theoretisches Konstrukt betrachtet sind strategische Vorteile vollkommen amorph. Positiv ausgedrückt: es gibt schlechterdings nichts, was nicht zu einem strategischen Vorteil gemacht werden kann. So bedauerlich dieser Befund für alle diejenigen ist, die nach „Erfolgsrezepten" suchen, so sehr bietet er Raum für echtes Unternehmertum. Wirkliche „Erfolgsunternehmungen" bzw. innovative Unternehmer im Sinne Schumpeters zeichnen sich gerade dadurch aus, daß sie „andere Dinge tun" oder die bekannten „Dinge anders tun".

> **Strategische Vorteile** sind alle für die Erfolgsposition relevanten Umfeld- und Unternehmungsmerkmale, in denen sich eine Unternehmung positiv von einer anderen unterscheidet.

Das Denken in Kernkompetenzen kann dabei eine Orientierungshilfe bieten und insofern zu einer Renaissance des unternehmerischen Denkens beitragen. Dabei geht es keineswegs immer um großartige Einfälle und bahnbrechende Ideen. Es fängt im kleinen an, so z.B., wenn sich der „Tante-Emma-Laden" dadurch gegenüber dem Supermarkt profiliert, daß er den zumeist weiblichen Kunden sperrige Güter, wie z.B. Getränkekästen, zum Auto transportiert.

■ **Orientierung an generischen Vorteilen**

Die Theorie kann zwar keine abschließende Inhaltsbeschreibung strategischer Vorteile bieten, aber sie kann einen allgemeinen Analyseraster entwickeln, der bei der Suche nach möglichen Vorteilen im Einzelfall behilflich ist. Es geht also um eine gattungsbezogene (generische) Analyse („Gattung Unternehmung") und damit um eine Darstellung möglicher, generischer Vorteile. Im folgenden wird hierfür eine prozeßbezogene Sichtweise gewählt und zunächst eine Grobanalyse des Unternehmungsprozesses vorgenommen. Die gröbste mögliche Unterteilung des Unternehmungsprozesses ist die in **Input**, **Throughput** und **Output**. Demgemäß können strategische Vorteile, ganz allgemein gesprochen, im Input (z.B. besondere Rohstoffe) und/oder Throughput (z.B. besondere Produktionsverfahren) und/oder Output (z.B. besondere Qualitäten) verankert sein (vgl. Abb. 2/2). Hinzu kommen allerdings vermehrt die **externen Koppelungen** und ihre Besonderheiten (z.B. Just-in-time-Lieferungen) als mögliche Vorteile. Der Vorteil dieser Prozeßbetrachtung besteht darin, daß sie die Ursachen-Wirkungs-Kette aufrollt, an deren Anfang einzelne Ressourcen und Fähigkeiten, an deren Ende die dauerhaften Wettbewerbsvorteile stehen. Alle Bestandteile zusammen lassen sich als **Suchbaum** verwenden (vgl. Abschnitt 3).

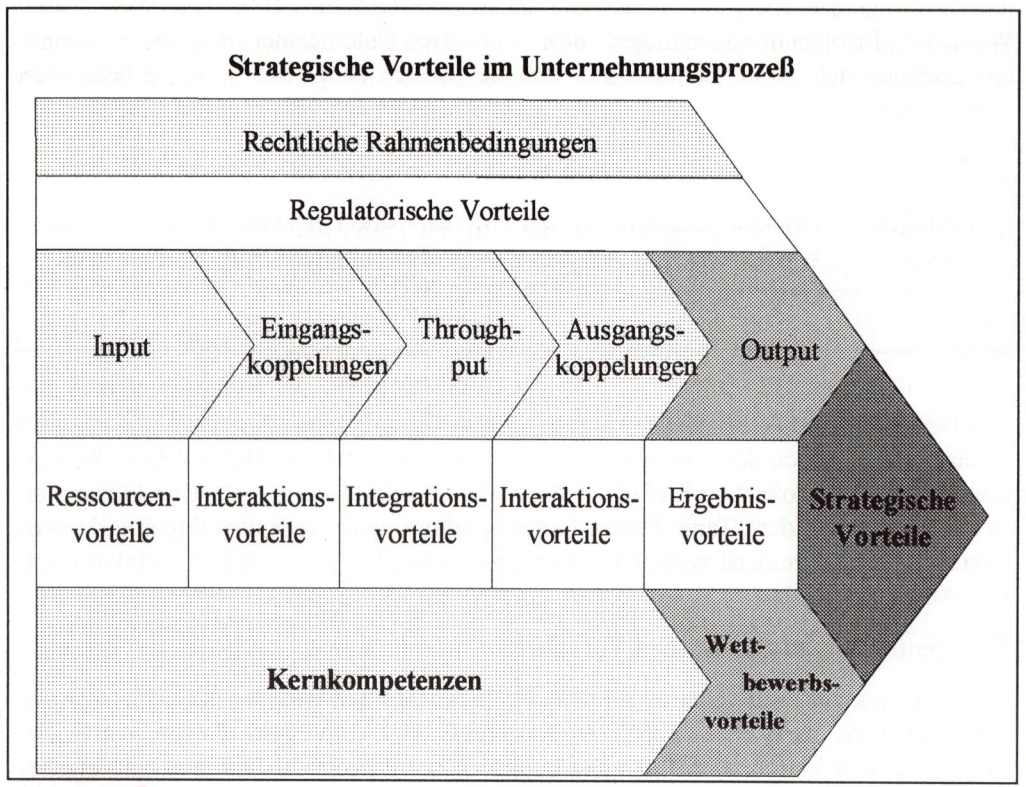

Abb. 2/2

2.1.2 Output: Ergebnisvorteile

■ **Vorteile in Produkten und Leistungen**

Outputbezogene Vorteile werden hier als **Ergebnisvorteile** bezeichnet. Insbesondere die Merkmale des **Endprodukts** bzw. der Endleistung (z.B. Kosten- oder Qualitätsmerkmale) sowie möglicher, zusätzlicher **Dienstleistungen** (z.B. Service, Finanzierung) können augenfällige strategische Vorteile sein.

Gleichermaßen wichtig sind, zumindest bei komplexen Produkten, die **Kernprodukte**, also solche Produktbestandteile, die für die relevanten Merkmale des Endprodukts prägend sind (vgl. Prahalad/Hamel 1991, S. 73f.). Bei einem Auto sind Motor, Getriebe, Achsen und Lenkung entscheidende Kernprodukte.

Vorteile von Endprodukten und Kernprodukten sind es, die typischerweise gemeint sind, wenn von **Wettbewerbs**vorteilen gesprochen wird. In Porters Strategiematrix kann es sich dabei um Differenzierungs- oder Kostenvorteile handeln (vgl. Porter 1992, S. 67). Beispiele für Differenzierungsvorteile sind „überragende Motorleistung" (Kernprodukt als Vorteilsquelle) oder „weltweiter 24-Stunden-Ersatzteilservice" (Zusatzleistung als Vorteilsquelle). Nach Simon müssen die Vorteile vom Kunden **wahrgenommen** werden, für ihn **wichtig** und seitens der Unternehmung **dauerhaft** sein (vgl. Simon 1988, S. 465).

■ **Vorteile im marktlichen und außermarktlichen Verhalten**

Es ist keine Frage, daß Produkte und Dienstleistungen im Mittelpunkt des Wettbewerbs stehen und insofern auch die traditionell wichtigsten Quellen von Ergebnisvorteilen sind. Es ist aber ebenso klar, daß mittlerweile das externe Auftreten der Unternehmung insgesamt oder einzelner Funktionsbereiche (z.B. Außendienst) bzw. Organisationseinheiten (z.B. Niederlassungen) genauso wichtig geworden ist. Der Kunde schätzt z.B. Zuverlässigkeit, Freundlichkeit, Schnelligkeit der Reaktion, Flexibilität, Glaubwürdigkeit. Derartige Eigenschaften und Verhaltensweisen sind teilweise schwer bestimmbar und meßbar, sie prägen nichtsdestotrotz die **marktliche** und die **außermarktliche** Position einer Unternehmung in erheblichem Maße. Konsequenterweise sollte **marktliches** und **außermarktliches Verhalten** als eine spezifische Kategorie des Unternehmungsoutputs und damit als eine mögliche Quelle strategischer Vorteile angesehen werden. Die erwähnten drei Merkmale eines Wettbewerbsvorteils treffen grundsätzlich auch auf das marktliche und außermarktliche Verhalten zu. Grund genug für das Management, seine Aufmerksamkeit auch auf diesen Bereich zu lenken. Es wäre daher fatal, wenn sich Manager hier mit dem alten Satz begnügten: „Was man nicht messen kann, kann man auch nicht managen." Statt dessen sollten sie sich an Galileo Galilei orientieren, der gesagt hat: „Messen, was meßbar ist. Meßbar machen, was nicht meßbar ist." Die Manager müssen im konkreten Einzelfall geeignete Kriterien bestimmen, an denen die Erreichung von Wettbewerbsvorteilen bzw. die Wertschaffung zu erkennen und zu beurteilen sind (vgl. Abb. 2/6).

■ **Vorteile in Produkt- und Firmenmarken**

Wenn die erwähnten Vorteile einer Unternehmung und/oder ihrer Produkte stark ausgeprägt und dauerhaft sind, dann können sie zum Aufbau einer Produkt- oder/und Firmenmarke genutzt werden. Der Markenname (z.B. Nivea, Persil, Henkel, BMW) verkörpert dann für den Käufer im günstigsten Fall die überdauernden Eigenschaften, die den Wettbewerbsvorteil ausmachen. Eine starke Marke besitzt eine Lebensdauer, die wesentlich höher ist als die einzelner Produkte oder Produktionseinheiten. Sie stellt ein besonderes Erfolgspotential dar, und sie bietet auch Möglichkeiten des Kompetenztransfers (z.B. Camel). Die mit der Marke und dem Ursprungsprodukt assoziierten Eigenschaften (z.B. „Freiheit und Abenteuer") werden auf alle unter dieser Marke angebotenen Produkte übertragen.

Bestimmung der Trennungslinie von Wettbewerbsvorteilen und Kernkompetenzen

Wettbewerbsvorteile bzw. Ergebnisvorteile müssen vom Kunden bzw. der Anspruchs-gruppe wahrgenommen werden. Dem Nutzer dieser Vorteile kann es weitgehend gleich-gültig sein, worauf der Vorteil beruht. Ob sich hinter hoher Produktqualität z.B. eine besondere Qualifikation der Facharbeiter oder die Nutzung einer Verfahrenslizenz ver-birgt, ist für den Kunden unerheblich. Für die Unternehmung sind die Quellen des Er-gebnisvorteils dagegen von entscheidender Bedeutung. Sie liegen in den vielfältigen **Ressourcen** und **Fähigkeiten** begründet, über die sie verfügt. Nur wenn es gelingt, sich dort ebenfalls spezifische Vorteile zu erarbeiten, kann es zu dauerhaften Wettbewerbs-vorteilen kommen. In den Prozeßstufen, die dem Output vorgelagert sind, liegen also weitere Vorteilspotentiale, und dort liegen auch die Felder, auf denen Kernkompetenzen angesiedelt sein können. Kernkompetenzen sind, wie erläutert, nicht mit Wettbewerbs-vorteilen identisch, sondern sie stellen eine spezifische Kombination aus Ressourcen und Fähigkeiten - und damit aus vorgelagerten Vorteilen - dar, die zu dauerhaften und transferierbaren Wettbewerbsvorteilen führt. Der Kunde sieht und schätzt das Ergebnis - z.B. eine Micro-Hifi-Anlage -, aber er sieht nicht das Zustandekommen und die Zu-sammensetzung der Miniaturisierung als der grundlegenden Kernkompetenz.

Diese Eigenart der Kernkompetenz, ihre „**Unsichtbarkeit**" für den Kunden, ist von au-ßerordentlicher Bedeutung, da sie zugleich einen Schutz vor Nachahmung bietet. Je weniger das Entstehen des Ergebnisvorteils von außen durchschaubar ist, desto schlechter läßt es sich von der Konkurrenz imitieren. Aus diesem Grund kann davon ausgegangen werden, daß die Trennungslinie zwischen Wettbewerbsvorteilen und Kern-kompetenzen normalerweise bei den **Ergebnisvorteilen** verläuft. Nur Ergebnisvorteile sind sichtbar, nur sie sind aufgrund der Wahrnehmbarkeit als Wettbewerbsvorteile nutzbar. Alle anderen Vorteile sind potentiell zu den Kernkompetenzen zu zählen.

Von dieser Regel gibt es jedoch Ausnahmen. In dem Maße, wie insbesondere Produkt-merkmale tatsächlich oder vermeintlich keine Wettbewerbsvorteile bieten (z.B. No-name-Produkte, Commodities oder Generika), kann der Hersteller oder auch der Händ-ler versuchen, Vorteile vorgelagerter Stufen (Input, Throughput oder externe Koppe-lung) aufzubauen bzw. dem Kunden gegenüber offenzulegen und als Wettbewerbsvorteil zu nutzen.

Das Thema: Trennungslinien zwischen Kernkompetenzen und Wettbewerbsvorteilen

In den letzten Jahren ist im Zuge moderner Kommunikationstechniken und Logistiksysteme vor allem ein Ausbau der Eingangs- und Ausgangskoppelungen zum Erzielen von Wettbewerbsvorteilen genutzt worden. Beispiel hierfür ist ein Pharmagroßhändler, der Apothekern ein Terminal aufstellt, mit dessen Hilfe sie direkt aus seinem Lager Bestellungen abrufen können. Dies ist eine praktische Anwendung des Just-in-time-Prinzips im Handelsbereich.

Aber auch Throughput und Input können wettbewerblich genutzt werden. Eine erhebliche Rolle spielt dieses Vorgehen im Bereich umweltfreundlicher Produkte. Die Hersteller sind hier dazu übergegangen, dem Kunden teilweise sehr detaillierte Beschreibungen der verwendeten Rohstoffe (Input) sowie der eingesetzten Produktionsverfahren (Throughput) zu geben. Umweltfreundlichkeit ist mittlerweile zu einem Generalthema geworden. Im Zuge der Regenwalddiskussion z.B. haben Möbelhersteller bei Tropenhölzern starke Einbußen hinnehmen müssen. Bei den luxuriösen englischen Gartenmöbeln aus Teakholz kann der Kunde daher heute ausführliche Prospekterläuterungen finden, daß die verwendeten Bäume nicht im Regenwald, sondern in jahrzehntealten Teakholzplantagen geschlagen worden sind.

In jedem Einzelfall sind die möglichen Chancen im Bereich der Wettbewerbsvorteile gegen die Risiken der Nachahmung bei Offenlegung abzuwägen. Es kann daher nicht empfohlen werden, aus den geschilderten Beispielen eine Regel zu machen und nunmehr vorzugsweise auf Vorteile im Input oder Throughput zu setzen. Es wird sich vielmehr nicht vermeiden lassen, am Markt immer und immer wieder neu nach Ergebnisvorteilen zu streben.

Beide Beispiele zeigen Wettbewerbsvorteile, die für den Kunden und den Konkurrenten sichtbar werden. Sei es durch Werbung am eigenen Produkt für umweltverträgliches Tropenholz oder in dem deutlich sichtbaren Terminal in der Apotheke.

Die Betrachtung einer kernkompetenzorientierten Unternehmung fällt dagegen anders aus. Kunde und Konkurrent registrieren zwar Produkte wie den tragbaren CD-Player, den Walkman oder die Mini-CD, daß dahinter jedoch, für sie zunächst unsichtbar, die **Kernkompetenz** der Miniaturisierung steht, bleibt verborgen.

2.1.3 Input und Throughput: Ressourcen- und Integrationsvorteile

Neben den Outputvorteilen kann sich eine Unternehmung selbstverständlich auch Input- oder Throughputvorteile verschaffen. Der Ressourcen- bzw. Fähigkeitsinput einer Unternehmung wird hier in einer Erweiterung Gutenbergscher Kategorien klassifiziert. Hierzu gehören in erster Linie **materielle Be- und Verarbeitungsobjekte, Information** sowie die **Qualifikation und Motivation der Unternehmungsmitglieder**. In dem Maße, wie eine Unternehmung auch mit Marktpartnern kooperiert, z.B. bei einer gemeinsamen Produktentwicklung, wird auch die **Qualifikation und Motivation externer Teilnehmer** am Unternehmungsprozeß für die Vorteilserzielung wichtig. Inputbezogene Vorteile werden hier, Ressourcen und Fähigkeiten zur sprachlichen Vereinfachung zusammenfassend, als **Ressourcenvorteile** bezeichnet.

Die erläuterten Inputfaktoren, die den „Elementarfaktoren" Gutenbergs entsprechen, sind produktiv zu kombinieren. Hierfür, für den „Throughput", sind materielle und immaterielle „**Kombinationsfaktoren**" erforderlich. Aus der Bündelung der Elementarfaktoren mit Hilfe der Kombinationsfaktoren können **Integrationsvorteile** resultieren. Sie verstärken eventuell vorhandene Inputvorteile oder schwächen Inputnachteile ab. Die **Produktionstechnik** sowie die **bauliche Infrastruktur** bilden das physische Gerüst der Kombination. Sie regeln den Realgüterstrom. Hinzu kommen die Systeme der Planung, Steuerung und Kontrolle (**PuK-System** vgl. Hahn 1995) sowie der Information und Kommunikation (**IKS**), deren gemeinsames Objekt der Informationsstrom ist. Die menschliche Arbeitsleistung ist verstärkt Gegenstand eigener Systeme, so insbesondere des **Personalentwicklungs-** und des **Anreizsystems**. Über die beschriebenen Systeme hinweg wird eine Unternehmung durch die Regelungen der Organisation (**Primär- und Sekundärorganisation**) sowie durch die **Unternehmungskultur und -philosophie** geprägt.

In dem Maße, wie die erläuterten Kombinationsfaktoren vorhanden und ausgebildet sind, wird eine Unternehmung personenunabhängig bzw. personenüberdauernd. Umgekehrt gilt, daß das Wissen und Können der Unternehmungsträger als eigenständiger kombinativer Faktor desto wichtiger wird, je schwächer diese Mechanismen ausgeprägt sind bzw. je änderungsbedürftiger sie sind. In jedem Fall sind die **Qualifikation und Motivation der Unternehmungsträger**, also derjenigen, die maßgeblich die strategischen Unternehmungsentscheidungen beeinflussen (vgl. Schmidt 1977, S. 66), eine Unternehmungsressource besonderer Bedeutung.

Das Thema: Strategische Vorteile

Das Beispiel: création baumann (Baumann Weberei und Färberei AG)

création baumann ist ein auf das Jahr 1886 zurückgehender mittelständischer Textilhersteller in der Schweiz (Langenthal). Hergestellt werden hochwertige, klassische und moderne Vorhänge, Möbel- und Tapetenstoffe sowie Lamellen- und Rollostoffe. Im Gegensatz zum sog. Verlagssystem, dessen sich wichtige Wettbewerber bedienen, hat création baumann eine hohe Fertigungstiefe, die beim rohweißen Garn beginnt und beim fertig gefärbten bzw. bedruckten Stoff endet. Kreative Stoffentwürfe eines eigenen Designteams sowie ein besonderes Designgefühl des Inhabers Jörg Baumann bestimmen den Wertschöpfungsteil „Kreation". Am Firmensitz Langenthal wird ein Design-Museum maßgeblich unterstützt. Zu einem Design-Saturday lädt Baumann jährlich wichtige Kunden und Geschäftspartner ein. Anläßlich dieses Termins werden u.a. die neuen Entwürfe präsentiert und diskutiert.

Die zertifizierten Fertigungsprozesse auf modernsten Maschinen einschließlich einer umfassenden Qualitätssicherung, zu der auch ein Firmenlabor gehört, bestimmen die Phase „Produktion". Die Schnittstelle zur „Distribution" wird durch ein vollautomatisches Hochregallager gebildet, mit dessen Hilfe Standardaufträge in kürzester Zeit und mit einem Höchstmaß an Termintreue ausgeführt werden können.

Das Angebot umfaßt mehrere tausend Positionen in vier Hauptgruppen: création baumann Kollektion, création baumann Living, création baumann Systems und Jakob Schlaepfer for création baumann. Zusätzlich zu den Stoffen wird die Dekorationstechnik angeboten (Aufhängesysteme, Paravents etc.), so daß der Kunde integrierte textile Problemlösungen erhalten kann. Der Markt ist in einen Privatmarkt (gehobener Fachhandel) und einen Objektmarkt (Bürogebäude, Hotels, Kreuzfahrtschiffe, Züge etc.) eingeteilt. Die Betreuung der Handelskunden, aber auch der Architekten, Innenarchitekten und Planer erfolgt über eine starke Verkaufsorganisation mit ausländischen Tochtergesellschaften. Baumann ist mittlerweile in 28 Ländern direkt vertreten.

Durch die hohe Flexibilität der Fertigung ist Baumann auch in der Lage, auf individuelle Wünsche der Kunden hinsichtlich Dessins, Farben, Extrabreiten, Gewebearten usw. einzugehen. Diese Fähigkeiten kommen vor allem im Objektgeschäft, das wachsende Bedeutung besitzt, voll zur Geltung (z.B. Ausstattung von Kreuzfahrtschiffen).
Der Umsatz ab Schweiz betrug 1995 48,7 Mio. sFr., der konsolidierte Umsatz 60,8 Mio. sFr.. Beschäftigt wurden 197 Mitarbeiter in der Schweiz, 62 im Ausland.

Ressourcen u. Fähigkeiten	Resultierende strategische Vorteile
Kreation	
• starke Textiltradition am CH-Standort	• verschiedene Kreationen mit Designerkompetenz im Hochpreissegment des Fachhandels
• Leistungsfähiges technisches und Designteam	
• CAD-Systeme	• Entwurfs- und Beratungskompetenz im Objektgeschäft
• Firmenchef als kreativer Kopf	
Produktion	
• moderne, zertifizierte Produktion	• hohe Qualität, Spezifität und Flexibilität der Fertigung
• hohe Fertigungstiefe	
• umfassende Qualitätssicherung	• Losgrößenvorteile
• Lagerproduktion, modernes Hochregallager	
Distribution	
• umfassendes textiles Sortiment	• umfassende Problemlösungen für die Kunden, Architekten, Innenarchitekten, Planer
• Ergänzung um Aufhängesysteme, Dekorationstechnik usw.	• individuelle Beratung
• starker Außendienst im Heimatmarkt	• sehr kurze Liefertermine
• zahlreiche ausländische Vertriebsgesellschaften	• hohe Termintreue

2.1.4 Eingangs- und Ausgangskoppelungen: Interaktionsvorteile

Die Eingabegrößen des Unternehmungsprozesses, ihre Kombination und die schließlich erzielten Ergebnisse in Form von Produkten bzw. Diensten bilden zweifellos das Rückgrat zur Bildung strategischer Vorteile. Das Unternehmungsgeschehen endet allerdings immer weniger an den traditionellen Prozeßgrenzen. Mehr und mehr kommt es zur Verklammerung mit den Prozessen anderer Marktteilnehmer. Abnehmer-Zulieferer-Kooperationen sind mittlerweile genauso selbstverständlich wie z.B. Allianzen mit Wettbewerbern. In dem Maße, wie sich die Unternehmungsgrenzen erweitern, über **Netzwerkstrukturen** bis hin zur vieldiskutierten „**virtuellen Unternehmung**", wird die unternehmungsübergreifende Prozeßgestaltung zum Erfolgsfaktor. Eingangskoppelungen einerseits, Ausgangskoppelungen andererseits lassen sich unterscheiden. Beide Koppelungsbereiche sind gleichermaßen durch technische, organisatorische und auch personelle Bindungsformen gekennzeichnet.

Technische Bindungen können sich auf Realgüter erstrecken (z.B. Just-in-time-Anlieferungen) und auf Informationen (z.B. Electronic Banking).

Organisatorische Bindungen verlängern und erweitern Regelungen der Primär- und Sekundärorganisation in den Bereich der Unternehmungsinteraktion. Die Formen sind vielfältig gestaltbar. Workshops mit Kunden oder Projektteams mit Lieferanten gehören ebenso hierher wie Joint Ventures mit Konkurrenten. Die umfangreiche Diskussion der technischen und organisatorischen Probleme darf nicht darüber hinwegtäuschen, daß **personelle Bindungen** keineswegs an Bedeutung verloren haben. Eher ist das Gegenteil der Fall. Sie tragen, sofern sie nicht organisatorisch abgesichert sind, informellen Charakter. Im **marktlichen Bereich** geht es um die Beziehungen der Unternehmung zu Kunden, Lieferanten, Geldgebern und Geschäftspartnern. Die Pflege dieser Beziehungen und der Aufbau von „**Vertrauenskapital**" ist für einen selbständigen Unternehmer schon immer ein wesentlicher Teil seiner Arbeit gewesen. In Normalphasen dienen solche Kontakte nicht nur dem **Geschäftsabschluß**, sondern auch als **Informations- und Kommunikationsbörse**. Zugleich kann das „Fühlerausstrecken", das damit verbunden ist, **schwache Signale** zukünftiger Veränderungen auffangen, also zur **Frühwarnung** dienen. In Zeiten verschärften Wettbewerbs können Investitionen in Geschäftsbeziehungen außerdem dadurch nützlich sein, daß Geschäftspartner sich die Treue halten.

Das Geflecht der organisatorischen, technischen und personellen Bindungen verlangt im marktlichen Bereich Kooperations- und **Netzwerkfähigkeit** als eine spezifische Kategorie des Koppelungsverhaltens. Aber auch im **außermarktlichen Bereich** spielt sich eine besondere Form der Koppelung ab. Man denke z.B. an Begegnungen mit Politikern und Vertretern gesellschaftlicher Gruppen, aber auch an Hintergrundgespräche, die ein

Vorstand mit Journalisten führt. Was von einer Unternehmung heute im Umgang mit **außermarktlichen Anspruchsgruppen** erwartet wird, ist mehr als herkömmliche PR-Arbeit leisten kann. Auch hier geht es darum, vertrauensvolle Beziehungen herzustellen. Und auch hier können neben den personellen technische und organisatorische Möglichkeiten eine Rolle spielen. Man denke an die Kooptation von Anspruchsgruppenvertretern in Beiräte oder Aufsichtsräte. Eine, wenn auch noch unscharfe, Kategorie, um die im Bereich außermarktlichen Verhaltens erforderlichen Fähigkeiten zu beschreiben, ist die **Dialogfähigkeit**.

Die **Walt Disney-Corporation** ist mit ihren Filmen und Erlebnisparks ein besonders bedeutender Konzern im Bereich der Freizeitindustrie. Angesprochen sind insbesondere Kinder, Jugendliche und junge Familien. Vor allem in den USA werden die Walt Disney-Produkte von Teilen der Öffentlichkeit und von Glaubensgemeinschaften sehr genau auf ihr Verhältnis zu familienorientierten und christlichen Einstellungen und Werten überprüft. Im Zuge dieser Entwicklung wurde im Juli 1996 ein Jesuitenpater, Professor für Theologie an der Georgetown-University, in den Aufsichtsrat von Walt Disney berufen.

Insgesamt wird deutlich, daß es auch und gerade im Bereich der Ein- und Ausgangskoppelungen strategische Vorteile zu erarbeiten gilt. Diese „Beziehungsvorteile" werden hier als **Interaktionsvorteile** bezeichnet. Selbstverständlich stehen dabei marktliche und außermarktliche Probleme und Fähigkeiten im Wechselspiel.

2.1.5 Rechtliche Rahmenbedingungen: Regulatorische Vorteile

Unternehmungen können außerdem von rechtlichen Rahmenbedingungen profitieren. Sei es, daß sie Rechte auf die Ausbeutung natürlicher Ressourcen besitzen (z.B. Alleinbesitz einer hervorragenden Weinbergslage), daß sie Schutzrechte (z.B. Markenschutz) oder Patente und Lizenzen genießen. Derartige Rechte sichern eventuell vorhandene Wettbewerbsvorteile und Kernkompetenzen gegenüber dem Wettbewerber ab und bieten ggf. auch eine Handhabe für Abwehrmaßnahmen. Man denke an die Markenpiraterie bei renommierten Textilien und Uhren oder an die Problematik der Raubkopien bei Softwareprodukten.

Nicht zuletzt können die für den jeweiligen Standort geltenden Gesetze und Verordnungen (z.B. steuerliche Vorschriften, Genehmigungsverfahren) spezifische Vorteile gegenüber anderen Unternehmungen bieten. Sie begünstigen allerdings nicht nur eine einzelne Unternehmung, sondern alle Unternehmungen des jeweiligen Geltungsbereichs. Außerdem sind sie im Normalfall nicht auf die aktive Eigenleistung einer Unternehmung zurückzuführen. Ausnahmen, in denen eine Unternehmung z.B. aufgrund ihrer politischen oder volkswirtschaftlichen Bedeutung eine Vorzugsbehandlung erfährt und Sonderbedingungen eingeräumt bekommt, bestätigen die Regel. Vielfach ist dies jedoch geradezu ein Zeichen fehlender Kompetenz.

Die Gesamtheit der positiv ausgeprägten rechtlichen Rahmenbedingungen macht die „regulatorischen Vorteile" aus. Tatsächliche oder vermeintliche regulatorische Nachteile spielen in der aktuellen Debatte über den „Standort Deutschland" eine erhebliche Rolle. Dies belegt zum einen die Bedeutung derartiger Vorteile und verweist zum anderen darauf, daß Wettbewerbsvorteile nicht nur für Unternehmungen, sondern auch für einzelne Regionen oder ganze Staaten von existenzieller Bedeutung sind.

2.2 Basiskompetenzen: Beherrschen der Geschäftsprozesse

2.2.1 Unterscheidung von Basiskompetenzen und Metakompetenzen

Das Hauptaugenmerk von Theorie und Praxis liegt traditionell auf der effizienten und effektiven Beherrschung **bestehender Geschäfte**. Eine Unternehmung, die sich hierin im Wettbewerb bewährt, verfügt über **Basiskompetenzen**. Für die Identifikation und Klassifikation dieser Kompetenzen muß eine Detailanalyse der Unternehmungsprozesse erfolgen. In einer Weiterentwicklung der Wertschöpfungskette von Porter lassen sich hierzu drei Kategorien von Prozessen unterscheiden (vgl. Krüger 1994, S. 124), abgekürzt als **SOS-Konzept** bezeichnet:

- ■ **„Steuerung"** (Führungsprozesse/Managementkompetenz),
- ■ **„Operation"** (Operative Prozesse/operative Kompetenz),
- ■ **„Support"** (Unterstützungsprozesse/Unterstützungskompetenz).

Marktwirksame Kernkompetenzen einer ganzen Unternehmung, wie z.B. Lieferfähigkeit, entstehen regelmäßig erst aus dem Zusammenwirken von Management-, operativen und Unterstützungskompetenzen.

WAL-MART, größter Discounter der USA, ist durch das vielzitierte **Cross-docking-System** in der Lage, Waren innerhalb von 48 Stunden umzuschlagen (vgl. Stalk/Evans/Shulman 1993, S. 60f.). Hierfür werden ausgefeilte Planungs- und Steuerungssysteme ebenso eingesetzt (betr.: Managementkompetenz) wie eine hochtechnisierte Information und Kommunikation über hauseigene Satellitensender (betr.: Unterstützungskompetenz). Natürlich darf ein eingespieltes Logistiksystem nicht fehlen (betr.: operative Kompetenz). Hinzu kommt eine ausgeprägte firmenspezifische Personalführung und Personalpolitik (betr.: Managementkompetenz).

Immer wichtiger wird es, über das Beherrschen bestehender Geschäfte hinaus nach einer (stetigen) Anpassung und Verbesserung der Geschäftsprozesse sowie einem Aufbau **neuer Geschäfte** zu streben. Unternehmungen, die sich schneller anpassen und entwickeln als andere, besitzen Kompetenzen einer höheren Ebene, hier kurz als **Entwicklungskompetenzen (Metakompetenzen)** bezeichnet (vgl. Abb. 2/3). Zu den Entwicklungskompetenzen gehört die Beherrschung **einzelner Wandlungsprozesse**, z.B. des Produktentwicklungsprozesses, aber auch die Installierung **kontinuierlicher Verbesserungsprozesse**. Die anspruchsvollste Form der Entwicklungskompetenz ist erreicht, wenn die gesamte Unternehmungsentwicklung über einen längeren Zeitraum hinweg und durch verschiedene Entwicklungsstadien hindurch (z.B. Pionierunternehmung, Internationalisierung, Globalisierung) gelingt. Dann liegt die Fähigkeit zur „**geplanten Evolution**" vor.

Die weithin nur unter äußerem Druck zustande gekommenen, teilweise dramatischen Wandlungsprozesse der letzten Jahre zeigen, welche Defizite in der Praxis hinsichtlich dieser Kompetenz bestehen. Eine einmal errungene Position, und sei sie noch so stark, muß immer wieder gefestigt, verteidigt und erneuert werden. So einfach diese Erkenntnis ist, so sehr sie als Binsenwahrheit erscheinen mag, so sehr wird sie in der Praxis vernachlässigt. Zur Kernkompetenz gehört heutzutage daher nicht nur das Beherrschen bestehender Geschäfte (Basiskompetenz), sondern auch deren Weiterentwicklung sowie der Aufbau neuer Geschäfte (Metakompetenz).

42

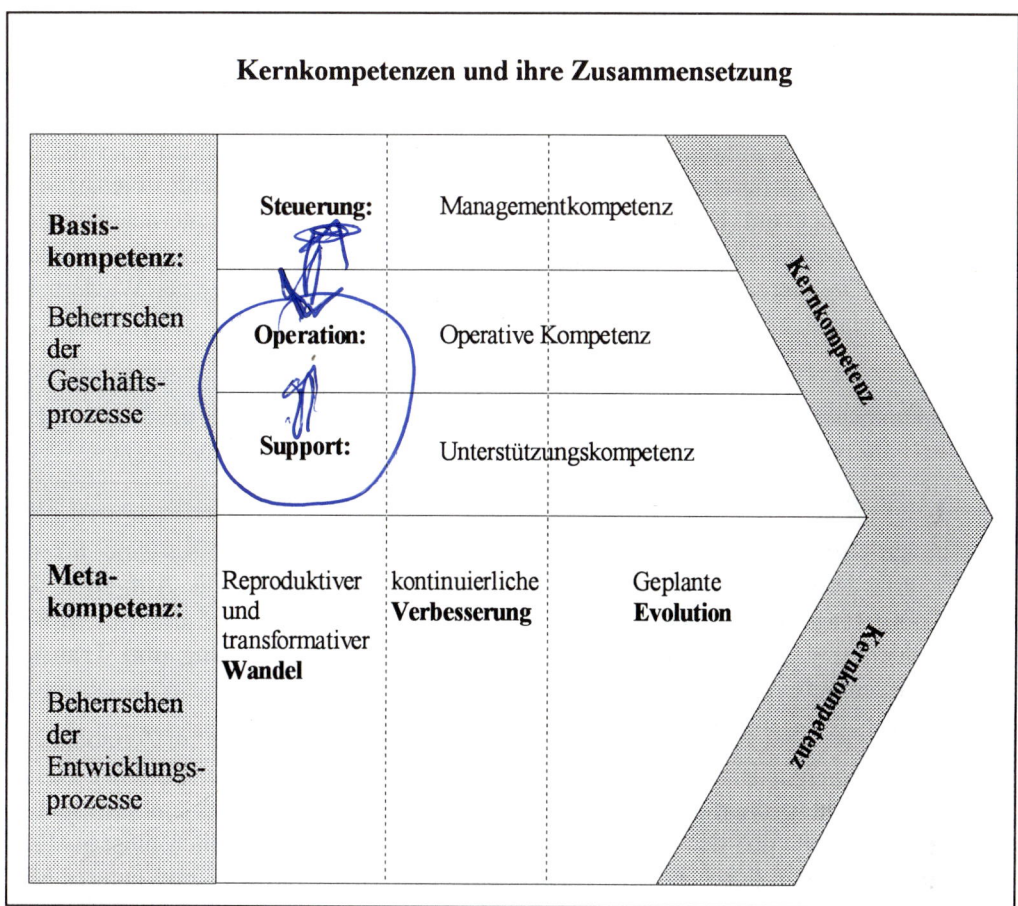

Kernkompetenzen und ihre Zusammensetzung

Basis-kompetenz: Beherrschen der Geschäfts-prozesse	**Steuerung:**	Managementkompetenz	
	Operation:	Operative Kompetenz	
	Support:	Unterstützungskompetenz	
Meta-kompetenz: Beherrschen der Entwicklungs-prozesse	Reproduktiver und transformativer **Wandel**	kontinuierliche **Verbesserung**	Geplante **Evolution**

Abb. 2/3

2.2.2 Managementkompetenzen: Ausnutzen unternehmungsweiter Gemeinsamkeiten

Der Prozeß der Unternehmungsführung umfaßt alle sach- und verhaltensbezogenen Aufgaben zur internen und externen Handhabung des Unternehmungsgeschehens. Im SOS-Konzept wird zur Vereinfachung die Bezeichnung „Steuerung" (i.w.S.) benutzt, wohl wissend, daß es sich dabei um vielfältige Aufgaben der Steuerung (i.e.S.), aber auch der Gestaltung und Entwicklung handelt.

Bei allem Verständnis für die besonderen Schwierigkeiten und Belastungen, denen Führungskräfte ausgesetzt sind, kann kein Zweifel daran bestehen, daß vielfach ausgeprägte Kompetenzdefizite im Management existieren. Insbesondere die in Deutschland weithin übliche „Schornsteinkarriere" führt dazu, daß Topmanager oft zwar herausragende Fachleute in ihrer Stammfunktion sind (z.B. Verkauf, Produktion), ihnen aber die für die Unternehmungsführung erforderliche Generalistenperspektive fehlt. Genau dies jedoch, verbunden mit Kreativität und Risikoübernahme, ist für unternehmerisches Denken unverzichtbar. Insofern ist das Managementdefizit auch ein Mangel an Unternehmertum. Der Kernkompetenz-Ansatz kann, richtig praktiziert, zu einer Wiederbelebung unternehmerischen Denkens beitragen.

> Kernkompetenzen sind eine **unternehmungsweite Kategorie**. Sie zu identifizieren, zu entwickeln und zu transferieren ist daher Aufgabe der Unternehmungsspitze.

Die beschriebenen Ressourcen und Fähigkeiten des Führungsprozesses sind für die jeweils erforderliche Kompetenz zu spezifizieren und zu bündeln. Die **Aufgaben des Kernkompetenz-Managements**, deren Untersuchung den Gegenstand des vierten Kapitels bildet, sind: **Identifikation, Entwicklung, Integration, Nutzung und Transfer von Kernkompetenzen**.

Da auch Kernkompetenzen einem Lebenszyklus unterliegen, kommt es im Zeitablauf zu einer zyklischen Wiederholung dieser fünf Aufgaben. Es entsteht ein spezieller **Kernkompetenz-Management-Zyklus**. Die Unternehmungsspitze wird sich am stärksten in der Identifikations- und der Transferphase in das Geschehen einschalten müssen. Entwicklung und Integration benötigen eine stärkere Beteiligung mittlerer und unterer Managementebenen. Die Nutzung schließlich ist überwiegend eine operative Aufgabe, und demgemäß dominieren hier operative Kompetenzen.

Bleibt nach diesen eher formalen Beschreibungen der Aufgaben der Unternehmungsspitze die Frage nach den Aufgabeninhalten zu klären. Kernkompetenzenaufbau verlangt, Gemeinsamkeiten in den unterschiedlichen Geschäftsfeldern bzw. Funktionsbereichen zu identifizieren, aus denen sich Vorteile erzielen lassen. Dies ist die spezielle **Querschnittsaufgabe**, der sich die Unternehmungsspitze widmen und zu der sie eine spezifische Managementkompetenz erwerben muß. Üblicherweise werden dabei vor allem folgende **Aufgabeninhalte** unterscheiden (vgl. Bühner 1991, S. 149):

- **Produkt-/Markt-Management** (Nutzung von Ähnlichkeiten in Lebenszyklen, Marktstrukturen, Kundenverhalten)

- **Technologiemanagement** (Nutzung von Ähnlichkeiten in Verfahrens- und Produkt-technologie, Auftraggeber, Werkstofftechnik)

- **Personalmanagement** (Nutzung von Ähnlichkeiten in Führungsprofilen, Laufbahn-entwicklung, Gehalts- und Tantiemenregelung)

- **Finanzmanagement** (Nutzung von Ähnlichkeiten in Größe, Dauer, Risiko, Finanzie-rung von Investitionen)

Aus der Sicht der hier entwickelten Konzeption ist ein gemeinsamer Nenner der zu be-wältigenden Querschnittsaufgaben im kollektiven und individuellen **Wissen** zu sehen, so daß Wissensmanagement als Teil des Kernkompetenz-Mangements eine herausgehobene Bedeutung erhält (vgl. Kap. 7).

- **Wissensmanagement** (Identifikation und Nutzung unternehmungsweiter Gemein-samkeiten in individuellem und kollektivem Wissen)

2.2.3 Operative Kompetenz: Beherrschen der Kernfunktionen

Operative Prozesse (kurz: „**Operation**") umfassen alle Aufgaben zur Entwicklung, Erstellung und marktlichen Verwertung von Gütern und Dienstleistungen. Im Industrie-betrieb sind dies die traditionellen Funktionen Forschung und Entwicklung, Beschaf-fung, Produktion, Absatz. Insbesondere bei technischen und komplexen Produkten sind die operativen Prozesse und hier besonders die Produktion traditionell das Herzstück der gesamten Unternehmung. Ihre Beherrschung gilt vielfach als die **Basiskompetenz** schlechthin. Die Reihenfolge, in der die Prozeßkette durchlaufen wird, ist prägend für die Frage, ob eine Unternehmung eher „technology driven" oder „market driven" ist. Anders formuliert: Wird produziert und verkauft, was entwickelt wurde oder wird ent-wickelt, was am Markt gebraucht wird?

In den letzten Jahren hat sich eine deutliche Schwerpunktverlagerung vollzogen, so daß heute eine Prozeßkette mit Marketingaktivitäten, insbesondere Marktforschung, beginnt. Die „Requirements" des Produkts, aber auch der zu erzielende Produktpreis stehen als Zielgrößen fest und bestimmen, was entwickelt wird und was die spätere Produktion kosten darf. Betriebswirtschaftliche Kategorien überlagern die technische Machbarkeit.

> **Kernfunktionen** sind solche Verrichtungskomplexe, in denen eine Unternehmung über strategische Vorteile verfügt, die sich transferieren lassen. Sie leisten damit wesentliche Beiträge zu den Kernkompetenzen einer Unternehmung und prägen deren operative Kompetenz (vgl. Kap. 6).

Operative Kompetenz ist organisatorisch eindeutig in den verrichtungsorientierten Bereichen (Funktionsbereichen) und entsprechenden Organisationseinheiten (z.B. Arbeitsgruppen, Werkstätten, Abteilungen) zu lokalisieren. In Übertragung der Begriffsmerkmale der Kernkompetenzen ließe sich von Kernfunktionen sprechen, wenn eine Unternehmung in einzelnen Funktionen über strategische Vorteile verfügt, die sich transferieren lassen. Anders formuliert: Kernfunktionen sind die wesentlich zu einer oder mehreren Kernkompetenzen beitragenden Verrichtungskomplexe.

Ein Entwicklungszentrum wie das von **Porsche**, dessen Ingenieurleistung nicht nur für hauseigene Fahrzeuge, sondern auch für Konkurrenzprodukte genutzt wird, besitzt offenbar ebenso operative Kompetenz wie die Motorenherstellung bei **BMW**, die u.a. Zwölfzylinder-Motoren für **Rolls Royce** fertigt. Die Entwicklungsabteilung bzw. die Motorenproduktion wären als Kernfunktionen anzusehen.

Operative Kompetenz beruht in besonderem Maße auf dem Wissen und Können der Mitarbeiter, die sich durch zunehmende Berufserfahrungen immer weiter anreichern. Dies erklärt, warum gelegentlich ganze Spezialistengruppen abgeworben werden. Sogar Firmenübernahmen werden nicht selten mit Know-how-Erwerb begründet. Daß mit dem so erfolgten „Ressourceneinkauf" nicht automatisch auch ein Kompetenzerwerb einhergeht, zeigen die regelmäßig auftretenden Integrationsschwierigkeiten. Sie verweisen insbesondere auf Defizite in der Managementkompetenz, aber auch in der Entwicklungskompetenz insgesamt.

Auch operative Kompetenz läßt sich analog dem Schichtenmodell („**Kompetenzzwiebel**") abstufen. Funktionen, in denen es nicht möglich ist, den Branchendurchschnitt zu erreichen und die nicht aus strategischen Gründen unverzichtbar sind, sind auf Outsourcingmöglichkeiten hin zu überprüfen. Dadurch kann sich das Funktionsspektrum einer Unternehmung erheblich verändern. Aber auch im Hinblick auf eine strategische Neuausrichtung wird oft eine Neueinstufung von Funktionen als Kern- oder Randfunktion vorgenommen. Dies kann dazu führen, daß selbst die Güterproduktion als

Inbegriff der Industrie aufgegeben wird. Eine Unternehmung verändert sich dann von einem Hersteller z.B. zu einem Entwickler und Vermarkter, wie u.a. der Sportartikelhersteller Puma, der die Eigenfertigung vollständig aufgegeben hat.

Die entscheidende Frage muß in jedem Fall sein, ob mit dem Outsourcing Einschränkungen oder gar Verluste von Kernkompetenzen verbunden sind, und ob man mit den verbleibenden Funktionen deutlich an Wettbewerbsstärke zulegen kann. Strategische Überlegungen können selbstverständlich auch zum gegenteiligen Ergebnis führen: Funktionen werden als fehlend erkannt und müssen neu aufgebaut (Insourcing) oder auf dem Wege von Partnerschaften (Co-Sourcing) oder Akquisitionen ergänzt werden (vgl. Kap. 6). Dann sind die Managementkompetenz und auch die Entwicklungskompetenz gefordert.

Sind Kernfunktionen in einer gegebenen Organisationsstruktur mehrfach vorhanden, z.B. in verschiedenen Sparten, so stellt sich die Frage, ob eine organisatorische Konzentration in einer Einheit möglich und sinnvoll ist. Dies würde zum Aufbau von Kompetenzzentren (Centers of Competence) führen (vgl. Kap. 6).

2.2.4 Unterstützungskompetenz: Versorgung mit und Sicherung von Ressourcen, Fähigkeiten, Infrastruktur

Unterstützungsprozesse (kurz: „**Support**") umfassen alle Aufgaben zur Entwicklung und Pflege der Unternehmungsinfrastruktur (insbes. bauliche, produktionstechnische, organisatorische Infrastruktur) sowie zur Bereitstellung der notwendigen materiellen, finanziellen, informationellen und personellen Ressourcen. Je nach Organisationslösung werden diese Aufgaben, sofern sie nicht von außen bezogen werden, von zentralen Einheiten übernommen (Stäbe, Zentralbereiche) oder von den nachgelagerten Einheiten selbst durchgeführt. Unterstützt werden müssen einerseits die Managementprozesse, z.B. durch den Aufbau eines Controllingsystems (vgl. Kap. 8), andererseits die operativen Prozesse, z.B. durch ein ausgefeiltes Logistiksystem.

Welche Funktionen im konkreten Fall als „unterstützend" eingestuft werden, hängt allein von der strategischen Ausrichtung der Unternehmung ab. Wenn eine (Teil-) Funktion unverzichtbar zur Kernkompetenz gehört, dann bedeutet dies, daß sie als „operativ" einzustufen wäre. Sie bildet dann ein wertsteigerndes Glied der operativen Prozeßkette, zu deren Merkmalen ja nicht zuletzt die Erzielung der Wertschöpfung zählt.

Beispiele für diese Zuordnungsproblematik liefern die Beschaffung und Lagerhaltung sowie die Informatik. Logistiksysteme und damit die Beschaffungsfunktion sind für viele Unternehmungen ein essentieller Teil ihrer strategischen Absichten, die auf Kostensenkung und Prozeßbeschleunigung ausgerichtet sind. Man denke an das erwähnte „Cross-docking" von Wal Mart. Es wäre nicht sachgerecht, die Beschaffung hier als bloße Supportfunktion einzustufen.

Die Informatikbereiche sind in vielen Unternehmungen einem Outsourcingprozeß unterzogen worden. Dies kann natürlich unterschiedliche Gründe haben. Wenn dahinter der Verzicht auf „maßgeschneiderte" Informationsdienstleistungen und der Übergang auf externen Bezug von Standarddiensten steckt, dann kann dies nur bedeuten, daß zumindest diese Teile des Informations- und Kommunikationssystems nicht als „strategische Waffe" angesehen werden. Für eine Bank dagegen, insbesondere eine Telefonbank, ist die Informatik in jedem Fall ein Kernstück des Geschäfts. Es ist kaum eine Übertreibung, zu behaupten, das Informationssystem **ist** die Bank.

Bei einer strategischen Neuorientierung kann sich schlagartig die Bedeutung einzelner Funktionen ändern. Brauereien verfügen regelmäßig über umfangreichen Immobilienbesitz, z.B. als Pachtobjekte für die Gastronomie. Wenn sich eine Brauerei, wie geschehen, entschließt, ihre Bierproduktion aufzugeben, wird die Nutzung, Pflege und Erschließung von Immobilien von einer bloßen Verwaltungsfunktion zum Kerngeschäft. Daß derartige Veränderungen auch die Zuordnung von Aufgaben zum Managementbereich verändern, versteht sich.

Für Unterstützungsprozesse muß die Frage nach „**Eigenfertigung oder Fremdbezug**" besonders geprüft werden. Bei „Eigenfertigung" ist zu entscheiden, auf welchem Kompetenzniveau der „Kompetenzzwiebel" man sich bewegen will. Reicht ein Mindeststandard, der unter dem Branchendurchschnitt liegt und dementsprechend kostengünstig vorgehalten werden kann? Soll man sich auf einem wettbewerbsfähigen Niveau bewegen (Kompetenz 1. Ordnung) oder gar nach Vorteilen streben (Kompetenz 2. Ordnung)?

Zumindest auf den ersten Blick wäre es höchst erstaunlich, wollte man für Supportfunktionen gar Kernkompetenzniveau (Kompetenz 3. Ordnung) erreichen. Dies würde bedeuten, daß man in einem Bereich, mit dem man nicht auf dem Markt aktiv ist, besser ist als der Markt. Der heimliche Ehrgeiz mancher Zentralbereiche vor allem in großen Konzernen mag in der Tat auf ein so hohes Spezialisierungs- und Professionalisierungsniveau hinauslaufen. Die Frage stellt sich dann allerdings, warum man nicht diese Einheit verselbständigt und neben dem internen Nutzen auch noch einen Markterfolg erzielt. Die andere Alternative ist eine Absenkung des Anspruchsniveaus im Sinne einer „Entfeinerung" und eines Komplexitätsabbaus. Wenn eine (Teil-)Funktion im Unterstützungsbereich tatsächlich so wichtig ist, daß Höchstleistungen verlangt und mit entsprechendem Aufwand erbracht werden müssen, dann müßte sie eigentlich zu den operativen Funktionen gezählt werden, da sie ebenfalls Wertschöpfung betreibt und einen direkten Beitrag zu den strategischen Vorteilen liefert. Ein besonders typisches industrielles Beispiel dafür, daß eine Dienstleistung, die zunächst nur unterstützend wirkte, allmählich zu einem eigenen Geschäftsfeld heranreift, sind die Finanzdienstleistungen. Bedeutende deutsche Industriekonzerne erzielen mittlerweile einen erheblichen Teil ihres Ergebnisses mit Finanzerträgen (so z.B. Siemens, VW), haben eigene Finanzdienstleistungssparten eingerichtet (z.B. Daimler-Benz) oder verfügen sogar über eine Banklizenz (z.B. Siemens).

Unterstützungsaufgaben lassen sich in ihrer Gesamtheit als spezielle Dienstleistungen interpretieren:

- **Personalbezogene Dienste**: z.B. Aus- und Weiterbildung, Training, Coaching, Kantine, Fahrbereitschaft, Telefondienst.

- **Objektbezogene Dienste**: z.B. Wartung und Instandhaltung, Reinigung, Wach- und Schließdienst.

- **Informations- und Organisationsdienstleistungen**: z.B. Rechnungswesen, Informatik, Organisation, Revision, Recht, Schreibdienste, Archive.

- **Finanzdienstleistungen**: z.B. Investitions- und Finanzabteilung, Corporate Banking.

Zusammenfassend und aus der Perspektive der Kernkompetenzen betrachtet sind Unterstützungsfunktionen dazu da, die Ressourcen, Fähigkeiten und Infrastruktur, derer die Unternehmung bedarf, bereitzustellen (Material, Personal, Informationen, Organisation, etc.) und für die Aufrechterhaltung ihres Leistungsstands zu sorgen (z.B. Wartung von Maschinen, Personalentwicklung).

2.3 Metakompetenzen: Beherrschen der Unternehmungsentwicklung

In Phasen ruhiger, gleichmäßiger Geschäftsentwicklung, in denen sich die Spielregeln des Wettbewerbs nicht verändern, sind Basiskompetenzen eine solide und sichere Grundlage für den Unternehmungserfolg. Anders dagegen in Phasen der Veränderung, zumal wenn sie rasches und tiefgreifendes Handeln erfordern. Dann sind Anpassungs-, Wandlungs- und Innovationsfähigkeit gefragt. Davon betroffen ist zunächst und in erster Linie die Managementkompetenz. Manager, die nur Wachstumsprozesse, wenn auch in Wettbewerbssituationen, erlebt haben, sind oft überfordert, wenn plötzlich Märkte zusammenbrechen, Konsumentengewohnheiten sich ändern, bahnbrechende Technologien auftauchen. Das bissige Wort von den „Schönwetterkapitänen" macht dann die Runde. Zur Bewältigung der Probleme werden vielfach Berater ins Haus geholt, denen man offenbar die Wandlungskompetenz zutraut. Nicht selten wird auch das Topmanagement ausgewechselt. Gelegentlich kann man Krisenmanager beobachten, die im Zuge dieser Entwicklung nacheinander verschiedene Unternehmungen sanieren und so zumindest in ihrer Person einen Transfer von persönlichen Kernkompetenzen verwirklichen. Aber auch die Unterstützungskompetenz, z.B. in Form von wirkungsvollen Projektstrukturen und -tools ist wesentlicher Teil der Unternehmungsentwicklung.

Konsequenz dieser Überlegungen ist zum einen, daß die **Reaktionsfähigkeit** der Unternehmungen verbessert werden muß, um der vielbeschworenen Dynamik der Umfeldentwicklungen Rechnung zu tragen. Dies getreu dem Motto: „Nicht die Großen fressen die Kleinen, sondern die Schnellen die Langsamen". Zum anderen müssen wir uns darauf einstellen, daß „Wandel" von einem in längeren Zeitabständen auftretenden Ereignis zu einem Dauerzustand wird. Um so mehr muß versucht werden, zusätzlich zu den Basiskompetenzen auch Metakompetenzen des Wandels aufzubauen. Aus Sicht wandlungstheoretischer Überlegungen stellen sich dabei insbesondere drei ineinandergreifende Aufgaben.

■ Reproduktiven und transformativen Wandel beherrschen

Wesentlich für das Verständnis und die Gestaltung des Wandels sind die **Reichweite** und **Tiefe** der zu bewältigenden Änderungen. Geht es um Anpassungen oder Verbesserungen von Produkten, Strukturen, Prozessen, Systemen bei **unveränderter Unternehmungsstrategie** (sog. **Restrukturierung**), so sind die Wandlungsprozesse in dem hier verwendeten Begriffsverständnis nicht tiefgehend - unabhängig von ihrer sachlichen oder organisatorischen Reichweite - und werden als **reproduktiver Wandel** bezeichnet. Lean Management und die weithin praktizierten, vorwiegend auf **Abbau** gerichteten Formen des Business Reengineering würden hierzu zählen. Die Unternehmungen sind hinterher zwar schlanker und vielleicht auch besser, aber sie sind nicht **anders**. Beratereinsatz und eher konventionelles Projektmanagement genügen zunächst.

Findet dagegen ein Strategiewechsel statt (sog. **Reorientierung**), so ist der Beginn eines **Umbaus** eingeleitet (vgl. Abb. 2/4, Krüger 1994, S. 359). Grundlegende, tiefgehende Veränderungen nehmen hier ihren Ausgang. Noch stärker wird dies deutlich, wenn auch Fähigkeiten und Verhaltensweisen zu ändern sind (sog. **Revitalisierung**) oder sogar Werte und Überzeugungen, also die Unternehmungskultur (sog. **Remodellierung**). Alle diese Fälle machen den **transformativen Wandel** aus (vgl. Krüger 1994, S. 358f.). Wenn sich z.B. eine Pionierunternehmung zum Konzern entwickelt, ein Einheitskonzern zur vielgliedrigen Holding, wenn die Geschäftsfelder völlig neu zusammengesetzt werden, und - nicht zuletzt - wenn neue Kernkompetenzen aufgebaut, alte verlernt werden, dann liegen Fälle transformativen Wandels vor.

50

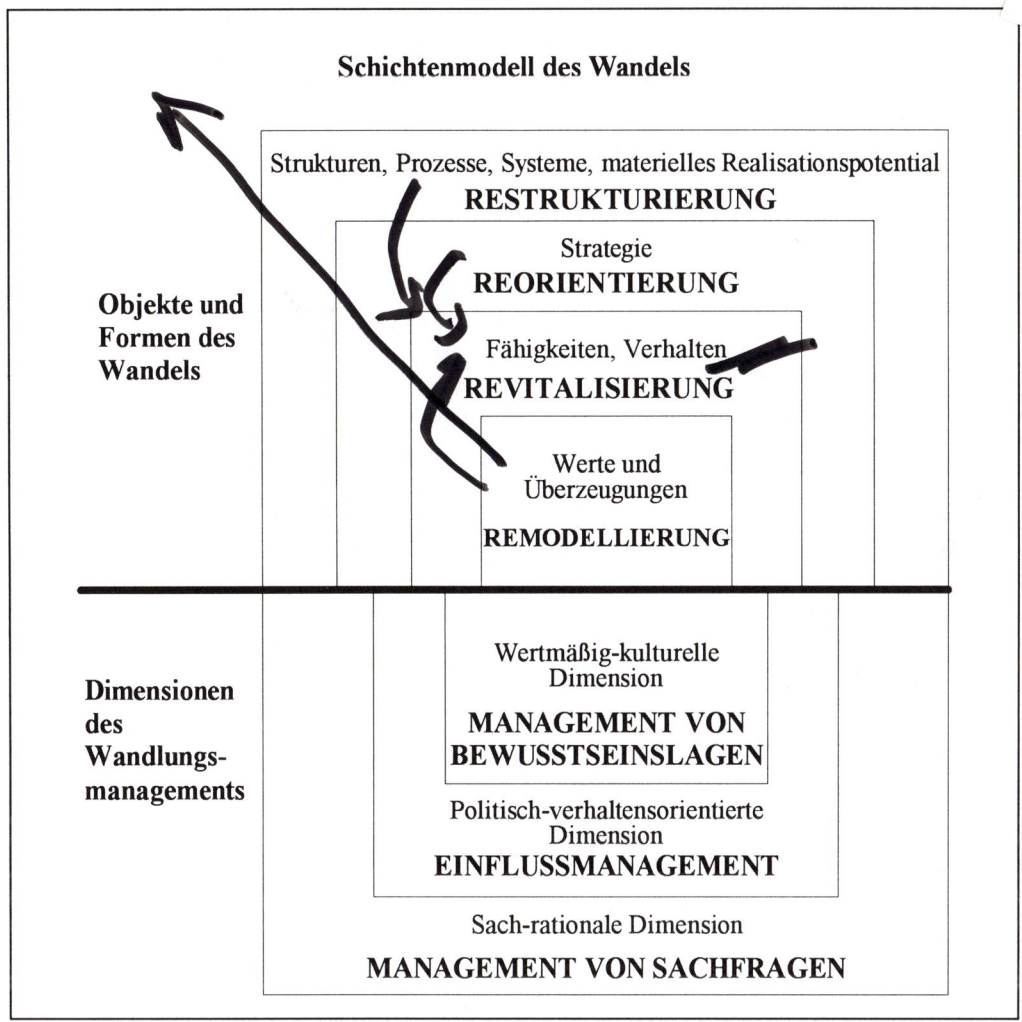

Schichtenmodell des Wandels

Objekte und Formen des Wandels

Strukturen, Prozesse, Systeme, materielles Realisationspotential
RESTRUKTURIERUNG

Strategie
REORIENTIERUNG

Fähigkeiten, Verhalten
REVITALISIERUNG

Werte und Überzeugungen
REMODELLIERUNG

Dimensionen des Wandlungsmanagements

Wertmäßig-kulturelle Dimension
MANAGEMENT VON BEWUSSTSEINSLAGEN

Politisch-verhaltensorientierte Dimension
EINFLUSSMANAGEMENT

Sach-rationale Dimension
MANAGEMENT VON SACHFRAGEN

Abb. 2/4

Das Handhaben solcher Veränderungen bringt gänzlich neue Aufgaben für die Unternehmungsführung mit sich, die sich - Handlungsfreiheit vorausgesetzt - z.B. entscheiden muß, ob sie den Wandel in vielen kleinen Schritten („evolutionär") oder in einem großen Wurf („revolutionär") verwirklichen will.

Verschärft werden die damit verbundenen Anforderungen noch dadurch, daß eine Unternehmung mit Kernkompetenzen ex definitione nach Wettbewerbsvorteilen strebt. Demgemäß müssen auch „Wandlungsvorteile" gesucht werden. Dies bedeutet nichts anderes als eine stete Aufforderung, Wandel aus eigener Initiative auszulösen, also **pro-aktiv** zu handeln und nicht - wie die Mehrheit - **reaktiv**. Statt sich Umweltveränderungen anzupassen, muß eine aktive Beeinflussung und Gestaltung zum Ziel erhoben werden. „Marktführerschaft" wird sich zukünftig nicht so sehr in Größenkategorien und Marktanteilen ausdrücken, sondern in Wandlungsfähigkeit. Wer Marktführer sein will, muß „**Wandlungsführer**" sein.

■ **Wandel als Dauerzustand beherrschen**

Wenn Wandel, wie postuliert, zum Dauerzustand werden soll, müssen entsprechende Plattformen und Prozesse organisiert und gesteuert werden. Es geht um **kontinuierliche Verbesserungsprozesse** im Rahmen der Tagesarbeit, z.B. in teilautonomen Arbeitsgruppen und Quality Circles, im Rahmen von Projektarbeit in Workshops und Teams. Zu ergänzen sind diese eher organisatorischen Ansätze um personelle Maßnahmen der Schulung und des Trainings. Nicht zuletzt sind Wandel und Innovation durch entsprechende Zielformulierungen, Budgets und Anreize in den Führungsprozeß sowie das Anreizsystem zu integrieren. Insgesamt wird eine Unternehmung auf diese Weise zu einer „**lernenden Organisation**" (vgl. Probst/Büchel 1994).

■ **Geplante Evolution anstreben**

In der Entwicklung einer Unternehmung können sich verschiedene Stadien zeigen, die jeweils charakteristische Eigenarten besitzen, so insbesondere:

- Pionierphase

- Markterschließung

- Programmerweiterung

- Internationalisierung

- Globalisierung

Diese Stadien sind keineswegs als (feste) Abfolge zu begreifen. Eine Unternehmung kann in jedem Stadium verharren und sich auch im Prinzip von jedem in jedes andere entwickeln, „vorwärts" wie „rückwärts". Gerade aus der Tatsache heraus, daß es sich bei diesen „Entwicklungsphasen" nicht um einen quasi naturgesetzlichen Lebenszyklus handelt, sondern um evolutorische Entscheidungsalternativen, erwachsen besondere Chancen, aber auch Gestaltungsherausforderungen. Es gilt, im Einzelfall eine geordnete und geplante Unternehmungsentwicklung anzustreben. Dies bedeutet vor allem, den zwischen den Phasen erforderlichen Übergang mit allen seinen Risiken, aber auch Chancen, aktiv zu gestalten, also eine „**geplante Evolution**" zu versuchen.

52

Man wird mit Recht einwenden, daß dies eine heroische Forderung sei, da jede Unternehmung vielfachen äußeren Zwängen ausgesetzt und in ihrer Entwicklung keineswegs frei ist. Demgegenüber ist auf zwei Gesichtspunkte hinzuweisen: zum einen ist gerade in der Praxis die Notwendigkeit unternehmerischer Visionen unstrittig. Worin aber kann sich eine Vision ausdrücken, wenn nicht in einem angestrebten Entwicklungsstadium der Unternehmung? Zum anderen geht es auch in diesem Punkt um Vorsprünge, und wer, wenn nicht der „Wandlungsführer", soll seinem Handeln eine zumindest grobe Vorstellung von der zukünftigen Entwicklung zugrunde legen?

3. Wertsteigerung der Unternehmung durch Kernkompetenzen

Die voranstehende Analyse der strategischen Vorteile und ihrer Zusammenhänge zeigt an vielen Einzelheiten systematisch auf, wie Ressourcen und Fähigkeiten und darauf aufbauende Kernkompetenzen in allen Teilen der Wertschöpfungskette einer Unternehmung verankert sein können. Letztlich geht es bei der Ausgestaltung der Wertschöpfungskette immer um die **Wertsteigerung der Unternehmung** (vgl. Gomez 1993). Betrachtet man die Erhaltung und Steigerung des Unternehmungswerts als ein allgemeines Ziel des Managements, so lassen sich Kernkompetenzen und die sie prägenden Ressourcen und Fähigkeiten als Instrumente des **Wertmanagements** begreifen. Sie stellen **Werttreiber** dar. Über die Erzielung von Wettbewerbsvorteilen führen sie zur Wertschaffung für externe und interne Anspruchsgruppen. Abb. 2/5 macht diesen Zusammenhang deutlich.

In diesem Diagramm wird in komprimierter Form die Entwicklungslinie gezeigt, die bei Ressourcen und Fähigkeiten beginnt. Daraus entstehen Kernkompetenzen, die wiederum Wettbewerbsvorteile prägen. Wettbewerbsvorteile schließlich liefern über den Kundennutzen und entsprechende Markterfolge die Grundlage zur Sicherung des Unternehmungswertes. Diese Darstellung kann im Rahmen des Kernkompetenz-Managements u.a. als **Suchbaum** dienen, mit dessen Hilfe potentielle Stärken einer Unternehmung zu identifizieren wären (vgl. Kap. 4, Abschnitt 2.1). Der Unternehmungswert wird hier nicht nur auf die Gruppe der Anteilseigner bezogen (Shareholder Value). Er umschließt vielmehr die gesamte Nutzenstiftung und Wertschaffung für sämtliche relevanten Anspruchsgruppen (**stakeholder**). Die Kriterien, an denen die Wertschaffung beurteilt und gemessen werden kann, sind so unterschiedlich wie die Anspruchsgruppen und ihre Interessen. Eine Auswahl zeigt Abb. 2/6. Innerhalb des Anspruchsgruppenmanagements sind Interessenbündelungen ebenso möglich wie Interessengegensätze. Das Potential zur

Kernkompetenzen als Werttreiber

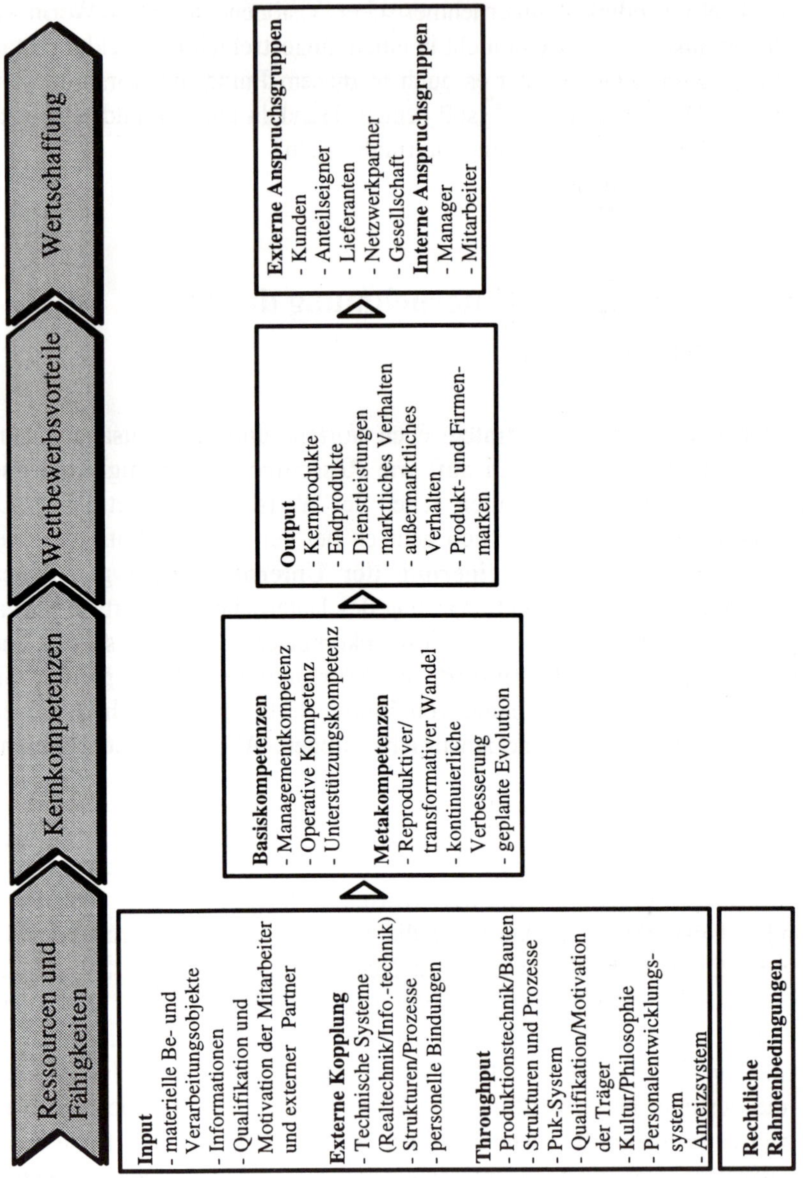

Wertschaffung

Wettbewerbsvorteile

Kernkompetenzen

Ressourcen und Fähigkeiten

Externe Anspruchsgruppen
- Kunden
- Anteilseigner
- Lieferanten
- Netzwerkpartner
- Gesellschaft

Interne Anspruchsgruppen
- Manager
- Mitarbeiter

Output
- Kernprodukte
- Endprodukte
- Dienstleistungen
- marktliches Verhalten
- außermarktliches Verhalten
- Produkt- und Firmenmarken

Basiskompetenzen
- Managementkompetenz
- Operative Kompetenz
- Unterstützungskompetenz

Metakompetenzen
- Reproduktiver/transformativer Wandel
- kontinuierliche Verbesserung
- geplante Evolution

Input
- materielle Be- und Verarbeitungsobjekte
- Informationen
- Qualifikation und Motivation der Mitarbeiter und externer Partner

Externe Kopplung
- Technische Systeme (Realtechnik/Info.-technik)
- Strukturen/Prozesse
- personelle Bindungen

Throughput
- Produktionstechnik/Bauten
- Strukturen und Prozesse
- Puk-System
- Qualifikation/Motivation der Träger
- Kultur/Philosophie
- Personalentwicklungssystem
- Anreizsystem

Rechtliche Rahmenbedingungen

Abb. 2/5

54

Wertschaffung und damit die Möglichkeit, verschiedenen Ansprüchen gerecht zu werden, steigt in jedem Fall mit der Stärke der Kernkompetenzen. Die besondere Bedeutung des Kernkompetenz-Ansatzes liegt also darin, daß er den Unternehmungen einen wirkungsvollen Hebel zur Wertschaffung in die Hand gibt. Kernkompetenzen steigern den Unternehmungswert.

Anspruchsgruppen (Stakeholder)	Kriterien der Wertschaffung
Kunden	■ Preis ■ Qualität ■ Service ■ Zuverlässigkeit ■ Produktinnovationen ■ individuelle Problemlösungen
Anteilseigner	■ Sicherheit der Anlage ■ nachhaltige Renditeentwicklung (ROI, ROCC) ■ Steigerung des Marktwertes
Manager	■ unternehmerische Gestaltungsmöglichkeiten ■ leistungsorientiertes Entgelt
Mitarbeiter	■ herausfordernde Aufgaben ■ Entwicklungschancen ■ Teamarbeit ■ leistungsorientiertes Entgelt ■ sichere Arbeitsplätze
Lieferanten	■ stabile Absatzbeziehungen ■ ROI
Netzwerkpartner	■ Informations- und Lernprozesse ■ Projektunterstützung ■ Produkt- und Verfahrensinnovationen ■ ROI
Gesellschaft	■ Erhaltung/Schaffung von Arbeitsplätzen ■ Umweltbewußtsein ■ Dialogfähigkeit

Abb. 2/6

- **Kernkompetenzen** sind die dauerhafte und transferierbare Ursache für den Wettbewerbsvorteil einer Unternehmung, die auf Ressourcen und Fähigkeiten basiert. Sie stellen strategische Vorteile dar, die im Input und/oder Throughput einer Unternehmung sowie in ihren externen Koppelungen begründet sein können.

- Nur wenige Unternehmungen besitzen Kernkompetenzen. Ihre Definition und Kultivierung ist eine besondere Aufgabe der Unternehmungsführung. Bildhaft gesprochen, handelt es sich darum, in die innerste Schicht einer dreischichtigen Unternehmungskompetenz vorzudringen. Die äußere Schicht ist dann erreicht, wenn die Fähigkeiten (wieder) ausreichen, um im Wettbewerb mitzuhalten und nicht zurückzufallen (Wettbewerbsfähigkeit). Auf der zweiten Schicht dieser „Kompetenzzwiebel" befindet sich eine Unternehmung, die sich Vorsprünge vor der Konkurrenz erarbeitet hat (Wettbewerbsvorteile). Erst wenn die Ressourcen und Fähigkeiten so entwickelt sind, daß diese Vorteile auf neue Produkte oder Märkte transferiert werden können, liegen Kernkompetenzen vor. Diese **Transferierbarkeit** ist das Spezifikum des „Kerns".

- Wer Wettbewerbsvorteile erlangen und erst recht, wer sie transferieren will, kann sich nicht mit reaktivem Handeln, mit „Anpassung" begnügen. Wer nur in der Defensive verharrt, kann keine Schlacht gewinnen. **Proaktives Verhalten** ist erforderlich. Neben die Flexibilität hat die Schlagkraft zu treten. Kernkompetenzen liefern die Grundlage für beide Fähigkeiten.

- Kernkompetenzen setzen sich aus **Basis-** und **Metakompetenzen** zusammen. Basiskompetenzen dienen der Beherrschung der vorhandenen Geschäfte. Zu ihnen zählen als generische Kompetenzen die Managementkompetenz, die operative Kompetenz und die Unterstützungskompetenz. Zur Weiterentwicklung der bestehenden sowie zum Aufbau neuer Geschäfte werden außerdem Metakompetenzen benötigt. Sie umschließen die Beherrschung einzelner Wandlungsprozesse (z.B. Produktentwicklung), die Installierung kontinuierlicher Verbesserungsprozesse sowie - im Idealfall - eine „geplante Evolution" der Unternehmung über einen längeren Zeitraum hinweg. Wer „Marktführer" sein will, muß „**Wandlungsführer**" werden. Kernkompetenzen bewirken dauerhafte und transferierbare Wettbewerbsvorteile.

- Aus der Sicht des Wertmanagements sind Kernkompetenzen vielseitig nutzbare **Wertetreiber**, die der Wertschaffung für die verschiedenen Anspruchsgruppen („stakeholder") dienen.

56

Drittes Kapitel

Strategischer Einsatz von Kernkompetenzen

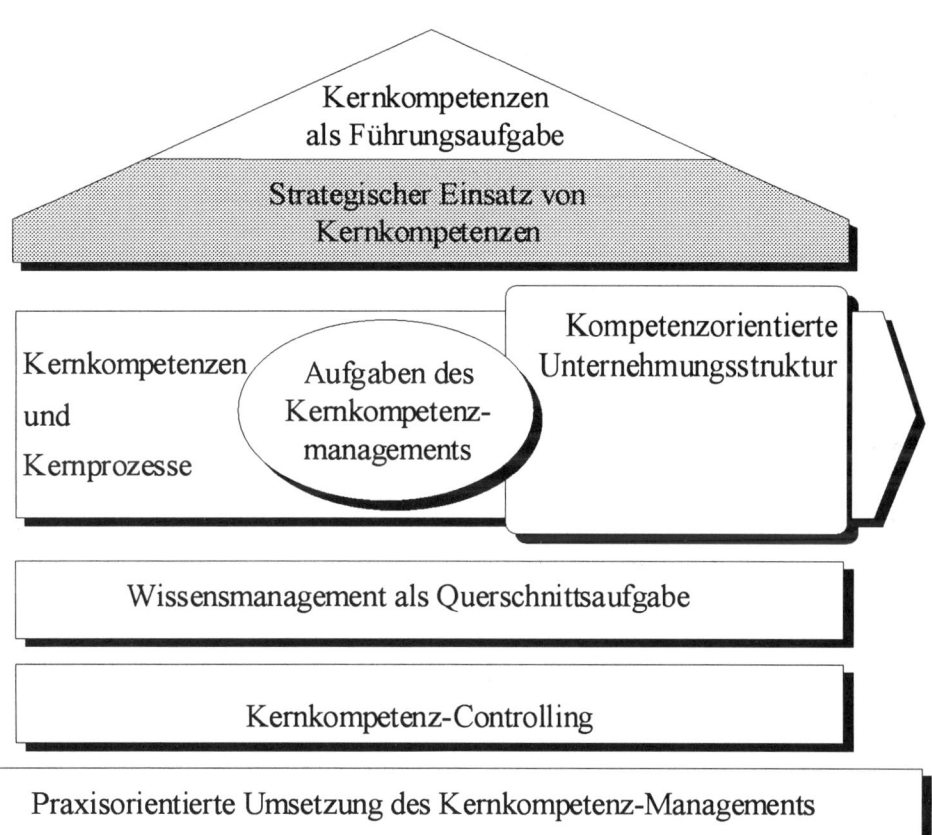

1. Das strategische Denkmodell: Marktorientierte Kernkompetenzen

1.1 Marktorientierter und ressourcenorientierter Ansatz im Vergleich

Strategische Analyse, so wie sie hier verstanden wird, ist im wesentlichen durch das **eigenständige Durchdenken** der Erfolgspotentiale und Erfolgspositionen der Unternehmung, einzelner Geschäftsfelder und Funktionen geprägt. Dem Einsatz standardisierter Hilfsmittel (z.B. Portfolioanalysen) sind dabei außerordentlich enge Grenzen gezogen. Ihre Anwendung, sofern vorhanden, untergräbt oft das eigene Nachdenken, statt es zu fördern. Um so mehr kommt es darauf an, in einer Arbeit wie dieser Denkhilfen zu geben. Für diesen Zweck gilt es, die zumeist impliziten Bezugsrahmen und Denkmuster, von denen sich die Strategieverantwortlichen leiten lassen, bewußt zu machen und zu verändern. Die Veränderung, die hier vorgeschlagen und angestrebt wird, ist durch eine Kombination zweier Denkschulen gekennzeichnet, die sich in Theorie und Praxis zunehmend als Alternativen gegenüberstehen: der marktorientierte und der ressourcenorientierte Ansatz.

■ **Der marktorientierte Ansatz**

Die Denkschule der 80er Jahre, von der, wissentlich oder unwissentlich, auch die Praxis bis heute weithin geprägt ist, ist der **marktorientierte Ansatz** (Market-based view). Stellvertretend für diese Schule können die Arbeiten von Porter stehen. Grundidee ist, daß eine Unternehmung die **Triebkräfte des Wettbewerbs** und damit die Marktstruktur zu analysieren und sich durch die Wahl einer sog. **generischen Strategie** ihre Position im Wettbewerb zu suchen habe. Die Strukturelemente der Branche und die zugehörigen Kräfte sind (nach Porter 1992, S. 26):

- Derzeitige Konkurrenten: Rivalität/Wettbewerbsintensität
- Potentielle neue Konkurrenten: Ausmaß der Bedrohung
- Abnehmer/Lieferanten: Verhandlungsstärke
- Ersatzprodukte: Bedrohung durch potentielle Substitutionskonkurrenz (Produkte und Dienste)

Anzumerken ist, daß Porters Ansatz eigene Stärken der Unternehmung und potentielle neue Kunden und Märkte nicht zu den Triebkräften des Wettbewerbs zählt. Hierin werden bereits - bei allen Verdiensten - die Grenzen von Porters Ansatz und damit auch des marktorientierten Denkens deutlich.

Die möglichen wettbewerbsstrategischen Optionen, die Porter in seiner berühmt gewordenen **Strategiematrix** darstellt, sind durch zwei Merkmale geprägt (vgl. Abb. 3/1 nach Porter 1989, S. 32):

- angestrebter Wettbewerbsvorteil: niedrige Kosten **oder** Leistungsdifferenzierung
- angestrebtes Wettbewerbsfeld: enges **oder** weites Ziel

Um Erfolg im Wettbewerb zu haben, muß sich die Unternehmung für eine der vier möglichen Kombinationen entscheiden. Eine unklare Position ("zwischen den Stühlen"/"stuck in the middle") ist zu vermeiden.

Die Portermatrix

		Wettbewerbsvorteil	
		Kostenvorteil	Leistungsvorteil
Wettbewerbsfeld	weit	Umfassende Kostenführerschaft	Umfassende Differenzierung
	eng	Kostenfokus	Differenzierungsfokus

Abb. 3/1

Die damit charakterisierte "Outside-in"-Perspektive führt zu einer konsequenten Kunden- und Wettbewerbsorientierung. Die im Rahmen des KOMPASS-Projekts in Gießen vorgenommene empirische Überprüfung zeigte in der Tat, daß besonders erfolgreiche Unternehmungen sich eindeutig durch klarere strategische Positionierungen von Mißerfolgsfällen abhoben (vgl. Krüger 1988).

Der marktorientierte Ansatz hat bei konsequenter Anwendung weitreichende Folgen, auch für die Aufbauorganisation einer Unternehmung. Um flexibel und kundennah agieren zu können, werden trennbare Geschäfte in weitgehend selbständigen Einheiten verankert. Das entstehende Grundmodell der Organisation ist das der **divisionalen Organisation** (Spartenorganisation). Produkte, Regionen oder Kunden bilden den Gegenstand der einzelnen Sparten, die vielfach als Profit Center, also gewinnverantwortlich, geführt werden (vgl. Kap. 6).

Gerade in den letzten Jahren ist eine erneute Restrukturierungswelle in Gang gekommen, die sich in gleicher Richtung bewegt: die **Management-Holding**. In diesem Modell der Konzernorganisation zieht sich die Muttergesellschaft aus dem operativen Geschäft zurück, das sie den rechtlich verselbständigten Töchtern überläßt. Die Konzernführung konzentriert sich auf die finanzielle oder die strategische Steuerung und Kontrolle (vgl. Kap. 6). Die Unternehmung wird als ein Portfolio von Geschäften interpretiert. Ihre methodische Unterstützung findet diese Denkweise in den verschiedenen Portfolioanalysen, bei denen es letztlich immer darum geht, ein im Sinne der Cash-flow-Balance ausgewogenes Geschäftsfeldportfolio zu erzielen.

■ **Der ressourcenorientierte Ansatz**

Seit Anfang der 90er Jahre wird in einer wachsenden Zahl von Aufsätzen der **ressourcenorientierte Ansatz** (Resource-based view, exemplarisch Rühli 1995; Bamberger/Wrona 1996; Barney 1991 u. 1996) diskutiert. Theoretischer Hintergrund dieser Denkweise ist die mikroökonomische Theorie, nach der in einem funktionierenden Markt jeder Wettbewerbsvorteil letztlich von der Konkurrenz beseitigt wird ("erodiert"). Strategische Vorteile können demgemäß nicht in Ergebnisvorteilen gesucht werden, wie denen von Porters Matrix. Vielmehr muß die Unternehmung bestrebt sein, sich durch eine geschickte und effiziente Kombination von Ressourcen und Fähigkeiten von ihren Wettbewerbern zu unterscheiden. Sie kann dies auf der Basis von Erfahrungs- und Lerneffekten, die nach außen nicht sichtbar und damit kaum kopierbar sind. Es entsteht ein dem Wettbewerber verborgenes Wissen ("tacit knowledge") (Rasche 1994, S. 96), das schwer erodierbare Vorteile zu gewinnen hilft. Der Kernkompetenz-Ansatz, insbesondere in der von Hamel/Prahalad (1994) vorgelegten Form, weist zwar einige Besonderheiten auf, muß aber wohl insgesamt dem ressourcenorientierten Ansatz zugerechnet werden. Der

Wettbewerb findet nach ihrer Ansicht nicht mehr auf der Ebene der Geschäftsfelder, sondern auf der Unternehmungsebene statt. Die Untereinheiten stellen keine selbständigen Quasiunternehmungen dar, sondern sie sind Speicher von Ressourcen und Fähigkeiten. Zum Managen der Kernkompetenzen ist ein Durchgriff der obersten Ebene, ein "Speicherzugriff", erforderlich.

Im strategiebezogenen Vergleich ist der marktorientierte Ansatz eher als anpassungsorientiert und defensiv einzustufen. Konventionelles ressourcenorientiertes Denken zieht sich sozusagen vollständig in das Innenleben der Wertschöpfungskette zurück, betrachtet im Grenzfall nur den Input, nimmt den Markt also als gegeben an und wäre insofern auch als anpassungsorientiert zu bezeichnen.

In diesem Punkt unterscheiden sich nun Hamel/Prahalad erheblich von den meisten anderen Autoren. Sie entwickeln das Ressourcendenken zum Kernkompetenzdenken weiter. Der Kernkompetenz-Ansatz erhebt den Anspruch, auf die Wettbewerbsstruktur durch Schaffung neuer Produkte und Märkte offensiv gestaltend einzuwirken. Dies verlangt einerseits zwar langen Atem für die Entwicklung und den Transfer von Kernkompetenzen. Andererseits entsteht dadurch die Chance, der Unternehmung eine dauerhafte und schwer angreifbare Position zu verschaffen. Diese wesentliche Weiterentwicklung der Ressourcenorientierung liegt den Eintragungen in Abb. 3/2 zugrunde.

■ **Offene Fragen der bisherigen Ansätze**

Bei allen Verdiensten von Hamel/Prahalad bleiben auch in ihrem Konzept einige Fragen offen, die letztlich auf Entwicklungsbedarfe aller bisherigen Ansätze verweisen. Diese Fragen einer hinreichenden Klärung zuzuführen, ist das Anliegen des vorliegenden Buches:

1. Wie lassen sich ressourcenorientierter und marktorientierter Ansatz wirkungsvoll zu einem integrierten Ansatz verbinden (vgl. Abschnitt 1.2 dieses Kapitels, das den Ansatz marktorientierter Kernkompetenzen vorstellt) ?

2. Was leistet ein auf die Weise weiterentwickelter Kernkompetenz-Ansatz für unterschiedliche Unternehmungsstrategien (vgl. Abschnitt 2 dieses Kapitels) ?

3. Welche konkreten Aufgaben hat das Management im Rahmen eines integrierten Ansatzes zu erfüllen und welcher Methoden und Techniken kann es sich dabei bedienen (vgl. Kapitel 4,7,8) ?

4. Welche Konsequenzen ergeben sich für die Prozesse und Strukturen der Unternehmung aus der Einführung eines integrierten Ansatzes (vgl. Kapitel 5,6) ?

5. Was ist zu tun, um den integrierten Ansatz in der Unternehmung einzuführen (vgl. Kapitel 9) ?

Vergleich des marktorientierten und des ressourcenorientierten Ansatzes

	Marktorientierter Ansatz	Kernkompetenzbezogener ressourcenorientierter Ansatz
Denkfigur	Unternehmung als Portfolio von Geschäften	Unternehmung als Reservoir von Fähigkeiten und Ressourcen
Allgemeine Zielsetzung	Wachstum durch Cash-flow-Balance im Laufe des SGF-Lebenszyklus	Nachhaltiges Wachstum durch Entwicklung, Nutzung und Transfer der Kernkompetenzen
Träger des Wettbewerbs	Geschäftseinheit gegen Geschäftseinheit	Unternehmung gegen Unternehmung
Konkurrenzgrundlage	Produktbezogene Kosten- oder Differenzierungsvorteile	Ausnutzung von unternehmungsweiten Kompetenzen
Charakter des strategischen Vorteils	- zeitlich befristet, erodierbar - geschäftsspezifisch - wahrnehmbar	- dauerhaft, schwer angreifbar - transferierbar in andere Geschäfte - verborgen ("tacit knowledge")
Strategiefokus	tendenziell defensiv: Ausbau und Verteidigung bestehender Geschäfte; Anpassung der Strategie an die Wettbewerbskräfte	tendenziell offensiv: durch Kompetenztransfer Weiterentwicklung alter und Aufbau neuer Märkte; Beeinflussung der Wettbewerbskräfte
Planungshorizont	eher kurz- und mittelfristig	betont langfristig
Rolle der Geschäftseinheiten	Quasiunternehmung, "Owner" von Personen und Ressourcen (Profit Center)	Speicher von Ressourcen und Fähigkeiten (Center of Competence)
Aufgabe des Topmanagements	Zuweisung von finanziellen Ressourcen an die strategischen Geschäftseinheiten	Integration von Ressourcen und Fähigkeiten auf Basis eines inhaltlichen Gesamtkonzepts

Abb. 3/2

1.2 Kombination der Ansätze: Marktorientierte Kernkompetenzen

1.2.1 Notwendigkeit der Integration

Hier wird nun die Überzeugung vertreten, daß die beiden charakterisierten Denkschulen keinesfalls Alternativen darstellen, zwischen denen man zu wählen habe. Ein Streit darüber, welcher der beiden Ansätze "richtig" sei, wäre ebenso sinnlos wie die Frage, ob das rechte oder das linke Auge für das Sehen wichtiger ist. Es kommt vielmehr darauf an, beide Konzepte zu integrieren. Dies geschieht im weiteren Verlauf, und es entsteht ein Ansatz **marktorientierter Kernkompetenzen**. Seine Notwendigkeit soll im folgenden anhand einiger Argumente begründet werden.

■ **Marktanalyse und Unternehmungsanalyse ergänzen sich**

Die Analyse der Wettbewerbskräfte und eine Analyse sowie die aktive Gestaltung der eigenen Ressourcen und Fähigkeiten schließen sich nicht aus, sondern ergänzen sich. Dieser Befund ist letztlich nur eine Erneuerung und Modifikation der im Strategischen Management altbekannten Aufgabe, am Beginn des Strategieprozesses sowohl eine Umfeldanalyse wie eine Analyse der eigenen Stärken und Schwächen vorzusehen.

■ **"Economizing" ist kein Ersatz für "Strategizing"**

Die Empfehlung an den Praktiker, die Vertreter des ressourcenorientierten Ansatzes abgeben, läuft letztlich auf eine sparsame Mittelverwendung hinaus (vgl. Williamson 1991, S. 76). Eigene Gestaltungsfreiheit i.S. einer strategischen Wahl, i.S. eines "Strategizing" habe die Mehrheit der Unternehmungen gar nicht, da, wie erwähnt, jeder Wettbewerbsvorteil erodiert werde. Selbst wenn diese Aussage überall zuträfe, was hier energisch bestritten wird, müßte auch für eine "sparsame Mittelverwendung" strategisches Denken in Stellung gebracht werden. Eine "ressourcenorientierte Strategie" hätte insbesondere zu klären, welche Ressourcen benötigt werden, wie und zu welchem Zweck sie zu kombinieren sind und auf welchen Geschäftsfeldern sie zum Einsatz gelangen sollen.

■ **Situativer Wechsel in der Relevanz der Marktsicht und der Ressourcensicht**

Betrachtet man die beiden Ansätze als strategische Instrumente, so ist zu fragen, unter welchen Bedingungen und auf welche Probleme das jeweilige Instrument "paßt". Geht man von dieser Sichtweise aus, so stellt man rasch fest, daß es sehr wohl unterschiedliche Problemsituationen gibt, die sich mehr für die eine oder die andere Denkschule eignen. Es gibt z.B. Käufermärkte und Verkäufermärkte, und es sind ggf. unterschiedliche Stadien eines Markt- und Produktlebenszyklus zu berücksichtigen. Je nach Situation wird man das **Haupt**augenmerk - nicht das alleinige Augenmerk - mehr auf die Ressourcen und Fähigkeiten oder mehr auf die externen Marktbedingungen richten. Ob eine Unternehmung eher markt- oder eher ressourcenorientiert denkt, kann also durchaus situativ wechseln. Es gibt zum einen Marktsituationen resp. Geschäfte, in denen sich eine Unternehmung nach außen verteidigen muß, z.B. auch durch Errichtung vielfältiger Markteintrittsbarrieren, zum anderen solche, in denen sie offensiv und innovativ die Spielregeln des Wettbewerbs prägen und verändern muß, um neue Wachstumsfelder zu erreichen.

Etwas vereinfacht ausgedrückt, betrachtet der marktorientierte Ansatz in erster Linie die **externe Position** der Unternehmung, der ressourcenorientierte konzentriert sich dagegen auf die **internen Potentiale** (Buchholz/Olemotz 1995, S. 27). "Einäugigkeit" in der einen wie der anderen Richtung ergäbe kein vollständiges Bild. Jeder Unternehmer muß die Wettbewerbskräfte **und** seine internen Stärken und Schwächen hinsichtlich der Ressourcen und Fähigkeiten gleichermaßen kennen.

■ **Über die Relevanz von Ressourcen und Fähigkeiten entscheidet der Markt**

Ob eine Unternehmung Kernkompetenzen besitzt und welche sie zu erwerben trachtet oder trachten sollte, entscheidet der aktuelle und zukünftige Markt. Insofern kann der ressourcenorientierte Ansatz nicht auf die Marktperspektive verzichten.

1.2.2 Kerneigenschaften als konzeptionelles Bindeglied

Unternehmerischer Erfolg, so wie er hier verstanden wird, stellt eine Wirkungskette dar, an deren einem Ende die Ressourcen und Fähigkeiten der Unternehmung, an deren anderem Ende die Bedürfnisse bzw. Probleme von Kunden stehen. Als Bindeglied in dieser Wirkungskette und damit als Verbindungsstück von ressourcen- und marktorientiertem Ansatz wird hier die Kategorie der **Kerneigenschaften** eingeführt (vgl. Krüger/Homp 4/96).

Die Unternehmung entwickelt ihre Ressourcen und Fähigkeiten zu Basiskompetenzen (Beherrschung der Geschäftsprozesse) und Metakompetenzen (Beherrschung der Unternehmungsentwicklung). Benötigt werden die Kompetenzen, um den Produkten und Leistungen, einzelnen Organisationseinheiten und der Unternehmung insgesamt solche Eigenschaften zu verleihen, die einen **besonderen externen Nutzen** stiften. Diese spezifischen Attribute, die eine Unternehmung und ihre Produkte auszeichnen und sie im günstigsten Fall unverwechselbar und einzigartig machen, stellen die **Kerneigenschaften** dar (z.B. technische Überlegenheit, Zuverlässigkeit, Preiswürdigkeit). Kerneigenschaften sind in jedem Falle Wettbewerbsvorteile. Da sie auf Kernkompetenzen beruhen, deren besonderes Merkmal die Transferierbarkeit ist, sind auch Kerneigenschaften im Prinzip transferierbar. Insofern reichen Kerneigenschaften weiter als konventionelle Wettbewerbsvorteile. Sie stellen transferierbare Wettbewerbsvorteile dar.

> **Kerneigenschaften** sind diejenigen Merkmale der Produkte und Leistungen einer Unternehmung sowie einzelner Organisationseinheiten, die einen besonderen externen Nutzen stiften und die transferierbar sind.

Das Thema: Kerneigenschaften

Das Beispiel: Dunlop

Sachverhalt: 1888 konstruierte der irische Tierarzt John Boyd Dunlop für das hölzerne Dreirad seines Sohnes die ersten Reifen, bestehend aus Kautschukschlauch mit Leinenummantelung. 1889 gründet Dunlop die erste Reifenfabrik in Dublin, bereits 1893 gibt es eine deutsche Tochtergesellschaft. 1993 erzielte diese Gesellschaft mit 1330 Mitarbeitern ca. 300 Millionen DM Umsatz.

Kernfunktionen: Kernfunktionen und zugehörige Technologien liegen in der Kautschukverarbeitung, der Kunststoffverarbeitung sowie der Textilverarbeitung.

Kerneigenschaften: Die Materialien sind so zu kombinieren, daß die fertigen Produkte Dauerelastizität und Dämpfung als Kerneigenschaften aufweisen.

Transfer: Ausgehend von Reifen und ihren Kerneigenschaften wurden weitere Produktsparten aufgebaut und neue Märkte erschlossen:

- Dunlopillo (Matratzen, Polster)
- Dunloplan (Bodenbeläge, Klebstoffe)
- Dunlop Slazenger (Tennisbälle, Sportartikel)

Die Dunlop Reifensparte wurde im übrigen 1985 in Deutschland aufgegeben.

66

Vom Standpunkt der Marktorientierung betrachtet ("Outside In"-Perspektive), dienen Kerneigenschaften dazu, Kundenbedürfnisse besser als die Konkurrenz befriedigen zu können. Sie stiften also einen **Kundennutzen**. Zwar sind die Kundenbedürfnisse grundsätzlich unbegrenzt, aber jeder Marktteilnehmer wird je nach seiner Situation Schwerpunkte bzw. Prioritäten in seinen Ansprüchen setzen. Im Falle von Endverbrauchern lassen sich aufgrund z.B. demographischer oder psychographischer Merkmale Gruppen mit homogenen Bedürfnissen bilden und zur Marktsegmentierung heranziehen. Zu ihrer Kennzeichnung sei hier der Ausdruck **Kernbedürfnisse** gewählt.

> **Kernbedürfnisse** sind solche Bedürfnisse, die im Mittelpunkt des Kundeninteresses (allgemein: Anspruchsgruppeninteresses) stehen, und von denen die Kaufentscheidung (allgemein: das Entscheidungsverhalten) maßgeblich abhängt.

Aus der Perspektive der Ressourcenorientierung gesehen („Inside Out"-Perspektive) sind Kerneigenschaften dazu da, den **Unternehmungswert** zu steigern. Die Befriedigung von Anspruchsgruppen, insbesondere Kunden, stellt eine Wertschaffung dar und erhöht

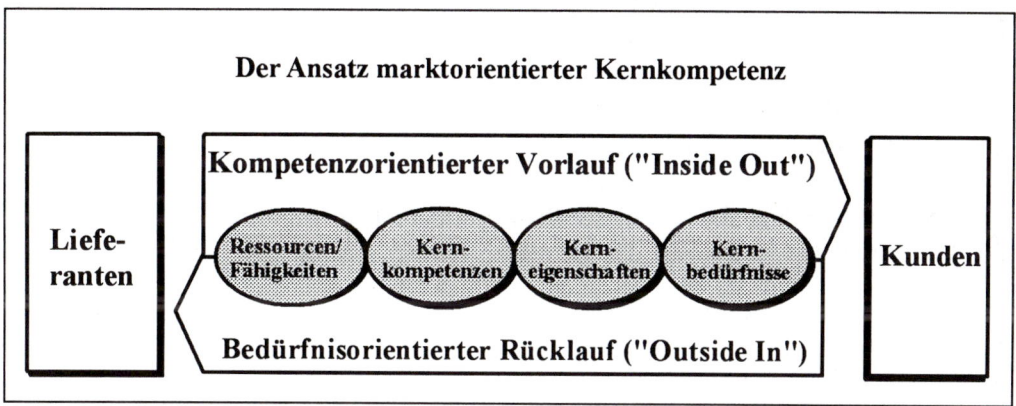

Abb. 3/3

im Erfolgsfall den Unternehmungswert. Wenn dies gelingt, ist die Verbindung von Markt- und Ressourcenorientierung erreicht. Die Unternehmung besitzt **marktorientierte Kernkompetenzen**.

Ressourcenorientierung einerseits, Marktorientierung andererseits behandeln also die gleiche Wirkungskette, nur von verschiedenen Blickrichtungen aus („Inside Out"- oder „Outside In"- Perspektive). Der Ansatz marktorientierter Kernkompetenzen verbindet beide Perspektiven miteinander (vgl. Abb. 3/3). Im weiteren Verlauf der Arbeit wird gezeigt, wie diese Wirkungskette in praktisches Handeln übersetzt werden kann. Hierzu dient insbesondere der Aufbau des sog. **Gegenstromverfahrens** (vgl. Kap. 4, Abschnitt 1.1).

Das Thema: Marktorientierte Kernkompetenzen

Das Beispiel: 3M

Sachverhalt: Was hier mit dem Begriff marktorientierte Kernkompetenzen gemeint ist, läßt sich am Beispiel 3M (Minnesota Mining & Manufacturing Corp.) erläutern. 1995 kamen 30 % des Umsatzes von Produkten, die weniger als 4 Jahre alt waren. Besondere Berühmtheit erlangte 3M mit den Post-it-Haftetiketten. Die Verbindung von Fähigkeiten und Ressourcen einerseits, Kundennutzen andererseits, kommt zunächst in folgender Aussage des CEO von 3M, L.D. De Simone, zum Ausdruck: „We`re going to do two principal things: be very innovative and satisfy our customers in all aspects" (Stewart 1996, S. 47). In zahlreichen Labors und Entwicklungsabteilungen erarbeiten 8.300 Forscher Wissen und Ideen, die ständig zu neuen Produkten umgesetzt werden. Die Kompetenz steckt vor allem in 33 sog. Technologie-Plattformen, die im 3M-Lexikon schon als Transferbasis definiert sind: „A technology from which we can generate multiple products for multiple markets" (Stewart 1996, S. 44). Eine davon ist die Oberflächenbehandlung. Ausgehend von der Herstellung von Linsen für Overhead-Projektoren (1964) entwickelte sich eine Fülle unterschiedlicher Produkte und Geschäfte für höchst vielfältige Verwendungszwecke wie z.B. Glasfiberkabel, reflektierende Straßenmarkierungen, Folien. Das Geschäftsvolumen, das auf dieser Plattform beruht, betrug 1994 rund $ 800 Mio.. Gemeinsames Merkmal ist das Herstellen feinster, präziser und gleichmäßiger Mikrostrukturen auf der Oberfläche der benötigten Materialien (z.B. Glas oder Kunststoff) (Quelle: Stewart 1996).

Interpretation: 3M besitzt in den sog. Plattformen je unterschiedliche, technologisch geprägte Kernkompetenzen (z.B. Oberflächenbehandlung). Die Geschäftsdefinition von 3M ist also nicht auf Produkten, sondern auf Technologien aufgebaut. Jede dieser Kernkompetenzen wird gespeist von den Ressourcen und Fähigkeiten in den Funktionen "Forschung und Entwicklung" sowie "Produktion". Diese beiden operativen Funktionen und die sie umschließenden Prozesse (z.B. Produktentwicklung) sind als Kernfunktionen bzw. Kernprozesse einzustufen. Andere Prozesse, so insbesondere die planenden und koordinierenden (Management-)Prozesse, scheinen eher schwach entwickelt zu sein.

68

Die Kerneigenschaften als wesentliche Verbindungslinie zwischen Unternehmung und Kunden sind sehr gut sichtbar. Die völlig unterschiedlichen Produkte der Plattform "Oberflächenbehandlung" z.B. zeichnen sich alle durch eine perfekte Oberflächengeometrie aus. Diese Eigenschaft wird je nach Kundenbedürfnis für vielfältige Problemlösungen genutzt.

2. Die strategischen Optionen

Die folgenden Abschnitte zeigen die Möglichkeiten, die ein konsequentes Umsetzen des Kernkompetenz-Denkens bietet. Es sind vor allem interessante strategische Optionen, die sich dem Kernkompetenz-Management eröffnen:

- Reorientierung auf allen Strategieebenen
- Intensivierung von Differenzierungs- und Kostenvorteilen
- Kombination von Differenzierungs- und Kostenvorteilen
- Erzielung zusätzlichen Wachstums
- Verstärkung der Angriffs- und Verteidigungsfähigkeit
- Erhöhung der Netzwerkfähigkeit

2.1 Reorientierung auf allen Strategieebenen

Kernkompetenzen bieten allen Strategieverantwortlichen eine besondere Chance, das grundlegende Selbstverständnis der Unternehmung und ihrer Einheiten aktiv zu überdenken und ggf. zu verändern. Zu erinnern ist an die schlichten Grundfragen, die es zu beantworten gilt:

- Was können wir überhaupt?
- Was können wir besser als andere?
- Wohin läßt sich unser Können übertragen?

■ Neuausrichtung der Unternehmungsstrategie

Die Beantwortung dieser Fragen kann zu einer neuen Gesamtvision der Unternehmung führen (Wer sind wir/wollen wir sein?). Eine Unternehmung kann also ihre Rolle im Markt kernkompetenzgestützt neu definieren: ein Bierhersteller wird zur Immobiliengesellschaft (Isenbeck), ein Sportartikel**hersteller** wandelt sich zum **Designer** und **Vermarkter** (Puma). Ein "integrierter Technologiekonzern" wandelt sich zu einem **"integrierten Verkehrskonzern"** (Daimler-Benz).

Diese Art von Veränderung läßt sich wandlungstheoretisch als **Reorientierung** bezeichnen. Dies bedeutet, daß sich die Unternehmung auf eine neue Gesamtstrategie ausrichtet und damit ihr Selbstverständnis zumindest deutlich modifiziert oder sogar grundlegend verändert. Die Betrachtungsebene ist dabei zunächst die Unternehmungsebene ("corporate level") des strategischen Managements. Die Folge davon sind durchgreifende und weitreichende - transformative - Umschichtungen, zunächst in allen anderen Strategieebenen ("business level", "functional level"), sodann aber auch in den Strukturen, Prozessen, Systemen und dem Humankapital. Dies wird bereits aus den genannten Beispielen deutlich.

■ Identifikation von Kern- und Randgeschäften

Zweite Strategieebene ist die Geschäftsfeldebene ("business level"). Die konventionelle Analyse und Bewertung von Geschäftsfeldern, insbesondere mit den bekannten Portfolioanalysen, ist zu ergänzen um eine Kernkompetenzanalyse. Dies betrifft den Teil der Portfoliobetrachtung, der sich auf die interne Dimension richtet. Wo sich die Analyse auf die Marktwachstums-/Marktanteilsmatrix (BCG-Matrix) stützt, sollte diese marktorientierte Bewertung durch eine interne Bewertung der gegenwärtigen und prospektiven **Kompetenzstärken** ergänzt werden. Geschäftsfelder, in denen Kompetenzstärke und Marktstärke vereint sind, haben als **Kerngeschäfte** zu gelten. Die übrigen sind, zumindest vorläufig, als **Randgeschäfte** eingestuft und müssen hinsichtlich ihrer Weiterführung genau überprüft werden.

> Als **Kerngeschäfte** sind solche Produkt-/Marktkombinationen einzustufen, in denen eine Unternehmung sowohl Kompetenzstärke wie Marktstärke besitzt.

Bei der Anwendung mehrdimensionaler Matrizen, insbesondere der Marktattraktivitäts-/ Geschäftsfeldstärken-Matrix, ist die Kernkompetenz zu einer maßgebenden Variablen der Geschäftsfeldstärke zu machen, um zu einer entsprechenden Aussage zu gelangen.

70

Die angestrebten Kernkompetenzen legen sich wie ein gemeinsamer Nenner resp. ein strategisches Band über die verschiedenen Geschäfte. Der Ausbau und ggf. Transfer von Kompetenzen bestimmt entlang dieser gemeinsamen Linie die Stoßrichtung des Vorgehens in den beteiligten Geschäftseinheiten.

Die marktbezogenen Strategieempfehlungen der BCG-Matrix (vgl. Henderson 1994, S. 286ff.) und die kompetenzbezogenen Einsichten können sich dabei durchaus widersprechen. Ein Geschäftsfeld mit einer "Poor-dog"-Position würde unter Marktgesichtspunkten zur Aufgabe anstehen. Wenn darin jedoch Kernkompetenzen oder Elemente von Kernkompetenzen enthalten sind, würde die Geschäftsfeldaufgabe auch Kompetenzverlust bedeuten. In diesem Fall sind vor allem Transfermöglichkeiten zu prüfen, um neues Wachstum zu erzielen.

Das Thema: Transfer von Kernkompetenzen

Das Beispiel: Pelikan

Jedes Schulkind in Deutschland kennt Pelikan, den Hersteller von Tinte für Füllfederhalter, die früher in Tintenfässern, später in Tintenpatronen abgefüllt wurde. In dem Maße wie andere Schreibgeräte den traditionellen Füllfederhalter in der breiten Anwendung verdrängen, verliert das Produkt Tinte an Bedeutung. Die Empfehlung zum Rückzug oder zur Aufgabe liegt nahe. Pelikan hat statt dessen das bewährte System der Tintenpatrone weiterentwickelt und auf Tintenstrahldrucker als einem völlig neuen Einsatzgebiet übertragen.

■ Konzentration auf die Kernfunktionen

Die Ebene der einzelnen Funktionen ("functional level") spielte bisher im Strategischen Management eher eine untergeordnete, instrumentale Rolle. In den Funktionen ging es vor allem um die operative Umsetzung von Strategien. In einer Profit Center-Organisation liegen die funktionalen Problemstellungen weitestgehend in der Verantwortung der Geschäftsbereichsleiter, also deutlich außerhalb des Blickfelds der Konzernspitze.

Der Stellenwert der Funktionen erfährt nun im Ansatz marktorientierter Kernkompetenzen eine entschiedene Aufwertung. Wie im einzelnen erläutert, sind die Kernkompetenzen unternehmungsweite Kategorien und müssen dementsprechend durch unternehmungsweite Betrachtung und Behandlung der erforderlichen Funktionen kultiviert werden. Kompetenzrelevante Funktionen avancieren zu **Kernfunktionen**. Sie sind Träger der marktrelevanten Kompetenzen, in ihnen stecken die strategischen Vorteile.

Für die Randfunktionen gilt konsequenterweise eine Art "Outsourcingverdacht", der zwar im einzelnen zu überprüfen ist, aber grundsätzlich sind Randfunktionen zur Disposition zu stellen. Spätestens beim Thema "Outsourcing" muß auch eine Unternehmung, die sich vorher noch nicht mit der Kernkompetenz-Thematik befaßt hat, hellhörig werden. Denn es ist unbedingt zu vermeiden, daß durch Outsourcing Kompetenz verlorengeht (vgl. Kap. 6). Genau dieser Effekt ist in der Praxis vermehrt zu beobachten. Er kommt einer Amputation des falschen Beins gleich und ist gleichermaßen tragisch.

Die Bedeutung der funktionalen Strategieebene ist in der Kernkompetenz-Strategie kaum zu überschätzen. Diese Ebene ist vom Grundsatz her sogar längerfristiger und überdauernder angelegt, als es die Geschäftsebene ist. Mit dem Kernkompetenzen-Ansatz geht also eine Renaissance funktionalen Denkens und, in Form der **"Center of Competence"**, auch eine entsprechend steigende Bedeutung der eigentlich der Vergangenheit angehörenden funktionalen Organisation einher.

■ **Einführung einer Prozeßstrategie**

Im herkömmlichen Strategischen Management werden die drei Strategieebenen des corporate, business und functional level unterschieden (vgl. Hax/Majluf 1991). Aus organisations- wie nunmehr auch aus kompetenztheoretischer Sicht ist außerdem die **Prozeßdimension** zu betrachten. Prozeßdenken und Prozeßorganisation überlagern und durchdringen die Strukturorganisation in immer stärkerem Maße. Manche Unternehmungen haben sogar die gesamte Organisation auf Prozesse ausgerichtet.

Wie erläutert, sind Kernkompetenzen nicht zuletzt in Prozessen bzw. Prozeßteilen verankert. Die Beherrschung funktionsübergreifender Prozesse wie Auftragsabwicklung oder Produktentwicklung ist es, worauf es mehr und mehr ankommt. Es ist zwingend erforderlich, für derartige **Kernprozesse** auch eine eigene Strategie zu entwickeln, selbstverständlich in Abstimmung mit den anderen Strategieebenen. Sie kann insbesondere der Realisierung von Zeitvorteilen dienen (z.B. kurze Durchlaufzeiten, Pünktlichkeit, Zuverlässigkeit).

> **Kernprozesse** sind funktionsübergreifende Prozesse, die wesentliche Beiträge zu den Kernkompetenzen einer Unternehmung leisten (vgl. Kap. 5).

■ Aufbau einer Netzwerkstrategie

Welche Art von Kernkompetenz auch immer existiert, zu welcher Art von Kerneigenschaften sie im einzelnen auch führen mag, eine auf den Kern konzentrierte Unternehmung hat Randbereiche in mehr oder weniger starkem Maße reduziert und auf Externe übertragen. Die entsprechenden Produkte (z.B. Vorprodukte) und Leistungen (z.B. Informationsdienste) werden also vom Markt bezogen. Dabei muß sichergestellt sein, daß Kosten- und/oder Qualitätsvorteile gegenüber der Eigenerstellung erzielt werden. Das verbleibende Ziel des strategischen Dreiecks ist die Zeit. Prozeßzeiten, Anpassungszeiten und Termintreue sind maßgebliche Kategorien des Wettbewerbs, der sich von einem Preis- und Qualitätswettbewerb weithin zu einem "**Responsewettbewerb**" verändert hat. Diese Ziele sind im Rahmen normaler Marktbeziehungen kaum sicherzustellen. Um die Qualitäts- und Kostenvorteile nicht um den Preis von Zeitnachteilen zu erkaufen, muß daher geeignete Vorsorge getroffen werden.

Die Antwort auf dieses Problem ist neben der internen Prozeßstrategie das Knüpfen unternehmungsübergreifender Netzwerke, vertikal als Abnehmer-/Zuliefererpartnerschaft, horizontal als strategische Allianz. Damit sind die externen Koppelungen und entsprechende Kompetenzen angesprochen. Durch geeignete technische, organisatorische, vertragliche und personelle Regelungen ist der notwendige Funktionsverbund sicherzustellen. Die Partner sind rechtlich selbständig, stimmen sich aber im Vorgehen ab und formulieren eine gemeinsame Strategie, eine sog. **kollektive Strategie**.

2.2   Intensivierung von Differenzierungs- und Kostenvorteilen

Als Grundlage praktisch jeder allgemein-strategischen Diskussion dienen heute die generischen Wettbewerbsstrategien nach Porter, der niedrige Kosten oder Leistungsdifferenzierung als angestrebte Wettbewerbsvorteile unterscheidet (1989). Porter geht von dem Prinzip der **Unvereinbarkeit** beider Strategien aus. Zur Analyse dieses Problems dient der nächste Gliederungspunkt. Hier ist zunächst zu prüfen, ob es einen Zusammenhang zwischen Kernkompetenzen und den Porterstrategien gibt.

Ziel einer **Differenzierungsstrategie** ist es, einzigartige Produkte anzubieten, die einen Besonderheitscharakter aufweisen und dem Kunden einen wahrnehmbaren, von ihm geschätzten Zusatznutzen bieten. Im Mittelpunkt steht somit die Steigerung des Kundennutzens. An dieser Stelle wird eine erste Verbindung zu den Kernkompetenzen sichtbar. Eine Kernkompetenz kann die Grundlage für einen Differenzierungsvorteil liefern. Der vom Kunden wahrgenommene Zusatznutzen ist dann die **Kerneigenschaft** des Produkts, die das **Kernbedürfnis** des Kunden befriedigt bzw. sein Kernproblem löst.

Das Thema: Kerneigenschaften und Kernbedürfnisse

Das Beispiel: Hailo

Hailo, ein deutscher Produzent von Aluminiumleitern, Bügelbrettern, Klapptritten und Metallregalen, löst Kundenprobleme durch die Kerneigenschaft „Standfestigkeit". Alle Produkte des Differenzierers Hailo zeichnen sich durch die Eigenschaft des sicheren und festen Stehens auf dem Boden aus. Im Falle der Leitern und Tritte wird das Kernbedürfnis des Kunden befriedigt, sicher größere Höhen zu erreichen. Jeder, der schon einmal auf einer wackeligen Leiter stand und jeder, der die Statistik der Haushaltsunfälle kennt, die für 1995 in Deutschland 47.000 Unfälle aufweist, weiß um die Bedeutung dieser Eigenschaft. Ausgehend von Leitern hat die Kerneigenschaft „Standfestigkeit" die Grundlage für eine Programmerweiterung in Richtung Bügelbretter und Metallregale gebildet, bei denen das gleiche Merkmal von Bedeutung ist. Welche Kernkompetenz, z.B. in der Aluminiumverarbeitung, hinter dieser deutlich wahrnehmbaren Eigenschaft steckt, ist für den Kunden nicht erkennbar.

Die zweite Porterstrategie, die **Kostenführerschaft**, hat den relativen Kostenvorsprung zum Ziel. Quelle des Wettbewerbsvorteils sind betriebsbedingte Kostenvorteile. Hamel/Prahalad argumentieren zwar, daß Kernkompetenzen vorwiegend für Differenzierungsstrategien zu nutzen sind. Eine genauere Analyse macht jedoch auch mögliche Zusammenhänge zur Kostenführerschaft deutlich. Kostenvorteile können zum einen auf kostengünstigerem Input oder effizienterem Throughput beruhen. Bereits hier können sich Know-how-Vorteile sehr wohl bemerkbar machen, z.B. in der Kenntnis der günstigsten Beschaffungsmöglichkeiten oder der perfekten Beherrschung der Produktionsverfahren mit einer entsprechend hohen Stoffausbeute und geringer Ausschußquote. Ein Wettbewerbsvorteil i.S. von Simon entsteht daraus dann, wenn sich die Kostenvorteile in einem vom Kunden wahrgenommenen und geschätzten Preisvorteil niederschlagen (vgl. Simon 1988, S. 461ff.).

Kostenvorteile können zum anderen auf der Basis von Kostendegressionseffekten entstehen, sei es, daß man Betriebsgrößenvorteile (economies of scale) nutzt oder Lerneffekte, wie sie im Vordergrund der sog. Erfahrungskurve stehen. Die Verbindungslinie der Kernkompetenzen führt zu den **Kernprodukten**. Kernprodukte als reale Verkörperung von einer oder mehreren Kernkompetenzen, die einen wesentlichen Wertbeitrag zum Endprodukt liefern (Prahalad/Hamel 1991, S. 73), bieten die Möglichkeit der Kostendegression durch Mehrfachverwendung in unterschiedlichen Endprodukten oder auf verschiedenen Märkten.

Hondas Kernprodukt z.B. sind 4-Zylinder-Motoren, die in eine Reihe verschiedener Endprodukte wie z.B. Autos oder große Stromaggregate eingebaut werden.

Canons Kernprodukt ist eine Tonereinheit, die weltweit in 84% aller Laserdrucker Verwendung findet.

Neben dem "Wettbewerbsvorteil" verwendet Porter das Merkmal "Wettbewerbsfeld" für die Unterscheidung von Strategievarianten. Eine Unternehmung muß sich danach zwischen einer Nischenposition und der Marktführerschaft entscheiden, um außergewöhnlichen Erfolg zu haben. Ein mittlerer Marktanteil ist wiederum nachteilig und entspricht der Position "zwischen den Stühlen". Hinter dieser Aussage steht die Hypothese, daß der Zusammenhang zwischen Rentabilität und Marktanteil einen U-förmigen Verlauf aufweist.

Normalerweise dürfte es einfacher sein, eine Nische als Differenzierer zu besetzen. Diese Position läßt sich mit Hilfe der beschriebenen Kompetenzunterstützung sicherlich gut erreichen und behaupten. Das gleiche gilt auch für Versuche der Marktausweitung. Je branchenweiter man auftritt, desto stärker sind die Erosionsgefahren und desto hilfreicher kann sicherlich eine starke Kernkompetenz sein, da sie die eigene Position festigt und Verteidigungsmöglichkeiten eröffnet.

2.3 Kombination von Differenzierungs- und Kostenvorteilen

Porter geht grundsätzlich davon aus, daß die Kombination von Differenzierungs- und Kostenvorteilen unmöglich bzw. unzweckmäßig sei (**Unvereinbarkeitsthese**). In der Literatur gibt es allerdings auch gegenteilige Auffassungen (vgl. Miles/Snow 1986, Gilbert/Strebel 1985, Corsten 1995), die eine simultane Verfolgung beider Vorteilskategorien für möglich halten (**Simultanitätsthese**).

Hinsichtlich der Kompetenzproblematik stützt eine ganz allgemeine Betrachtung Porters Auffassung. Es erscheint i.a. plausibel, daß ein Kostenführer gänzlich andere Fähigkeiten benötigt als z.B. ein Luxusartikler (z.B. Delikatessengeschäft vs. Discounter). Will man die Zusammenhänge genauer klären, sind einige zusätzliche Details zu analysieren.

■ Metakompetenzen als Grundvoraussetzung

Für eine weiterführende Analyse ist zunächst daran zu erinnern, daß zwischen Kosten- und Qualitätszielen regelmäßig sachtechnisch bedingte Zielkonflikte bestehen. Höhere Leistung wird regelmäßig zu höheren Kosten führen. In den letzten Jahren sind im Zuge wachsenden Wettbewerbsdrucks und zur Befriedigung anspruchsvoller und preissensibler werdender Nachfrager große Anstrengungen unternommen worden, um **gleichzeitig** die Ziele des "strategischen Dreiecks" (Zeit, Kosten, Qualität) zu erreichen. Vielfach entsteht der Eindruck, als ob dies gelungen sei und es nunmehr eine Zielharmonie gäbe. Nicht abschließend geklärt ist, ob es sich dabei tatsächlich um einen allgemeinen Trend handelt, oder ob sich eine vollständige Harmonisierung nur in Einzelfällen zeigt, die Mehrheit der Unternehmungen aber schon zufrieden ist, Kostensenkungen bei gleichbleibender Qualität bzw. Qualitätssteigerungen ohne Kostenerhöhungen zu erreichen (vgl. Frese/v.Werder 1994).

Die Aufhebung von Zielkonflikten (bei unveränderten Zielen) kann nur durch den Einsatz neuartiger Zielerreichungsalternativen gelingen. Genau hier liegt auch der Schlüssel zur Realisierung der spannungsgeladenen Ziele des strategischen Dreiecks. Gefordert ist ein **grundlegender Wandel** und das Entwickeln **innovativer Lösungen**. Je innovativer die erreichten Struktur- und Prozeßveränderungen, desto weiter reicht die neue Zielharmonie. Um einen nachhaltigen Erfolg zu erzielen, kann man sich allerdings immer weniger mit einmaligen Änderungen begnügen, sondern muß einen **kontinuierlichen Verbesserungsprozeß** anstreben. Die "einfache" Geschäftsprozeßkompetenz genügt nicht.

Zur Kernkompetenzproblematik ergeben sich aus diesen Überlegungen deutliche Querbeziehungen. Wer Zielharmonie anstrebt, also hohe Qualität und niedrige Kosten kombinieren will, muß erhebliche Unternehmungsveränderungen bewerkstelligen. Er braucht also Metakompetenzen (Entwicklungskompetenzen). Will man die Unvereinbarkeitsthese überwinden, so ist der Aufbau von Kompetenzen des Wandels, des Innovierens und des Lernens unverzichtbar. Das Fehlen ausreichender Kompetenzen dürfte ein Grund sein, warum viele Wandlungsprozesse, z.B. des Business Reengineering, scheitern.

■ Bedingungen einer sequentiellen Kombination

Die Unvereinbarkeitsthese soll hier etwas differenzierter betrachtet werden. Können Kosten- und Differenzierungsstrategie **nacheinander** gewählt werden? Aus der Sicht der Kernkompetenzen betrachtet, dürfte die **Ausgangsstrategie** hierfür entscheidend sein. Liegt zu Beginn eine **kostenorientierte** Vorgehensweise zugrunde, so ist nicht zu erkennen, wie hieraus Differenzierungsvorteile erwachsen sollen. Allenfalls können Kostenführer die notwendigen finanziellen Ressourcen akkumulieren, die sie anschließend benutzen, um Differenzierungskompetenzen aufzubauen. Dies bedeutet, daß der Wechsel

76

von einer Kosten- zu einer Differenzierungsstrategie den Aufbau neuer Kernkompetenzen erfordert und somit nur langfristig möglich ist. Sollte dieser Kompetenzaufbau gelingen, dann hätte die Unternehmung **anschließend** die Möglichkeit einer **simultanen Kombination**.

Ganz anders stellt sich die Sachlage dar, wenn ein **Differenzierer** Kostenvorteile anstrebt. Durch geschickte Ausdehnung und Übertragung seiner vorhandenen Kompetenz ist er grundsätzlich in der Lage, eine bessere Kostenposition zu erreichen. Dies ist auch ohne den Aufbau neuer Kernkompetenzen und somit kurzfristig möglich. Sei es, daß er z.B. durch Programmerweiterung im Bereich seiner eigenen Endprodukte vorhandene Kernprodukte mehrfach einsetzen und dadurch in größeren Stückzahlen produzieren kann ("Baukastenprinzip"). Oder sei es, daß er seine Kernprodukte (z.B. Motoren) getrennt vom Endprodukt verkauft, sich dadurch neue Kundenkreise erschließt und das erzielte Mengenwachstum wiederum für Kostenvorteile nutzt. Auch in diesem Fall verfügt der Anbieter anschließend über die Möglichkeit, nach dem aufgebauten Differenzierungsvorteil durch die Realisierung von economies of scale einen Kostenvorteil aufzubauen. Bleibt der Differenzierungsvorteil dabei bestehen, kommt es zu einer **simultanen Kombination** beider Wettbewerbsvorteile

■ **Bedingungen einer simultanen Kombination**

Die Simultanitätsthese geht davon aus, daß beide Vorteilsarten **gleichzeitig** verfolgt werden können (**simultane Kombination**).

Im Bereich der **Basiskompetenzen** dürfte eine **gleichzeitige** Verfolgung beider Strategieschwerpunkte beim Markteintritt genauso konfliktgeladen sein wie im Bereich des Zielsystems. Ein Anbieter, der eine ausgeprägte Niedrigpreisstrategie fahren will, muß insbesondere im Bereich der operativen Prozesse über andere Ressourcen und Fähigkeiten verfügen als ein Premiumanbieter. Je stärker ausgeprägt beide Arten von strategischen Vorteilen sein sollen, desto schwieriger wird es sein, die erforderliche Bandbreite von Ressourcen und Fähigkeiten sicherzustellen. Die These **simultaner Kombination** kann also allenfalls **eingeschränkte Gültigkeit** besitzen, z.B. in dem Sinne, daß ein Anbieter innerhalb einer Preisklasse nach der jeweils besten Leistung oder innerhalb einer Qualitätsstufe nach der kostengünstigsten Lösung strebt. Darauf bezieht sich im übrigen die von Porter als Paritätsposition bezeichnete Konstellation (vgl. Porter 1986, S. 33ff.). Analytisch denkbar ist der Übergang von der sequentiellen Kombination in eine simultane Kombination. Den Differenzierungsvorteil sichert die Kernkompetenz durch ihren überragenden Kundennutzen und den gleichzeitigen Kostenvorteil ermöglicht das Kernprodukt, welches durch die Mehrfachnutzung Degressionseffekte auslöst.

Das Thema: Kombinationsstrategien

Die Beispiele: Honda und Toyota

Honda hat sich auf die Herstellung von 4-Zylindermotoren spezialisiert, die sich z.B. in Kerneigenschaften wie Laufruhe und Haltbarkeit auszeichnen. Aufgebaut wurden diese Differenzierungsvorteile im Motorradgeschäft und danach auf das Automobilgeschäft übertragen. Hier wurde die Kompetenz des Motorenbaus nicht nur im Geschäftsfeld der PKW und LKW eingesetzt, sondern noch durch ein erfolgreiches Engagement in der Formel 1 erweitert.

Mit dem Eintritt von Yamaha in das Motorradgeschäft erodierte der Leistungsvorteil Hondas. Zur Abwehr des Angriffs nutzte Honda, im Sinne einer sequentiellen Kombination, den Kostenvorteil des Kernprodukts "4-Zylindermotor" zur agressiven Preisgestaltung. Die Kostendegression durch die Verwendung des gleichen Kernproduktes in Motorrädern, PKW, Hochleistungsstromaggregaten und in Außenbordmotoren für Schiffe ermöglichte diesen Preisspielraum.

Dieses Vorgehen wurde anschließend zur Überwindung von Markteintrittsbarrieren im Automobilgeschäft genutzt. Neue internationale Märkte wurden mit Hilfe des Kostenvorteils betreten. Im weiteren Verlauf festigte Honda seine Marktposition durch Aufbau eines Differenzierungsvorteils. Im Ergebnis dieser Strategiesequenzen verfügt Honda über simultane Kombinationsmöglichkeiten.

Anders im Fall von Toyota. Auf der Grundlage einer simultanen Kombinationsstrategie vollzog sich der Angriff von Toyota in der Luxusklasse. Nach Jahren des Marktaufbaus in der Kompakt- und Mittelklasse entwickelte Toyota mit dem Lexus ein völlig neues Fahrzeug der Luxusklasse, das sowohl in den Ausstattungs- und Leistungsmerkmalen deutliche Vorteile gegenüber den in den USA etablierten Anbietern aufwies, als auch preislich weitaus niedriger lag. Die neue Marke wurde über ein neues Händlernetz äußerst erfolgreich plaziert.

2.4 Erzielung von zusätzlichem Wachstum

Für grundlegende Analysen der möglichen Formen des Unternehmungswachstums ist Ansoffs Produkt-/Markt-Matrix, die auf der relativen Neuheit von Produkten bzw. Märkten aufbaut, ein unverändert geeignetes Instrument (vgl. Ansoff 1957, S. 113ff.). Sie zeigt vier Wachstumsstrategien, die im folgenden auf ihre Unterstützbarkeit durch Kernkompetenzentwicklung untersucht werden.

Marktdurchdringung liegt vor, wenn die Unternehmung eine Absatzsteigerung der vorhandenen Produkte auf bereits bedienten Märkten (Kundengruppe bzw. Region) anstrebt. Hierfür bedarf es auf jeden Fall der Wettbewerbsfähigkeit als Kompetenz erster Ordnung, und selbstverständlich sind auch Wettbewerbsvorteile und damit Kompetenzen zweiter Ordnung von Nutzen. Kernkompetenzen (Kompetenzen dritter Ordnung) sind für eine Marktdurchdringung dagegen nicht erforderlich.

Marktentwicklung bedeutet zunächst eine Absatzsteigerung bestehender Produkte auf geographisch neuen Märkten. Der damit angesprochene Markteintritt wird in dem Maße schwierig sein, wie die Marktverhältnisse wechseln. Bühner verwendet den Begriff der Regionaldiversifikation (1993, S. 23). Als Marktentwicklung läßt sich aber auch der Verkauf vorhandener Produkte an neue Kundentypen bezeichnen. Erforderlich ist in beiden Fällen vor allem die Übertragung vorhandener Managementfähigkeiten sowie operativer Fähigkeiten im Verkauf und der Logistik auf die neuen Regionen bzw. Kunden. Daran wird deutlich, daß Marktentwicklung als Wachstumsstrategie durch Kernkompetenzen erleichtert wird. In dem Fall sind in erster Linie Basiskompetenzen angesprochen. Wie schwer ein solcher Transfer ist, zeigt z.B. der relative Rückstand, den auch sonst äußerst erfolgreiche deutsche Exporteure in Südostasien aufweisen. Die Frage stellt sich in diesen wie in ähnlichen Fällen, wo die Grenze von einem Transfer **vorhandener** zur Entwicklung **neuer** Kompetenzen zu ziehen ist.

Produktentwicklung bedeutet Wachstum durch die Ablösung bisheriger Produkte durch neue Produkte auf den bestehenden Märkten. Hierfür bieten Kernkompetenzen hervorragende Ausgangspunkte. Dies gilt sowohl für Nachfolgeprodukte wie für eine Programmerweiterung um Produkte mit hoher Produktverwandtschaft, aber auch für eine Entwicklung eher heterogener Sortimente, ein Fall, den Bühner als Produktdiversifikation bezeichnet (1993, S. 23).

Sony besitzt die Kernkompetenz der Miniaturisierung und hat auf dieser Basis im Markt für HiFi-Geräte zahlreiche neue Produkte herausgebracht, so z.B. den Walkman, den Discman und Mini-HiFi-Anlagen. Sony bedient außerdem den Markt für Speichermedien und vertreibt Musikkassetten und Videokassetten. In Zukunft soll die Compact Disc noch kleiner werden und in Form der Mini-CD die Tonbandkassette ablösen. Hier wird eine **Produktentwicklung** sichtbar, die ohne Kernkompetenz schwerlich möglich wäre.

Von **Diversifikation** spricht Ansoff, wenn neue Produkte auf neuen Märkten abgesetzt werden. Diese Form der Diversifikation führt tendenziell zu Konglomeraten. Basierend auf dem Gedanken der Risikostreuung, aber auch der Synergienutzung, ist diese Strategie zunächst ebenso hoffnungsvoll verfolgt worden wie sie später kritisiert wurde. Konglomerate Diversifikation birgt die Gefahr der Verzettelung bzw. der mangelnden Beherrschbarkeit heterogener Geschäfte. Der Rückzug auf das Kerngeschäft, derzeit weithin zu beobachten, macht dies deutlich. Um Diversifikation erfolgreich durchzuführen, sind in jedem Fall Managementkompetenzen erforderlich. Dies um so stärker, je höher der Führungsanspruch der Spitze ist. Insbesondere, wenn außer der finanziellen eine strategische oder gar operative Führung der unterschiedlichen Geschäfte angestrebt wird, zeigt sich, ob entsprechende Fähigkeiten vorhanden sind. Hinzu kommt vor allem bei Diversifikation durch Aquisitionen die Notwendigkeit der Strukturveränderung und damit die Erfordernis, Wandlungs- und Lernfähigkeiten zu kultivieren. Der Fehlschlag, den Daimler-Benz mit den zahlreichen Akquisitionen der Vergangenheit und dem vergeblichen Versuch, einen integrierten Technologiekonzern zu formen, erlitten hat, ist mit Sicherheit auch auf Kernkompetenzdefizite zurückzuführen.

Sind Kernkompetenzen vorhanden, so bieten sich der Diversifikation allerdings sehr wohl gute Chancen. Insbesondere durch Transfer technologischer operativer Kompetenzen (z.B. Miniaturisierung) läßt sich eine "Single-Skill-Multi-Business"-Strategie (Bühner 1993, S. 37) aufbauen. Dabei können sehr wohl Geschäfte entstehen, die von außen betrachtet völlig heterogen wirken, die aber von einem gemeinsamen Kernkompetenzband zusammengehalten werden.

> **Olympus** z.B. hat seine im Kamerabau gewonnenen Fähigkeiten (Optik, Feinmechanik, Elektronik) genutzt, um in die Medizintechnik einzudringen und ist mittlerweile einer der Weltmarktführer bei Endoskopen, also Kleinstkameras, die mittels Sonden zur Diagnose z.B. in den Magen eingeführt werden können.

Insgesamt zeigt diese Betrachtung sehr deutlich, daß der Aufbau und der Transfer von Kernkompetenzen erheblich zu einer soliden, aber auch innovativen Wachstumspolitik beitragen können. Selbst die traditionell schwierigen Diversifikationsversuche können zukünftig durch Kernkompetenz-Management erfolgreicher gestaltet werden.

2.5 Verstärkung der Angriffs- und Verteidigungsfähigkeit

Unternehmungskompetenz bedeutet Stärke. Eine Verbesserung der Kompetenz führt daher zu einem Zuwachs an **strategischer Kraft**. Gegenüber dem Kunden erbringt dies einen erhöhten Kundennutzen und verbessert möglicherweise die Kundenbindung. Strategische Kraft, aufbauend auf den jeweiligen Ressourcen und Fähigkeiten, kann allerdings auch gegenüber Wettbewerbern im Kampf um den Markt in Stellung gebracht werden. Sieht man von Allianzen zunächst ab, so ist der "Kampf um den Markt" im wesentlichen durch **Angriffs- und Verteidigungsaktionen** gekennzeichnet. Selbstverständlich ist "Stärke" im weitesten Sinne dabei ein entscheidender Faktor. Allerdings ist nicht jede Art von Stärke für jede Art von Bewegung im Wettbewerb gleichermaßen verwendbar.

Es gibt strategische Vorteile, wie z.B. geschützte, starke Marken oder Patente oder das Know-how eines Krisenmanagers, die eher **defensiven** Charakter tragen, also vor allem als Markteintrittsbarriere dienen. Und es gibt andere Vorteile, wie z.B. technologische Spezialkenntnisse, die zum Eindringen in neue Märkte und damit zu Angriffsoperationen fähig machen.

Die Transferierbarkeit als das entscheidende Merkmal der Kompetenz 3. Ordnung (Kernkompetenz) spielt in allen Fällen eine große Rolle. Transfer innerhalb eines Sortiments/Markts oder beim Aufbau neuer Sortimente und Märkte ist für Offensiv- wie Defensivoperationen gleichermaßen von Interesse.

Angriff und Verteidigung wechseln einander ab, und sie können in jeder Phase des Lebenszyklus von Produkten und Märkten, aber auch in jedem Stadium der Unternehmungsentwicklung auftreten. Es gibt also im Zeitablauf keine "typischen Angriffs- oder Verteidigungsphasen".

Von besonderem Interesse für Angriffs- und Verteidigungsbewegungen sind die Überlegungen zu den **Kombinationsstrategien**. Dort wurde bereits gezeigt, daß Differenzierungsvorteile einen guten Ausgangspunkt für die sequentielle und im Verlauf auch die simultane Kombination bieten. Zunächst geht es darum, "Differenzierungskompetenz" zum Markteintritt zu nutzen. "Markteintritt" in einen vorhandenen Markt ist nichts anderes als eine Angriffsoperation. Bestimmte Marktteilnehmer müssen ins Visier genommen werden, und es muß versucht werden, ihnen Kunden abzugewinnen. Gelingt dies oder wird sogar ein Markt mit neuen Produkten erst geschaffen (Pionier), so ist die erreichte Position durch Differenzierungsvorteile gekennzeichnet. Sie bieten Schutz vor Gegenangriffen bzw. führen zu entsprechenden Markteintrittsbarrieren gegenüber Folgern. Im günstigsten Fall gelingt es einem Differenzierer, den Industriestandard zu prägen.

Anschließend kann versucht werden, Kostensenkungspotentiale aufzubauen, z.B. durch Mehrfachnutzung von Kernprodukten oder durch Kompetenztransfer. In der Wachstumsphase bietet dies zusätzlich zur Mengendegression die Möglichkeit, dem Markteintritt von Folgern mit Preissenkungen zu begegnen, also eine erfolgreiche Verteidigung durchzuführen. In der Reife- und Degenerationsphase läßt sich das Kostensenkungspotential auch dazu nutzen, schwächere Konkurrenten zu attackieren, im Erfolgsfall ihren Marktanteil zu übernehmen, den eigenen Marktanteil also zu erhöhen und in einem stagnierenden oder schrumpfenden Markt die Umsätze zu halten oder sogar zu erhöhen.

In einem "endgame" müßte die Kernkompetenz im Grenzfall dazu ausreichen, den verbleibenden Restmarkt zu halten. Vor allem aber ist ein rechtzeitiger Transfer in neue Märkte anzustreben, um so neue Wachstumsfelder zu erreichen. Die Kernkompetenz wäre im Erfolgsfall dann ein Garant für das längerfristige Überleben.

Für jeden der hier behandelten Fälle gilt, daß die Unternehmung nicht nur über Basiskompetenzen, sondern auch über Metakompetenzen (Entwicklungskompetenzen) verfügen muß. Dies gilt um so mehr, je stärker und schneller sich die Marktverhältnisse ändern. Die Angriffs- wie die Verteidigungsfähigkeit sind eine Funktion beider Kompetenzarten. Erst die Wandlungsfähigkeit verleiht der Beherrschung der Geschäftsprozesse Beweglichkeit und Schwungkraft. Die Wandlungs- und Innovationsfähigkeit ist in ganz besonderem Maße für jede Form von Transfer vonnöten, und sie kann durchaus Schwächen im Bereich der Basiskompetenzen - in Grenzen - kompensieren.

2.6 Erhöhung der Netzwerkfähigkeit

In steigendem Maße werden vor allem bei international oder sogar weltweit tätigen Unternehmungen die Möglichkeiten von Partnerschaften genutzt, sei es vertikal (Abnehmer-Zuliefererkooperation) oder horizontal mit Konkurrenten (strategische Allianzen). Es entstehen dann Netzwerkstrukturen, in denen gemeinsame Strategien der Entwicklung, Produktion oder Vermarktung verwirklicht werden.

Das Eingehen von Partnerschaften ist keineswegs ein Zeichen von Schwäche, im Gegenteil. Man wird als Partner auf Dauer nur dann wirklich interessant sein, wenn man "etwas zu bieten hat". Wiederum geht es dabei letztlich um strategische Stärke. Gemeinsam stark sein - in welcher Hinsicht auch immer - kann man nur, wenn jeder Partner einen aktiven Beitrag zu leisten imstande ist. Die Entwicklung von Kompetenz verbessert insofern im Prinzip auch die **Netzwerkfähigkeit**. Durch Partnerschaften kann sodann eine spezifische Hebelwirkung entstehen, wenn das Netzwerk seinerseits zur Erhöhung der Kompetenz genutzt wird, dies vor allem durch Lernprozesse.

Das Thema: Netzwerkstrukturen

Das Beispiel: Obi

Obi ist mit einem Umsatz von 4,6 Mrd. DM (1995) und 300 Märkten in Deutschland der Marktführer im Bereich der "Do it yourself"- Baumärkte. Organisiert ist Obi nicht als Konzern, sondern als Netzwerk aus rechtlich und wirtschaftlich selbständigen, mittelständischen Unternehmungen, die durch Franchise-Verträge zusammengeschlossen sind. Den Kopf dieses Netzwerks bildet eine sog. **Systemzentrale**, die bereits während der Gründungsphase eines neuen Baumarktes mit Standortbeurteilungen und Analysen dem Unternehmer zur Seite steht. Die Systemzentrale beschränkt sich ansonsten auf Unterstützungsaktivitäten, so insbesondere auf das Cash-Management, Steuerrecht, Warenwirtschaft, EDV und Organisationsentwicklung.

Der größte Vorteil dieses Netzwerks liegt jedoch in der **Informationsversorgung**. Die einzelnen Märkte geben ihre Erfahrungen über Produkte oder Kundenwünsche an die Systemzentrale weiter, die diese wiederum anderen Märkten zur Verfügung stellt. Diese Art eines Informationsnetzwerks hat sich besonders positiv auf die Erweiterung des Leistungsangebots der einzelnen Märkte ausgewirkt. So stammt die Idee, einen Bereich für Bilder und Rahmen in den Baumärkten einzurichten, aus den Märkten in Gießen, die ihre Idee an die Systemzentrale weitergegeben haben. Dieser umsatzstarke Bereich wird mittlerweile bundesweit in Obi-Märkten angeboten.

Ein weiterer Vorteil der Obi-Märkte liegt in ihrer **Beratungskompetenz**. Die hierfür erforderliche Zeit der Mitarbeiter wird durch die vertikalen Netzwerke mit den Zulieferern freigesetzt. Der Zulieferer sortiert die angelieferte Ware direkt in die Regale. Durch diese Aufgabenverteilung können sich die Obi-Mitarbeiter vollkommen dem Kunden widmen, da die zeitintensive Regalpflege entfällt.

■ Der in Theorie und Praxis sehr stark betonte Gegensatz zwischen Marktorientierung und Ressourcenorientierung ist durch eine Integration zu überwinden, da für eine erfolgreiche Unternehmungsführung beide Perspektiven ebenso wichtig sind wie zwei Augen für ein befriedigendes Sehvermögen. Der hier vorgestellte Ansatz **marktorientierter Kernkompetenzen** leistet diese Verknüpfung.

■ Das konzeptionelle Bindeglied zwischen „Markt" und „Ressourcen" bilden die **Kerneigenschaften.** Darunter sind solche Merkmale der Produkte, Leistungen oder Unternehmungseinheiten zu verstehen, die einen besonderen Kundennutzen (allg.: externen Nutzen) stiften und die transferierbar sind. Kerneigenschaften sind also transferierbare Wettbewerbsvorteile. Sie reichen damit weiter als konventionelle Wettbewerbsvorteile. Dauerelastizität und Dämpfung sind z.B. zwei Kerneigenschaften von Reifen. Sie lassen sich übertragen auf Produkte wie Tennisbälle oder Matratzen. Kerneigenschaften beruhen auf Kernkompetenzen. Sie schlagen eine Brücke zwischen den kompetenztragenden Ressourcen und Fähigkeiten der Unternehmung einerseits, den Kernbedürfnissen der Kunden (allg.: Anspruchsgruppen) andererseits. Aus Marktsicht dienen sie dazu, Kundenbedürfnisse besser als die Konkurrenz zu befriedigen. Aus Ressourcensicht stellt dies eine Wertschaffung dar, die dazu beiträgt, den Unternehmungswert zu erhöhen.

■ Für die strategische Ausrichtung einer Unternehmung hat die Orientierung an Kernkompetenzen tiefgreifende und weitreichende Konsequenzen. Kern- und Randgeschäfte sind klar identifizierbar, die Konzentration auf die Kernfunktionen bekommt eine eindeutige Grundlage. Dazu gehört auch die Neudefinition der Aufgabenteilung zwischen Unternehmung und externen Partnern. Für dieses Feld ist eine spezifische **Netzwerkstrategie** zu konzipieren. Besonderes Augenmerk erfordert schließlich der Aufbau einer **Prozeßstrategie**, da Kernkompetenzen vor allem auch durch Bündelung von Ressourcen und Fähigkeiten entstehen (z.B. Produktentwicklungsprozeß).

■ Kernkompetenzen eröffnen besondere strategische Chancen. Unter bestimmten Bedingungen ist es möglich, Differenzierungs- und Kostenvorteile im Lebenszyklus miteinander zu kombinieren. Außerdem lassen sich kompetenzgestützt neue Wachstumsfelder finden und erschließen. Eine Verbesserung der Kompetenz bedeutet nicht zuletzt eine Erhöhung der strategischen Schlagkraft und damit eine Verstärkung sowohl der Angriffs- wie der Verteidigungsfähigkeit einer Unternehmung. Wer Kompetenz besitzt, hat schließlich auch in Netzwerken mehr zu bieten. Mithin steigern Kernkompetenzen die Netzwerkfähigkeit.

84

Viertes Kapitel

Aufgaben des Kernkompetenz-Managements

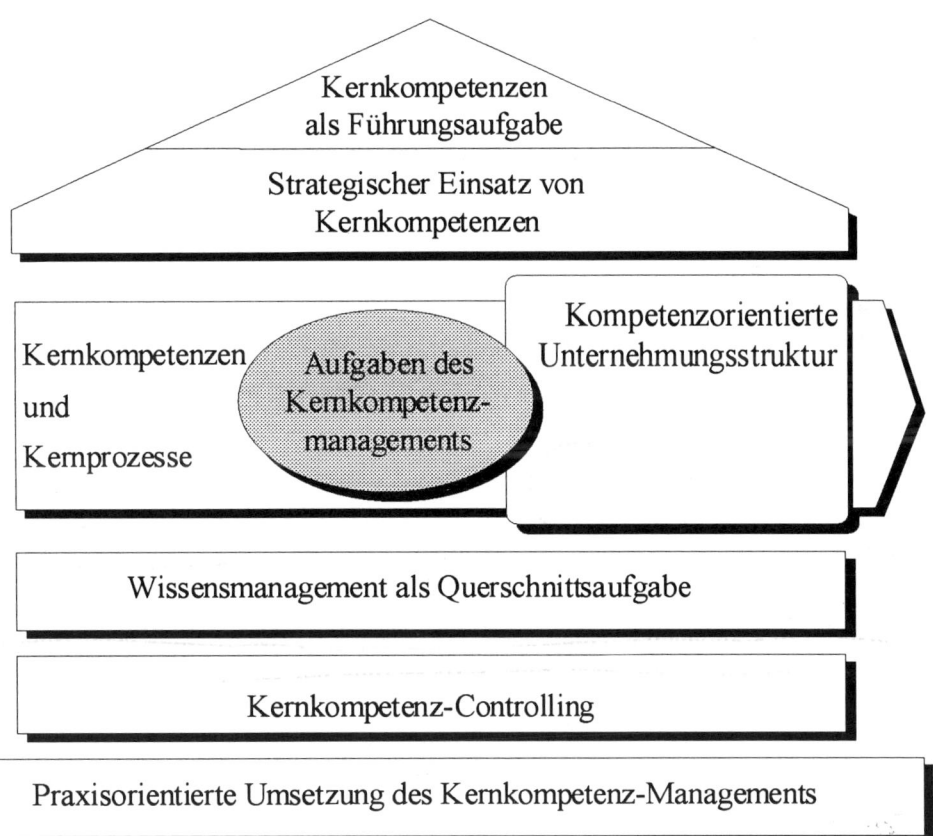

Kernkompetenzen
als Führungsaufgabe

Strategischer Einsatz von
Kernkompetenzen

Kernkompetenzen
und
Kernprozesse

Aufgaben des
Kernkompetenz-
managements

Kompetenzorientierte
Unternehmungsstruktur

Wissensmanagement als Querschnittsaufgabe

Kernkompetenz-Controlling

Praxisorientierte Umsetzung des Kernkompetenz-Managements

1. Aufgaben und Prozesse des Kernkompetenz-Managements

1.1 Gegenstrom als Modell des Unternehmungsprozesses

Um den Ansatz marktorientierter Kernkompetenzen praktisch zu verwirklichen, sind verschiedene Managementaufgaben zu erfüllen, die den Gegenstand des folgenden Kapitels 4 bilden. Dabei wird vom Groben zum Detail vorgegangen. Dieser Abschnitt gibt zunächst einen Gesamtüberblick über das Kernkompetenz-Management im Unternehmungsprozeß (vgl. Abb. 4/1). Der Abschnitt 2 entwickelt sodann die notwendigen Überlegungen für die Einzelaufgaben des Kernkompetenz-Managements (z.B. Identifikation von Kompetenzen).

Der Kernkompetenzprozeß, den das Kernkompetenz-Management zu handhaben hat, muß so organisiert sein, daß die „Inside Out"-Perspektive mit der „Outside In"-Perspektive verbunden wird. Nur so können marktorientierte Kernkomptenzen entstehen. Der Fluß der Ideen, die auf den Ressourcen und Fähigkeiten basieren („Inside Out"), ist also um einen gegenläufigen Strom der Marktinformationen zu ergänzen („Outside In"). Dieser Sachverhalt läßt sich am besten mit dem Bild eines **Gegenstroms** erfassen. Er besteht, **horizontal** betrachtet, aus einem **kompetenzorientierten Vorlauf** sowie einem **bedürfnisorientierten** (marktorientierten) **Rücklauf** (vgl. Abb. 4/1). Ausgehend von Ressourcen und Fähigkeiten werden Kernkompetenzen gebildet, die sich in Kerneigenschaften der Produkte bzw. der Unternehmung niederschlagen **(Vorlauf)**. Auf der Grundlage aktueller oder zukünftig erwarteter Kernbedürfnisse der Kunden wird überprüft, ob die Kerneigenschaften zu verändern und demgemäß neue Kernkompetenzen zu entwickeln sind, für die es ggf. neue Ressourcen und Fähigkeiten einzusetzen gilt **(Rücklauf)**.

Der horizontale Teil des Gegenstrommodells findet seine Ergänzung in einer vertikalen Perspektive. **Vertikal** gesehen geht es darum, einen Kompetenz-Management-Prozeß zu organisieren, der die Unternehmungsspitze mit der Unternehmungsbasis verbindet. Auch dabei kommt es zu einem Gegenstrom. Die Spitze ist aufgefordert, kompetenzgestützte Visionen, Konzepte und Ziele zu formulieren. Hamel/Prahalad sprechen von „strategic intent" (Hamel/Prahalad 1989). Das Anspruchsniveau dieser unternehmerischen Absichten soll bewußt hoch angesetzt werden. Es geht um die Erzeugung einer

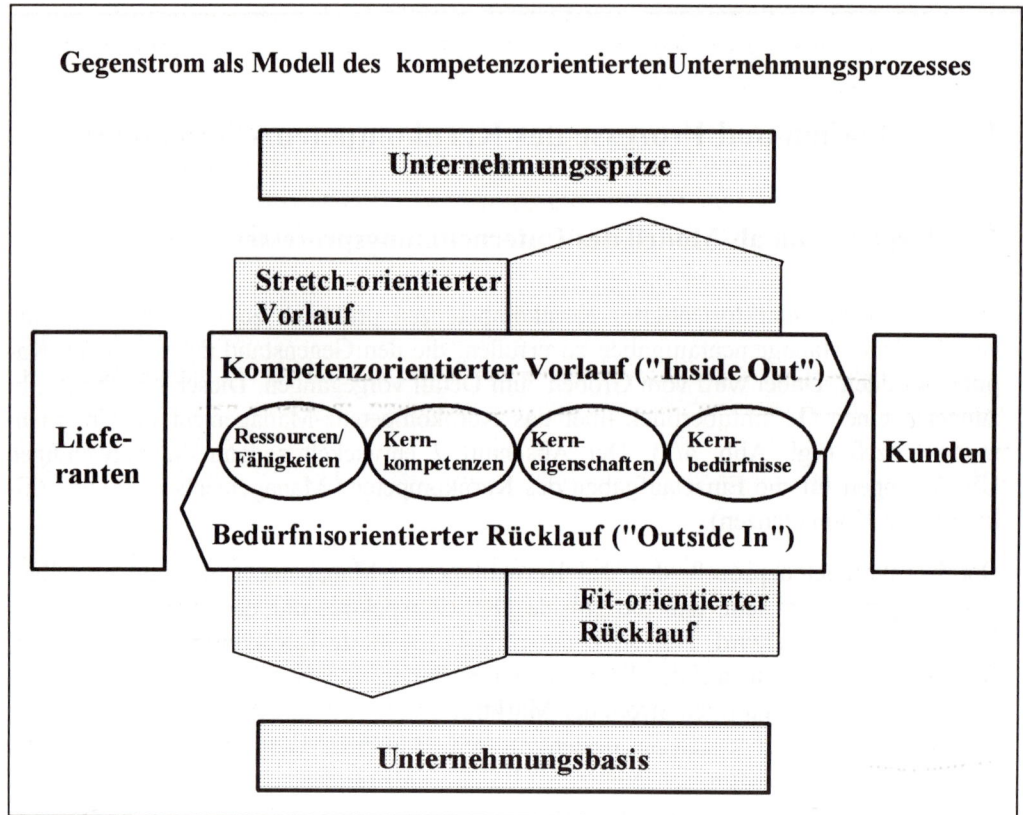

Gegenstrom als Modell des kompetenzorientierten Unternehmungsprozesses

Abb. 4/1

produktiven Spannung („stretch"). Sie baut sich auf zwischen dem vorhandenen Niveau der Ressourcen und Fähigkeiten und dem angestrebten höheren Niveau. Das Management soll mit einem Wort die kompetenzorientierte Sprunglatte deutlich höher legen. In Bezug auf den Führungsprozeß bedeutet dies einen hierarchieabwärts laufenden („**Top down**"), **stretchorientierten** Prozeß. Dieser Prozeß sollte den Anfang machen und insofern den **Vorlauf** bilden. Im Gegenzug müssen Maßnahmen geplant und ergriffen werden, die geeignet sind, dem erhöhten Anspruchsniveau gerecht zu werden. Es geht dabei vor allem um eine Weiterentwicklung bzw. einen Transfer vorhandener Ressourcen und Fähigkeiten, aber ggf. auch einen Neuaufbau oder eine Ergänzung von Kompetenzen. Das Kompetenzniveau muß an die strategischen Ansichten angepaßt werden. Man könnte von einem **Fit-orientierten Rücklauf** sprechen, der sich **hierarchieaufwärts** bewegt („**Bottom up**").

Die vertikale Perspektive des Gegenstrommodells hat im übrigen ihre Parallele im Management by Objectives-Zyklus. Ein Zielvereinbarungsprozeß ist in diesem Führungsmodell so zu organisieren, daß einem Vorlauf zur Zielplanung ein Rücklauf zur Maßnahmenplanung folgt (vgl. Kap. 9).

Die Bezeichnung einer Verlaufsrichtung als „Vorlauf" bzw. „Rücklauf" gilt für den Idealfall hoher Kompetenzsouveränität. Wo der Gegenstrom tatsächlich beginnt, ist Sache des Einzelfalls. Eine Unternehmung, die sich erstmals mit dem Kernkompetenz-Denken beschäftigt, wird sich zunächst fragen müssen, ob sie über besondere Fähigkeiten verfügt, genutzte wie ungenutzte. Dieses Vorgehen beginnt zwangsläufig an der Basis. Die dort gewonnenen Einzelinformationen bilden gleichsam die Puzzlesteine, aus denen die Unternehmungsspitze ein Gesamtbild der vorhandenen Kompetenzstärken und -schwächen gewinnen kann. Die entscheidende Frage, was mit diesen Fähigkeiten anzufangen wäre, führt dann zur Strategie der Unternehmung. In diesem Fall ist die Strategie zunächst fähigkeitsgetrieben. Im Abgleich mit den Möglichkeiten des Marktes (horizontaler Gegenstrom) wird sich dann herausstellen, welche Korrekturen erforderlich sind.

In dem Maße, wie eine Unternehmung Kompetenzsouveränität gewinnt und ihre Stellung am Markt ausbaut, wird sie auch eine eigenständige Strategie entwickeln. Die Fähigkeiten werden dann stärker von der Strategie getrieben als umgekehrt. Und der Markt wird mehr und mehr aktiv gestaltet, statt daß man sich ihm anpaßt. Die Unternehmung hat also den Wandel vom reaktiven zum proaktiven Handeln vollzogen, sie ist vom „Anpasser" zum „Gestalter" geworden. Dieser Fall ist den Eintragungen von Abb. 4/1 unterlegt.

Bei einem ausgebauten Gegenstromverfahren ist die Frage nach dem „Vorlauf" bzw. „Rücklauf" letztlich müßig. Es entsteht ein geschlossener Zyklus, bei dem Hand in Hand Fähigkeiten zu Geschäftsideen führen und Kundenanregungen die Weiterentwicklung von Fähigkeiten stimulieren.

Wie die praktische Organisation des Gegenstroms aussehen könnte, zeigt eindrucksvoll das folgende Beispiel der 3M-Corporation.

Das Thema: Gegenstromverfahren

Das Beispiel: 3M   (aufbauend auf Stewart 1996)

Die 3M-Corporation (Minnesota Mining and Manufacturing) ist wie wenige Unternehmungen kompetenzorientiert geführt und aufgebaut. Die Kompetenzen sind weitgehend identisch mit unterschiedlichen Technologien, aus denen heraus ständig neue Geschäftsideen entwickelt werden. Dieser Teil des Unternehmungsprozesses ist zweifellos durch einen kompetenzorientierten Prozeß geprägt, dessen Charakteristik gerade die Entfernung vom Vorhandenen und die Entwicklung von Neuem ist. Für die konkrete Produktentwicklung innerhalb eines Geschäftsbereichs hat 3M einen Ablauf entwickelt, der in sich ebenfalls als Gegenstrom zu interpretieren ist, allerdings beim Kunden beginnt.

Der bedürfnisorientierte Vorlauf besteht darin, daß sich in einem „**Major-CustomerTeam**" ausgewählte Kunden mit Vertretern aller Funktionsbereiche von 3M treffen. Die Kunden beschreiben ihre spezifischen Probleme und artikulieren Produktwünsche und -anforderungen. Daraus werden später konkrete Projektaufträge für die Labors der betroffenen Geschäftsbereiche bzw. Technologie-Plattformen von 3M.

Der kompetenzorientierte Rücklauf beginnt wie üblich mit einer Bewertung der Ergebnisse durch die verantwortlichen Mitglieder der Projektoberleitung. Im Erfolgsfall kommt es dann zur Einführung der entsprechenden Produkte. Um Transfermöglichkeiten und Mehrfachnutzungen zu prüfen, werden die Ergebnisse außerdem einem „**technical audit**" unterzogen. Hierzu kommt eine Gruppe von Spezialisten verschiedener Funktionen aus anderen Geschäftsbereichen zusammen. Dadurch können gute Ausgangsideen in unterschiedlichen Produktbereichen zur Anwendung kommen.

90

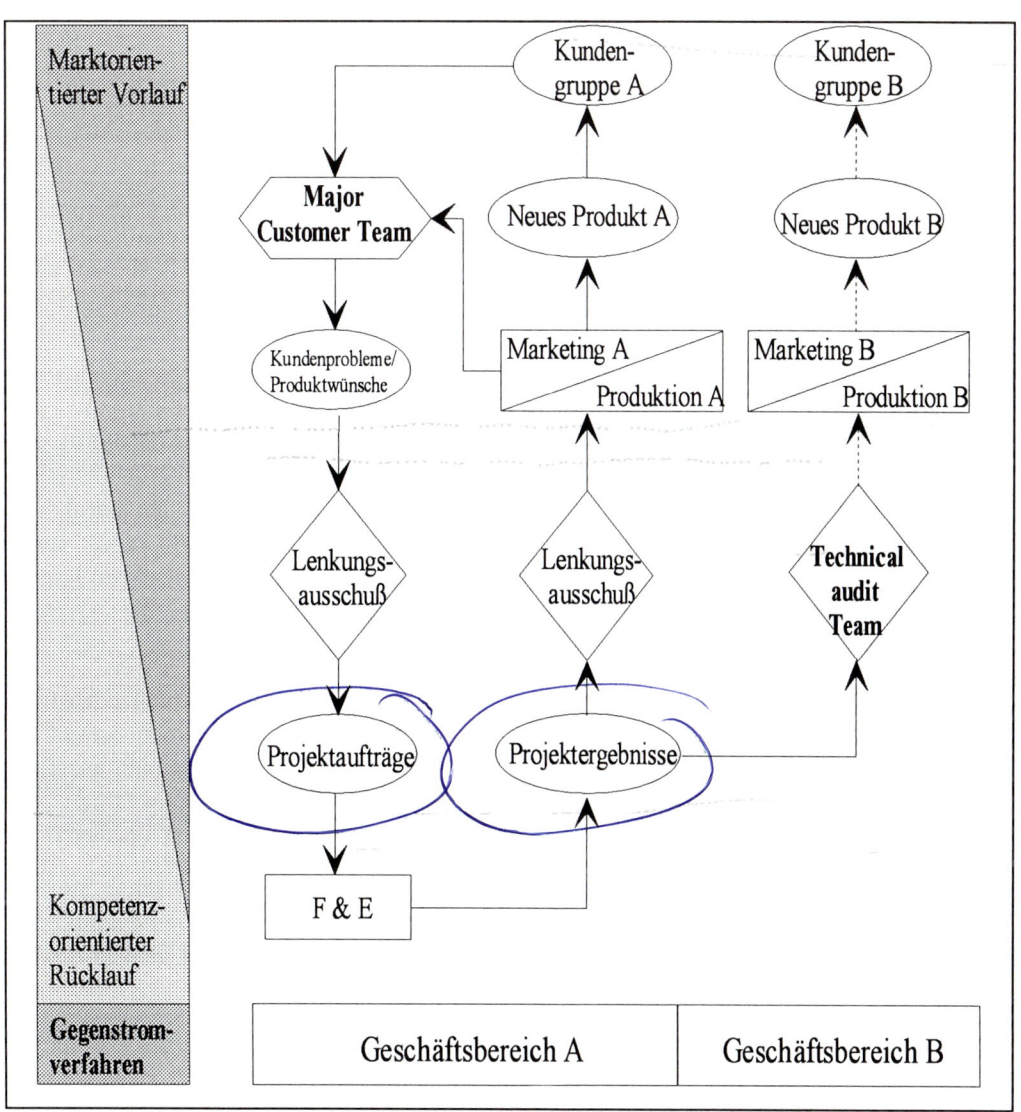

1.2 Zyklus des Kernkompetenz-Managements

1.2.1 Managementaufgaben im Überblick

Das Management von Kernkompetenzen kann grundsätzlich nicht anders ablaufen als das Management anderer Objekte. Planende, steuernde und kontrollierende Aktivitäten sind auch hier, in sachbezogener Hinsicht, die Essenz. Die im folgenden im Überblick beschriebenen Aufgabengebiete, die im einzelnen den Gegenstand der Abschnitte 2.1 bis 2.5 bilden, sind daher letztlich als Spezifikation allgemeiner Managementaufgaben anzusehen. Sie bilden gemeinsam einen sich zyklisch wiederholenden Prozeß, in dem auch die Gegenstromgedanken ihren Ausdruck finden (vgl. Abb. 3M).

- **Identifikation**: Die Bestimmung relevanter Ressourcen und Fähigkeiten sowie die Definition vorhandener oder zu entwickelnder Kompetenzen bilden zwangsläufig den Beginn des Prozesses. Diese Phase ist in besonderem Maße als „unternehmerisch" zu bezeichnen. Der Grund hierfür ist, daß die auf eigenen Fähigkeiten beruhende Geschäftsidee im Mittelpunkt der Problemerkennungsphase „Identifikation" steht. Es gilt nicht zuletzt, traditionelle Geschäftsdefinitionen und Geschäftsziele zu hinterfragen, um im Anschluß daran innovative Absichten zu formulieren, die „stretch" erzeugen.

- **Entwicklung**: Entwicklungsaufgaben umschließen die Gesamtheit kompetenzorientierter Aufbau- und Umbaumaßnahmen von Fähigkeiten und Ressourcen, soweit sie nicht zur Integration zählen. Ziele und Schwerpunkte der Entwicklung sind auszuarbeiten, konkrete Maßnahmen bzw. Projekte der Entwicklung durchzuführen. Eigenentwicklungen sind ebenso möglich wie Gemeinschaftsvorhaben mit Partnern.

- **Integration**: Neben die Identifikation und Entwicklung unternehmerischer Stärken hat auch die gezielte Bündelung der Kräfte zu treten. Ressourcen und Fähigkeiten sind so zu integrieren (z.B. personell, organisatorisch und technisch), daß ihre optimale Nutzung möglich wird.

- **Nutzung**: Das Ausschöpfen der Stärken am Markt bildet den Inhalt der Nutzungsaktivitäten. „Nutzen" ist allerdings nicht als ein passives „Abnutzen" zu verstehen. Vielmehr ist eine enge Verzahnung mit Entwicklungs- und Integrationsaufgaben vorzunehmen, um eine stetige Anpassung und Aktualisierung der Kompetenz sicherzustellen. Nur so läßt sich eine nachhaltige Nutzung erzielen.

■ **Transfer**: Wirkliche Kernkompetenzen i.S. des „Zwiebelmodells" (vgl. Kap. 2, Abb. 2/1) erkennt man daran, daß sie auf andere Produkte, Regionen und Kunden übertragbar sind. Der Transfer von Kompetenzen bildet demgemäß einen eigenen Aufgabenbereich. Er stellt wiederum erhöhte Anforderungen an die unternehmerische Phantasie, erfordert er doch vielfach einen „Industrievorausblick", um sich zukünftige Verwendungen vorhandener oder im Entstehen befindlicher Fähigkeiten vorzustellen.

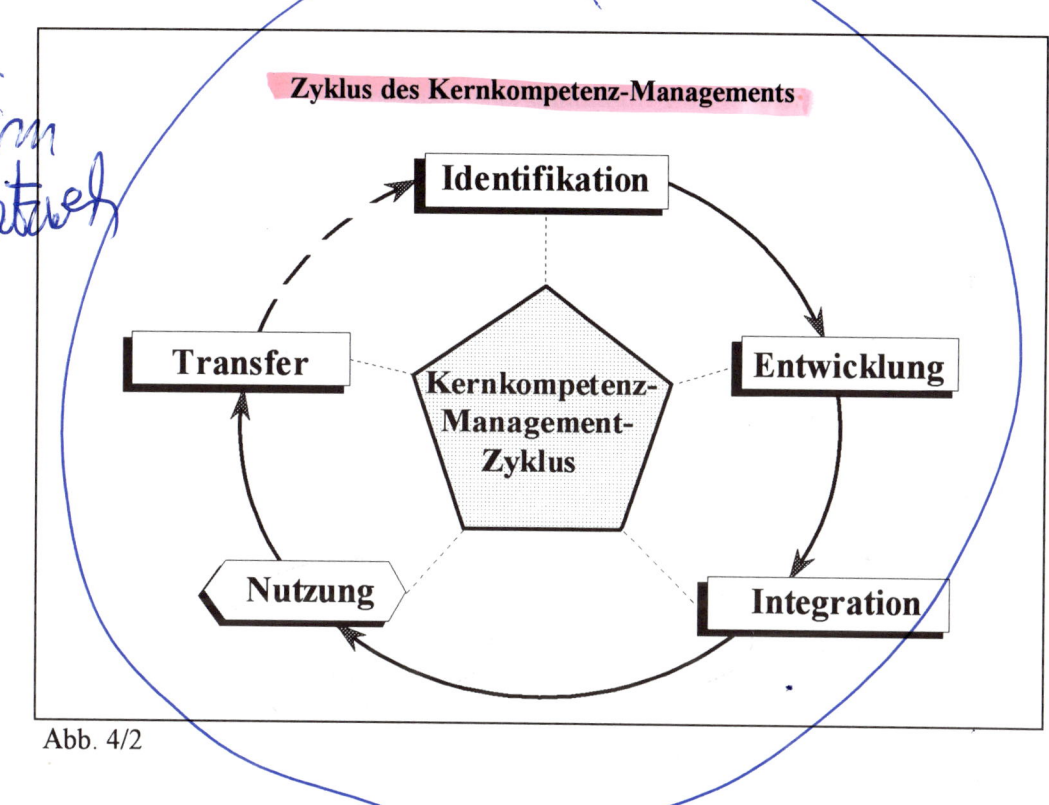

Abb. 4/2

1.2.2 Kernkompetenz-Management im Produktlebenszyklus

Die einzelnen Aufgaben des Kernkompetenz-Management-Zyklus lösen einander ab, aber sie ergänzen sich auch. Um ein zumindest idealtypisches Bild von diesem Ablauf zu gewinnen, läßt sich das Produkt-Lebenszykluskonzept verwenden. Ein Produktlebenszyklus wird in Analogie zum biologischen Lebensverlauf gesehen und z.B. in die Phasen Einführung, Wachstum, Reife, Rückgang eingeteilt (vgl. z.B. Nieschlag et al. 1991, S. 170ff.). Mit diesem Phasenschema ist zumindest eine wertvolle gedankliche

93

Orientierung über **mögliche** Verläufe gegeben. Dies gilt vor allem, wenn man sich der Grenzen der biologischen Analogie bewußt ist und im Einzelfall sehr genau das Vorhandensein und die mögliche Entwicklung der „Phase" überprüft.

Lebenszyklusdarstellungen beginnen üblicherweise mit der Markteinführung, sind also **Marktzyklen**. Wichtig ist jedoch, auch die vorgelagerten Aktivitäten der Produktentwicklung zu bedenken und zu gestalten. Es gibt auch einen **Entwicklungszyklus** von Produkten. Diese Einteilung ist für das Kernkompetenz-Management insofern von Bedeutung, als hier zwischen einem **vormarktlichen** und einem **marktlichen Wettbewerb** zu unterscheiden ist (vgl. Hamel/Prahalad 1994, S. 179ff.). Der vormarktliche Wettbewerb ist eine Konkurrenz um die frühzeitige Identifikation und Entwicklung von Ressourcen und Fähigkeiten. Der marktliche Wettbewerb konzentriert sich auf deren Nutzung und Transfer.

Diese Überlegungen führen zu einer recht klaren Korrespondenz zwischen den Phasen des Produktlebenszyklus und den Aufgaben im Kernkompetenz-Management-Zyklus (vgl. Abb. 4/3). Im Gegensatz zu den segmentiellen Abschnitten im Produktlebenszyklus sollte davon ausgegangen werden, daß die **Kernkompetenz-Management-Aufgaben überlappend** zu organisieren sind. Dies entspricht dem Grundgedanken des „Simultaneous Engineering". Der „Faktor Zeit" spielt selbstverständlich auch im Kernkompetenz-Management eine wesentliche Rolle. Im vormarktlichen Bereich gilt es, möglichst rasch innovieren zu können. Zu diesem Zweck sind die Aufgaben der Identifikation und Entwicklung eng zu verzahnen. Hinzu kommt die Integration, die zunächst den Übergang zur Nutzung und im weiteren Verlauf die Intensivierung der Nutzung sichert. Die Nutzung markiert den Beginn des marktlichen Bereichs, startet also mit der Produkteinführung.

Im marktlichen Wettbewerb geht es darum, die Nutzungsphase möglichst auszudehnen, den Lebenszyklus der Produkte bzw. Geschäfte durch Kompetenzaufbau und -absicherung also zu verstetigen und zu verlängern. Wenn sich das Produkt erkennbar auf eine Rückgangsphase zubewegt, sind erste Transferüberlegungen anzustellen, sei es, daß man neue Produkte oder Produktvariationen kreiert oder gänzlich neue Geschäfte erschließt.

Wie diese Überlegungen zeigen, begleitet der Kernkompetenz-Management-Zyklus den Produkt- bzw. Geschäftsfeldlebenszyklus.

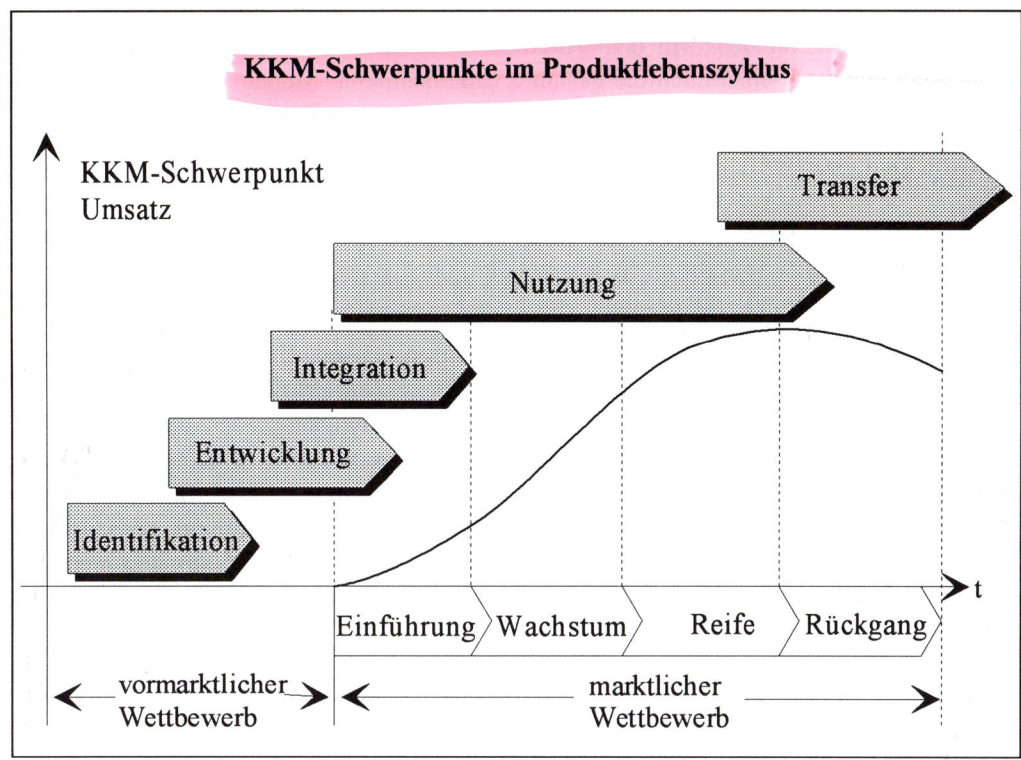

Abb. 4/3

1.2.3 Lebenszyklus von Kernkompetenzen

Auch für die Kernkompetenz selbst ist die Lebenszyklusanalogie anwendbar. Vom Grundsatz her „leben" Kernkompetenzen länger als Produkte und Geschäfte. In ihrer Dauerhaftigkeit liegt ein besonderer Vorteil begründet. Wie ein Baum neue Äste, Blätter und Blüten treibt, lassen sich neue Produkte, Regionen und Kunden auf der Grundlage vorhandener Kompetenzen erschließen. Allerdings gibt es auch hier ein „Altern" und „Absterben" bzw. die Notwendigkeit der „Neuanpflanzung". Auch Kompetenzen unterliegen also einem Lebenszyklus, der die Form der Glockenkurve annehmen kann (vgl. Deutsch/Diedrichs/Raster/Westphal 1997, S. 27f.). Wenn Kompetenzen sehr stark technologisch geprägt sind, ist zumindest die Basiskompetenz, vor allem die operative Kompetenz, durch den Lebenszyklus der Technologie bestimmt. Man denke hierbei an die bekannte **Technologie-S-Kurve**. Sie symbolisiert den im Zeitablauf zunächst zunehmenden, dann abnehmenden Nutzen einer Technologie.

Die Managementkompetenz ist vor allem im Mittelstand an die Person(en) der Unternehmungsspitze gebunden. Mit dem Altern und Ausscheiden des Pionierunternehmers steht und fällt nicht selten auch die gesamte Unternehmung. Managementkompetenz zu entpersönlichen, das Schicksal der Unternehmung also vom Wechsel an der Spitze unabhängig zu machen, ist eine dauerhafte Herausforderung für kleine und mittlere Unternehmungen.

In Großunternehmungen existiert dieses Problem grundsätzlich zwar auch, sollte aber durch institutionelle Vorkehrungen abgemildert oder gelöst sein, so z.B. durch Führungskräfteplanung und -entwicklung.

Lebenszyklen lassen sich auch für Metakompetenzen denken. Gerade, wenn Unternehmungen aufgrund starker Wettbewerbsvorteile längere Zeit Erfolg hatten, neigen sie zu einer Selbstsicherheit, die zum Erlahmen von Entwicklungsimpulsen und schließlich zum Erstarren führen kann. Dies zeigen die nicht seltenen Fälle, in denen bewunderte „Erfolgsunternehmungen" einen Abstieg hinnehmen müssen. Hier gilt der Satz: „Nothing fails like success". Etwas drastischer drückte es Jürgen Hubbert, der Chef der Pkw-Sparte von Mercedes-Benz aus, der sagte: „Nichts verdirbt den Charakter mehr als 40 Jahre ununterbrochener Erfolg" (vgl. DIE ZEIT vom 5.11.93).

Es stellt eine nicht leicht zu bewältigende Führungsaufgabe dar, die schöpferische Anspannung und Unruhe, den „stretch" also, aufrechtzuerhalten. Die Einsicht, daß Veränderungen notwendig seien, setzt regelmäßig erst ein, wenn die Krise spürbar bzw. unübersehbar ist. Dann gilt: „No breakthrough without breakdown". Proaktive Entwicklung ist dagegen die Ausnahme. Wo sie gelingt, sind Metakompetenzen am Werk gewesen.

An dieser Stelle wird ein Aspekt sichtbar, der sich mehrfach zeigen wird und der keineswegs nur ein Problem des Kernkompetenz-Managements, sondern ein generelles Managementproblem darstellt. Manager müssen in steigendem Maße mit Widersprüchen fertig werden und sie in Prozessen und Strukturen **gleichermaßen** abdecken. Während es früher ein „Entweder-Oder" gab - z.B. entweder Schlagkraft oder Kreativität, entweder Langfristperspektive oder kurzfristiges Reagieren - muß es nun ein „**Sowohl-als-auch**"-**Management** geben. Das langfristige, geduldige Entwickeln und Nutzen einer Kompetenz **und** ihre kurzfristige Veränderung sind gefragt. In Kompetenzen denken, heißt nicht zuletzt, lange Entwicklungslinien im Auge zu behalten und sie auch durchzuhalten, ohne sich von jeder Modewelle beeinflussen zu lassen. Zugleich aber muß die permanente Anpassung sicherstellen, daß sich die Kompetenzkurve nicht nach unten neigt. Insbesondere in sog. „reifen Industrien" entsteht leicht der Eindruck, „am Ende" zu sein und in völlig neue Gebiete ausweichen zu müssen. Dies führte zu den Diversifikationen der 60er und 70er Jahre, z.B. in der Eisen- und Stahlindustrie oder der Automobilindustrie. Daß man auch dort „Tradition **und** Fortschritt" verbinden kann, zeigen z.B. die **Mini Mills** der Stahlindustrie resp. die vielen neuen Pkw-Typen (Geländewagen, Roadster, Mini Van).

Das Thema: Langfristorientierung, Kompetenzerhaltung

Das Beispiel: Cargill (USA), (weiterentwickelt nach Henhoff 1992)

Cargill, gegründet 1865 in Iowa, ist seither in Familienbesitz. Mit der Herstellung und Bearbeitung landwirtschaftlicher Produkte sowie mit deren Handel und Transport ist Cargill mit rund $ 49 Mrd. Umsatz und 63.000 Mitarbeitern (weltweit) (1991) mittlerweile die größte Privatunternehmung der USA. Cargill ist der größte Getreidehändler der Welt. Aus Getreide und Mais werden z.B. Konzentrate und Sirup für soft drinks hergestellt, aber auch für Tiernahrung und Vitaminherstellung. Cargill beliefert z.B. Hoffmann-LaRoche, einen der bedeutendsten Vitaminhersteller der Welt.
Der durchschnittliche Vermögenszuwachs der letzten 50 Jahre betrug 12,2 % p.a. Das Leitbild von Cargill umschließt zwei Kernaussagen: „The essence of Cargill`s philosophy is patience". „Take calculated risks, reinvest gains, and hang on for the long haul".
Die **Wachstumsstrategie** von Cargill ist nicht durch Produktdiversifikation, sondern durch den Transfer erworbener Kompetenzen auf neue Regionen gekennzeichnet: „Take what you learn in one country and transfer it - very carefully - to another."
Diese Strategie verlangt langen Atem, zeigt aber, wozu solide Kompetenzen imstande sein können. Allerdings wird auch ein Risiko der (engen) Kernkompetenzorientierung sichtbar. Neue Wachstumsfelder, die zumindest teilweise neue Kompetenzen erfordern, werden u.U. übersehen, so z.B. der Einstieg in die Kartoffelverarbeitung (pommes frites).

1.3 Situative Einflußgrößen des Kernkompetenz-Managements

Die unterschiedliche Bedeutung des Kernkompetenz-Managements im Laufe des Produktlebenszyklus macht indirekt bereits klar, daß es je nach Situation wechselnde Aufgabenschwerpunkte des Kernkompetenz-Managements gibt. Die Festlegung dieser Prioritäten ist im konkreten Einzelfall für den Erfolg des Kernkompetenz-Managements von erheblicher Bedeutung. Die folgenden Hinweise sollen auf wichtige situative Einflußgrößen aufmerksam machen, die checklistenartig durchzuprüfen wären. Abb. 4/4 verschafft die erforderliche Übersicht und zeigt die Auswirkungen der einzelnen Faktoren auf die Kernkompetenz-Management-Aufgaben. Unterschieden werden insgesamt 12 Einflußgrößen, die vor allem die interne Situation abbilden (1-8), aber auch externe Gegebenheiten (9-12). Ihre Analyse hat sich nicht nur auf die Gegenwart zu beziehen, sondern auch mögliche Veränderungen in der Zukunft zu bedenken. Folgende Fragen sind zu klären:

1. **Entwicklungspotential**: Besitzen unsere Ressourcen und Fähigkeiten noch weiteres Potential, das auszubauen wäre?

2. **Entwicklungsaussichten**: Wie schätzen wir die Kosten und Nutzen vorzunehmender Entwicklungsmaßnahmen ein? Sind die Nutzung oder der Transfer der erreichbaren Kompetenzen aussichtsreich?

3. **Transferpotential**: Besitzen wir die internen Voraussetzungen, vorhandene Kompetenz auf andere Produkte, Regionen, Kunden zu übertragen?

4. **Transferaussichten**: Wie schätzen wir die Chancen und Risiken einer möglichen Kompetenzübertragung ein?

5. **Kompetenzschutz**: Sind unsere Ressourcen und Fähigkeiten schwer imitierbar bzw. durch spezielle Schutzvorkehrungen abgesichert? Gibt es Substitutionsmöglichkeiten/-risiken?

6. **Kompetenzspezifität**: Sind unsere Kompetenzen sehr stark zugeschnitten auf die vorhandenen Produkte, Regionen, Kunden und insofern an existierende Geschäfte gebunden?

7. **Wachstumsstrategie**: Welche besondere Stoßrichtung verfolgen wir mit unserer Wachstumsstrategie, z.B. Innovation, Marktdurchdringung, Marktausweitung oder Produktdiversifikation?

8. **Timing-Strategie**: Welche Timing-Strategie bevorzugen wir? Wollen wir der erste am Markt sein (Pionier) oder abwarten, bis andere den Vorreiter machen (Folger)?

Situative Einflußgrößen des Kernkompetenz-Managements

Wenn..... **Situationsmerkmale**	dann ... **Schwerpunkte des Kernkompetenz-Managements**		
	Identifikation/ Entwicklung	Integration/ Nutzung	Transfer
1. Entwicklungspotential	hoch ⟵		niedrig
2. Entwicklungsaussichten	hoch ⟵		niedrig
3. Transferpotential	niedrig ⟶		hoch
4. Transferaussichten	niedrig ⟶		hoch
5. Kompetenzschutz	schwach ⟶		stark
6. Kompetenzspezifität	hoch ⟵		niedrig
7. Wachstumsstrategie	Innovation	Marktausweitung	Diversifikation
8. Timing-Strategie	Pionier		Folger
9. Markteintrittsbarrieren	hoch ⟵		niedrig
10. Marktkonstellation	Käufermarkt	Verkäufermarkt	Käufermarkt
11. Kundenbindung	niedrig	hoch	mittel bis niedrig
12. Wettbewerbsintensität	hoch	niedrig	hoch

Abb. 4/4

9. **Markteintrittsbarrieren**: Stellen sich dem Eintritt in neue Märkte (bezogen auf neue Produkte, Regionen, Kunden) schwer zu überwindende Eintrittsbarrieren entgegen (rechtlich, technisch, organisatorisch, finanziell, kulturell)?

10. **Marktkonstellation**: Wie stark ist unsere Stellung auf dem in Frage stehenden Markt bzw. Marktsegment gegenüber den Kunden? Sind wir prägenden Einflüssen seitens der Kunden ausgesetzt („Käufermarkt") oder können wir unsererseits Bedingungen setzen („Verkäufermarkt")?

11. **Kundenbindung**: In welchem Maße sind die Kunden an uns, unsere Produkte und Kompetenzen gebunden?

12. **Wettbewerbsintensität**: Wie hoch ist die Rivalität unter den bestehenden Wettbewerbern? Sind Veränderungen durch Ausscheiden alter oder Auftauchen neuer Konkurrenten zu erwarten?

2. Einzelaufgaben des Kernkompetenz-Managements

2.1 Identifikation

Am Beginn des Kernkompetenz-Management-Zyklus steht zwangsläufig die Frage nach dem Ist-Zustand der Ressourcen und Fähigkeiten und die sich daran anschließende Festlegung von Soll-Positionen, die den Entwicklungsbedarf sowie Nutzungs- und Transfermöglichkeiten deutlich machen. Der hier mit „Identifikation" bezeichnete Aufgabenkomplex ist ein Planungs- und Kontrollprozeß. Er muß die Marktsicht mit der Ressourcensicht verbinden und daraus Schlüsse ziehen und Empfehlungen ableiten. Dieser Gedankengang ist in der schematischen Portfoliodarstellung von Abb. 4/5 veranschaulicht. Selbstverständlich sind im Einzelfall unterschiedliche Methoden anwendbar bzw. verschiedene Einflußgrößen auf die Dimensionen der beschriebenen Matrizen zu beachten. So sind z.B. Methoden des Kernkompetenz-Controllings ebenfalls für die Identifikation zu verwenden (vgl. Kap. 9). Erinnert sei auch an den **Suchbaum**, der sich aus der Auffächerung der möglichen strategischen Vorteile ergibt und Kernkompetenzen als Werttreiber sichtbar macht (vgl. Kap. 2, Abschnitt 3).

Hat man genug Informationen beisammen, so kann die Verdichtung in Form des erwähnten Portfolios erfolgen. Für die Marktseite wie die Kompetenzseite gilt dabei gleichermaßen, daß sowohl die gegenwärtige Situation wie die zukünftigen Aussichten zu berücksichtigen sind. Dies entspricht der aus der Planung hinlänglich bekannten Unterscheidung von **Lageanalyse** und **Lageprognose** (vgl. Wild 1974, S. 161). Aus der Marktbetrachtung und der darin eingefangenen **Marktattraktivität** folgt die **Marktpriorität** des betrachteten Bereichs (z.B. attraktive Bereiche ausbauen). Aus der Kompetenzbetrachtung und der darin zum Ausdruck kommenden **Kompetenzstärke** resultiert eine **Kompetenzpriorität** (z.B. mäßige, aber entwicklungsfähige Kompetenzen verstärken). Beide Prioritäten fließen in der **Markt-/Kompetenz-Matrix** zu einer Gesamtbetrachtung zusammen, die Schwerpunkte des weiteren Vorgehens erkennen läßt (z.B. „Entwickeln") und damit zugleich Aufgabenschwerpunkte des Kernkompetenz-Managements setzt (**Kernkompetenz-Management-Priorität**) (vgl. Abb. 4/6). Alle im folgenden beschriebenen Überlegungen lassen sich gleichermaßen auf einzelne Geschäftsfelder wie auf die Unternehmung insgesamt anwenden.

2.1.1 Bestimmung der Marktattraktivität

Die gegenwärtige Marktposition der Unternehmung bzw. der Geschäftsfelder und die erwartete zukünftige Entwicklung bestimmen die Marktattraktivität und legen die Marktpriorität des weiteren Vorgehens fest. Zur Analyse dieser Facetten des Problems kann auf Porters Wettbewerbskräfte ebenso zurückgegriffen werden wie auf die bekannten Portfolio-Ansätze. Entscheidend für das Vorgehen und die Auswahl unter den verschiedenen Methoden ist die Frage, ob die im konkreten Fall vorherrschenden Marktbedingungen angemessen abgebildet werden. Je heterogener die betrachteten Geschäfte sind, desto schwieriger wird es, eine vereinheitlichte Analysetechnik anzuwenden.

2.1.2 Bestimmung der Kompetenzstärke

Die **Kompetenzstärke** wird zum einen von dem **gegenwärtigen** Stand der Kompetenz geprägt, zum anderen von den zu erwartenden **zukünftigen** Kosten einer Weiterentwicklung der Kompetenz sowie den daraus resultierenden Chancen und Risiken.

Für die Feststellung des **Kompetenzstands** (gegenwärtige Kompetenz) sind insbesondere folgende Punkte zu klären:

- Bestimmung der Kernbedürfnisse der Kunden,
- kundenbezogene Bestimmung der Kerneigenschaften (Unternehmung/Kernprodukte/ Endprodukte),

101

- Analyse der Wertschöpfungskette und Bestimmung von Kernprozessen sowie Kern-funktionen,

- Feststellung der dort vorhandenen/fehlenden Ressourcen und Fähigkeiten,

- Analyse der Stärken/Schwächen aus Kundensicht im Vergleich zum Wettbewerb,

- Abschätzung der vorhandenen/fehlenden Kompetenzen.

Der letzte der genannten Schritte muß zu einer Gesamtwürdigung der identifizierten Fähigkeiten gemäß „Zwiebelmodell" (vgl. Kap. 2) führen. Besitzt eine Unternehmung transferierbare Kompetenzen, also Kernkompetenzen, oder liegt sie insgesamt oder in einzelnen Kompetenzen im Marktdurchschnitt oder sogar darunter?

Zu einer detaillierten Analyse der Stärken und Schwächen und einer darauf aufbauen-den Entwicklungsplanung wäre eine genauere Analyse der Wertschöpfungskette erfor-derlich:

- Bestimmung der relevanten (Kern-)Funktionen bzw. (Kern-)Prozesse

- Bestimmung der eingesetzten/vorhandenen Ressourcen und Fähigkeiten

Die Entstehung einer Kompetenz und ihre Verankerung in einzelnen Prozessen resp. Funktionen wird auf diese Weise sichtbar. Es ergibt sich ein Kompetenzprofil. Existie-ren mehrere Kompetenzen, ergeben sich mehrere unterschiedliche Profile. Diese Ist-Profile als Ergebnis einer Lageanalyse können auch Verbundwirkungen berücksichtigen. Verbundeffekte liefern Hinweise auf weitergehende Wertschöpfungsbeiträge einer Kom-petenz. Solche Effekte können dazu führen, die Kompetenzpriorität zu erhöhen und eine evtl. geringe Marktpriorität zu relativieren.

Man stelle sich einen **Elektrogerätehersteller** vor, dessen elektrische Bleistiftan-spitzer in der Marktbetrachtung als „poor dog" eingestuft worden sind. Die Analyse des Kompetenzverbunds macht jedoch deutlich, daß manche Funktionen (Montage/Vertrieb) sowie das Kernprodukt Motor gemeinsam mit anderen Produk-ten genutzt werden, so daß hier Synergieeffekte entstehen, die dafür sprechen, das Produkt zu behalten (aufbauend auf Snyder/Ebeling 1992).

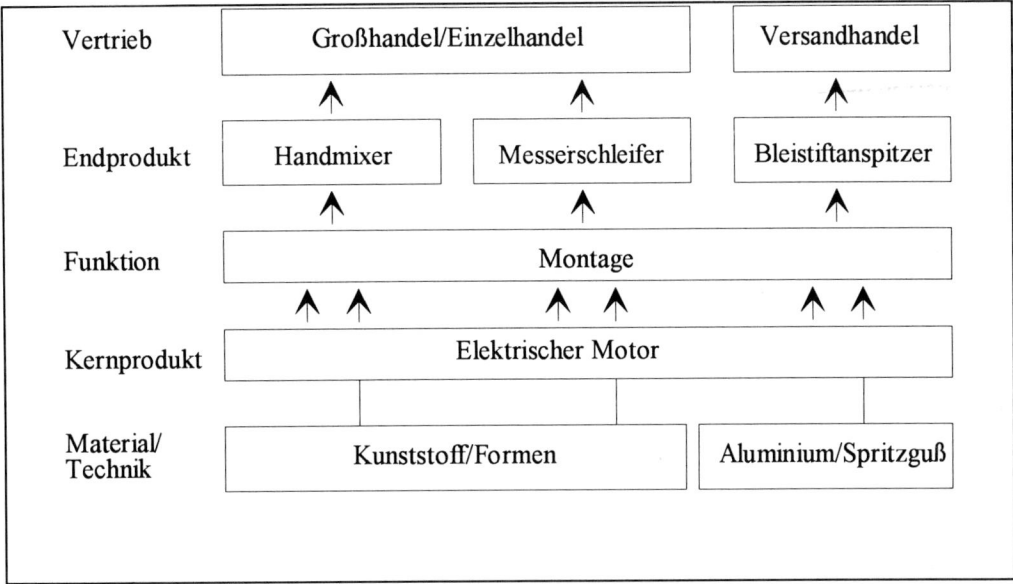

Anschließend müssen die Ist-Kompetenzen auf ihre Zukunftsaussichten überprüft werden, und es ist ein Soll-Profil zu erstellen. So entsteht ein Bild der **Kompetenzentwicklung** (zukünftige Kompetenz). Hierzu sind Lageprognosen erforderlich:

- Abschätzung der zukünftig benötigten Kompetenz
- Abschätzung der Entwicklungs- und Integrationschancen und -risiken
- Abschätzung von Zeitdauer und Kosten der Kompetenzentwicklung/-integration

Die Abschätzung der zukünftig benötigten Kompetenz als erster Schritt ist besonders wichtig. Hierfür ist hinsichtlich interner Überlegungen zu fragen, welche Bedeutung die vorhandenen Kernprozesse und -funktionen in der Zukunft haben werden und ob bei den eingesetzten Ressourcen und Fähigkeiten eine Veränderung zu erwarten ist.

Die Prognosen sind zwangsläufig mit einer hohen Unsicherheit behaftet. Ob und wie lange vorhandene Kompetenzen nutzbar sind, welche neuen benötigt werden, welche

Entwicklungsaussichten bestehen, wie Kunden und Konkurrenten reagieren werden, sind schwierige Fragen.

Besonders im Bereich von Basistechnologien hängt das Schicksal ganzer Unternehmungen eng mit der Einschätzung der Kompetenzentwicklung zusammen. Einen neuen Trend zu übersehen kann genauso verheerend sein wie das zu frühe Umschalten auf eine unausgereifte Technik.

Die Pharmaindustrie, traditionell auf Verfahren der chemischen Synthese basierend, weiß sehr wohl um die Bedeutung der Gentechnik und der Biotechnik. Aber es ist z.B. nicht genau bekannt, wann eine Produktion von Vitamin C großtechnisch mit Hilfe der Biotechnik möglich sein wird. Hierzu können Mikroorganismen eingesetzt werden, u.U. gentechnisch verändert, die in der Lage sind, Vitamin C zu synthetisieren. In der Automobilindustrie vermag niemand seriös vorherzusagen, welches Entwicklungspotential z.B. noch im Verbrennungsmotor steckt, wann ein Umstieg auf andere Antriebe oder auf kombinierte Antriebe erfolgen kann.

Paralleles Verfolgen mehrerer Entwicklungslinien wird sich als Ausweg oft nicht vermeiden lassen. Auch ein Einsatz der **Szenariotechnik** wird vorgeschlagen (vgl. Schoemaker 1992). Möglich ist hierbei, daß für die Markt- und Technikzukunft unterschiedliche Szenarien (optimistische, pessimistische etc.) entworfen werden und sodann geprüft wird, welche Kompetenz in den jeweiligen Zukünften relevant wäre. Solche Kompetenzen, die für verschiedene Szenarien Bedeutung besitzen, sind besonders zu fördern. Einzelne Instrumente zur Zukunftsgestaltung werden in Kap. 8 vorgestellt.

2.1.3 Festlegung der Kernkompetenz-Management-Priorität

Abschließend sind die Kompetenzpriorität (z.B. im Sinne eines Ausbauens, Haltens oder auch Aufgebens) und die Marktpriorität zusammenzuführen:

■ Vergleich von Markt- und Kompetenzpriorität

■ Festlegung zukünftiger Aufgabenschwerpunkte des Kernkompetenz-Managements

Erst aus der Gesamtwürdigung von interner und externer Position wird deutlich, welche Schwerpunkte das Kernkompetenz-Management im Sinne einer Kernkompetenz-Management-Priorität setzen sollte. In der hierfür vorgesehenen Matrix von Abb. 4/5 sind vier unterschiedliche Prioritäten markiert. Sie können Hinweise liefern, sind aber keinesfalls schematisch als „Normstrategien" anzuwenden:

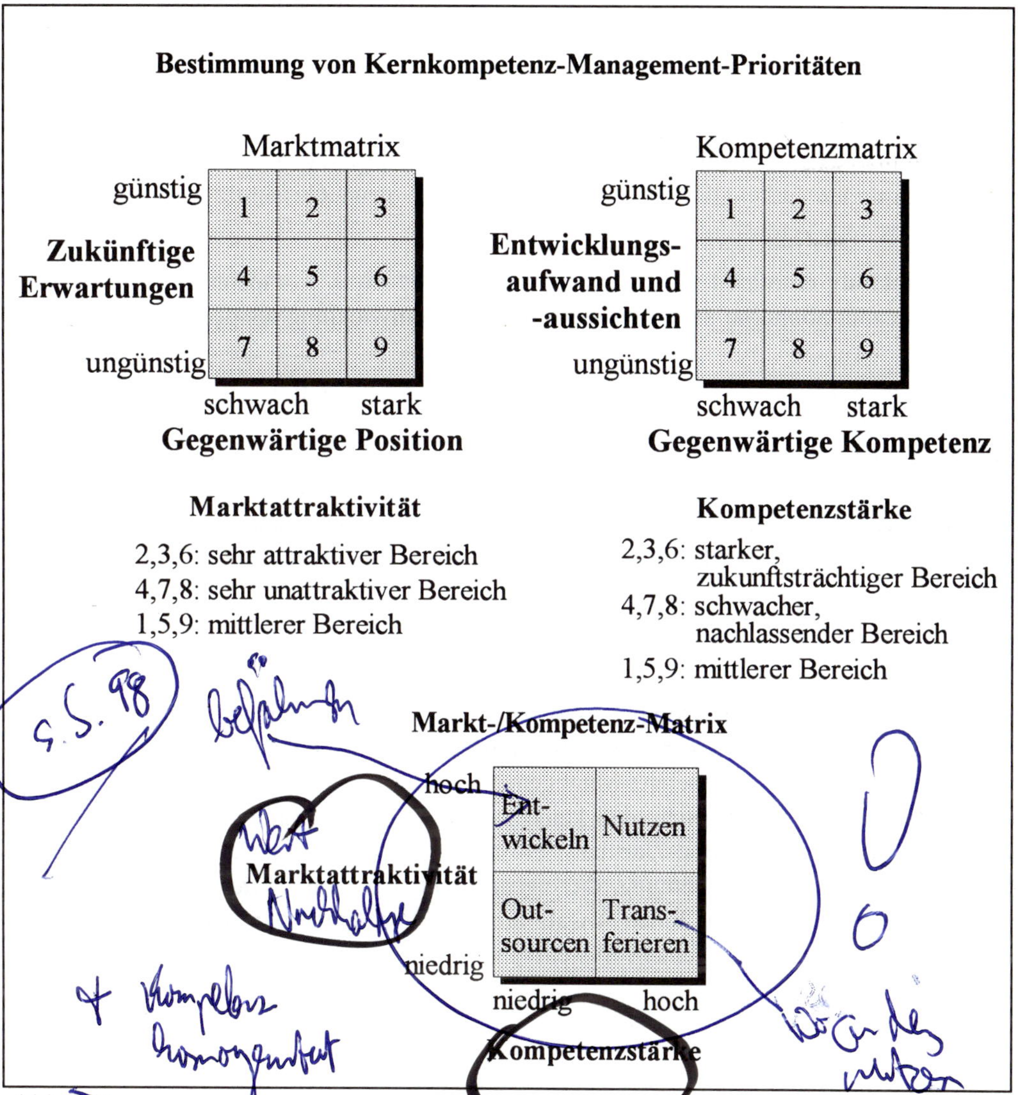

Bestimmung von Kernkompetenz-Management-Prioritäten

Marktmatrix

günstig	1	2	3
Zukünftige Erwartungen	4	5	6
ungünstig	7	8	9

schwach — stark
Gegenwärtige Position

Kompetenzmatrix

günstig	1	2	3
Entwicklungs- aufwand und -aussichten	4	5	6
ungünstig	7	8	9

schwach — stark
Gegenwärtige Kompetenz

Marktattraktivität

2,3,6: sehr attraktiver Bereich
4,7,8: sehr unattraktiver Bereich
1,5,9: mittlerer Bereich

Kompetenzstärke

2,3,6: starker, zukunftsträchtiger Bereich
4,7,8: schwacher, nachlassender Bereich
1,5,9: mittlerer Bereich

Markt-/Kompetenz-Matrix

hoch	Ent- wickeln	Nutzen
Marktattraktivität		
niedrig	Out- sourcen	Trans- ferieren

niedrig — hoch
Kompetenzstärke

Abb. 4/5

■ **Outsourcing** kommt in Betracht, wenn sowohl die Marktaussichten als auch die Kompetenzaussichten ungünstig aussehen. Unternehmungen, die nur in diesem Matrixbereich positioniert sind, sehen sich einer ernsthaften Bedrohung gegenüber.

105

- **Nutzung** unter Einschluß der im Kap. 2 beschriebenen Möglichkeiten der Marktausweitung und der Kombinationsstrategien prägt solche Situationen, die sowohl marktseitig wie kompetenzseitig vorteilhaft sind.

- **Transfer** sollte versucht werden, wenn bei starker Kompetenz die Marktaussichten schwinden. Die vorhandene Kompetenz kann sowohl dazu dienen, einen Sockel im angestammten Geschäft zu behaupten wie dazu, neue Geschäfte aufzubauen und damit weitere Wachstumsfelder zu erreichen.

- **Entwicklung** empfiehlt sich, wenn im Ist-Zustand zwar Kompetenzdefizite existieren, die aber abbaubar sind, und wenn die Marktentwicklung als positiv eingeschätzt wird.

An dieser Stelle wird das modulare Verständnis der Aktivitäten im Kernkompetenz-Zyklus (Identifikation, Entwicklung, Integration, Nutzung, Transfer) deutlich. Je nach Kernkompetenz-Management-Priorität folgen auf die Identifikation unterschiedliche Aktivitäten: Nutzung oder Entwicklung oder Transfer von Kompetenz.

2.1.4 Methodik der Identifikation

Von der Identifikation der Kompetenzen hängt das weitere Vorgehen des Kernkompetenz-Managements ab. Insofern ist dieses Aufgabengebiet von besonderer Bedeutung für den gesamten Kernkompetenz-Management-Zyklus. Das methodische Vorgehen der Identifikation muß sicherstellen, daß keine wesentlichen Informationen übersehen werden (vgl. zum folgenden Boos/Jarmai 1994 und Edge/Klein/Hiscoks/Plasoning 1995). Das **Selbstbild** der Unternehmung, die eigene Sicht, kann mit Hilfe einer **Systemdarstellung** aufgebaut werden. Einen Ansatz aus der Beratungspraxis zeigt Abb. 4/6 mit dem sog. Cockpit Management-System® von Jost Hammer, Management Praxis St.Gallen©.

Cockpit Management-System®

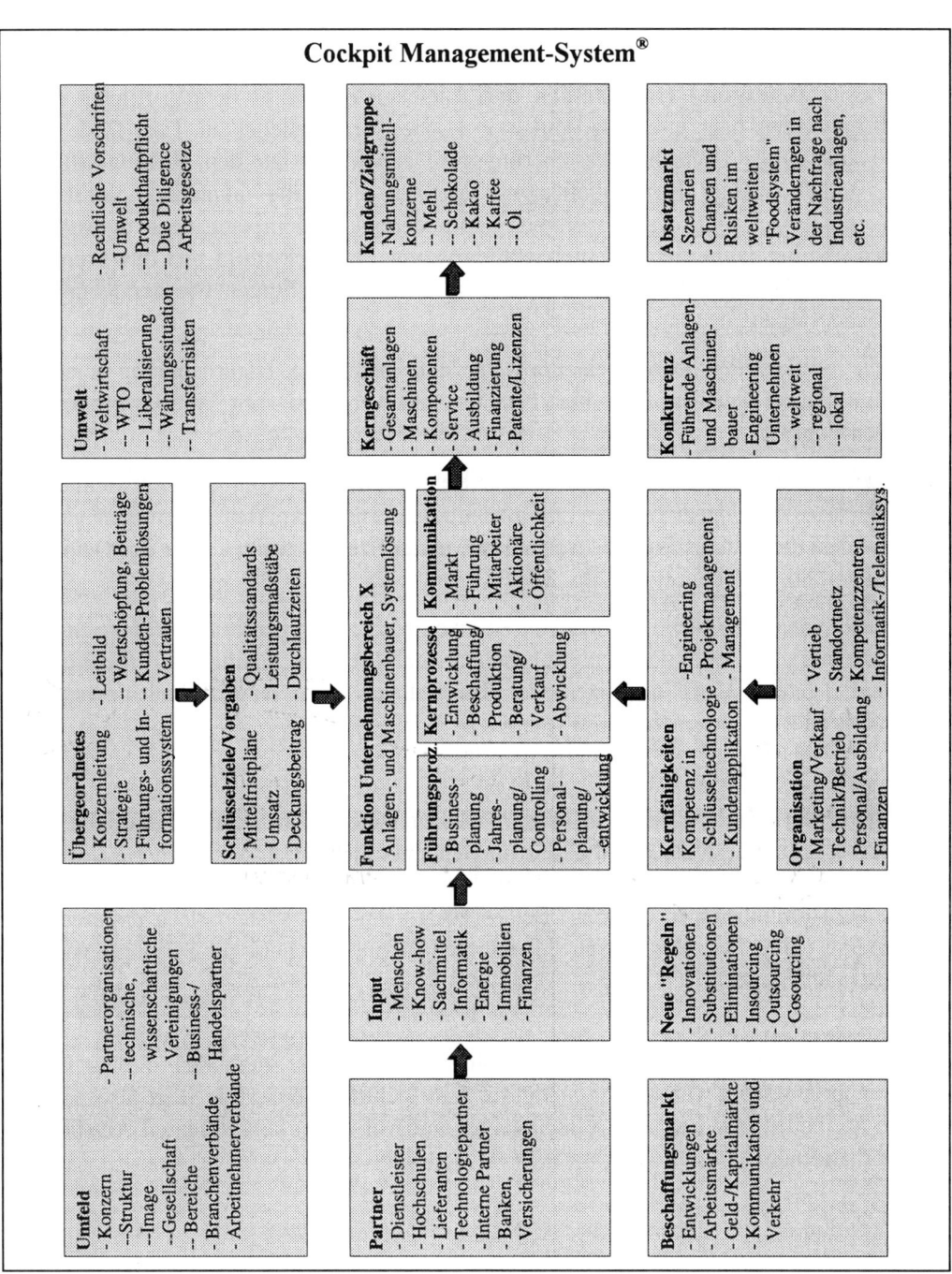

Abb. 4/6

Hinzutreten muß für eine marktorientierte Entwicklung das **Fremdbild**, also die externe Sicht. Man sollte daher auch Marktpartner in die Identifikation einbeziehen. Die Ergebnisse einer **Befragung von Kunden und Lieferanten**, sei es in schriftlicher Form, durch Interviews oder in einem Workshop können Erstaunliches zu Tage fördern. So stellte eine große deutsche Versicherungsgesellschaft, die zu den Weltmarktführern zählt, anläßlich einer Kundenbefragung fest, daß einerseits tatsächlich vorhandene Kernkompetenzen nicht wahrgenommen und andererseits Kompetenzbedarfe artikuliert wurden, die bis dahin nicht erkannt worden waren. Das Selbstbild und das Fremdbild einer Unternehmung können also selbst in so elementaren Fragen wie der Kompetenz auseinanderfallen.

Um die externe Perspektive einzufangen, kann sich eine Unternehmung auch des **Benchmarking** bedienen. Vor- und Nachteile im Vergleich zum Wettbewerb werden dadurch sichtbar.

Zukunftstrends abzuschätzen und in ihrer Relevanz für die Kompetenzentwicklung zu untersuchen, kann spezialisierten internen und externen Experten übertragen werden. Der Einsatz qualitativer Prognoseverfahren wie der Szenariotechnik oder der Delphimethode kann hilfreich sein (vgl. Kap. 8).

Interne Zugänge zur Identifikation von Kernkompetenzen liegen in der **Befragung von Schlüsselpersonen** oder der Analyse besonders **erfolgreicher Einheiten**, Produkte oder Geschäfte. Interne Vorbildlösungen oder Bestlösungen bieten dann Anknüpfungspunkte für übergreifende Lernprozesse.

> **General Electric** arbeitet in seinem vielbeachteten Konzept der kontinuierlichen Verbesserung zum einen mit externem Benchmarking. Hierzu werden Bestlösungen aus der eigenen wie aus fremden Branchen analysiert. Zum anderen werden hausinterne Vorbildlösungen erhoben. Beides zusammen wird systematisch dokumentiert und als „Best Practices" in der GE-internen Business School zur Schulung verwendet (nach Stewart 1991).

Wie diese Überlegungen zeigen, sind es völlig konventionelle Methoden, die zur Identifikation anzuwenden wären. Der Schlüssel zum Identifikationserfolg liegt also nicht in neuen Methoden, sondern in der intelligenten und vor allem konsequenten Anwendung der vorhandenen.

2.2 Entwicklung

2.2.1 Formen der Entwicklung

■ Festigung und Ausbau

Vorhandene Kompetenz, gleichgültig auf welchem Niveau, zu festigen und auszubauen, ist eine erste Form der Entwicklung. Je nach Intensität der dabei betriebenen Maßnahmen wird man auf die Weise zum Mithalten mit der Konkurrenz oder zum Erwerb von Kompetenzen höherer Ordnung gelangen.

In den frühen Stadien eines Kompetenzlebenszyklus wird es zunächst darum gehen, Erfahrungen und Lerneffekte zu nutzen, um eine Professionalisierung und damit sichere Beherrschung der entsprechenden Prozesse zu erreichen. Dokumentation des Wissens und der Vorgehensweisen, verbunden mit einer **Standardisierung**, sind wichtige Grundlagen. Standardisierung trägt zum einen zu gleichbleibender Qualität der Produkte bei, bildet zum anderen aber eine Grundlage für die Mitarbeiterschulung und -führung. Nicht zuletzt führt sie dazu, daß Kostensenkungspotentiale genutzt werden.

Daß man aus einem Allerweltsprodukt, das jede Imbißbude produziert, einen weltweit anerkannten Markenartikel machen kann, zeigt das Beispiel **McDonald`s**. Ray Kroc, der sein erstes Restaurant am 15.4.1955 eröffnete, revolutionierte das Fastfood-Geschäft durch ein fünfzehn Seiten starkes Handbuch, in dem er die Herstellung von Hamburgern, Pommes Frites und Milkshakes beschrieb. Heute ist das McDonald`s-Kochbuch auf mehr als 600 Seiten angewachsen. Die Restaurantkette ist z.B. mit weitem Abstand Marktführer in der Deutschen Gastronomie mit einem Netto-Umsatz (1995) von 2.981 Mrd. DM (vgl. Sentker 1996).

Qualitätssicherung und **Zertifizierung** auf der Grundlage einschlägiger Normen, beides in die gleiche Richtung gehende Ansätze, sind ebenfalls mögliche Maßnahmen der Weiterentwicklung und auch der Sicherung von Kompetenzen. Standardisierung ist in beiden Fällen vonnöten.

■ Verbesserung

Reife Kompetenzen, also solche, die sich bereits längere Zeit auf einem hohen Niveau bewegen, sollte man zu verbessern suchen. Hierzu sind Lern- und Verbesserungspro-

109

zesse einzuleiten bzw. zu nutzen. Man denke an die bekannten Maßnahmen der Teamarbeit und der Workshops, die sich hinter solchen Begriffen wie „kontinuierliche Verbesserungsprozesse", „Kaizen", „Quality Circles" verbergen. Aber auch das schon erwähnte Benchmarking sowie Reengineering-Bemühungen und das altbekannte betriebliche Vorschlagswesen lassen sich nutzen. Als Leitbild, in dem alle derartigen Ansätze zusammenfließen, gilt die „lernende Organisation" (vgl. Probst/Büchel 1994). Sie lebt vor allem von einer geeigneten Unternehmungskultur, in der sich Mitarbeiter und Manager auf ein Klima offener Kommunikation und stetiger Verwirklichung von Verbesserungen verpflichten.

■ Schwerpunktbildung (Konzentration)

Eine Konzentration auf wenige Kompetenzen ist in den letzten Jahren besonders häufig zu beobachten. Dahinter steht das Bemühen, die vorhandenen Ressourcen stärker zu bündeln und so in klar abgegrenzten Bereichen stärker zu Bestleistungen vorzudringen. Dies bedeutet zwangsläufig auch, daß auf einiges verzichtet wird. Gelegentlich ist sogar eine völlige Umkehrung der Unternehmungspolitik zu beobachten.

> Die größte deutsche Industrieunternehmung ist dabei, sich von einem „integrierten Technologiekonzern" zu einem „integrierten Verkehrskonzern" zu entwickeln (**Daimler-Benz**). Die **F.Hoffmann-LaRoche AG**, weltweit Nr. 1 oder Nr. 2 in fast allen ihren Geschäftsbereichen, hat sich bereits seit 1980 auf die angestammten Fachgebiete (Pharma, Vitamine und Feinchemikalien, Riechstoffe und Aromen, Diagnostika) konzentriert. Die Bereiche Kosmetik, Instrumente und Pflanzenschutz wurden verkauft. Diese Baseler Chemieunternehmung weist eine Marktkapitalisierung auf, die Anfang 1996 rund das **Vierfache** der weit größeren **Hoechst AG** betrug (vgl. Hofmann 1996, S. 16).
> Die teuerste Schweizer Aktie jedoch gehört einer Unternehmung, für die das Schlagwort von der Fokussierung bereits 150 Jahre alt ist: „Schokolade war und ist unser einziges Tätigkeitsfeld und wird es auch bleiben", so Ernst Tanner, der Chef der **Chokoladenfabriken Lindt & Sprüngli AG** (FAZ vom 3.4.1996).

■ Ergänzung

Die Rückkehr zu den Ursprüngen kennzeichnet die Konzentration. Sie ist sehr stark von innengerichteten Überlegungen geprägt („Wovon verstehen wir etwas?"). Wenn um bestehende Kernkompetenzen herum weitere aufgebaut und entwickelt werden, dann soll hier von Ergänzung gesprochen werden. Sie wird vorrangig von außengerichteten,

110

kundenbezogenen Gesichtspunkten aus vorgenommen („Welche Kompetenzen werden zukünftig am Markt benötigt?"). In der heute vorherrschenden Situation gesättigter Märkte werden die Produkte immer austauschbarer, die Kunden im Gegenzug immer anspruchsvoller. Die Lösung besteht vielfach darin, vom Produktangebot zu einer **integrierten Problemlösung** für den Kunden zu gelangen. Teilweise wachsen die hierfür erforderlichen Fähigkeiten wie Seitentriebe oder Ableger aus dem Stamm der vorhandenen Kompetenzen heraus. Teilweise müssen sie aber auch schrittweise völlig neu aufgebaut werden, wobei sich die Frage stellt, ob man die interne Eigenentwicklung oder die externe Ergänzung durch Zukauf oder Partnerschaft bevorzugt.

Das Thema: Durch Kompetenzergänzung zum „Problemlöser"

Das Beispiel: Hochtief AG

Bauunternehmungen erweitern ihre Produkt- und Leistungspalette und ihre Kompetenzen zunehmend um Dienstleistungen, die zur Finanzierung und zum Betreiben von Objekten benötigt werden. Diese Entwicklung ist unter dem Begriff „Betreibermodelle" bekannt. Die Hochtief AG, einer der größten Baukonzerne Deutschlands, wird z.B. den Flughafen der griechischen Hauptstadt Athen nicht nur als federführendes Konsortialmitglied bauen, sondern auch mitfinanzieren und anschließend gemeinsam mit dem griechischen Staat betreiben. Hochtief ist an der Betreibergesellschaft mit 36% beteiligt.

An diesem Beispiel wird deutlich, daß Kunden in zunehmendem Maße komplette Problemlösungen nachfragen. Der Anbieter muß entsprechende Kompetenzen aufbauen. Neben die Bauausführung tritt die Projektplanung, die Finanzierung, das Baumanagement sowie das Gebäudemanagement und der Betrieb des Bauwerks. Bei Großbauten umschließen die notwendigen Dienstleistungen auch die Konzipierung und Steuerung umfangreicher Logistikprozesse (entwickelt nach Geschäftsbericht RWE 1995/96, S. 54ff.).

■ **Neuentwicklung**

Der Gefahr einseitiger Kompetenzabhängigkeit entzieht sich eine Unternehmung letztlich nur durch „Kompetenzinnovation". Es gibt zwar Fälle, in denen über viele Jahrzehnte hinweg dieselbe Kompetenz ausreicht, den Geschäftserfolg zu sichern, wie das Beispiel der renommierten Sprüngli-Schokolade zeigt. Sie sind aber doch eher die Ausnahme. Im Normalfall ist mit einem Kompetenz-Lebenszyklus zu rechnen und damit auch mit einem Rückgang der Marktfähigkeit von Kompetenzen. Hamel/Prahalad verlangen in dem Zusammenhang, daß eine Unternehmung einen **Industrievorausblick** entwickelt und eine hochambitionierte **strategische Absicht** (strategic intent) daraus ableitet, die zu einer stimulierenden Anspannung aller Ressourcen und Fähigkeiten führt, der sog. **Dehnung** (strategic stretch; 1995). Im Ergebnis soll auf die Weise die Zukunft gestaltet und der Zukunftswettbewerb gewonnen werden. Auch wenn diese Forderung zunächst auf den absoluten Marktführer und den globalen Wettbewerb gemünzt ist, ohne eine Vorstellung von zukünftig benötigten Kompetenzen und die Arbeit an ihrer Entwicklung und Kultivierung ist jede Erfolgsposition auf Dauer gefährdet. Zu erinnern ist daran, daß ein wesentlicher strategischer Vorteil von Kernkompetenzen darin liegt, Produktinnovationen zu begünstigen und zur Innovierung ganzer Unternehmungen und Märkte beizutragen.

2.2.2 Prinzipien der Entwicklung

Das methodische Vorgehen der Kompetenzentwicklung läßt sich nicht standardisieren. Immerhin können aber auf der Grundlage der bisherigen Einsichten einige Prinzipien abgeleitet werden, die der Praxis Hilfestellung geben können.

■ **Wissensmanagement institutionalisieren**

Letztlich basieren Kompetenzen auf individuellem und kollektivem Wissen. Es ist daher nötig, das Management von Wissen als eine gesonderte Querschnittsaufgabe in der Unternehmung zu institutionalisieren. Ihrer herausgehobenen Bedeutung wegen werden die damit zusammenhängenden Fragen in einem eigenen Kapitel abgehandelt (Kap. 7).

■ **Stimulierung von Unternehmertum**

Wenn heute von Kompetenzentwicklung gesprochen wird, so sieht der Betrachter vor seinem geistigen Auge vor allem Forschungs- und Entwicklungsabteilungen, Projektteams und Entwicklungspartnerschaften auftauchen. So sehr derartige institutionelle Verankerungen benötigt werden, so sehr ist darauf hinzuweisen, daß der Nukleus jeder Entwicklung zunächst die **Idee im Kopf eines einzelnen** ist. Kompetenzentwicklung ist also auch und in erster Linie ein personelles Problem.

Die institutionellen Fragen werden in den Kapiteln vertieft, die sich mit Strukturen und Prozessen des Kernkompetenz-Managements befassen (Kap. 5 und 6). Die personellen Probleme gehören zum Human-Ressourcen-Management (Kap. 7 und 9). Im Prinzip kommt es darauf an, zwei unterschiedliche Probleme gleichzeitig zu lösen. Zum einen gilt es, die Kreativität des einzelnen zu stimulieren und ihn zu ermuntern, unterschiedliche Ideen zu entwickeln. Dazu werden vor allem **Freiräume** benötigt (zeitlich, aufgaben- und kompetenzbezogen, finanziell). Zum anderen müssen vorläufige Ideen umgesetzt, kombiniert und realisiert werden, bis hin zu einem marktgängigen Produkt. Dies läßt sich nur durch vielfältige Managementaktivitäten, zu denen auch Organisations- und Controllingaufgaben gehören, bewältigen.

In der Vorstellung vom **Unternehmertum**, insbesondere vom **Pionierunternehmer** Schumpeterscher Prägung, verbindet sich beides: die Idee und ihre erfolgreiche Verwertung. Kompetenzentwicklung und Entwicklung unternehmerischen Denkens und Handelns sind also gekoppelt. Ziel muß es daher sein, möglichst viele selbständige Unternehmer zu fördern bzw. unternehmerisches Mitdenken und Mithandeln auch beim Manager und Mitarbeiter zu provozieren und so internes Unternehmertum (**Intra**preneurship im Gegensatz zu **Entre**preneurship) zu erzeugen.

Es zeichnet den hier gemeinten Typ des Unternehmers seit jeher aus, daß ihn seine Idee und die damit verbundene Gestaltungsherausforderung faszinieren. „Der Markt" oder „die Konkurrenz" interessieren ihn weniger. Natürlich ist der Markterfolg unverzichtbar, aber er ist für einen „echten" Unternehmer eher ein Nebeneffekt, nicht jedoch das eigentliche Ziel. So herausragende, bekannte Firmennamen wie in den USA z.B. Ford, Hewlett/Packard, Walt Disney, in Deutschland Daimler-Benz, Siemens, Nixdorf sind zugleich Namen von Pionierunternehmern, deren Leistungen die Grundlage für Großkonzerne bildeten.

Nicht selten geht der innovative Schwung des Pioniers und späteren Mittelständlers im Großbetrieb oder gar Konzern verloren. Sucht man nach Beispielen für wirkliches Unternehmertum, dann wird man in mittelständischen Unternehmungen, also bei selbständigen Unternehmern, oft eher fündig als im Konzern. Die Konzerne bemühen sich vielfach gerade darum, den Unternehmergeist wieder zu beleben.

Das Thema: Stimulierung des Unternehmertums

Das Beispiel: VITRA AG

Sachverhalt: Die VITRA AG in Basel (1996: ca. 500 Mitarbeiter, 280 Mio. DM Umsatz) ist Marktführer im Segment hochwertiger Stühle und Büromöbel mit einem anspruchsvollen und trendsetzenden Design. Vor mehr als 30 Jahren führte VITRA z.B. die heute klassischen Entwürfe von Charles und Ray Eames („Lounge Chair") in Europa ein. Der Eigentümer und Chef von VITRA ist Rolf Fehlbaum. Seine Passion ist die Verbindung von zukunftsweisendem Design mit technischer Qualität und ganzheitlichen Bürokonzepten. Er löst sich dabei zunächst völlig von unmittelbaren Kunden- und Konkurrenzüberlegungen. Mit viel Gespür und nachhaltigem persönlichen Engagement sucht und findet er international wichtige Designer, mit denen gemeinsam Stühle und Bürosysteme entwickelt werden. Sein Selbstverständnis kommt in folgender Interviewaussage sehr gut zur Geltung: „Ich handhabe einen Designprozeß. Dies ist ein sehr komplexer, langwieriger Optimierungsprozeß, der etwa 30% meiner Arbeitszeit in Anspruch nimmt. Wir wollen mit international wichtigen, authentischen Designern arbeiten. Man muß mit diesen Kreativen gut umgehen können und ihre kreative Leistung anerkennen (im übrigen werden die Designer auch gut honoriert). Im wesentlichen kommt es darauf an, in einer Respektbeziehung zu arbeiten. Die persönliche Haltung dabei ist eine eher künstlerische. Es geht um das - gemeinsame - Werk.

Unsere Produkte sind nicht „trendy“, sondern wir versuchen, Zukunftsentwicklungen der Bürokultur aufzuzeigen und mitzugestalten. Der ästhetische Reiz unserer Produkte spricht Emotionen und Werte unserer Kunden an und läßt eine Affinitätsbeziehung entstehen, die schließlich die Grundlage der Kaufentscheidung bildet. Nicht zuletzt befriedigen wir dabei weit verbreitete Idealisierungsbedürfnisse. Ein wirklich exzellenter Designer ist wie ein Gastgeber, der die Bedürfnisse seiner Gäste antizipiert. Unter diesen Voraussetzungen setzt sich das Gute von alleine durch, davon bin ich überzeugt.“

Interpretation: VITRA besitzt eine ausgeprägte Designkompetenz, in der die Persönlichkeit von Rolf Fehlbaum und die Beziehungsnetze, die er zu den Designern knüpft, ergänzt um die hausinterne Entwicklungsabteilung, die entscheidenden Elemente darstellen. Die Persönlichkeiten und Fähigkeiten der Beteiligten prägen die Kompetenz.

Dieses Beispiel macht zugleich deutlich, daß Kernfunktionen und Kernfähigkeiten nicht zwingend unternehmungsintern anzusiedeln sind, sondern auch in einem Netzwerk generiert und erhalten werden können. Es entsteht hier eine besondere Form von Entwicklungspartnerschaft. Zugleich zeigt sich die Notwendigkeit persönlichen Vertrauens und wertorientierter Übereinstimmung als Grundlage dauerhafter Partnerschaft.

Das beschriebene unternehmerische Konzept ist die ganz besondere Stärke von VITRA, die auf jedes neue Produkt bzw. jede Kollektion übertragen wird. Diese Stärke ist, da praktisch vollständig personengebunden, nicht wirklich kopierbar und damit auch bereits - zumindest teilweise - geschützt. Zugleich ergibt sich daraus, wie aus jeder Form von Personenabhängigkeit einer Institution, ein besonderes Risiko, dessen sich Rolf Fehlbaum im übrigen sehr wohl bewußt ist.

Das Vorgehen von VITRA umschließt eine intensive Suche nach neuen, zukunftsträchtigen Büroformen, z.B. durch spezifische Entwicklungsprojekte, Workshops und Ausstellungen in einem eigens geschaffenen Design-Museum. Damit kommt ein erhebliches Moment des konzeptionellen Weitblicks, des von Hamel/Prahalad geforderten Industrie-Vorausblicks, ins Spiel.

114

Was wir heute tun, ist morgen von gestern. Was morgen sein wird, beginnt bereits heute. Diese einfache Grundwahrheit muß auf das Kernkompetenz-Management und insbesondere die Entwicklungsaufgaben übertragen werden. Heute bereits vorhandene Ideen, Ansätze, Technologien sind die Quelle zukünftiger, neuer Kernkompetenzen. Um den zukünftigen Wettbewerb zu bestehen oder gar zu prägen, ist es erforderlich, die Entwicklungslinien rechtzeitig in ihrer Bedeutung zu erkennen. Zu diesem Zweck muß die Unternehmung, müssen ihre Träger, über einen **konzeptionellen Weitblick** verfügen, der zumindest ein ungefähres Bild der veränderten Branchensituation und Bedürfnisstruktur ergibt. Hamel/Prahalad sprechen, wie erwähnt, von Vorausblick bzw. Industrie- oder Branchenvorausblick („Industry Foresight", vgl. 1994, S. 73ff.). Die Vorstellung von der Zukunft der Informationstechnologie, der Entwicklung elektronischer Medien, des Lebens in den Innenstädten, der Bedeutung des Autos, der globalen Lebenswichtigkeit der Wasserversorgung etc. mögen als Beispiel dienen. Dieser konzeptionelle Weitblick läßt sich zwar durch die qualitativen Planungstechniken, insbesondere die Szenariotechnik oder die Delphi-Methode unterstützen (vgl. Kap. 7, Abschnitt 4.2), beruht aber letztlich auf der persönlichen Intuition und Kreativität der unternehmerisch Verantwortlichen. Konzeptionelle Weitsicht ist eine **Imagination**.

Das Thema: Industrievorausblick

Das Beispiel: Verkehrskonzept

Wird das Smart-Auto von Mercedes-Benz ein Riesenmißerfolg oder läutet das Produktions- und Vertriebskonzept eine völlig neue Ära der Kleinwagen ein? Die Antwort auf diese Frage hängt davon ab, ob die Zukunftsvorstellungen, die diesem Produkt und der Art seiner Vermarktung zugrundeliegen, die Entwicklung richtig einzuschätzen bzw. zu prägen in der Lage sind: „Das Zauberwort beim Smart heißt Spaß." Mit derartigen Slogans wird auf ein Mini-Auto aufmerksam gemacht, das zweisitzig sein wird und ab 1998 für DM 15.000,-- zu haben sein soll. In regionalen Verkaufszentren, die Glastürme als Wahrzeichen besitzen, werden weithin sichtbar die Modelle ausgestellt. Sie sollen für den Kunden je nach Wunsch knallbunt zusammengestellt werden. Die Türen z.B. bestehen für diesen Zweck aus recyclebarem Kunststoff. Zielgruppe sind junge Leute.

Mercedes-Benz versucht hier, völlig neue Wege zu gehen und bemüht sich gemeinsam mit dem Ideengeber Hayek und Systemlieferanten um den weitreichenden Aufbau neuer Kompetenzen. Man darf davon ausgehen, daß der vormarktliche Wettbewerb bereits in vollem Gange ist, denn die etablierten Kleinwagenhersteller werden kaum tatenlos zusehen, wie sich ein Frontalangriff gegen sie - denn darum handelt es sich - über Jahre hinweg vorbereitet. Die ersten Konkurrenten, wie Ford, sind mit dem Kleinwagen "Ka" bereits auf dem Markt. Für Hayek, der allgemein mit dem Swatch-Uhren-Kozept assoziiert wird,stellt das Projekt im übrigen einen ambitionierten Versuch des Kompetenztransfers dar, wobei von außen nicht klar erkennbar ist, worin die autobezogene Kompetenz des Schweizers genau besteht.

Der Erfolg wird im wesentlichen von der aus Mercedes-Benz-Sicht positiven Beantwortung folgender Fragen abhängen:

Gelingt es, Kompetenz im Bau und im Verkauf von Kleinwagen aufzubauen?

Ist die eingesetzte Technik zukunftsträchtig?

Wird der Smart geplanten Konkurrenzprodukten (z.B. Maxx von Opel) zuvorkommen bzw. überlegen sein?

Wird der Kleinwagen zu einem Konsumgut, das der Kunde beim Stadtbummel mitnimmt?

Gibt es einen neuen Markt für Spaßautos oder muß Mercedes-Benz die geplanten 300.000 Einheiten etablierten Anbietern abjagen?

Zugleich plant die Deutsche Bahn AG neue Verkehrskonzepte. Zum Beispiel ist ein Umbau und Ausbau der Bahnhöfe großer Städte geplant und teilweise auch begonnen. Die Bahnhöfe sollen u.a. mit Einkaufszentren und Ladengalerien versehen werden und so völlig neue innerstädtische Akzente setzen. Eine Projektstudie sieht z.B. vor, die Innenstadt von Frankfurt am Main zu untertunneln und den bisherigen Kopfbahnhof zu einem Durchgangsbahnhof mit Einkaufszentren zu machen. Dieses Milliardenvorhaben würde zugleich ein neues Konzept für die gesamte Innenstadt und die frei werdenden, großen Gleisflächen bedingen. Ein Vorschlag ist z.B., einen innerstädtischen Park nach Vorbild des New Yorker Central Park zu schaffen. Ob die Innenstadt weiter verödete oder in revolutionärer Weise verändert würde, hinge ebenfalls von der Richtigkeit des Vorausblicks ab.

Industrielle Voraussicht ist, wenn auch in abgestuftem Umfang, keineswegs nur eine Angelegenheit von wenigen Großen, gar nur derjenigen, die als Global Player agieren wollen. Wie für Kernkompetenzen allgemein, so gilt auch hier, daß jeder, der nach Wettbewerbsvorteilen strebt, über ein Mindestmaß an Imagination verfügen sollte. Für unternehmerische Ideen gibt es keinerlei Grenzen, und alle Erfahrungen zeigen, daß sich gerade die kleinen und mittleren Unternehmungen hierbei besonders auszeichnen. Eine inhaltliche Hilfe hierfür ist die Vorstellung, daß sich der Schwerpunkt des Handelns in Zukunft weithin von einem „Produktanbieter" zum „**Problemlöser** für den Kunden" verlagert. Dies bedeutet für die Unternehmung, daß sie ihre Markt- und Geschäftsdefinition überdenken muß. Damit allein ist eine weitreichende Änderung des Selbstverständnisses verbunden, und damit bereits ist ohne Einsatz aufwendiger Techniken eine

Produkt → Problemlöser → Bezug/Strukturelle

weitsichtige Konzeption zu gewinnen. Einige Beispiele für mögliche oder sich abzeichnende Veränderungen mögen dies belegen:

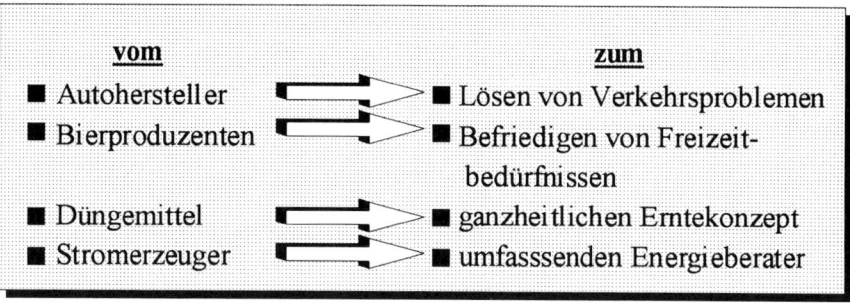

vom		**zum**
■ Autohersteller	⟹	■ Lösen von Verkehrsproblemen
■ Bierproduzenten	⟹	■ Befriedigen von Freizeitbedürfnissen
■ Düngemittel	⟹	■ ganzheitlichen Erntekonzept
■ Stromerzeuger	⟹	■ umfasssenden Energieberater

■ **Verbindung von Marktnähe mit Entwicklungskompetenz**

Für völlig neue Märkte ist Vorausblick vonnöten und eine gedankliche Abkoppelung von Kunden und Konkurrenten. Für vorhandene Märkte und deren Entwicklung, aber auch für den Brückenschlag zwischen der Vision des Vorausblicks und der Gegenwart, ist wieder verstärkt auf das Gegenstromverfahren zu setzen. Die Prozesse zur Entwicklung von Produkten, Verfahren und Fähigkeiten sollten in möglichst hohem Maße eine marktorientierte **Vorkoppelung** aufweisen. Hamel/Prahalad sprechen von **Erkundungsmarketing** („expeditionary marketing", 1994, S. 237ff.). Dazu gehört das stetige Gespräch vor allem mit den Kunden, aber auch mit Lieferanten. Gleichzeitig muß die Unternehmung darauf bedacht sein, für ihre spezifischen Zwecke eine geeignete Entwicklungskompetenz aufzubauen.

Hier sind auch Entwicklungspartnerschaften zu erwähnen, deren Zweck in einer Beschleunigung der Entwicklung ebenso bestehen kann wie in der Lastenteilung oder der (gegenseitigen) Know-how-Ergänzung (vgl. das Beispiel VITRA AG). Problem aller Partnerschaften ist das gegenseitige Vertrauen und ein ausgeglichenes Verhältnis von Geben und Nehmen. Der Schutz eigener Kompetenzen ist dabei besonders kritisch.

Die **BAUMANN AG** ist ein mittelständischer Schweizer Textilhersteller mit Kollektionen im gehobenen Preissegment. Stoffe wie die am Bauhaus orientierte „création baumann" sind moderne Klassiker, die über Möbel- und Einrichtungshäuser vertrieben werden. Daneben ist Baumann auch im Projektgeschäft aktiv. So wurden z.B. die ICE-Züge der Deutschen Bundesbahn mit Sonnenrollos in den Farben des Zuges ausgestattet. Eine Kernfunktion ist das Stoffdesign. Der Markterfolg vor allem modischer Kollektionen wie der „Living"-Kollektion hängt davon ab. Die Entwicklungskompetenz der Firma wird sehr stark vom Gründer und Firmenchef verkörpert, der auch den Kontakt zu Designhochschulen pflegt. In Bergamo (Italien) wird ein spezielles Studio unterhalten, in dem Designstudenten die Chance erhalten, für ein bis zwei Jahre als Baumann-Stipendiaten zu arbeiten. Auf diese Weise kommen immer wieder völlig neuartige Impulse in das Design-Konzept der Kollektionen. Diese Entwicklungskompetenz wird regelmäßig schon im Vorfeld mit dem Markt konfrontiert. Hierzu dient vor allem der jährlich am Firmensitz stattfindende „Designer Saturday". Dabei handelt es sich um eine Ideen- und Kontaktbörse, zu der Firmenchefs, Architekten und Handelskunden aus allen Ländern zusammenkommen. Die BAUMANN AG präsentiert in ihren hierfür hergerichteten Büroräumen ihre neuesten Arbeiten und Entwürfe und prüft so die Resonanz der Kunden.

■ Frühzeitige Produkterprobung

Frühzeitigkeit in der Produkterprobung bzw. - allgemein - der Erprobung einer neuen Lösung stellt ein weiteres Prinzip der Kompetenzentwicklung dar. Die Bedeutung kurzer Produktentwicklungszeiten ist hinreichend bekannt. Die Fähigkeit, zeitbezogene Strategien zu fahren, ist davon stark abhängig. Dies bedeutet nicht zwangsläufig kurze Produktlebenszyklen, sondern vor allem kurze Reaktionszeiten im Wettbewerb. Produktentwicklung war traditionell durch lange und intensive Entwicklungszeiten i.S. gründlicher, professioneller Arbeit und technisch ausgereifter Produkte gekennzeichnet. Damit einher geht zwangsläufig eine gewisse Unflexibilität sowie die Gefahr, von der Umweltentwicklung überholt zu werden. Die Vorstellung, „perfekte" Lösungen in einem Planungs- und Entwicklungsdurchlauf realisieren zu können, ist vielfach in Frage zu stellen. Stattdessen kommt eine "evolutive Systementwicklung" in Betracht, also die möglichst rasche Entwicklung von **Versionen**, die bei Bewährung ausbaufähig, verbesserungsfähig und differenzierbar sind. Marktentwicklung und -ausweitung sind so besser gestaltbar. Die frühe Erprobung einer neuen Lösung hat nicht zuletzt den Vorteil, daß rechtzeitige **Rückkoppelungen** vom Markt bzw. vom Benutzer erfolgen, die über den Erfolg und eventuelle Korrekturbedürfnisse Auskunft geben. Dieser Effekt kann auch dadurch erreicht werden, daß die Lösung zunächst bei **Pilotanwendungen** und -anwendern erprobt wird. Das Einführungsrisiko ist dadurch erheblich zu reduzieren, Lernprozesse unter realen Bedingungen lassen sich nutzen.

■ Kontinuierliche Kompetenzverbesserung

Für Kompetenzen gilt das gleiche wie für die Unternehmung insgesamt: Stillstand ist Rückschritt. Nur der kontinuierliche Wandel sichert das Überleben. Insofern muß eine einmal errungene Kompetenz ständig überprüft und verbessert werden, auch ohne daß eine völlige Neuentwicklung erfolgt. Die aufwärts gerichteten Teile des Gegenstromverfahrens bekommen hier ein besonderes Gewicht. Es geht um die Nutzung der vielfältigen Erfahrungen und Ideen der Mitarbeiter, die in der Summe einen stetigen Evolutionsprozeß tragen können. Konzepte wie **Kaizen** und **kontinuierliche Verbesserungsprozesse** wären zu nennen. Sie können auch für das Kernkompetenz-Management genutzt werden. Wie bereits erwähnt, gilt das „organisationale Lernen" als Leitbild.

2.3 Integration

2.3.1 Bestimmung des Integrationsbereichs

Integration als Teil des Kernkompetenz-Zyklus bedeutet die zielorientierte Bündelung von Ressourcen und Fähigkeiten. Diese Aktivität steht nicht in einer festen Abfolge mit anderen Aktivitäten des Zyklus, sondern sie läßt sich in beliebiger Kombination durchführen. Integrationsmaßnahmen der verschiedensten Art werden insbesondere erforderlich für die

- Ausrichtung von Ressourcen und Fähigkeiten auf eine einzelne Kernkompetenz nach entsprechenden **Entwicklungs**maßnahmen

- Ausrichtung auf eine einzelne Kernkompetenz nach Outsourcingaktivitäten, also im Rahmen von Konzentrationsbemühungen

- Kombination vorhandener Kernkompetenzen mit neu erworbenen bzw. entwickelten

- Intensivierung und Verbesserung der **Nutzung** vorhandener Kompetenzen

- Vorbereitung und Durchführung des **Transfers** vorhandener Kompetenzen

Gegenstand der Integration können rein sachlogisch einzelne **(Teil-) Funktionen** (Kernfunktionen) oder/und **(Teil-) Produkte** (Kernprodukte) sein. Die Integration kann sich innerhalb einzelner Geschäftsfelder abspielen oder unternehmungsweite Kreise ziehen. Als Ergebnis erfolgreicher Integration ist das Geschäftsfeld bzw. die Unternehmung konsequent auf die Kernkompetenz ausgerichtet.

Welche Integrationsaufgaben sich im einzelnen stellen, hängt zwangsläufig von der konkret angestrebten Kernkompetenz ab. Unter Rückgriff auf die erläuterten generischen Kompetenzarten (vgl. Kap. 2) und die damit verbundenen Prozeßkategorien lassen sich anhand des Unternehmungsprozesses vier verschiedene Fälle der Integration unterscheiden.

- **Prozeßinterne Integration:** die einzelnen Aktivitäten innerhalb eines Prozesses werden besser aufeinander abgestimmt, so z.B., um den Prozeß der Auftragsabwicklung zu beschleunigen und zuverlässiger zu gestalten.

- **Integration von Steuerung, Operation und Support:** die Schnittstellen zwischen Leitungsinstanzen, Ausführungsstellen und unterstützenden Einheiten und Prozessen werden verbessert.

- **Wandlungsorientierte Integration:** dabei geht es darum, das Tagesgeschäft und dessen kontinuierliche Verbesserung miteinander zu kombinieren bzw. größere Wandlungsvorhaben als Projekte mit der hierarchischen Primärstruktur zu koppeln.

- **Externe Integration:** die Wertschöpfungskette der Unternehmung wird mit denen von Marktpartnern verbunden, z.B. Just in time-Anlieferung oder Electronic Banking.

Das Thema: Prozeßinterne Integration operativer Prozesse

Das Beispiel: Brandt

Sachverhalt: Über mehrere Generationen von Verbrauchern hinweg hat sich im Lebensmittelsektor der Zwieback der Firma Brandt als bekannter Markenzwieback in Deutschland zum Marktführer entwickelt. Die für jeden Verbraucher in bestimmten Produkteigenschaften sichtbare Backkompetenz als operative Kompetenz, verbunden mit anderen Merkmalen wie der Rezeptur und der Verpackung, führte schon früh dazu, daß Brandt-Zwieback mit „Gesundheit" assoziiert wurde. Um gegenüber dem Verbraucher die Gesundheitskompetenz zu unterstreichen, wird neuerdings mit der Verwendung von Mehl aus kontrolliertem Anbau und Jodsalz geworben.
Daneben stellt Brandt seit langem für Industriekunden Schokolade her, tritt also als Lieferant für Weiterverarbeiter auf. Den Verbrauchergewohnheiten Rechnung tragend, kombinierte Brandt die vorhandenen Ressourcen und Fähigkeiten aus beiden Geschäftsbereichen in der Produktion von sog. Knusperkugeln. Dies sind kleine Vollkornkugeln mit Schokoladenüberzug. Sie gehen wie der Zwieback in den Handel.

Interpretation: Betrachtet man dieses Beispiel aus der Sicht des Kompetenz-Zyklus, so ist die Integration hier in Zusammenhang mit einem Transfer zu sehen. Die Ressourcen und Fähigkeiten im Bereich Backen und Schokoladenherstellung

120

wurden von den herkömmlichen Produkten auf neue Produkte übertragen. Der strategische Einsatz der Kompetenz läßt sich als Teil einer Wachstumsstrategie interpretieren (vgl. Kap. 2). Brandt führte eine kompetenzgestützte Programmerweiterung durch und erreichte so wachsende Marktsegmente.

Das Thema: Integration von Steuerung, Operation und Support

Das Beispiel: Brau und Brunnen AG

Brauereien verfügen in Deutschland traditionell über umfangreichen Immobilienbesitz. Gastronomen, mit Lieferungsverträgen an eine Brauerei gebunden, betreiben ihr Geschäft in brauereieigenen Immobilien. Die BRAU und BRUNNEN AG ist Deutschlands größter Getränkekonzern, bestehend aus zahlreichen rechtlich selbständigen Brauereien und Brunnenbetrieben (z.B. Apollinaris, Schultheiß-Brauerei, Jever-Brauerei). Vor einigen Jahren wurden die Immobilienaktivitäten der Gruppe in einer neu gegründeten Immobiliengesellschaft zusammengefaßt. Sie verwaltet, entwickelt und verwertet die bis dahin dezentral betriebenen Objekte. Durch diese Integration aller immobilienspezifischen Teilprozesse (Steuerung, Operation, Support) entstand ein völlig neues, attraktives Geschäftsfeld. Ein bis dahin als angehängte Verwaltungstätigkeit behandelter Bereich (Support) wurde zu einem professionalisierten, selbständigen Dienstleistungsbereich, also einer operativen Einheit, die auch einen externen Marktbezug aufweist.

Im Sinne des Kompetenzzyklus betrachtet, stehen diese Integrationsmaßnahmen in Verbindung mit der Entwicklung einer Kernkompetenz. Aus dezentralen Ressourcen (Immobilienbesitz) und den zugehörigen Fähigkeiten wird durch organisatorische und rechtliche Zusammenfassung eine eigene Kompetenzplattform geschaffen. Gelingt dieser Schritt, so entsteht ein völlig neues Geschäftsfeld. Aus der Sicht der Wachstumsstrategien von Ansoff handelt es sich um eine kompetenzgestützte Diversifikation.

Im übrigen lassen sich an dieser Stelle Querverbindungen zum Asset-Management und zum Shareholder-Value ziehen. Erst die Bündelung der Immobilienaktivitäten erlaubt es, eine gezielte Identifikation und Verwertung nicht-betriebsnotwendiger Grundstücke und Gebäude vorzunehmen. Die BRAU und BRUNNEN AG nutzte die positive Entwicklung auf dem Immobiliensektor von ca. 1988 - 1994, um auch durch Immobilienverkäufe ihre Investitionen im Biergeschäft zu finanzieren. Aktionärsvertreter forderten 1996, die Immobiliengesellschaft an die Börse zu bringen, um ihren Shareholder-Value zu steigern, der im Jahre 1995 durch Verluste im Biergeschäft geschmälert worden war.

2.3.2 Maßnahmen der Integration

Ein Schwerpunkt der Integration sind in jedem Fall **organisatorische** Maßnahmen. Sie können sich vor allem auf Veränderungen in den **Prozessen** beziehen und dort insbesondere auf funktionsübergreifende Abläufe. Integration muß mithin vor allem durch die Umgestaltung und laufende Verbesserung der **Kernprozesse** geleistet werden. In Kap. 5 werden die Prozeßgesichtspunkte vertieft behandelt. Sie stehen in enger Verbindung mit der Schaffung oder Veränderung der geeigneten **Systeme**, seien es z.B. Informations- und Kommunikationssysteme, Planungs-, Steuerungs- und Kontrollsysteme oder real-technische Systeme (Logistik, Produktion). Prozesse prägen mehr und mehr die **Strukturen**, nicht umgekehrt. Dennoch sind auch die strukturellen Maßnahmen nicht zu unterschätzen. Eine Unternehmung oder Einheit auf Kernkompetenzen auszurichten kann bedeuten, daß erhebliche Eingriffe in das Aufgaben- und Kompetenzgefüge nötig werden. Kap. 6 gibt hierzu nähere Hinweise. Eine besondere Rolle spielen nicht zuletzt **personenbezogene Maßnahmen** und Systeme, so vor allem Anreizsysteme, Personalentwicklungs- und Führungssysteme (vgl. Kap. 9).

2.4   Nutzung

2.4.1 Nutzung im Aktivitätenverbund

Die Phase der Nutzung ist der Zeitraum, in dem die Rückflüsse aus der Entwicklung und Integration der Kernkompetenz erzielt werden müssen. Wie die Prozeßbetrachtung anhand des Produktlebenszyklus (vgl. Abb. 4/3) gezeigt hat, beginnt die Nutzung mit der **Einführungsphase** und endet tendenziell mit der **Reifephase**. Je länger und erfolgreicher dieser Teil des marktlichen Wettbewerbs gestaltet werden kann, desto größer ist der Erfolg des Ersteinsatzes der Kernkompetenz.

„Nutzung" bildet zwar den Schwerpunkt des Kernkompetenz-Managements in den Phasen „Einführung, Wachstum, Reife". Es wäre aber zu kurz gegriffen, sich darauf zu beschränken. Vielmehr müssen flankierend und unterstützend auch andere Kernkompetenz-Management-Aufgaben bedacht werden, dies teilweise zeitlich überlappend. Das Managementverständnis von „Nutzung" kann es also gerade nicht sein, sich im Sinne eines „Abmelkens" oder „Abcashens" zu verhalten. Vielmehr geht es auch um den Einbezug der Aktivitäten insbesondere des Entwickelns und Transferierens, um die Pflege und Weiterführung eines Geschäfts also.

122

Für die konkrete Ausgestaltung der Nutzungsaktivitäten gilt im übrigen, wie für alle Kernkompetenz-Management-Aufgaben, daß die situativen Einflußgrößen zu beachten sind. Im Einzelfall sind außerdem die bekannten und bewährten absatzpolitischen Überlegungen und Techniken heranzuziehen, die instrumentell umsetzen, was hier konzeptionell als Nutzung von Kernkompetenzen behandelt wird.

2.4.2 Nutzung im Produktlebenszyklus

■ Einführung

Will eine Unternehmung in einen **vorhandenen Markt** eintreten, muß sie gegenüber den Wettbewerbern deutliche Kosten- oder Differenzierungsvorteile besitzen. Die Nutzung der Kernkompetenz besteht in dieser Phase im wesentlichen darin, daß der jeweils angestrebte Vorteil auch tatsächlich erreicht wird, der Markteintritt also gelingt, die Eintrittsbarrieren überwunden werden.

Wird ein Markt mit völlig neuen Produkten erst **geschaffen (Pionierstrategien)**, so muß der Erstkäufer gewonnen werden. Typischerweise sind hierzu Differenzierungskompetenzen erforderlich. In der Einführungsphase wird bei komplexen Produkten besonders darauf zu achten sein, daß die auftretenden Schwierigkeiten und ersten Anwendererfahrungen rasch und überzeugend zu Verbesserungen genutzt werden. „**Nutzung**" und „**Integration**" sowie „**Entwicklung**" sind also zu kombinieren.

■ Wachstum

In der Wachstumsphase können die Wettbewerbsvorteile ausgebaut und abgesichert werden (z.B. Markenschutz, Patente), um die erreichte Position zu stärken und schwer angreifbar zu machen. Im günstigsten Fall gelingt es einem Differenzierer, den Industriestandard zu prägen.

Unabhängig von der Strategie eröffnen sich im Wachstumsprozeß Mengendegressionseffekte, die auch für Preissenkungen eingesetzt werden können. Für den Differenzierer wäre dies eine **simultane Kombinationsstrategie**. Sowohl geschützte Kompetenzen und Industriestandards als auch Preissenkungsspielräume bieten die Möglichkeit, dem Markteintritt von Folgern zu begegnen bzw. sie vom Markteintritt abzuhalten („Abschreckung").

■ Reife und Rückgang

In der Reife- und Rückgangsphase läßt sich das Kostensenkungspotential auch dazu verwenden, schwächere Konkurrenten zu attackieren, im Erfolgsfall ihren Marktanteil zu übernehmen, den eigenen Marktanteil also zu erhöhen und in einem stagnierenden oder schrumpfenden Markt die Umsätze zu halten oder sogar zu erhöhen. Differenzierungsfähigkeiten können in Form von Produktvariationen oder Programmerweiterungen zum Einsatz kommen, um verbliebene Nischen zu füllen oder neue Kaufanreize zu bieten.

In einem „**endgame**", also einem dauerhaften Niedergang, verschwindet die Nachfrage oft nicht vollständig, sondern es verbleibt ein Restmarkt. Dann müßte die Kernkompetenz im Prinzip dazu ausreichen, den verbleibenden Markt zu halten. Dies setzt allerdings ein auskömmliches Marktvolumen voraus bzw. das Nutzen interner Verflechtungs- und Synergieeffekte. Nur so läßt sich die notwendige Rentabilität erzielen. Ansonsten ist ein Rückzug unvermeidlich. Vor allem aber ist ein rechtzeitiger **Transfer** in neue Märkte anzustreben, um wieder Wachstumsfelder zu erreichen und die Umsatzeinbußen im angestammten Bereich zu kompensieren. Die Kernkompetenz wäre im Erfolgsfall dann ein Garant für das längerfristige Überleben.

Für jeden der hier behandelten Fälle gilt, daß die Unternehmung nicht nur über **Basiskompetenzen** (Beherrschen der Geschäftsprozesse), sondern auch über **Metakompetenzen** (Entwicklungskompetenzen) verfügen muß. Dies gilt um so mehr, je stärker und schneller sich die Marktverhältnisse ändern. Die Angriffs- wie die Verteidigungsfähigkeit sind eine Funktion beider Kompetenzarten. Erst die Wandlungsfähigkeit verleiht der Beherrschung der Geschäftsprozesse Beweglichkeit und Schwungkraft. Die Wandlungs- und Innovationsfähigkeit ist in ganz besonderem Maße für jede Form von Transfer vonnöten, und sie kann durchaus Schwächen im Bereich der Basiskompetenzen - in Grenzen - kompensieren.

2.4.3 Nutzung und Sicherung von Kompetenzen

Angesichts der begrenzten Nutzungsdauer von Kompetenzen liegt immer wieder die Frage nahe, ob es nicht möglich ist, einen Wettbewerbsvorteil in geeigneter Form vor Nachahmung bzw. Erosion zu schützen. Die traditionelle Antwort hierzu läuft auf **regulatorische** Absicherungen hinaus. Sei es, daß man für die Produkte und/oder Verfahren einen **Patentschutz** anstrebt, sei es, daß man einen **Musterschutz** erreicht. Auch an das **Copyright** ist zu erinnern. In Sonderfällen gelingt es einem Hersteller, seinen Produkten den Status eines **Kunstwerkes** zuerkennen zu lassen. Ein Indikator hierfür kann es sein, daß dieses Produkt, z.B. ein Möbelstück oder eine Lampe, in das Museum of Modern

Art (New York) aufgenommen wird. Derartige Tatbestände können in Prozessen gegen Nachahmer zur Abwehr benutzt werden. Im Erfolgsfall ergibt sich daraus ein 70-jähriger Schutz.

Patente, Musterschutz, Copyright und Kunstwerkstatus sind **defensive Maßnahmen** der Sicherung. Ihre Bedeutung ist keinesfalls zu unterschätzen. International spielen sie eine erhebliche Rolle in den zahlreichen Fällen der sog. **Markenpiraterie** (z.B. Uhren) bzw. der **Raubkopien** (z.B. Software, Videokassetten).

Im wohlverstandenen Eigeninteresse der Unternehmungen liegt es allerdings mindestens ebensosehr, auch an **offensive Formen** der Sicherung heranzugehen. Sie bestehen im wesentlichen darin, daß man der Konkurrenz durch stetige Weiterentwicklung der Kompetenz und durch Kompetenztransfer die Stirn bietet. Innovations- und Lernprozesse bieten dann den dauerhaft besten Schutz.

Das Thema: Schutz von Kompetenzen

Das Beispiel: VITRA AG

Rolf Fehlbaum (VITRA AG) sagt dazu folgendes: „Musterschutz, Patente usw. spielen bei uns eine zentrale Rolle. Jedoch drückt sich unser Kompetenzschutz und Wettbewerbsvorteil zunächst darin aus, daß wir mit unseren Designern und Kunden in einer Wertegemeinschaft arbeiten. Der Kenner gibt sich nicht mit Kopien zufrieden. Er erkennt das Original und weiß es zu schätzen. Sodann spielt die permanente Produktverbesserung eine besondere Rolle. Hierfür ist der Zweijahresturnus der für uns wichtigen Messe Orgatec ein steter Ansporn. Auf diese Weise haben wir die Designführerschaft erlangt und hoffen, sie auch in Zukunft zu erhalten".

2.5 Transfer

2.5.1 Objekte und Zielfelder des Transfers

Als **Objekte des Transfers (Was wird transferiert?)** kommen im Prinzip alle strategischen Vorteile und damit auch alle Teile der Wertschöpfungskette und die entsprechenden Ressourcen und Fähigkeiten in Betracht. Die Einteilung von Abb. 4/7, die vier Transferobjekte zeigt (1-4), kann eine erste Orientierung bieten. Kernprodukte lassen sich ebenso transferieren wie Endprodukte, Marken ebenso wie Ressourcen und Fähigkeiten. Als **Zielfelder des Transfers (Wohin wird transferiert?)** lassen sich fünf Bereiche ausmachen (A-E), vom vorhandenen Sortiment bis zu völlig neuen Geschäften.

Insgesamt ergeben sich bereits bei dieser vereinfachten Übersicht 20 unterschiedliche Transfermöglichkeiten. Auch wenn nicht alle Fälle gleiche Bedeutung besitzen, ist die Spannweite des Transfers also ganz erheblich. Jede Unternehmung kann ihr eigenes Transferprofil entwickeln, das sie von anderen unterscheidet. Der folgende Überblick diskutiert ausgewählte Möglichkeiten. Der Transfer von **Kernprodukten** wurde bereits mehrfach angesprochen. Bereits innerhalb eines vorhandenen Sortiments (1A-Transfer) können sich vor allem Kostensenkungseffekte ergeben („Baukastenprinzip"). Neue Kunden im Stammgeschäft werden gewonnen, wenn Kernprodukte getrennt vom Endprodukt vermarktet werden (1C-Transfer), so z.B., wenn BMW Motoren an andere Autohersteller verkauft. Daß sich auf der Basis von Kernprodukten, wenn auch in weiterentwickelter Form, sogar neue Geschäfte aufbauen lassen (1E-Transfer), zeigt das Beispiel der Honda-Motoren, die z.B. in Booten Verwendung finden. Analog lassen sich auch **Endprodukte** und **-leistungen** transferieren. Die Fälle 2A und 2B dürften aus logischen Gründen kaum relevant sein. Um so mehr Bedeutung besitzt in Deutschland der Transfer der Endprodukte auf neue Regionen (2D-Transfer).

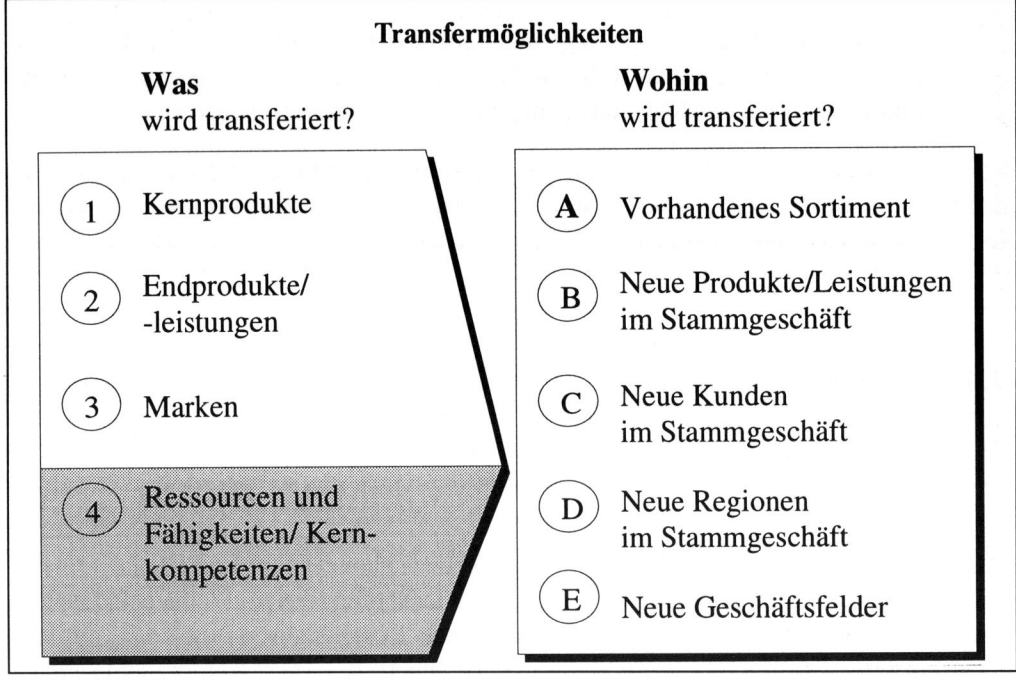

Abb.4/7

Mit dem Begriff „Export" ist nur sehr unvollkommen angedeutet, worum es dabei geht. Mittelständische deutsche Weltmarktführer, die den Gegenstand der vielbeachteten Untersuchung von Simon über die „Hidden Champions" bildeten, bevorzugen diese Strategie. Die Bedürfnisunterschiede der Kunden sind weltweit innerhalb des Stammgeschäftes geringer als es die Unterschiede wären, die man beim Eindringen in ein neues Geschäft zu überwinden hätte, so die Begründung (vgl. Simon 1996, S. 65ff.). Dennoch sind erhebliche Anstrengungen und insbesondere auch der unmittelbare Kundenkontakt und das stetige Gespräch mit dem ausländischen Kunden erforderlich, um hier zum Erfolg zu gelangen.

Daß man auch neue Geschäfte auf vorhandenen Produkten und Leistungen aufbauen kann (1E-Transfer), zeigen die vielen Beispiele gelungenen Outsourcings von Dienstleistungen. Industrielle Hersteller bieten Informatik- und Beratungsdienste an, Energieversorger führen Vertragsdienste (Rechnungen, Mahnungen etc.) für städtische Versorger (z.B. Müllabfuhr) durch.

Hochinteressant und viel genutzt ist auch der **Markentransfer**. Die der Marke zuerkannten Eigenschaften eines Ursprungsprodukts (z.B. Camel-Zigaretten) oder der ganzen Unternehmung (z.B. Henkel) werden insbesondere auf neue Produkte und Kunden übertragen, die das Stammgeschäft ergänzen und ausweiten (3B-/3C-Transfer). Wenn das Sortiment um völlig neue Produkte unter derselben Dachmarke erweitert wird (z.B. Camel-Freizeitartikel), dann liegt der Aufbau neuer Geschäftsfelder vor (3E-Transfer).

Die bisher beschriebenen Transferobjekte repräsentieren **Ergebnisvorteile**. Ihr Transfer bedeutet mithin eine Übertragung von Wettbewerbsvorteilen, nicht jedoch einen Transfer von Ressourcen und Fähigkeiten als den Ursachen dieser Vorteile. **Kompetenztransfer** ist, streng betrachtet, nur dort gegeben, wo eine Unternehmung ihre spezifischen, vorteilsverursachenden Funktionen nutzt, um neues Wachstum zu erreichen. Dies betrifft nur die Fälle 4A-E des Transferschemas von Abb. 4/7. Allerdings hat die Analyse der verschiedenen strategischen Vorteile (vgl. Kap. 2) gezeigt, daß die Trennungslinie von Kernkompetenz und Wettbewerbsvorteil unternehmungsspezifisch an unterschiedlichen Punkten gezogen wird, so daß letztlich alle hier erwähnten Fälle von Bedeutung sind. Vordergründig und auf kurze Sicht kann ein unmittelbarer Transfer von Wettbewerbsvorteilen, z.B. durch Markentransfer, gelingen. Auf Dauer wird es aber regelmäßig unerläßlich sein, die tieferliegenden Ressourcen und Fähigkeiten in den Transferprozeß einzubeziehen.

Die schrittweise Übertragung wissenschaftlichen und technischen Fortschritts aus den eigenen Labors und Entwicklungsabteilungen auf das vorhandene Sortiment (4A-Transfer) repräsentiert den ersten Fall. Man denke z.B. an die Ergebnisse der Gentechnik und ihre Verwendungsmöglichkeiten in der chemischen Industrie. Automobilproduzenten (z.B. BMW) transferieren neue Techniken nicht selten von der jeweils höchstwertigen Baureihe (z.B. 7er-Reihe) auf die anderen Baureihen. Auf diese Weise wird über einige Jahre hinweg das gesamte Programm innoviert.

Selbstverständlich können neben den Produktverbesserungen auch neue Produkte im Stammgeschäft kreiert werden (z.B. der Roadster Z3), womit u.U. auch neue Kunden zu erreichen sind (4B-/4C-Transfer).

Wenn ein deutscher Energieversorger in Schwellenländern Kraftwerke betreibt, so überträgt er seine Betreiberkompetenz auf eine für ihn völlig neue Region (4D-Transfer).

Sicherlich am faszinierendsten, aber wohl auch am riskantesten, ist der Aufbau gänzlich neuer Geschäfte bzw. das Eindringen in Geschäfte, die der Unternehmung bisher fremd waren (4E-Transfer). Auch hierfür lassen sich Beispiele aus gänzlich konventionellen Bereichen ebenso finden wie aus hochtechnischen und insofern anspruchsvollen Branchen. Ein Schulkreidehersteller, der aus diesem unattraktiven Markt ausbricht und heute Kreide an Papierproduzenten, Kunststoffhersteller und den Kurbetrieb verkauft, bildet ein Beispiel aus einem low-tech-Geschäft (vgl. Vereinigte Kreidewerke Damann KG).

Das Thema: Mehrfachverwendung/Transfer von Ressourcen

Das Beispiel: Vereinigte Kreidewerke Damann KG
                (1995: 105 Mio. DM Umsatz, 156 Mitarbeiter) (FAZ vom
                11.6.1996)

Heinrich Damann betreibt mehrere Werke, u.a. auf Rügen und im schweizerischen Omya. Er gilt als der größte Kreidehersteller der Welt. Hauptwettbewerber sitzen in Dänemark, Belgien und Frankreich. Das Problem der gesamten Branche ist, daß die Transportkosten für Kreide den Markt räumlich eingrenzen. Innerhalb dieses Raumes besteht jedoch die Möglichkeit, neue Geschäftsfelder durch Übertragung des Produkts Kreide zu erschließen. Damann hat sich längst von seinem Stammgeschäft, der Schulkreide, entfernt.
Die hochautomatisierte Erschließung und Aufbereitung sowie die ständige, erfolgreiche Suche nach neuen Einsatzmöglichkeiten zeichnet seine Unternehmung aus.

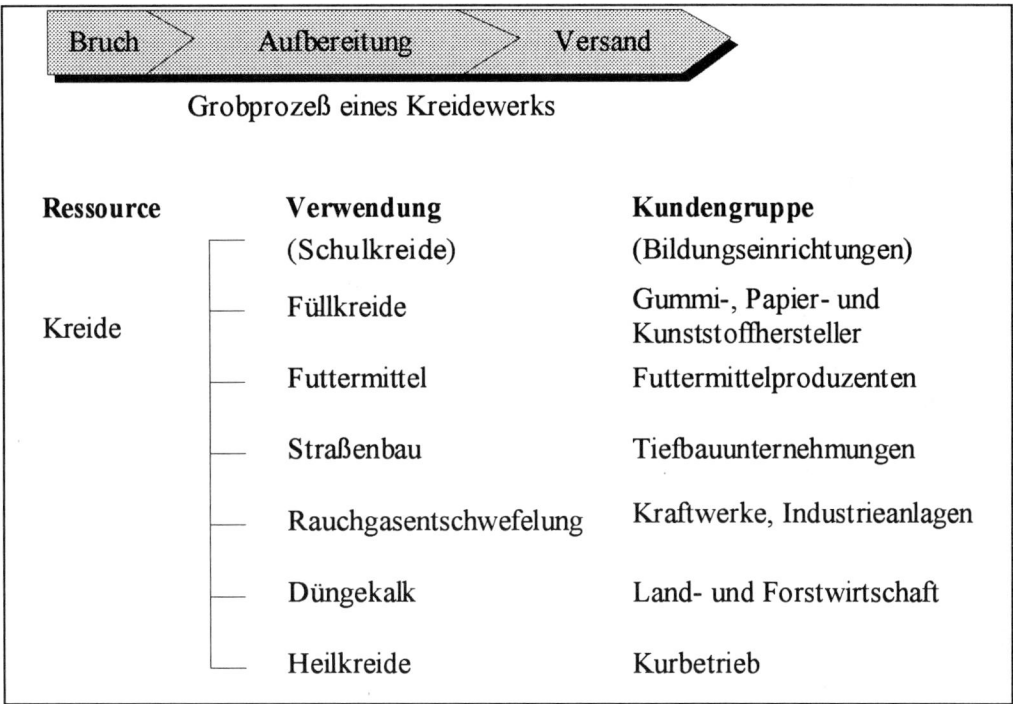

Grobprozeß eines Kreidewerks

Ressource	Verwendung	Kundengruppe
	(Schulkreide)	(Bildungseinrichtungen)
	Füllkreide	Gummi-, Papier- und Kunststoffhersteller
Kreide	Futtermittel	Futtermittelproduzenten
	Straßenbau	Tiefbauunternehmungen
	Rauchgasentschwefelung	Kraftwerke, Industrieanlagen
	Düngekalk	Land- und Forstwirtschaft
	Heilkreide	Kurbetrieb

Ein Weltkonzern, der ständig neue Verwendungen für seine hochtechnologische Kompetenz findet und so einen ununterbrochenen Strom völlig neuer Produkte und Geschäfte hervorbringt, von Haftetiketten bis zu reflektierenden Straßenmarkierungen, stellt das andere Extrem dar (vgl. 3M-Corporation).

Intelligente Formen der Konzernpolitik, die sich durch gezielte Akquisitionen, aber auch den Verkauf von Beteiligungen auszeichnen, sind ebenfalls als Fälle dieses Transfertyps (4E-Transfer) interpretierbar. Die Douglas Holding z.B. ist in völlig verschiedenen Bereichen des Handels tätig (Parfümerien, Süßwaren, Bücher). Gemeinsames Band ist zum einen das einzelhandelsspezifische Logistik-, Verkaufs- und Marketing-Know-how, zum anderen aber eine ausgeprägte Management-Kompetenz in der finanziellen und strategischen Führung.

Das Thema: Transfer von Ressourcen und Fähigkeiten

Das Beispiel: 3M-Corporation

3M ist eine von zwei Unternehmungen (neben Rubbermaid), die in den letzten 11 Jahren zehnmal unter den Top-Ten der FORTUNE-Liste der besten Unternehmungen standen. "Innovationen und Stabilität" sind die Stützen dieses außergewöhnlichen Erfolgs, so CEO DeSimone. Auch auf den bedienten Märkten ist der Name 3M untrennbar verbunden mit Innovationen. So setzte sich 3M zum Ziel, mindestens 30% der jährlichen Einnahmen mit Produkten, die nicht älter als vier Jahre sind, zu erzielen.

3M ist sich bewußt, daß jede eigene Stärke gleichzeitig eine Schwäche der Unternehmung darstellt. So sind Innovationen stets mit einem hohen Risiko verbunden und können neben überragenden Innovationsrenten auch zum wirtschaftlichen Ruin führen. Wie schafft es 3M, erfolgreich den schmalen Grat zwischen "Innovationsführer" und "Verlierer", "der aufs falsche Pferd gesetzt hat", zu wandern? Hier trägt die zweite von DeSimone genannte Stütze des Erfolgs: die Stabilität der eigenen Kernkompetenzen. Zur Bewältigung der Komplexität und Dynamik der Umwelt bedient sich 3M eines konsequenten Kernkompetenz-Managements. Neben einer kontinuierlichen Weiterentwicklung der zugrundeliegenden Technologien gehört dazu auch die Erschließung neuer Märkte durch den Transfer der Kernkompetenzen. Das Ergebnis beschreibt DeSimone mit den Worten: "Wir legen keine Innovationsrichtung fest, sondern die Innovation gibt uns die Richtung vor". Dabei helfen die innovationsfreundliche Unternehmungskultur, entsprechende Anreizsysteme für die Mitarbeiter und die konsequente Unterstützung von Eigeninitiative durch das Topmanagement.

Am Beispiel der erfolgreich in verschiedenen Geschäften eingesetzten Kernkompetenz Mikroreplikation kann die Erschließung neuer Märkte durch Technologietransfer verdeutlicht werden. Unter **Mikroreplikation** versteht 3M die Gestaltung der Mikrostruktur von Oberflächen in einer mit dem menschlichen Auge und Tastsinn nicht mehr wahrnehmbaren Größenordnung. Die gesamte Oberfläche wird einheitlich nach einem festen Grundmuster in Form von z.B. Pyramiden, Würfeln, Kugeln oder Rippen strukturiert (Replikation des Grundmusters). Je nach Größe und Form dieser Mikrostruktur und in Abhängigkeit vom bearbeiteten Material können auf dieser Technologie basierende Endprodukte z.B. Licht brechen oder transportieren, Klebstoff von Folie trennen, Strömungswiderstand reduzieren oder als Verbindungselemente eingesetzt werden.

130

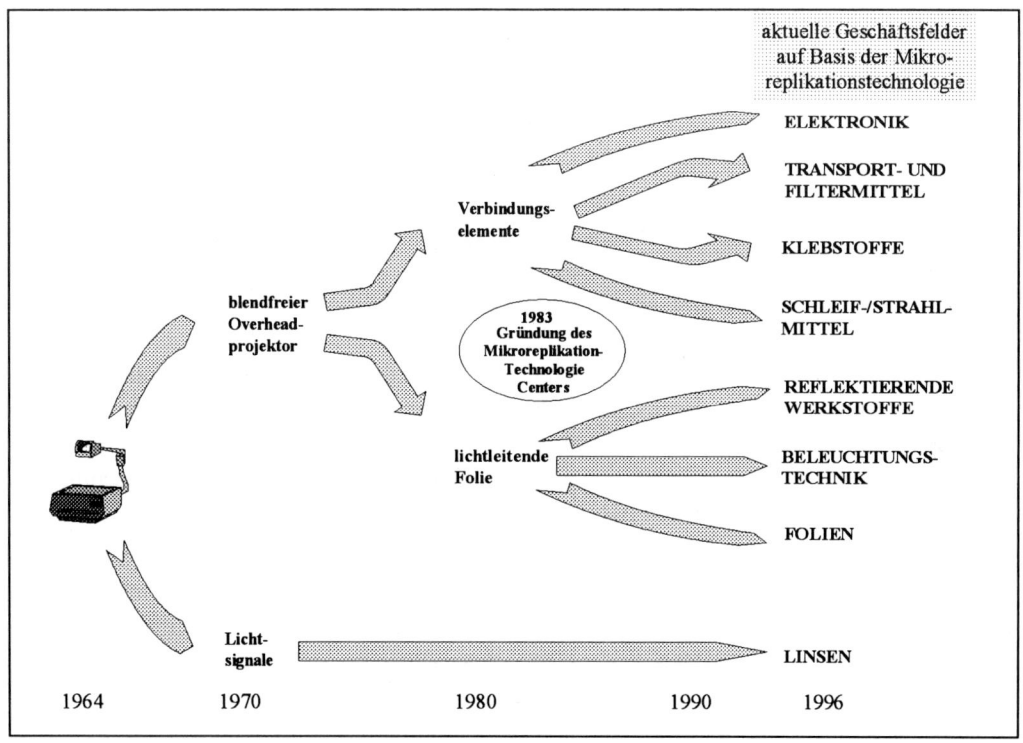

Ihren Anfang nahm die Evolution der Mikroreplikation in der Beleuchtungstechnik. 1961 wurden die ersten auf dieser Technologie basierenden Linsen im Beleuchtungssystem der Universität von Minnesota eingesetzt. Kurze Zeit später baute 3M solche Linsen in Overheadprojektoren ein. In den siebziger Jahren beschränkte sich der Einsatz auf das ursprüngliche Geschäftsfeld der Beleuchtungstechnik und erst 1980 begann 3M, die Mikroreplikation als eigenständige Technologie gedanklich vom Geschäftsfeld der Beleuchtungstechnik zu trennen. Logische Konsequenzen waren 1982 der Kauf einer Fabrik mit entsprechendem Maschinenpark und die Einrichtung eines eigenen Technologie-Centers zur systematischen Weiterentwicklung und zum Transfer der Mikroreplikation in andere Produkte und Märkte. Die Abbildung zeigt die heute bedienten 8 Geschäftsfelder, die neben der Beleuchtungstechnik und den Linsen auch Folien, reflektierende Werkstoffe, Strahl- und Schleifmittel, Klebstoffe, Elektronik und Transport- und Filtermittel beinhalten. 1995 verkaufte 3M mit Mikroreplikationstechnologie hergestellte Endprodukte im Wert von 1 Mrd.

Dollar, und diese Zahl markiert nach der Einschätzung von Experten erst die Wachstumsphase des Lebenszyklus dieser Kernkompetenz. Wenn 3M weiterhin so konsequent die Erschließung neuer Geschäftsfelder betreibt, könnte sich diese Zahl in den nächsten fünf Jahren gar verzehnfachen (weiterentwickelt nach Stewart 1996, S. 42-47).

Für die transferierende Unternehmung kommt es im Einzelfall darauf an, ihre Wertschöpfungskette auf strategische Vorteile durchzuprüfen und vorhandene Kompetenzen auf Transferierbarkeit zu untersuchen. Daß auch dabei eine Koppelung von internen Ressourcen- mit externen Marktüberlegungen stattfinden muß, versteht sich. Vor allem die Geschäftsbezogenheit der jeweiligen Ressourcen und Fähigkeiten dürfte eine ausschlaggebende Einflußgröße der Transferierbarkeit darstellen. Damit gemeint ist die Frage, ob die Potentiale typisch und prägend sind für die vorhandenen Produkte, Regionen oder Kundengruppen. Völlig oder doch weitgehend unspezifisch - und damit praktisch universell verwendbar - sind vor allem monetäre Stärke und die schiere Größe bzw. Marktmacht der Unternehmung. Die bloße Ankündigung eines Riesen, demnächst ein bestimmtes Produkt auf den Markt bringen zu wollen oder in ein neues Geschäftsfeld einzudringen, kann ausreichen, die Marktbedingungen zu verändern. „Geld" und „Macht" sind universelle Verstärker, und sie können natürlich auch Transferprozesse vereinfachen bzw. beschleunigen.

Unter Rückgriff auf die in Kap. 2 getroffene Unterscheidung von Basis- und Metakompetenzen wird man tendenziell davon ausgehen können, daß **Basiskompetenzen** geschäftsspezifischer sind als Metakompetenzen. Innerhalb der Basiskompetenzen weisen **operative Kompetenzen** eine weit höhere Spezifität auf als Management- und Unterstützungskompetenzen.

Transfer von Supportkompetenz

Die RWE (Rheinisch-Westfälische Elektrizitätswerke), einer der bedeutendsten Stromerzeuger Deutschlands, ist in den Bereich Telekommunikation eingedrungen. Gemeinsames Merkmal ist das Handling von Millionen Kundenverträgen. Die Ressourcen und Fähigkeiten (z.B. DV-Systeme) dieser Supportkompetenz lassen sich offenbar gut vom Stromgeschäft auf das Telekommunikationsgeschäft übertragen.

Transfer von Managementkompetenz

Haniel ist ein außerordentlich erfolgreicher Mischkonzern in Deutschland. Besonders auffällig ist, daß es Haniel im Gegensatz zu anderen Konzernen immer wieder erfolgreich gelingt, Unternehmungen zu kaufen und zu führen, aber auch sie zu verkaufen. Dies läßt sich nur mit hoher Managementkompetenz erklären. Die finanzielle und strategische Führung unterschiedlicher Geschäfte und entsprechender Gesellschaften funktioniert auf überzeugende Weise.

Metakompetenzen, also Entwicklungsfähigkeiten, sind ähnlich wie Managementkompetenzen weitgehend geschäftsunspezifisch. Sie würden sich, sofern vorhanden, also relativ gut übertragen lassen. Es mag sein, daß insbesondere im Beispiel der Haniel-Gruppe solche Kompetenzen vorhanden sind. Allerdings dürfte „Entwicklungsfähigkeit" als isolierte Fähigkeit wenig nützen, wenn sie nicht mit operativer und/oder Managementkompetenz gekoppelt ist. Vermutlich läßt sich das Beispiel der 3M-Corporation in dieser Richtung interpretieren. 3M besitzt offenkundig ausgebaute Fähigkeiten im Bereich technisch-naturwissenschaftlicher Forschung und Entwicklung, gekoppelt mit der Fähigkeit, daraus neue Geschäfte zu entwickeln bzw. vorhandene zu erweitern. Vereinfacht ausgedrückt: Es geht nicht nur um gute Ideen, sondern auch um deren zügige Umsetzung. Gerade den Europäern sagt man immer wieder mangelnde Umsetzungsfähigkeiten nach.

2.5.2 Beachtung des Transferkontexts

Eine besondere Bedeutung für den Transfererfolg besitzt der jeweilige Kontext, in dem die Ressourcen und Fähigkeiten bzw. Produkte und Leistungen eingesetzt werden. Rechtlich-politische und gesellschaftliche Bedingungen sind dabei ebenso wirksam wie technisch-organisatorische und markt- und wettbewerbsbezogene. Maschinen oder ganze Industrieanlagen lassen sich z.B. nur dann auf Dauer erfolgreich exportieren, wenn die notwendigen Kenntnisse zu ihrer Bedienung und Wartung im Lande vorhanden sind, wenn es Lieferanten gibt, die Ersatzteile liefern und Reparaturen durchführen können und - nicht zuletzt -, wenn die Kunden die zu erzeugenden Produkte nicht nur benötigen, sondern auch ihrerseits verstehen und richtig nutzen können.

Bei Internationalisierungsstrategien treten die Kontextprobleme besonders massiv in Erscheinung, aber prinzipiell sind sie in jeder Transfersituation zu beachten. Bei einfacheren Produkten und weitgehend identischen Kontexten genügt eine Bedienungsanleitung, bei komplexeren Produkten müssen z.B. Schulungs- und Beratungsdienste offeriert werden. Die Unternehmung wird vom „Produktanbieter" zum „Systemlieferanten".

Als ein zentrales Problem tritt dabei der **Transfer von Wissen** auf. Aufgaben- und funktionsspezifisches Wissen, z.B. über die Verwendung des Produkts, ist noch weitgehend standardisierbar, gut dokumentierbar und entsprechend auch trainierbar. Hier geht es in erster Linie um **Know-how-Transfer** (vgl. Kap. 7). Im Gegensatz zu diesem **expliziten Wissen** läßt sich **implizites Wissen** nur schlecht dokumentieren und schulen. Dabei handelt es sich um die Erfahrungshintergründe, die einzelne, aber auch ganze Gruppen im Laufe langjähriger Tätigkeit erwerben. Dieses geteilte Wissen ermöglicht es erst, z.B. komplexe Fertigungsprozesse zu beherrschen.

Implizites Wissen erfordert einen Kontext-Transfer (vgl. Müller-Stewens/Osterloh 1996). Dies bedeutet in personeller Hinsicht, daß an die Stelle von Schulungs- und Trainingsmaßnahmen vor allem die Organisation von gemeinsamen Kommunikations- und Erfahrungsaustauschprozessen (on the job) treten muß. Selbststeuernde Arbeitsgruppen und Teams, aber auch gezielter Arbeitsplatzwechsel (Job Rotation) sind einsetzbar.

Die Notwendigkeit des Kontext-Transfers zeigt sich spätestens, wenn über den Export von Produkten hinaus ganze Funktionen auf andere Regionen, Kunden oder Produkte übertragen werden sollen. Damit entsteht die Notwendigkeit, auch vorgelagerte Teile der Wertschöpfungskette und die darin enthaltenen Fähigkeiten und Ressourcen zu transferieren. Dies ist regelmäßig tiefgreifender als ein bloßer Know-how-Transfer. Deutlich zu sehen ist diese Problematik z.B. bei der Standortverlagerung, bei strategischen Allianzen und bei Netzwerkstrukturen.

Unterschiede im Kontext liegen zunächst im Bildungs- und Ausbildungssystem begründet. Die Facharbeiterausbildung sowie die Ausbildung von Technikern und Meistern ist eine im Ausland kaum gepflegte Tradition. Gilt dies schon für viele Industrienationen, so erst recht für Länder der zweiten oder dritten Welt. Hinzu kommen zwangsläufig kulturbedingte Unterschiede im Arbeitsverhalten sowie im Kooperations- und Führungsverhalten. Zum Kontext zählen außerdem spezifische Managementfähigkeiten in der effizienten Planung, Steuerung und Kontrolle größerer Einheiten.

Das Thema: Kombinierter Image- und Kontext-Transfer

Das Beispiel: Weingut Château Lafite-Rothschild

Ressourcen: Château Lafite-Rothschild ist eines der renommiertesten Bordeaux-Weingüter. Auf 100 ha Rebfläche werden in Pauillac höchstklassifizierte Weine produziert (Premier Cru Classé). Zum Einsatz kommt modernste Kellertechnik. Eine Flasche des Jahrgangs 1990 kostet z.B. 129,-- DM.

Fähigkeiten: Das Gut zeichnet sich durch eine qualifizierte Erntemannschaft aus, die eine rasche, professionelle und qualitätsorientierte Weinlese durchführt, so daß nur beste Trauben in den Keller gelangen. Die Trauben werden vor dem Zerkleinern vom Stiel getrennt (entrappt). Im Keller arbeiten erstklassige Önologen und Kellermeister.

Transfer: In Chile wurde das Gut Vina los Vascos mit 180 ha erworben. Die Kellertechnik wurde nach französischem Vorbild umgebaut. Auch die Kultivierung der Rebstöcke und die Herstellung der Weine folgt den Lafite-Regeln. Besonders bemerkenswert ist, daß die französische Mannschaft nach der Bordeaux-Weinlese von November bis April in Chile arbeitet, wo dann Frühjahr und Sommer herrschen.

Ergebnis: Durch den Personaltransfer ergibt sich eine erhebliche Kostensynergie. Die chilenischen Weine werden über die vorhandenen Vertriebswege verkauft. Der Export nach Europa ist sehr erfolgreich. Eine Flasche 1993er Los Vascos kostet dabei DM 16,80. Los Vascos gilt mittlerweile als einer der besten Rotweine Südamerikas (aufbauend auf Johnson 1993, S. 64f.).

Interpretation: Der Ressourcentransfer (Kellertechnik etc.) wird durch einen wirkungsvollen Fähigkeitstransfer ergänzt. Die französische Weinkultur wurde durch den Personaltransfer nach Chile übertragen (Kontext-Transfer). Dadurch gelang es, das Image des Lafite-Rothschild auch für Los Vascos zu nutzen. Dieser Imagetransfer war mit Sicherheit für den Markteintritt in Europa von erheblicher Bedeutung.

Nachdem im Hochpreissegment kaum noch Wachstum möglich ist, da entsprechende Lagen nicht erweiterbar sind, weitet Lafite-Rothschild seinen Markt im mittleren Preisbereich aus. Ermöglicht und unterstützt wurde diese erfolgreiche Angriffsstrategie durch die beschriebenen Kostensenkungseffekte. Insofern liefert dieses Fallbeispiel auch einen Eindruck von einer sequentiellen Kombinationsstrategie. Einer pointierten Differenzierung folgt ein kostenorientiertes Vorgehen. Im Ergebnis ist Lafite-Rothschild überzeugend in der Lage, in unterschiedlichen Marktsegmenten zu operieren, also gleichzeitig in getrennten Bereichen absoluter Premiumanbieter einerseits und Kosten-/Qualitätsführer andererseits zu sein. Allerdings bleibt abzuwarten, wie die prestigeorientierten Lafite-Rothschild-Kunden reagieren.

Transfer wird also um so schwerer, je komplexer die Kontexte sind und je unterschiedlicher die jeweiligen Rahmenbedingungen (Kontextfaktoren) im Ausgangsbereich und im Zielbereich des Transfers sind.

Vollends diffizil werden die Verhältnisse, wenn für den Transfererfolg gesellschaftliche und kulturelle Kontextfaktoren ausschlaggebend sind. Die Einstellungen und Erwartungen gegenüber Produkten, Leistungen und Marken können international völlig differieren. Daraus ergeben sich besondere Risiken, aber auch Chancen. Insbesondere kontextbedingte positive oder negative **Bedeutungsunterschiede** in der Einschätzung und Beurteilung des zu transferierenden Objekts sind seitens des Kernkompetenz-Managements sorgfältig zu untersuchen.

Kontextbedingte Bedeutungsunterschiede
In Deutschland gilt der Wein Marke „Liebfraumilch" als Inbegriff eines billigen Massenweins, der für ernsthafte Weintrinker indiskutabel ist. In den USA dagegen wird er als edles Dinnergetränk eingestuft.
In Japan ist das Tragen von Kimonos Ausdruck einer uralten Tradition. Farbe, Schnitt und Hersteller des Kimonos stehen u.a. für den Verwendungszweck (z.B. Heirat oder Begräbnis) sowie den sozialen Status der Trägerin. Im Westen würde Kimonotragen vielleicht als Ausdruck besonderen Chics, vor allem aber wohl gepflegter Exzentrik angesehen.

Der Bedeutungswandel, den ein Transferobjekt, insbesondere ein Produkt oder eine Dienstleistung, in einem anderen Kontext erfährt, wird auch als **Rekontextualisierung** bezeichnet (vgl. Brannen/Wilson 1996, S. 97ff.). Er beruht zum einen auf den bereits vor dem Transfer vorhandenen Bedeutungsunterschieden, die in den spezifischen Zielkontexten verankert sind. Man könnte hier von **vorgeprägter Bedeutung** sprechen. Zum anderen entsteht ein Bedeutungswandel auch nach erfolgtem Transfer. Dies geschieht dadurch, daß die transferierten Objekte anders als ursprünglich geplant bewertet, interpretiert, genutzt und weiterverwendet werden. Um diesen Sachverhalt zu kennzeichnen, sei der Begriff **emergente („entstehende") Bedeutung** benutzt.

Das Thema: Rekontextualisierung als Transferproblem

Das Beispiel: Disneyland Paris

Sachverhalt: 1992 eröffnete die Walt Disney-Corporation 32 km östlich von Paris einen großen Freizeitpark (Euro Disney). Trotz gewaltiger Investitionen und erheblicher Werbeanstrengungen wurden die hochgesteckten Ziele in den ersten Jahren vollständig verfehlt. Der Verlust des ersten Jahres betrug 920 Mio. Dollar, die Verschuldung lag bei 3,4 Mrd. Dollar. Die Auslastung der Hotels betrug nur 37%. Statt der erwarteten 10 Millionen Besucher kamen weniger als 3 Millionen. Nach verschiedenen finanziellen Umstrukturierungen durch ein Konsortium 60 internationaler Banken erwirtschaftete der Park Ende 1994 immer noch einen Verlust von 1,5 Mrd. Dollar.

Diese Ergebnisse stehen in völligem Kontrast zu dem Erfolg des Disneyland Tokio, das von Beginn an (1983) ein Riesenerfolg wurde.

Interpretation: Im Gegensatz zu verschiedenen kulturellen Eigenarten Japans und japanischer Kundenbedürfnisse, die sich als positiv für den Transfer von „Mickey Mouse et al." erwiesen, traf EuroDisney auf erhebliche Kontextunterschiede, die weitgehend zu negativen Bedeutungsverschiebungen führten. In ihrem Selbstverständnis ist die Walt Disney-Corporation im „feeling business". Disneyland ist der „glücklichste Platz auf Erden, auf dem alle Träume wahr werden", wie es Peter Pan, eine der bekannten Figuren ausdrückt. In der französischen Öffentlichkeit, die ohnehin gegenüber amerikanischen Einflüssen reserviert bis ablehnend eingestellt ist, wurde die Investition vor den Toren von Paris dagegen als ein Akt des Kulturimperialismus empfunden und dargestellt („Kaugummi, Plastik und idiotische Folklore").

Zu diesen vorgeprägten Bedeutungsunterschieden, die das gesamte Konzept betrafen, kamen weitere hinzu, die einzelne Elemente tangierten. Erhebliche Schwierigkeiten bereitete die Ausbildung und Schulung der Mitarbeiter. Die Disneyparks sollen der Inbegriff von Ordnung, Sauberkeit, Freundlichkeit und völliger Kundenorientierung sein. In einer speziellen Disney-Universität werden die Mitarbeiter hierfür einem weitreichenden und tiefgehenden Entwicklungsprozeß unterzogen. Zum angestrebten einheitlichen Auftritt gehören u.a. Regelungen über die Länge der Röcke, der Haare und der Fingernägel. Männer dürfen keine Ohrringe tragen. Dieser amerikanische dress code und die Verhaltensnormierung stießen auf erheblichen Widerstand.

Die geringe Belegung der Hotels beruht auf andersartigen Feriengewohnheiten der Europäer, insbesondere der Franzosen, im Vergleich zu den USA und Japan. In Europa sind Urlaub und Ferien überwiegend mehrwöchige, also zeitintensive Ereignisse. Die Amerikaner und Japaner verbringen dagegen ihre Ferien vorzugsweise in Form kurzer, ereignisreicher und entsprechend teurer Ausflüge.

Die ersten Jahre des Parkbetriebs zeigen auch bereits **emergente Bedeutungsunterschiede**. Die Idee des Parks ist es, ein umfassendes Freizeitvergnügen, ein Hineintauchen in eine Märchenwelt der Phantasie und der Abenteuer zu bieten. Es hat sich nun gezeigt, daß ein Teil des Parks eine besondere und veränderte Akzeptanz findet. Am Parkeingang liegt der Bereich „Festival Disney", eine Flanierstraße mit Restaurants und live-entertainment. Unter französischen Jugendlichen ist dieser Bereich mittlerweile sehr populär als ein sicherer und anregender Treffpunkt für Freizeit und Spaßhaben (weiterentwickelt nach Brannen/Wilson 1996, S. 97ff.).

Der Schwierigkeitsgrad des Transfers nimmt zu, wenn man vom Transfer physischer Ressourcen zum Fähigkeitstransfer wechselt. Innerhalb des Fähigkeitstransfers ergibt sich ein ansteigendes Anspruchsniveau vom Know-how-Transfer über den Kontext-Transfer hin zur Rekontextualisierung. Eine aktive Rekontextualisierung, also eine gezielte Anpassung der eigenen Transferobjekte hinsichtlich ihrer Bedeutung und Bewertung in der neuen Transferumgebung, stellt zweifellos die schwierigste Aufgabe des Kernkompetenz-Managements dar. Man fragt sich, warum selbst Weltkonzernen wie Walt Disney ein Transfer mißlingen kann, obwohl im Euro-Disneyland viele Anpassungen vorgenommen wurden, insbesondere hinsichtlich der „Reeuropäisierung" mancher Figuren und Märchen.

Der Grund hierfür ist, daß die externen Ursachen für den Unternehmungserfolg und den Wettbewerbsvorteil so vielfältig und komplex sind, daß sie selbst der erfolgreichen Firma nicht in allen Details klar sind. Erfolg und Mißerfolg sind also nur bedingt erklärbar. Es herrscht „Ursachenunsicherheit" (causal ambiguity). Diese Erklärungslücke verhindert die (vollständige) Planbarkeit des Erfolgs, schützt zugleich aber auch vor Nachahmungen und stellt insofern einen Wettbewerbsvorteil besonderer Art dar.

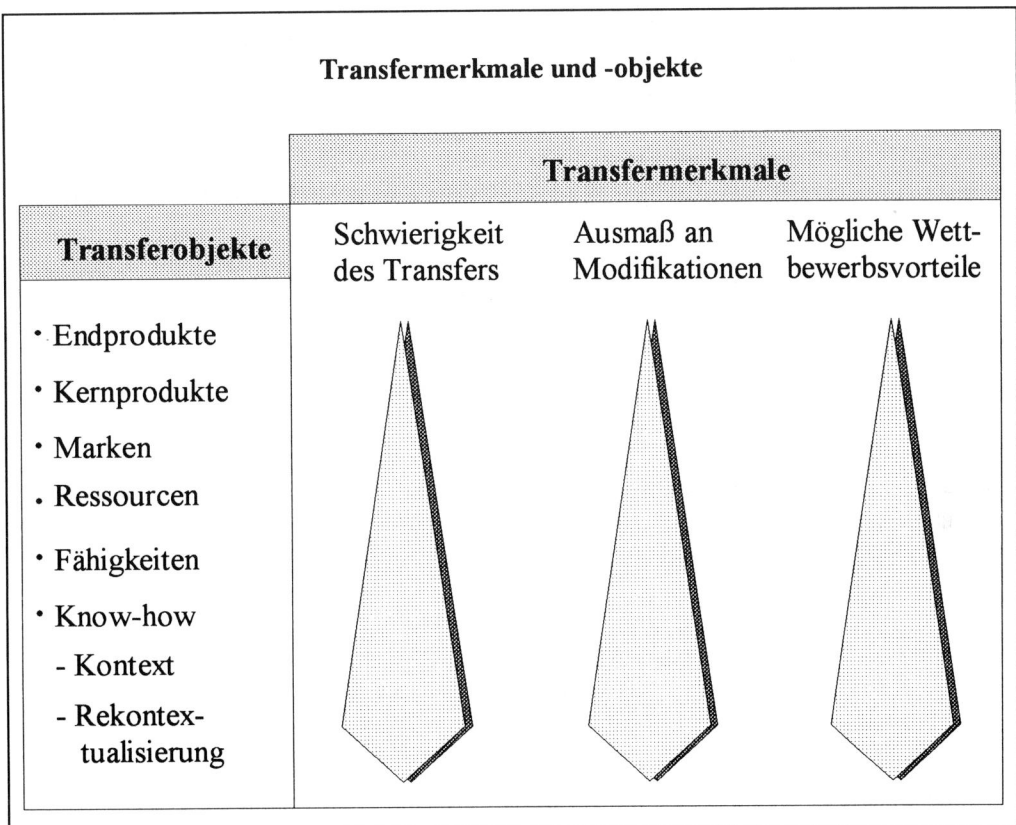

Transfermerkmale und -objekte

Transferobjekte	Transfermerkmale		
	Schwierigkeit des Transfers	Ausmaß an Modifikationen	Mögliche Wettbewerbsvorteile

• Endprodukte
• Kernprodukte
• Marken
• Ressourcen
• Fähigkeiten
• Know-how
  - Kontext
  - Rekontextualisierung			

Abb. 4/8

Insgesamt ergeben die geschilderten Überlegungen und Beispiele ein differenziertes Bild der Transfermöglichkeiten. Zur besseren Übersicht sind die Hauptargumente in Abb. 4/8 noch einmal zusammengestellt.

2.5.3 Transfer von Funktionen

Die konkreten Eigenschaften der Ressourcen (z.B. Lager- und Transportfähigkeit, physikalisch-chemische Eigenschaften) bestimmen darüber, ob die Transferierbarkeit grundsätzlich gegeben ist und ob die Ressourcen für eine anderweitige Verwendung geeignet sind. Das Beispiel des Kreideherstellers illustriert den **Ressourcentransfer**.

Sollen Fähigkeiten transferiert werden, so liegen die Verhältnisse komplizierter. Fähigkeiten sind weitgehend „intangibel". Um ihren Transfer zu untersuchen, wird man vor-

139

zugsweise auf die Funktionen zurückgehen müssen, in denen die fraglichen Fähigkeiten verankert sind. Zwei Kriterien dürften es vor allem sein, die auf die Transferierbarkeit von Funktionen einwirken (vgl. Abb. 4/9).

- **Professionalisierungsgrad der Funktion:** Funktionen (und damit Fähigkeiten) mit einem niedrigen Professionalisierungsgrad sind für einen Transfer insofern uninteressant, als sie weitgehend frei zugänglich sind und daher kaum Wettbewerbsvorteile bieten.

- **Produkt-/Marktgebundenheit der Funktion:** Eine starke Ausrichtung einer Funktion hinsichtlich bestimmter Produkte, Kunden oder Regionen behindert oder verhindert die Übertragung auf andere Produkt-/Marktgegebenheiten. Diese Erkenntnis steckt letztlich hinter der von Hidden Champions erfolgreich betriebenen Regionaldiversifikation. Die Bedürfnisunterschiede der Kunden, die das gleiche Produkt kaufen, sind weltweit oft kleiner, als es Unterschiede wären, die sich bei einer Produkt- oder Kundendiversifikation ergäben.

Als Hilfsmittel der Transferanalyse kann das Funktionsportfolio von Abb. 4/9 dienen. Die zu untersuchenden Funktionsbereiche lassen sich dort positionieren.

- **Ungebundene Grundfunktion:** In diesem Bereich kann eine Unternehmung keine Wettbewerbsvorteile besitzen. Zum Transfer ungeeignet.

- **Gebundene Grundfunktion:** Zur niedrigen Professionalisierung („Grundfunktion") tritt noch eine hohe Produktbindung hinzu. Zum Transfer ungeeignet.

140

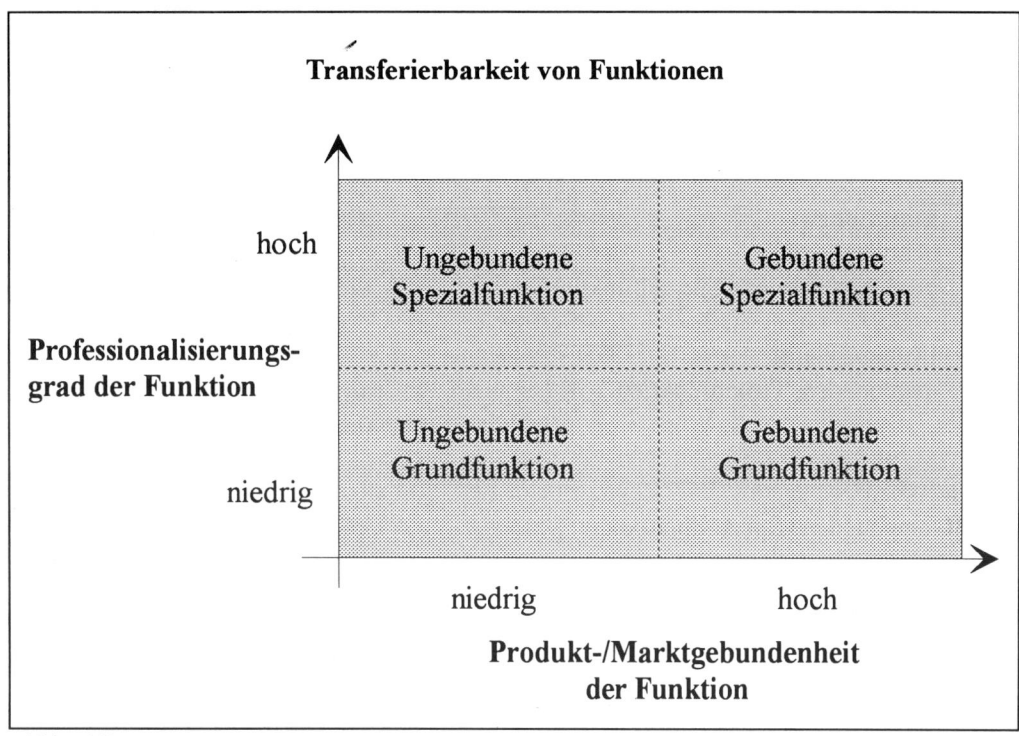

Transferierbarkeit von Funktionen

Professionalisierungs-grad der Funktion

hoch

| Ungebundene Spezialfunktion | Gebundene Spezialfunktion |

| Ungebundene Grundfunktion | Gebundene Grundfunktion |

niedrig

niedrig   hoch

Produkt-/Marktgebundenheit der Funktion

Abb. 4/9

- **Gebundene Spezialfunktion:** Die jeweilige Funktion ist hochentwickelt, aber an das konkrete Geschäftsfeld gebunden. Für einen Transfer müßte eine Auflösung dieser Bindung erfolgen. Hierzu ist an Aktivitäten der Entwicklung und Integration zu denken.

- **Ungebundene Spezialfunktion:** Spezialfunktionen, die geschäftsungebunden sind, haben gute Voraussetzungen für einen Transfer.

Das Thema: Transfer von Funktionen

Das Beispiel: Handgemachte Lederschuhe oder: Schuster bleib bei deinem Leisten ?

Sachverhalt: Kernkompetenzen zum Fokus des Managements zu machen, weist Ähnlichkeiten mit der altbekannten Empfehlung an den Schuster auf, der bei seinem Leisten bleiben möge. Zur Erinnerung: der Leisten ist die Holzform eines Schuhs, über den das Leder zur Herstellung eines handgemachten Schuhs geschlagen wird. Es erscheint reizvoll, dieses uralte Handwerk zum Gegenstand einer funktionsbezogenen Transferanalyse zu machen.

Eine aus Sicht des Schuhmachers sicherlich stark vereinfachte Analyse der Funktionen erbringt folgende Ergebnisse:

Funktionen	**Transferierbarkeit**
• Schuhentwurf: produktgebundene Spezialfunktion	nicht transferierbar
• Lederzuschnitt: ungebundene Grundfunktion	allgemein zugänglich, nicht transferierbar
• Nähen: ungebundene Spezialfunktion	prinzipiell transferierbar
• Verkauf: produktgebundene Grundfunktion	leicht zugänglich, nicht transferierbar
• Reparatur: produktungebundene Spezialfunktion	prinzipiell transferierbar

Empfehlung: Dem Schuster können Herstellung und Vertrieb anderer Lederwaren (z.B. Gürtel, Taschen, Bekleidung) nicht empfohlen werden. Hierfür fehlen vor allem die Entwurfs-, teilweise auch die Herstellungsfähigkeiten. Insofern sollte der Schuster tatsächlich bei seinem Leisten bleiben.

Transferierbar und zu Kernfunktionen ausbaubar erscheinen dagegen das Nähen (von Leder) und die Reparatur. Dies würde eine Erweiterung der Fähigkeiten wohl einschließen. Aus Sicht der eingangs unterschiedenen Transfermöglichkeiten (Abb. 4/7) handelt es sich um einen 4B-Transfer. Möglich wären z.B. folgende Geschäftsfelder, mit denen z.T. neue Kunden zu gewinnen wären:

„Werkstatt für Lederreparatur" (Transfer der Reparaturfähigkeiten auf andere Produkte, z.B. Mäntel)

„Spezialnäherei für Leder" (Transfer der Näherei auf andere Produkte, z.B. Taschen)

In Märkten, die sich auf dem Wege der Deregulierung befinden (z.B. Energieversorgung, Telekommunikation) sind Transferbewegungen weithin zu beobachten. Für Kraftwerkbetreiber stellt sich dies teilweise als ein Überlebensproblem dar. Strom ist ein nicht-differenzierungsfähiges Produkt par excellence, eine „Commodity" also. Da die deutschen Stromerzeuger im europäischen Vergleich eine schlechte Kostenposition innehaben, sind Transferüberlegungen besonders angezeigt. Das Fallbeispiel bietet eine schematische Kurzanalyse, zeigt denkbare strategische Optionen und beschreibt die Schwerpunkte des Kernkompetenz-Managements.

Fallbeispiel: Fähigkeiten und strategische Optionen eines Energieversorgers (Schema)

Wertschöpfungskette: "Bau und Betrieb eines Kraftwerks"

BEISPIEL BAU UND BETRIEB EINES KRAFTWERK

	Konzipieren eines KW	KW-Auftrag akquirieren	KW bauen	KW betreiben	Strom verkaufen und abrechnen
Steuerung	—	keine eigenen Fähigkeiten/ Kenntnisse	Erfahrungen im Projekt-Management ②		Verkaufserfahrungen im Industriekundenbereich ④
Operation	Mitwirkung aufgrund von Betriebserfahrungen möglich ①		—	③	
Support		①	—		Vertragsverwaltung stark entwickeln ⑤

Analyse der Transferierbarkeit von Funktionen

① Keine eigenständige Professionalität, Energieversorgungsunternehmen (EVU) ist nicht Hersteller, sondern Käufer eines Kraftwerks.

② Projekt-Management ist eine produktungebundene Spezialfunktion, ließe sich im Prinzip übertragen, z.B. auf den Anlagenbau allgemein.

143

③ Kernfunktion einer EVU, allerdings anlagengebunden; ließe sich aber auf neue Regionen bzw. Kunden übertragen (z.B. Betreibermodelle).

④ Durch Monopolstellung keine Marketing-/Verkaufskompetenz im Klein- und Privatkundenbereich.

⑤ Vertragsbeziehungen führen zu vielfältigen Verwaltungstätigkeiten (z.B. Fakturierung/Mahnwesen), die ungebunden sind. Professionalität vorausgesetzt, gut übertragbar auf andere Regionen/Kunden/Produkte (ungebundene Spezialfunktion).

Mögliche **Schlußfolgerungen** für das Kernkompetenz-Management und die daraus resultierenden Aufgabenschwerpunkte:

zu ③ : Kostenführerschaft/Differenzierung:
    Entwicklung/Nutzung:
    - Betreiberkompetenz kostenorientiert ausbauen/weiterentwickeln
    - lfd. Kosten senken
    - Einbau von Systemen (MbO, Anreizsysteme, Controlling)

zu ②, ③, ④: Differenzierung/Regionaldiversifikation:
    Entwicklung/Integration/Transfer:
    - Betreiberkompetenz ergänzen, standardisieren und exportieren, z.B. in
      Schwellenländer
    - Akquisitionsfähigkeit entwickeln oder Partnerschaften hierfür eingehen
    - Projekt-Management-Erfahrungen professionalisieren
    - Akquisition,Projekt-Management und Betrieb in eigener Organisationseinheit
      bündeln (z.B. Exportabteilung,Tochtergesellschaft, Joint Venture)

zu ⑤: Differenzierung/Programmerweiterung:
    Integration/Transfer:
    - Vertragsverwaltung und operative Geschäfte ausbauen
    - Standarddienstleistungen definieren und professionalisieren (z.B. Rechnungen,
      Mahnungen)

- Das Konzept marktorientierter Kernkompetenzen ist u.a. durch einen kompetenzorientierten Unternehmungsprozeß umzusetzen. Orientierungsmodell hierfür ist das Bild des **Gegenstromverfahrens**. In horizontaler Sicht geht es darum, den Fluß der Ideen und Informationen, die auf Ressourcen und Fähigkeiten beruhen, mit den Informationen über die Bedürfnisse der Kunden und den Möglichkeiten des Marktes zu verbinden. Der vertikale Teil des Gegenstroms verläuft entlang der Hierarchie. Die Spitze hat kompetenzorientierte Visionen, Konzepte und Ziele zu formulieren. Im Gegenzug muß die Basis Maßnahmen planen und durchführen, die zur Realisierung dieser Absichten führen.

- Um den Kernkompetenz-Ansatz in der Praxis zu verwirklichen, sind einige Management-Aufgaben zu erfüllen, die sich in sachlogischer Abfolge zu einem Kernkompetenz-Management-Zyklus verbinden: **Identifikation**, **Entwicklung**, **Integration**, **Nutzung** und **Transfer** von Kernkompetenzen. Ein kompetenzgetriebener Wettbewerb findet bereits vor dem Markteintritt statt. In diesem vormarktlichen Wettbewerb geht es darum, möglichst besser und schneller als die Konkurrenz Kompetenzen zu identifizieren und zu entwickeln. Im marktlichen Wettbewerb hat das Management seine Aufgabenschwerpunkte zunächst in der Integration und Nutzung der Kernkompetenzen. Bezogen auf den Produktlebenszyklus geht es um die Einführungs- und Wachstumsphase. Bereits in der Reifephase sind rechtzeitig Transferaufgaben wahrzunehmen, um dem zu erwartenden Rückgang erfolgreich und offensiv zu begegnen.

- Von den im Kapitel 4 im einzelnen beschriebenen und an Beispielen erläuterten Aufgaben sei besonders auf den **Kompetenztransfer** hingewiesen. Im Rahmen dieser Aufgabe geht es darum, Objekte des Transfers festzulegen (z.B. Kernprodukte, Marken, Ressourcen und Fähigkeiten) und die Zielfelder des Transfers zu bestimmen (z.B. neue Kunden im Stammgeschäft, neue Regionen, neue Produkte). Die sich daraus ergebenden Formen des Transfers und ihre jeweiligen Eigenarten werden ausführlich diskutiert. Eine bedeutsame Rolle spielen verschiedene Einflußgrößen des Transfers, zu denen auch der Transferkontext zählt. Ihre Einbeziehung in die Transferentscheidung mindert das Transferrisiko und hilft dem Manager, die Frage zu klären, ob er -wie der sprichwörtliche Schuster- bei seinem Leisten bleiben soll oder nicht.

Fünftes Kapitel

Kernkompetenzen und Kernprozesse

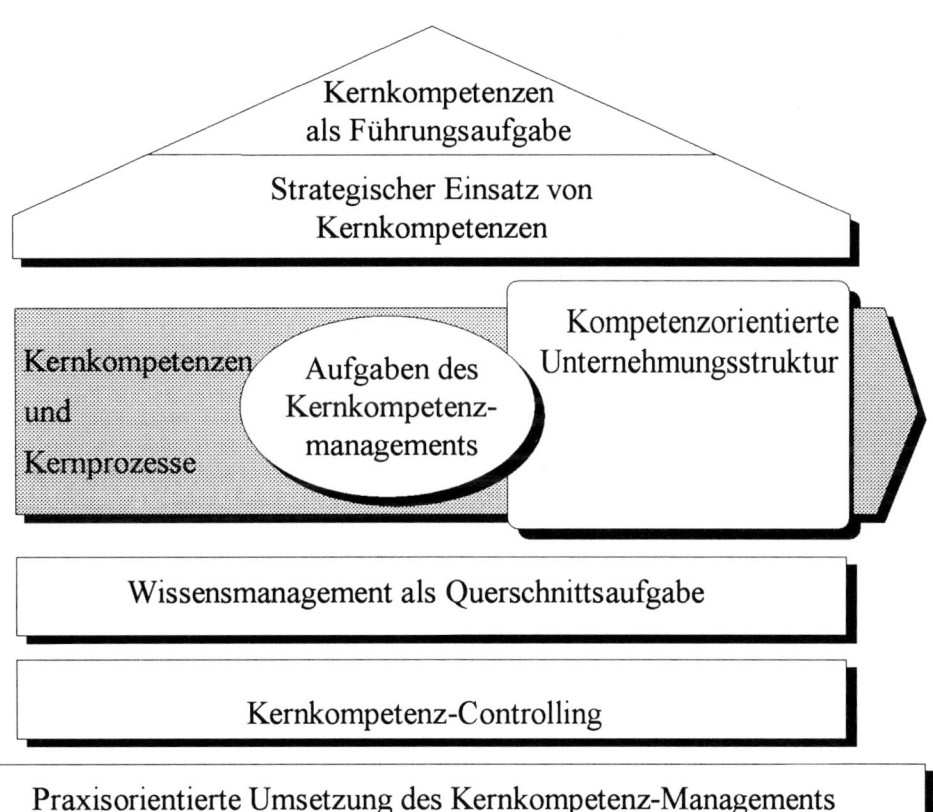

Welche Konsequenzen hat das Management von Kernkompetenzen für die Unternehmungsprozesse?

1. Zusammenhänge von Kernkompetenz-Management und Prozessen

Kernkompetenzen und die Ressourcen und Fähigkeiten, auf denen sie beruhen, sind immer in den Strukturen und Prozessen der Unternehmung zu finden bzw. dort zu verankern. „Struktur" und „Prozeß" sind im wesentlichen gleichbedeutend mit den traditionell als Aufbauorganisation und Ablauforganisation bezeichneten Gebieten. Zwar handelt es sich dabei um zwei Seiten der „Organisationsmedaille", die simultan zu gestalten wären. Da in einem konkreten Projekt aber sequentiell vorgegangen werden muß, ist in jedem Einzelfall zu prüfen, ob sich der besondere „Kern" einer Unternehmung eher in einem Prozeß oder einem Strukturbaustein ausdrückt, oder ob beide Gesichtspunkte sogar gleichbedeutend sind.

In der Pharmaindustrie ist z.B. der Produktentwicklungsprozeß, der teilweise mehr als 10 Jahre dauert, der kritische Prozeß schlechthin. Ihn zu verbessern und zu beschleunigen bedeutet, Ressourcen und Fähigkeiten in Richtung auf Kernkompetenzen zu entwickeln. Es kann durchaus vorkommen, daß die Kompetenz einer Unternehmung mit der überragenden Beherrschung eines Prozesses praktisch gleichzusetzen ist. Man denke z.B. an einen Paketdienst, für den die Beherrschung der logistischen Kette ganz offenkundig „die" Kompetenz darstellt. Schnelligkeit, Pünktlichkeit und Zuverlässigkeit der Lieferung als Kerneigenschaften und Wettbewerbsvorteile sind davon vollkommen abhängig. Die Identifikation und Entwicklung der Kompetenz kann dann über eine Bestimmung, Analyse und Verbesserung von Kernprozessen erfolgen.

Andererseits gibt es Fälle, in denen einzelne Strukturbausteine, also insbesondere einzelne Funktionsbereiche oder Werke, die Kompetenz der Unternehmung prägen. Ein Auto könnte beispielsweise in hohem Maße von dem Kernprodukt „Motor" und dem Design abhängen. Demgemäß wären die Motorenfabrik und das Designzentrum als „Center of Competence" bzw. Kernfunktion vorrangig zum Gegenstand der Betrachtung zu machen. Allerdings zeigt dieses Beispiel auch, daß ohne Prozesse die Analyse unvollständig wäre. Der Produktentwicklungsprozess oder der Auftragsabwicklungsprozeß sind mit Sicherheit Kernprozesse, denen ein Automobilhersteller hohe Aufmerksamkeit widmen wird.

Wettbewerbsvorteile, die derzeit besonders im Mittelpunkt stehen, also Zeit- und Qualitätsvorteile, sind typischerweise nur über eine grundlegende Prozeßveränderung zu erreichen. Aber auch Kostensenkungen wird man nicht allein durch strukturelle Maßnahmen erzielen, sondern nur, wenn man die notwendigen Prozeßkonsequenzen zieht. Es spricht also einiges dafür, zunächst mit einer Prozeßbetrachtung zu beginnen, wie es hier geschehen soll. Der sachlichen Bedeutung dieses Vorgehens entspricht der Erkenntnisstand allerdings nicht. Die Zusammenhänge zwischen Prozessen und Kompetenzen bedürfen zukünftig noch einer weitergehenden Klärung. Im praktischen Vorgehen spielen Phantasie und Kreativität eine unverändert wichtige Rolle. Die folgenden Überlegungen können daher nur eine grundlegende Orientierung bieten.

Wenn von „Prozessen" die Rede ist, dann geht es regelmäßig nicht um Abläufe, die sich **innerhalb** der abgeteilten Subsysteme abspielen, sondern **zwischen** ihnen. „Prozesse" überqueren die vertikalen und horizontalen Trennungslinien der Struktur, sie enthalten - und regeln - **übergreifende Aufgaben** (z.B. Auftragsabwicklung, Produktinnovation). Übergreifend und „grenzüberschreitend" sind die Prozesse in dreifacher Hinsicht:

Die besondere Bedeutung der Prozesse für das Kernkompetenz-Management resultiert

> ■ Prozesse sind **funktionsübergreifend** (Querschnittsregelung)
>
> ■ Prozesse sind **instanzenübergreifend** (Längsschnittsregelung)
>
> ■ Prozesse sind **unternehmungsübergreifend** (Netzwerkregelung)

zusätzlich daraus, daß Kompetenzen der Unternehmung vor allem durch die unternehmungsweite Bündelung von Ressourcen und Fähigkeiten zu erarbeiten sind. Die Festlegung und Analyse von Kernprozessen liefert dem Management die Pfade, auf denen die Koordination und Integration vonstatten gehen kann. Innerhalb des Kernkompetenz-Management-Zyklus sind die Aufgaben der „Entwicklung", vor allem aber der „Integration", mit derartigen Prozeßproblemen konfrontiert. Die wichtigsten Fragen dabei sind:

■ **Definition der Kernprozesse**

Welches sind die für die Unternehmung angestrebten strategischen Vorteile und deren wichtigste übergreifende Prozesse (unternehmungsweit bzw. geschäftsfeldweit)?

150

■ **Analyse und Regelung der Kernprozesse**

Welche Stärken und Schwächen weist die raum-zeitliche Aufgabenabfolge der Kernprozesse im Hinblick auf die Entwicklung, Integration und Nutzung von Kernkompetenzen auf? Welche Veränderungen sind erforderlich?

■ **Festlegung struktureller Konsequenzen**

Welche strukturellen Änderungen einzelner Funktionsbereiche bzw. Organisationseinheiten ergeben sich durch die Prozeßverbesserungen? Sind Centers of Competence zu bilden? Ist die Prozeßverantwortung geklärt? Diese Fragen leiten über zum Kapitel „Strukturen" (Kap. 6).

2. Bestimmung von Kernprozessen

2.1 Kritische Prozesse, Kernprozesse, Geschäftsprozesse

Für einen Außenstehenden oft kaum nachvollziehbar ist die Mühe, die es macht, Kernprozesse als solche überhaupt zu erkennen bzw. zu definieren. Abläufe und Strukturen sind zwar je Bereich oder Funktion recht klar beschrieben und geregelt. Die übergreifenden Prozesse aber sind teils ungeregelt, teils personenabhängig, teils „historisch gewachsen". Insofern ist es eine besondere analytische Leistung, die auch Mut erfordert, übergreifende Prozesse nach Art, Anzahl und Reichweite zu definieren. Diese Prozesse sind zunächst rein gedankliche Konstrukte, die erst anschließend Schritt für Schritt einer Gestaltung und Regelung zugeführt werden. Hinter dieser harmlos klingenden Formulierung können sich im Einzelfall tiefgreifende Veränderungen des Struktur- und Machtgefüges einer Unternehmung verbergen.

SOS-Prozesse: Als zweckmäßiges Orientierungsmodell für den Einstieg in die Prozeßbetrachtung hat sich das SOS-Konzept erwiesen, das auch in dieser Schrift bereits mehrfach Anwendung fand (vgl. Kap. 2). Mit seiner Hilfe läßt sich die Wertschöpfungskette beliebiger Unternehmungen aufrastern. Grundlage ist die Dreiteilung in „**Steuerung**" (Planungs-, Steuerungs- und Kontrollprozesse), „**Operation**" (Ausführungsprozesse der Leistungserstellung und -verwertung) und „**Support**" (Unterstützungsprozesse). Eine verallgemeinerte Unterteilung dieser drei Prozeßgattungen zeigt Abb. 5/1, die insgesamt **11 generische Prozesse** einer Unternehmung verwendet (nach Krüger 1994, S. 124).

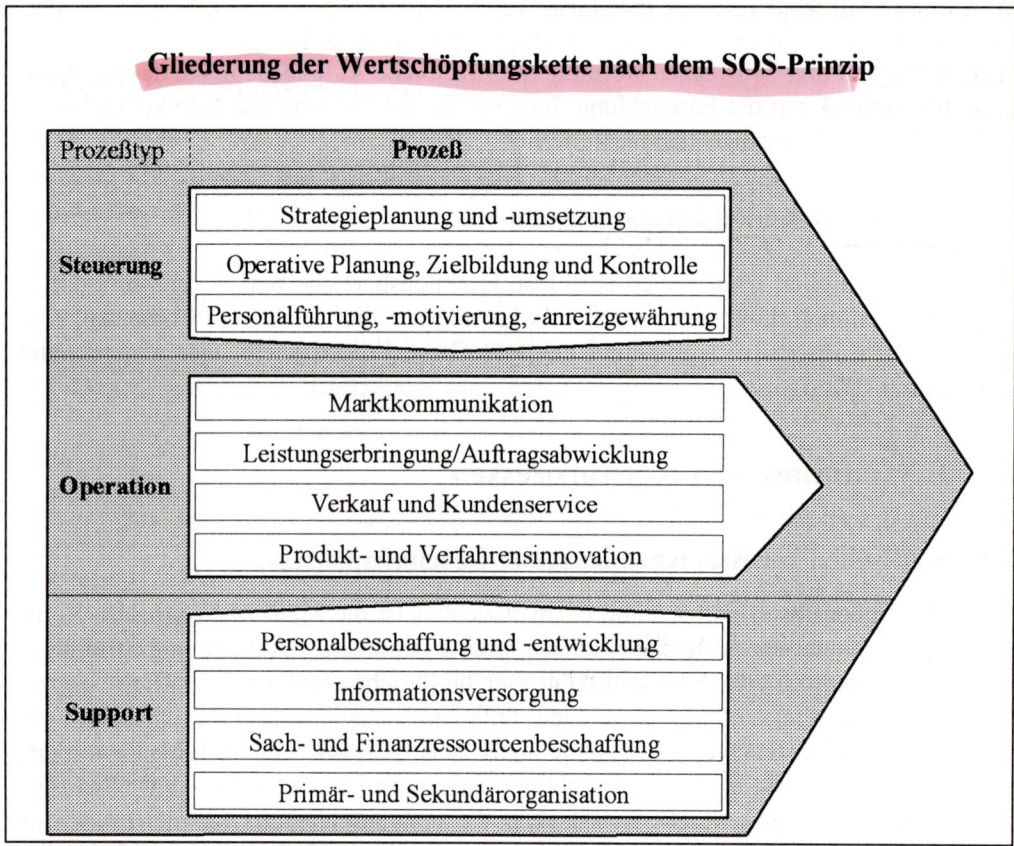

Gliederung der Wertschöpfungskette nach dem SOS-Prinzip

Prozeßtyp	Prozeß
Steuerung	Strategieplanung und -umsetzung Operative Planung, Zielbildung und Kontrolle Personalführung, -motivierung, -anreizgewährung
Operation	Marktkommunikation Leistungserbringung/Auftragsabwicklung Verkauf und Kundenservice Produkt- und Verfahrensinnovation
Support	Personalbeschaffung und -entwicklung Informationsversorgung Sach- und Finanzressourcenbeschaffung Primär- und Sekundärorganisation

Abb. 5/1

Kritische Prozesse: Eine Bestimmung der relevanten Unternehmungsprozesse sollte im Einzelfall mit der Festlegung **kritischer Prozesse** beginnen.

> **Als kritisch** sind **Prozesse** dann zu bezeichnen, wenn sie von herausragender, besonderer Bedeutung für die Erfolgsposition der Unternehmung sind. „Kritisch" bedeutet also: **erfolgskritisch.**

Inhaltlich können je nach Situation und Strategie ganz unterschiedliche Kriterien zu erfolgskritischen Prozessen führen. Kritische Prozesse können die Unternehmungsgren-

152

zen überschreiten und damit zu kritischen Geschäftsprozessen werden oder nur in einer Abteilung sowie zwischen Abteilungen verlaufen (vgl. Abb. 5/2).

Folgende Kriterien dürften die meisten praktischen Fälle abdecken (vgl. Krüger 1994, S. 121f.):

- Hohe Bedeutung für die Problemlösung oder Zufriedenheit externer Kunden
  Beispiel: After Sales-Service bei hochwertigen Gebrauchsgütern

- Hohe Bedeutung für die Problemlösung oder Zufriedenheit interner Kunden
  Beispiel: Benutzerfreundlichkeit eigenerstellter Software

- Hohe Bedeutung für das Erreichen/Halten eines Wettbewerbsvorteils
  Beispiel: Beherrschung der Produktionsprozesse von Speicherchips

- Hohe Kostenintensität/hohe Kapitalbindung
  Beispiel: Steinkohleförderung in Deutschland

- Hohe Bedeutung für die Produktqualität
  Beispiel: Montage von Autoradios

- Hohe Bedeutung für die Sicherheit der Produktion
  Beispiel: Sicherheitsvorkehrungen in der chemischen Produktion

- Lange Prozeßdauer
  Beispiel: Produktentwicklung in der Pharmaindustie

- Neue oder andere Lösungswege sind bekannt ("Benchmarking")
  Beispiel: Gewährung von Kleinkrediten; die schnellste Bank der Welt benötigt
  für ein PKW-Darlehen weniger als 1 Minute

- Neue Technologien sind einsetzbar
  Beispiel: Gentechnische Anlagen zur Erzeugung von Insulin

Beispiele für kritische Prozesse einzelner Branchen sind:

Industrie	■ Produktentwicklung
	■ Auftragsabwicklung
Banken	■ Kreditbearbeitung
	■ Zahlungsverkehr
Sachversicherung	■ Kundenakquisition
	■ Kundenbetreuung
	■ Schadensregulierung
Versandhandel	■ Kundenansprache
	■ Katalogerstellung
	■ Abwicklung/Versand
	■ Retouren

Kernprozesse: Die Praxis differenziert nicht zwischen „kritischen Prozessen" und „Kernprozessen", sondern nennt alle erfolgskritischen Prozesse „Kernprozesse". In den laufenden Restrukturierungen mit ihrer Betonung der Kostensenkung werden demgemäß vor allem kostenintensive Prozesse als Kernprozesse betrachtet. Dies sind also solche Prozesse, in denen die jeweilige Unternehmung besondere **Schwächen** aufweist. Eine Liste von „Kernprozessen" dieses Typs ist gleichbedeutend mit einer Mängelliste.

Es ist keine Frage, daß diese Prozesse erfolgskritisch sind. Ebenso klar ist aber auch, daß es sich dabei um das genaue Gegenteil von „Kern" im Sinne von Kernkompetenz handelt. Wenn mit der Bezeichnung „Kern" auf Kernkompetenzen verwiesen werden soll, wie dies hier geschieht, dann zeichnen sich **Kernprozesse** durch unternehmungs-spezifische, **wettbewerbsrelevante Stärken** aus (vgl. Kap. 2). Dies steht im Gegensatz zu der in der Praxis üblichen Betrachtung. Eine Unternehmung, die ihre Prozesse ko-stengünstiger („schlanker") gemacht hat, verfügt damit noch nicht ohne weiteres über Kernkompetenzen und Kern(kompetenz)prozesse.

Es kann nicht oft genug wiederholt werden: Das Bemühen um Kostensenkung kann in

---

Kernprozesse sind eine Teilmenge kritischer Prozesse. Alle Kernprozesse sind erfolgskritisch, aber keineswegs alle kritischen Prozesse sind Kernprozesse.

Als Kernprozesse sind nur die Unternehmungsprozesse zu bezeichnen, die einen **maßgeblichen** Beitrag zur Kernkompetenz leisten.

---

aller Regel nur bestehende Wettbewerbs**nachteile** ausgleichen, also zur Wiedergewinnung der Wettbewerbsfähigkeit führen. Dies ist erst die Kompetenz der untersten Stufe (vgl. Kap. 2, Abb. 2/1). Darauf aufbauend müssen spezifische Wettbewerbs**vorteile** und die zugehörigen Kompetenzen höherer Stufen noch erarbeitet werden. Es gilt dann, die hierzu erforderlichen Wandlungs- und Verbesserungsprozesse zu installieren. Diesen Prozessen sollte die ganze Aufmerksamkeit des Kernkompetenz-Managements gelten. Es kann sich dabei um interne Kernprozesse ebenso handeln wie um Prozesse, die beim Marktpartner beginnen oder enden. Bedingung ist jedoch für alle Kernprozesse, daß sie in Zusammenhang mit der Kernkompetenz der Unternehmung stehen, so auch die Kernprozesse, die im generellen Umfeld der Unternehmung Wettbewerbsvorteile schaffen (außermarktliche Kernprozesse) (vgl. Abb. 5/2).

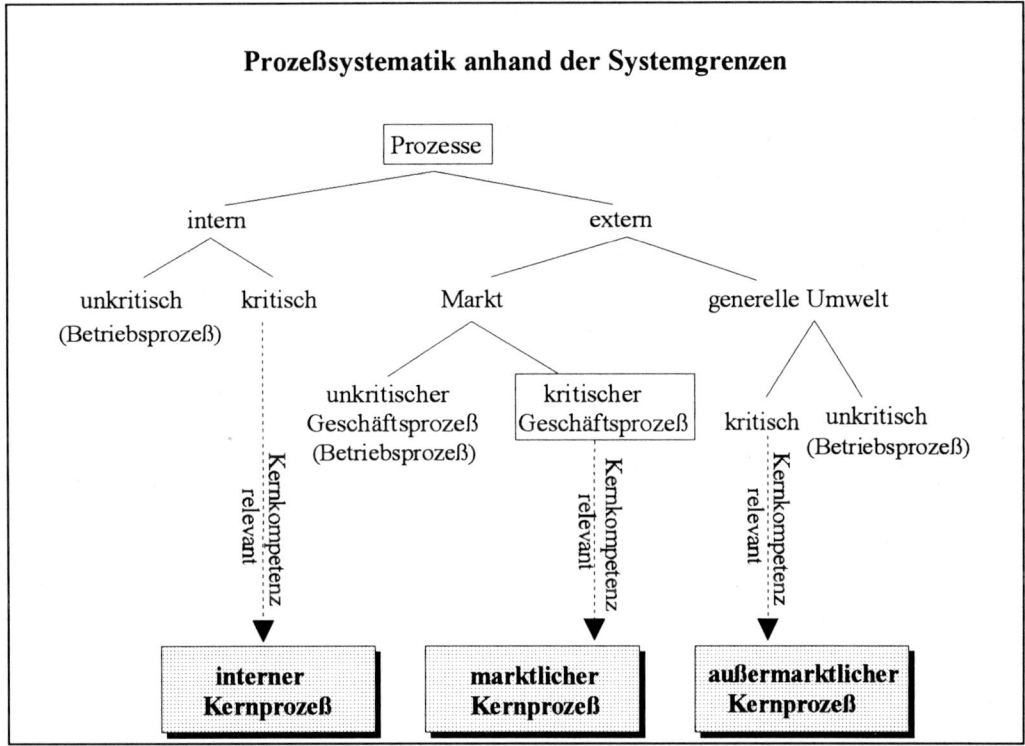

Abb. 5/2

Geschäftsprozesse: Geschäfte werden mit Marktpartnern gemacht. Die Bezeichnung "Geschäft" weist dabei darauf hin, daß sowohl der Ausgangspunkt des Prozesses

(Prozeßbeginn) als auch das Prozeßende bei einem Marktpartner der betrachteten Unternehmung liegt (vgl. Buchholz 1994, S. 10).

> **Geschäftsprozesse** sind demgemäß solche Unternehmungsprozesse, die bei **Marktpartnern** beginnen und enden. Sie sind **funktionsübergreifend**, sie sind immer **erfolgskritisch**, und sie besitzen eine dominierende **Objektorientierung**.

Objekte von Geschäftsprozessen können insbesondere sein:

> - Kunden (z.B. Kundenakquisitionsprozeß)
> - Produkte (z.B. Fertigungs- und Logistikprozeß)
> - Aufträge (z.B. Auftragsabwicklungsprozeß)
> - Regionen (z.B. Marktausweitungsprozeß)

Selbstverständlich treten diese Objekte auch in Kombination auf, z.B. Regionen und Kundengruppen, Aufträge und Kundengruppen.

Betriebsprozesse: Völlig vernachlässigt wird meistens die Frage, was eigentlich mit den Prozessen (und Funktionen) geschieht, die weder kritisch sind, noch zum „Kern" zählen. Sie können nicht sämtlich ausgelagert oder eingestellt werden, denn sie sichern den täglichen Geschäftsbetrieb. Zu denken ist z.B. an allgemeine Informationsprozesse oder Beschaffungsprozesse von Hilfs- und Betriebsstoffen. Sie sind in einer Gesamtbetrachtung in die Optimierung des Funktions- und Prozeßprofils der Unternehmung einzubeziehen.

> **Betriebsprozesse** sind die Prozesse einer Unternehmung, die weder kritisch noch "Kern" sind, jedoch zur **Aufrechterhaltung des täglichen Geschäftsbetriebes** notwendig sind.

2.2 Prinzipien der Definition des Prozeßprofils einer Unternehmung

Aus den bisherigen Überlegungen wird deutlich, daß bei der Definition von Kernprozessen verschiedene Gesichtspunkte eine Rolle spielen. Sie lassen sich zu einigen **Definitionsprinzipien** weiterentwickeln, die als Checkliste im Einzelfall dienen können. Diese Empfehlungen beleuchten die Prozesse der Unternehmung von verschiedenen Seiten und sollten in der Summe geeignet sein, ein inhaltlich angemessenes und vollständiges Prozeßprofil zu erarbeiten.

■ **Strategie- und Kompetenzbasis definieren**

Die Definition der Kernprozesse ist ebenso unternehmungsspezifisch zu sehen, wie es die Festlegung der angestrebten Wettbewerbsvorteile ist, und demgemäß muß sie auch zu höchst unternehmungsindividuellen Ergebnissen führen. Dies gilt unbeschadet der Ähnlichkeiten innerhalb einer Branche. Wichtiger Bezugspunkt der Prozeßdefinition ist zunächst die Unternehmungsstrategie. Ohne klare Strategie lassen sich keine Kompetenzen und auch keine Kernprozesse bestimmen. Die Strategie legt die angestrebten Wettbewerbsvorteile fest. Die Quellen dieser Vorteile sind unternehmungsweit verteilte Ressourcen und Fähigkeiten. Sie aufzuspüren und zu kultivieren, erbringt die gewünschten Kernkompetenzen. Kernprozesse sind dabei, um im Bilde zu bleiben, die Pfade, auf denen sich das Management bewegen muß, um zu den Quellen zu gelangen. Kernprozesse liefern zugleich die Bahnen, auf denen sich der Austausch und die Bündelung der Ressourcen und Fähigkeiten unternehmungsweit vollzieht. Natürlich kann dieses Top down-Vorgehen durch Bottom up-Impulse ergänzt werden. Im Verlaufe einer Prozeßanalyse können vorher übersehene Ressourcen und Fähigkeiten auftauchen, die zu einer Neubestimmung von Kompetenzen führen und eine Redefinition der Kernprozesse verlangen.

Aus einer intelligenten, strategiegeleiteten Prozeßdefinition, wie sie fortgeschrittene Unternehmungen besitzen, kann man ihre strategischen Absichten genau erkennen. Dies erklärt, warum eine Veröffentlichung entsprechenden Materials, in das wir Einblick erhielten, regelmäßig nicht zugelassen wird und im folgenden nur relativ wenige und sehr verallgemeinerte Beispiele vorgestellt werden. Statt dessen werden methodische Hilfen für die Prozeßdefinition gegeben, die das eigene Nachdenken des Anwenders unterstützen können.

■ **Basis- und Metakompetenzen abdecken**

Strategische Absichten und angestrebte Kompetenzen legen zunächst die groben Schwerpunkte fest und wirken wie ein erster Filter der vorhandenen Unternehmungsprozesse. Um zusätzliche Hinweise insbesondere für die Definition fehlender oder unterentwickelter Prozesse zu finden, ist an die Klassifikation der Kompetenzen zu erinnern (vgl. Kap. 2). Insbesondere Metakompetenzen können, da sie nicht zwingender Bestandteil des Tagesgeschäfts sind, „vergessen" werden. Zu prüfen ist daher, ob die Entwicklungsnotwendigkeiten in die Prozeßdefinition einbezogen sind, es also eine prozessuale Absicherung der Entwicklungskompetenz als Metakompetenz gibt (z.B. Prozesse der Produktentwicklung oder der kontinuierlichen Verbesserung). Stehen die drei SOS-Prozesse in einem ausgewogenen Verhältnis zueinander oder gibt es ein unangemessenes Übergewicht oder Untergewicht einzelner Teile (z.B. zu viel „Support", aber zu wenig „Steuerung")?

■ SOS-Prozesse berücksichtigen

Alle Unternehmungsprozesse und auch alle Teilprozesse lassen sich sinnvollerweise in Steuerung, Operation und Support (Service) zerlegen (vgl. Abb. 5/2). Demgemäß ist auch für die Kernprozeßbestimmung zu fragen, ob die entsprechenden Prozeßteile berücksichtigt sind. Sind insbesondere steuernde und unterstützende Aktivitäten eingefangen? Mit Hilfe des SOS-Konzepts kann vor allem die Vollständigkeit und Ausgewogenheit des Prozeßprofils überprüft werden.

■ Geschäftsprozesse erfassen

Ein weiterer Gesichtspunkt betrifft die erläuterten Geschäftsprozesse. Sind die Objekte des Geschäfts angemessen in Kernprozessen erfaßt (Kunden, Produkte, Aufträge, Regionen)? Mit dieser Frage richtet sich das Augenmerk von der internen Kompetenzsicht auf die externe Markt- und Kundenseite (marktliche Kernprozesse). Man denke daran, daß sich auch in der Prozeßdefinition die Gegenstromüberlegungen (vgl. Kap. 3) niederschlagen müssen. Die Inside-Out Perspektive ist also auch hier durch die Outside-In Blickrichtung zu ergänzen. Dem kann vor allem das Durchprüfen der Geschäftsobjekte dienen.

■ Anzahl der Kernprozesse begrenzen

Die bisherigen Prinzipien können ungeachtet ihrer Filterfunktion noch eine erhebliche Zahl von denkbaren Kernprozessen zurücklassen. Komplexitätsreduktion ist dann insofern angezeigt, als sich auch das Kernkompetenz-Management nur auf wenige Gegenstände gleichzeitig konzentrieren kann. Es ist zu prüfen, welche Prozesse wirklich den „Kern der Unternehmung" ausmachen. Ggf. müssen Prozeßhierarchien gebildet und Teilprozesse aggregiert werden. Es gibt kein objektives Kriterium für die Anzahl der Prozesse, die das abschließende Resultat bilden sollen. Die Frage ist, wieviel Komplexität ein System verkraften, welche Bandbreite an Aufgaben die Unternehmungsspitze beherrschen kann. Man wird aber wohl nicht fehlgehen, wenn man sich auf eine „Handvoll Prozesse" als den "Kern" beschränkt.

2.3 Unternehmungsweite Kernprozesse als Grundlage des Kernkompetenz-Managements

Die Grundidee des Kernkompetenz-Managements, so wie es hier entwickelt wird, beruht u.a. darauf, Kernkompetenzen als **unternehmungsweite Kategorien** zu verstehen und zu gestalten. Dies bereitet bei einer Einheitsunternehmung mit einem schmalen Sortiment keine besonderen Schwierigkeiten. Komplizierter werden die Verhältnisse in dem Maße, wie sich unterschiedliche Geschäftsfelder entwickeln oder gar eigenständige Geschäftseinheiten (z.B. Sparten, Tochtergesellschaften) entstehen. Je heterogener die Geschäfte, desto heterogener werden zwangsläufig auch die spezifischen strategischen Vorteile und die erforderlichen Prozesse. Die Kernprozesse und die Kernkompetenzen werden im gleichen Maße abstrakter und allgemeiner. Dieser wenngleich schwierige Fall soll im folgenden durchdacht werden. Er ist typisch für die gesamte Konzernproblematik und damit für weite Teile der Industrie, die zwar auf der Suche nach dem „Kern" ist, aber dabei nur in seltenen Fällen wirklich zu Kernkompetenzen im hier vertretenen Verständnis vordringt.

Die Gesamtleitung muß im gedanklichen Wechselspiel konzernweite Strategien und **übergreifende Prozesse** definieren. Auf mögliche Strategien muß an dieser Stelle nicht eingegangen werden (vgl. Kap. 3). Für die Definition übergreifender Prozesse bietet sich die konzernweite **Steuerung** und **Unterstützung (Support)** an. Konzernweite Kompetenz wäre also im Bereich der **Managementkompetenz** sowie der **Unterstützungskompetenz** zu suchen bzw. aufzubauen. Interne Managementkompetenz ist unverzichtbar. Inwieweit dies auch für die verschiedenen Unterstützungsleistungen gilt, wäre im weiteren Verlauf noch zu prüfen. Outsourcing zentraler Dienste ist derzeit zwar geradezu in Mode, muß aber unter Kompetenzgesichtspunkten nicht immer sinnvoll sein.

Die Frage ist, was mit den operativen Prozessen zu geschehen hat. Sie sind bei heterogenen Geschäften gerade nicht übergreifend, da die Produktionsverfahren, Produkte und Abnehmer große Unterschiede aufweisen. Die Inhalte der **operativen Kompetenzen** sind also sehr unterschiedlich und daher auf der Ebene der Bereichsleitungen zu behandeln. Die Gefahr ist nun, daß bei mangelnder Definition von Gemeinsamkeiten die Zentrifugalkräfte zu stark werden und sich schließlich die Frage stellt, worin denn der „parenting value" des Konzerns überhaupt besteht. Wenn das gemeinsame Operieren unter einem Dach keine erkennbaren Vorteile bietet, könnten die betroffenen Geschäfte verkauft bzw. verselbständigt werden. Die Spitze übernimmt dann die Rolle einer Finanzholding. Eine Finanzholding besitzt, konzernweit betrachtet, im Erfolgsfall Managementkompetenz und damit direkt verbundene Unterstützungskompetenz.

Die Antwort auf die Frage nach der konzernweiten operativen Kompetenz kann bei unterschiedlichen Geschäften letztlich nur in der -hoffentlich vorhandenen- Unternehmungsstrategie gefunden werden. Sie führt dann zu eher formalen Festlegungen, z.B. zu konzernweit gleichermaßen angestrebten Wettbewerbsvorteilen. Die Gemeinsamkeit der verschiedenen operativen Prozesse läge dann in ihrer fokussierten strategischen Ausrichtung.

Kernprozesse, die sich den SOS-Kategorien Steuerung, Unterstützung, Operation zurechnen lassen, decken die **Basiskompetenzen** ab. Sodann gilt es, in situativ angemessener Form auch die relevanten Prozesse der Unternehmungsentwicklung zu bestimmen, um die **Metakompetenzen des Konzerns** abzusichern. Auch dabei werden Konzernstrategien die Stoßrichtung bestimmen. Ein innovationsbetontes Vorgehen wird z.B. andere Entwicklungsprozesse verlangen als eine Aufholjagd, die sich darauf konzentriert, Kostennachteile auszugleichen. Im einen Fall müssen Forschungs- und Entwicklungsprozesse, im anderen Fall Reengineeringprozesse zu Kernprozessen werden.

In der Definition und dem Management solcher konzernweiten Prozesse liegt die Hauptaufgabe der Unternehmungsspitze. Dies ist, in jeder möglichen Bedeutung des Wortes, **„die" Kernaufgabe der Unternehmungsführung**. Die unternehmungsweiten Kernprozesse sollten zum einen so definiert und abgegrenzt sein, daß sie dem organisatorischen Ganzen gegenüber wie ein einigendes Band wirken, zum anderen müssen sie den notwendigen Spielraum lassen für die Entfaltung bereichsspezifischer Unterschiede. Die Unternehmungsspitze sollte aber nicht nur die Definition der Prozesse vornehmen, sondern auch deren Steuerung und Kontrolle. Jeder Kernprozeß muß von einem Geschäftsleitungsmitglied betreut und verantwortet werden. Dies tritt zu der vorhandenen Ressortierung hinzu.

Das Thema: Unternehmungsweite Kernprozesse und Kernkompetenzen

Das Beispiel: Chemopharm AG

Die Chemopharm AG ist ein weltweit tätiger (konstruierter) Konzern der Chemieindustrie mit drei wesentlichen Produktsparten: Grundchemikalien ("Chemie"), Pharmaprodukte und Diagnostika. Die Grobstruktur nebst den SOS-Prozessen zeigt Abb. 5/3.

160

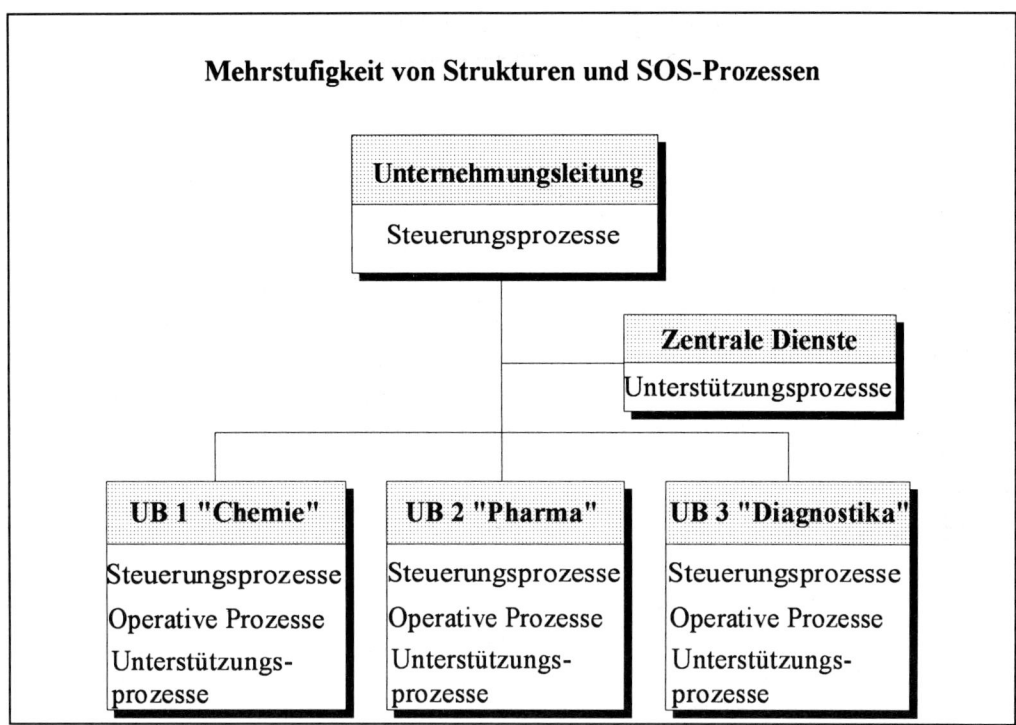

Mehrstufigkeit von Strukturen und SOS-Prozessen

Unternehmungsleitung

Steuerungsprozesse

Zentrale Dienste

Unterstützungsprozesse

UB 1 "Chemie"

Steuerungsprozesse

Operative Prozesse

Unterstützungs-
prozesse

UB 2 "Pharma"

Steuerungsprozesse

Operative Prozesse

Unterstützungs-
prozesse

UB 3 "Diagnostika"

Steuerungsprozesse

Operative Prozesse

Unterstützungs-
prozesse

Abb. 5/3

In dieser zunächst noch sehr abstrakten Darstellung enthalten alle Bereiche zwangsläufig gleichartige Prozeßkategorien. Die Bereichsverantwortlichen könnten auf dieser Grundlage ihre je spezifischen Einheiten und Geschäfte einer gesonderten Prozeßanalyse unterziehen. Vor allem im Bereich „Operation", also in den Prozessen der Leistungserstellung und -verwertung, werden sich dabei große Unterschiede zeigen. Man denke an die Herstellung, Lagerung und den Versand von Grundchemikalien einerseits (z.B. Schwefelsäure), Medikamenten in Tablettenform andererseits. Größere Ähnlichkeiten werden sich dagegen in den Bereichen „Steuerung" und „Support" ergeben.

Angestrebte Wettbewerbsvorteile:
Der Konzern sieht sich weltweit zwar in einer starken Position, die aber immer wieder durch kostengünstige Produkte aus Niedriglohnländern einerseits, innovative Lösungen aus Hochtechnologieländern andererseits angegriffen wird. Eine strategische Absicht ist es daher, die Angriffs- und Verteidigungsfähigkeit zu erhöhen. Zu diesem Zweck soll zukünftig alles getan werden, um eine Kombinationsstrategie

(Differenzierung plus Kostenführerschaft) fahren zu können. Man will einerseits die Produktqualität verbessern und zu angemessenen Preisen verkaufen, aber andererseits durch weltweite Synergienutzung auch Kostenvorteile erzielen, um im Bedarfsfall Preisangriffe abwehren zu können.

Die Innovationskraft ist unbedingt zu stärken, vor allem, um verlorengegangenes Terrain im Bereich der Gen- und Biotechnologie zurückzugewinnen. Die Quote neuer Produkte ist deutlich zu erhöhen.

Schließlich ist dem Trend zu integrierten, individuellen Problemlösungen verstärkt Rechnung zu tragen. Er betrifft die Gruppe der Industriekunden (z.B. Futtermittelhersteller), bei denen die anwendungstechnische Beratung immer mehr neben den Bezug von Grundstoffen (z.B. Vitaminen) tritt. Aber auch im Pharmabereich macht sich diese Entwicklung zu integrierten Problemlösungen bemerkbar (z.B. Krankenhäuser). Die im Aufbau befindliche Sparte Diagnostika dient nicht zuletzt diesem Zweck.

Stichwortartig lassen sich die angestrebten Wettbewerbsvorteile der Chemopharm AG wie folgt zusammenfassen:

⇨ Hohe Innovationsrate
⇨ Erstklassige, gleichbleibende Produktqualität
⇨ Individuelle Problemlösungen für den Kunden
⇨ Kostenführerschaft

Unternehmungsweite Kernprozesse:
Die Konzernleitung hat in einem Workshop mit den Bereichsleitern fünf konzernweite Prozesse bestimmt, die zukünftig als Kernprozesse gelten und entsprechend auszugestalten sind. Sie bilden das Rückgrat der angestrebten Kompetenzentwicklung (vgl. Abb. 5/4).

Zielorientierte Steuerung und Kontrolle: Diese Formulierung stellt die Kurzform des sich über mehrere Führungsebenen hinweg erstreckenden Prozesses des „Management by Objectives" dar. Jährliche Zielplanung (top down) und Maßnahmenplanung (bottom up) bilden zusammen mit unterjährigen Kontrollen, Ziel-Ergebnis-Analysen am Ende des Jahres sowie leistungsorientierter Anreiz- und Personalentwicklungspolitik einen Management by Objectives-Zyklus. Dieser Prozeß soll in Zukunft nicht nur Ziele für die Geschäftsprozesse („**Standardziele**"), sondern auch für die Entwicklungsprozesse enthalten („**Innovationsziele**") und so eine umfassende „**Steuerung**" sicherstellen. Nicht zuletzt sind auch auf den einzelnen Ebenen „**persönliche Entwicklungsziele**" für die jeweiligen Führungskräfte zu definieren. Daß hierfür die notwendige Unterstützung durch Informations- und Kommunikationssysteme, durch ein ausgebautes Controlling sowie ein leistungsfähiges Führungskräfteentwicklungs- und Bonussystem vorliegt, ist Aufgabe der Zentralbereiche (zentrale Dienste) und korrespondierender Stellen in den Geschäftsbereichen. Dieser „**Support**" ist in der Makrodarstellung von Abb. 5/5 nicht als gesonderter Prozeß ausgewiesen.

Integrierter Herstellungs- und Logistikprozeß: Mit diesem Prozeß ist die Erstellung von Produkten und Leistungen angesprochen unter Einschluß der Eingangs- und Ausgangslogistik, ggf. auch der Entsorgungsaktivitäten. Als konzernweite Herausforderung wird dabei die **Integration** der Herstellung und der Logistik unter Einbeziehung der Marktpartner gesehen.

Kundenproblemlösungsprozeß: Zusammen mit dem integrierten Herstellungs- und Logistikprozeß stellt dieser Prozeß den Komplex „**Operation**" dar. Die Marktkommunikation und Kundenakquisition gehören ebenso hierzu wie die Auftragsabwicklung, der Kundenservice und weitere, ergänzende industrielle Dienstleistungen (z.B. Finanzdienste). Die Bezeichnung dieses Teils der operativen Prozesse als „Kundenproblemlösungsprozeß" verweist auf die strategischen Absichten des Konzerns, denn genau darum geht es: nicht „Produkte verkaufen", sondern „Probleme des Kunden lösen". Dazu werden entsprechende, erweiterte Kompetenzen benötigt, die sich die einzelnen Unternehmungsbereiche in geeigneter Weise erarbeiten müssen, ggf. von der Zentrale unterstützt.

Produktentwicklungsprozeß: Dies ist einer der beiden Prozesse, die im vorliegenden Schema Metakompetenzen sichern sollen. Produktentwicklung, von der ersten Idee bis zur Markteinführung, ist bei der Chemopharm ein entscheidender Prozeß.

Kontinuierlicher Verbesserungsprozeß: Metakompetenz ist nicht nur eine Frage der großen Entwürfe, sondern vor allem auch der nachhaltigen, hartnäckigen kleinen Schritte. Die Chemopharm möchte die in anderen Branchen schon weithin üblichen Konzepte wie Benchmarking, Quality Circles, Kaizen zukünftig verstärkt nutzen, um insbesondere permanente Kostensenkungen zu erreichen.

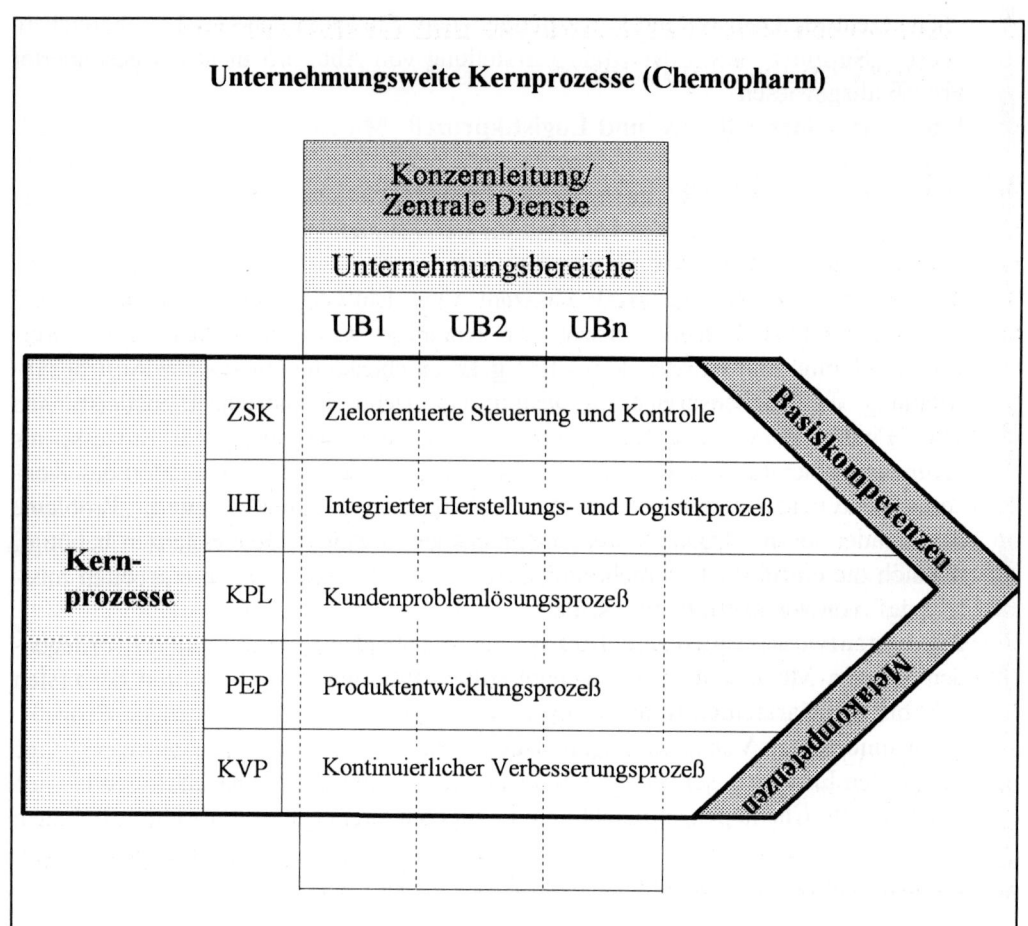

Abb. 5/4

3. Kompetenzorientierte Analyse und Gestaltung von Prozessen und Funktionen

3.1 Makro- und Mikroanalyse von Prozessen

Gegenstand einer Prozeßanalyse für das Kernkompetenz-Management kann grundsätzlich die **gesamte Wertschöpfungskette** einer Unternehmung sein, einschließlich der externen Koppelungen. Um dieses komplexe Gebilde zu erfassen, ist schrittweise **vom Groben zum Detail** vorzugehen. Dabei lassen sich eine Makro- und eine Mikroanalyse unterscheiden. Die **Makroanalyse** befaßt sich mit der unternehmungsübergreifenden Prozeßarchitektur sowie den Schnittstellen zwischen den identifizierten Kernprozessen. Zunächst ist hierbei die externe Prozeßvernetzung zu analysieren, d.h. die möglichen Schnittstellen der Kernprozesse mit den Prozessen der relevanten Marktpartner. Im nächsten Schritt sind die **Kernprozesse** der analysierten Unternehmungen und deren Schnittstellen untereinander zu beschreiben. Schließlich werden die Kernprozesse im Rahmen der **Mikroanalyse** mit zunehmendem Detaillierungsgrad weiter hierarchisiert, indem die vorher aufgezeigten Hauptprozesse in Teilprozesse, Vorgänge und Vorgangsschritte untergliedert und die Schnittstellen dazwischen analysiert werden (vgl. Buchholz 1994; Krüger/Buchholz/Rohm 1996).

Für die Analysepraxis existieren konventionelle Organisationstechniken (z.B. Ablaufdiagramme) ebenso wie moderne computergestützte Werkzeuge (z.B. ARIS). Die folgenden Überlegungen wollen keine Anleitung zur Methodik derartiger Analysen sein, sondern sie sollen in stark schematisierter Form die Grundgedanken herausarbeiten, die den Zusammenhang zwischen Kernprozessen und Kernkompetenzen betreffen.

3.2 Makroanalyse: Prozeßübergreifende Gemeinsamkeiten aufdecken

Um die Fragestellung der Makroanalyse transparent zu machen, sei zunächst an die Definition der Kernkompetenz erinnert: Kernkompetenzen sind die in Ressourcen und Fähigkeiten verankerten Quellen für transferierbare Wettbewerbsvorteile. Zur Aufdeckung unternehmungsweiter Kompetenzen muß also bis auf Ressourcen und Fähigkeiten zurückgegangen werden, selbstverständlich auch unternehmungsweit. Dies bedeutet, daß als erstes eine Makroanalyse erfolgen sollte. Mit ihrer Hilfe ist zu prüfen, ob in den verschiedenen Unternehmungseinheiten, z.B. Geschäftsbereichen, Funktionsbereichen, Werken, Niederlassungen, Gemeinsamkeiten im Hinblick auf Ressourcen und Fähigkeiten vorhanden sind. Solche Gemeinsamkeiten können anschließend durch Kombination und Bündelung Anknüpfungspunkte für die Entwicklung und Verbesserung von unternehmungsweiten Kompetenzen bieten. Dies gilt natürlich unbeschadet möglicherweise vorhandener, isolierter Einzelkompetenzen, die sich nur in einzelnen Teilen der Unternehmung nutzen lassen.

Den Beurteilungsmaßstab dafür, ob eine nutzbare Gemeinsamkeit vorliegt, können letztlich wieder nur die Unternehmungsstrategie und die in ihrem Rahmen angestrebten Wettbewerbsvorteile liefern. Eine Unternehmung ohne klare Vorstellung von ihren strategischen Absichten ist auch an dieser Stelle orientierungslos.

Außerordentlich wünschenswert ist es außerdem, daß zu Beginn der Makroanalyse bereits Klarheit über die Kernprozesse herrscht. Sie stellen eine Art Wegesystem dar, durch das im weiteren Verlauf die konzernweit benötigten Ressourcen und Fähigkeiten bewegt werden. Ohne ein solches System bliebe es bei der herkömmlichen organisatorischen Aufbaustrukturbetrachtung, die aber gerade dafür gedacht ist, Unterschiede - sprich Spezialisierung und Arbeitsteilung- zu organisieren statt Gemeinsamkeiten.

Das Vorgehen bei der Makroanalyse sieht so aus, daß man die Kernprozesse wie einen Filter über die Struktur der Unternehmung legt. Insbesondere kommen hier als relevante Strukturbausteine die verschiedenen Funktionsbereiche (z.B. Produktion, Forschung und Entwicklung) in Betracht, da sie die Spezifikation der Ressourcen und Fähigkeiten bestimmen. Herauszufiltern sind nun diejenigen Funktionen, deren Ressourcen und Fähigkeiten für den jeweiligen Prozeß eine hohe Bedeutung besitzen. „Bedeutung" heißt hier „bedeutsam für die angestrebten Wettbewerbsvorteile". Nach Anfertigung einer solchen Analyse verfügt das Management über eine Art „Kompetenzlandkarte". Sie zeigt die möglichen Quellen der Wettbewerbsvorteile durch die Lokalisierung der Ressourcen und Fähigkeiten. Und sie zeigt die Wege dorthin durch die Beschreibung der Kernprozesse.

Ergibt sich dabei, daß Bereiche mehrfach von Bedeutung sind, so liegen mögliche Anknüpfungspunkte für die Kultivierung von Kompetenzen vor. Dies kann im einfachsten Fall bedeuten, daß die angesprochenen Ressourcen und Fähigkeiten stärker koordiniert und besser aufeinander abgestimmt werden, z.B. durch Erfahrungsaustausch oder gemeinsame Projekte. Aber auch eine Mehrfachnutzung oder ein Kompetenztransfer ist denkbar. Die weitestgehende Bündelung bestünde darin, die entsprechenden Stellen räumlich, personell und organisatorisch zu integrieren. Die entstehenden Einheiten wären dann **Centers of Competence**. Die alte organisatorische Frage der Zentralisierung oder Dezentralisierung erhält durch die Kernkompetenzen also eine neue Facette. Nachdem in den letzten Jahren eine weitgetriebene Dezentralisierung sowie ein Abbau und eine Auslagerung von zentralen Diensten vorherrschte, kann zumindest teilweise eine Gegenbewegung erfolgen. Eine neue Form zentraler Einheiten kann entstehen, in denen

166

bestimmte Schlüsselressourcen und -fähigkeiten gebündelt werden, die prägend für den strategischen Erfolg der Gesamtunternehmung sind.

Vor der Festlegung derartiger Maßnahmen ist allerdings eine detailliertere Analyse (Mikroanalyse) erfoderlich, die das Stärken-Schwächen-Profil im einzelnen sichtbar macht und dadurch konkrete Hinweise für die kompetenzorientierte Restrukturierung liefern.

Das Thema: Unternehmungsweite Gemeinsamkeiten

Das Beispiel: Chemopharm AG

Die Chemopharm untersuchte anhand ihrer Kernprozesse spartenübergreifend, in welchen Funktionsbereichen ähnliche Ressourcen und Fähigkeiten auftreten, die für die angestrebten Wettbewerbsvorteile von Bedeutung sind. Abb. 5/5 zeigt anhand eines schematischen Ausschnitts die Ergebnisse. Die Prozeßbezeichnungen lauten:

ZSK: Zielorientierte Steuerung und Kontrolle
IHL: Integrierter Herstellungs- und Logistikprozeß
KPL: Kundenproblemlösungsprozeß
PEP: Produktentwicklunsprozeß
KVP: Kontinuierlicher Verbesserungsprozeß

Besonders markante Gemeinsamkeiten enthält der integrierte Herstellungs- und Logistikprozeß im Bereich der Produktion (IHL). Das gleiche gilt für den kontinuierlichen Verbesserungsprozeß (KVP). Der Kundenproblemlösungsprozeß wird spartenübergreifend durch Vertriebsgemeinsamkeiten geprägt (KPL). Schließlich ist der Produktentwicklungsprozeß zu erwähnen, in dem die Spartenlabors gleichermaßen von Bedeutung sind (PEP).

In diesen Prozessen und den erwähnten Funktionen bieten sich also mögliche Ansatzpunkte für die unternehmungsweite Kompetenzentwicklung. Zu denken wäre zunächst an eine Mehrfachnutzung oder an einen Kompetenztransfer. Im Vertriebsbereich könnten gemeinsame Konzepte für die Kundenberatung und -schulung entwickelt werden. Für die Produktion sollte über eine konzernweite Methodik und Organisation des kontinuierlichen Verbesserungsprozesses nachgedacht werden. Die Unternehmungsleitung hätte derartige Vorhaben i.S. einer Projektoberleitung zu moderieren. Auch die Prüfung möglicher Synergieeffekte in der Produktion, bis hin zur Zusammenlegung von Standorten, bietet sich an.

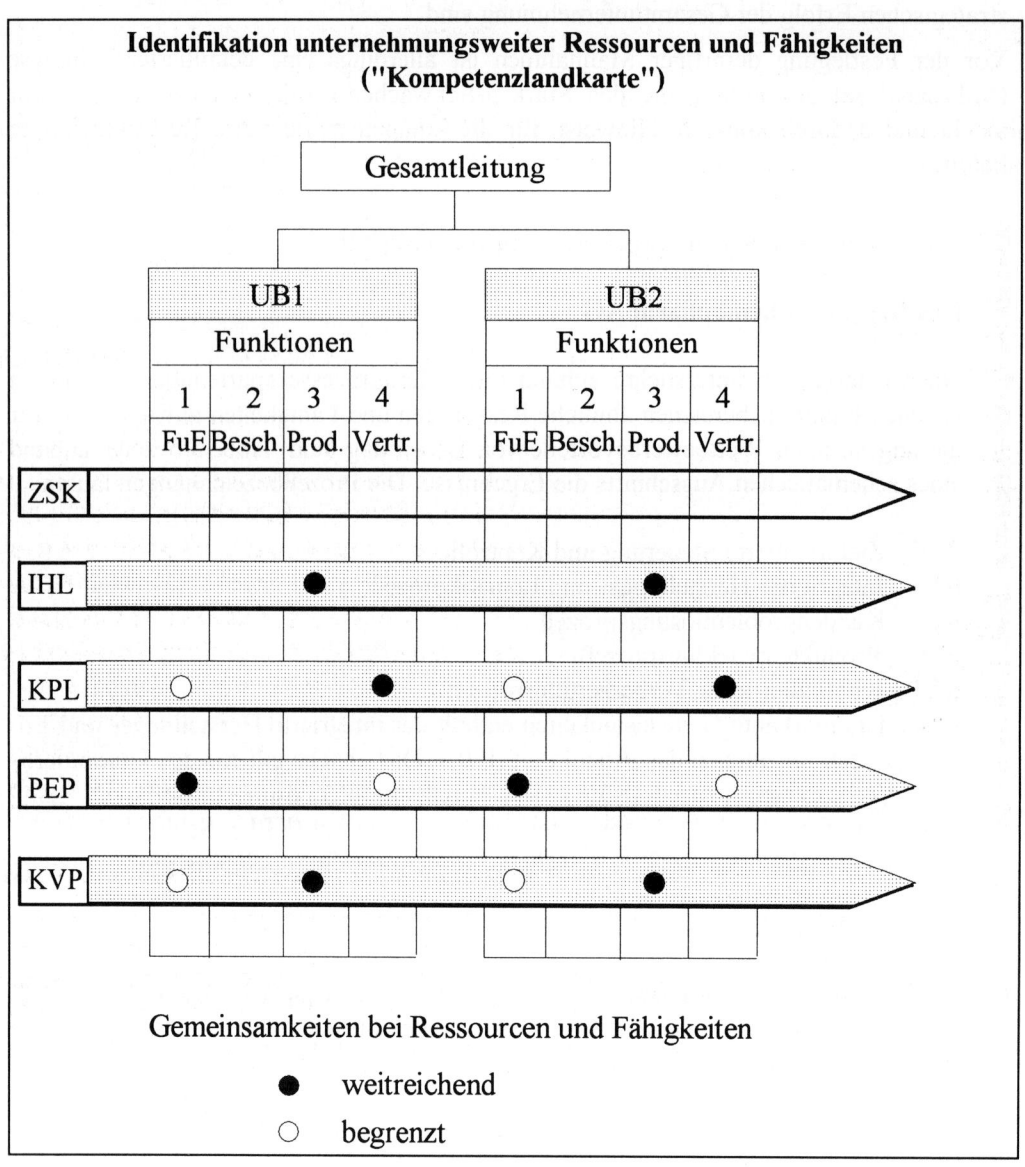

Abb. 5/5

168

Tiefergehende Bündelungen sind ebenfalls denkbar, die zumindest in einzelnen Teilfunktionen Schritte in Richtung auf Centers of Competence wären. Forschung und Entwicklung könnte teilweise zusammengelegt werden, z.B. in der Gentechnik. Die gleiche Möglichkeit müßte für die Beschaffungs- und Logistikaktivitäten, evtl. auch einzelne Produktionsstandorte, durchdacht werden. Im Vertrieb könnte für wichtige Großkunden eine gemeinsame Einheit gebildet werden (Key Account).

3.3 Mikroanalyse: Kompetenzprofile einzelner Prozesse ermitteln

Die Mikrobetrachtung geht auf diejenigen Teilprozesse detaillierter ein, die anhand der Makrobetrachtung als bedeutungsvoll identifiziert wurden. Es gilt, den Stärken und Schwächen in den Ressourcen und Fähigkeiten auf die Spur zu kommen, um anschließend konkrete Maßnahmen zur Kompetenzverbesserung einleiten zu können.

Prozesse sind, vereinfacht ausgedrückt, durch raum-zeitliche Verrichtungsfolgen gekennzeichnet. In einem Prozeß werden also nacheinander verschiedene Funktionen (z.B. Lager, Fertigungsvorbereitung, Fertigung, Montage) aktiviert. Prozeßgestaltung tangiert damit zwangsläufig die beteiligten Funktionsbereiche. Für das Kernkompetenz-Management interessiert der strategische Vorteil, den die einzelnen Kettenglieder (Funktionen) bieten. Darin liegt der Kompetenzbeitrag. Eine **Prozeßkette** muß als **Kompetenzkette** verstanden werden. Um diesen Gedanken umzusetzen, wird hier die Erstellung eines Kompetenzprofils vorgeschlagen, das sowohl „Ist" wie „Soll" charakterisieren kann. Das Prinzip wird an dem schematisierten Beispiel eines Verlages gezeigt. Es läßt sich selbstverständlich analog auf die Chemopharm anwenden, ist dort aber auf Grund der technologischen Details weniger allgemeinverständlich.

Das Thema: Kompetenzprofil

Das Beispiel: Libri-Verlag

Der Libri-Verlag stellt u.a. Bücher und Zeitschriften her. Im Zuge der strategischen Neuorientierung ist auch der Geschäftsbereich „Buch" zu untersuchen. Innerhalb der operativen Prozesse dieses Bereichs ist die Herstellung und der Vertrieb eines Buches offenkundig ein kritischer Prozeß. Die Bucherstellung besteht, stark vereinfacht, aus folgenden Teilprozessen:

F1: Akquisition von Autoren und Manuskripten
F2: Fachliche Betreuung des Autors bei der Manuskripterstellung
F3: Betreuung der Herstellung (Satz, Druck, Buchbinderei)
F4: Werbung
F5: Verkauf/Distribution

Aufgrund vielfältiger Kontakte mit dem Buchhandel und mit Autoren sowie anhand eines internen Benchmarking sei ein Stärken-/Schwächenprofil für den Ist-Zustand ermittelt worden, das Abb.5/6 zeigt. Wettbewerbsvorteile besitzt die Unternehmung danach nur bezüglich der Aktivität F4 (Werbung). Zwei Kettenglieder liegen im Durchschnitt: technische Betreuung (F3) und Verkauf (F5). Dort kann man also mit dem Branchendurchschnitt mithalten (sog. Kompetenz 1. Ordnung). Zwei Aktivitäten zeigen allerdings auch klare Nachteile gegenüber der Konkurrenz: Akquisition von Autoren (F1) und deren fachliche Betreuung (F2).

An dieser schematischen Dokumentation eines Ist-Zustandes lassen sich mögliche Stoßrichtungen der Prozeßgestaltung gut diskutieren. Als Ausgangshypothese kann auf die alte Regel zurückgegriffen werden, wonach eine Kette so stark ist wie ihr schwächstes Glied. Prozeßketten zu stärken, bedeutet daher zunächst, einzelne Glieder zu stärken, auszutauschen oder zu ergänzen.

Schwächen am Beginn eines Prozesses können auf nachgelagerte Prozeßteile durchschlagen. Dies ist im vorliegenden Beispiel klar der Fall. Bei der Akquisition (F1) wäre daher unbedingt eine Funktionsverbesserung anzustreben. Das gleiche gilt für die fachliche Betreuung (F2). Sie ist unterdurchschnittlich. An dieser Stelle wäre außerdem zu überlegen, ob angesichts moderner Techniken (Druckvorlagen aus dem Computer, Multimediaeinsatz) nicht der Aufbau zusätzlicher Fähigkeiten vorzunehmen wäre, also eine Funktionsergänzung oder Funktionseingliederung.

In der Werbung besitzt dieser Verlag besondere Stärken. Daher könnte geprüft werden, ob hier nicht sogar ein Kompetenztransfer aussichtsreich wäre, z.B. indem man die Werbeleistungen auch extern vermarktet. Erst in diesem Falle läge eine Kompetenz vor, der das Prädikat „Kernkompetenz" zuzuerkennen wäre (Kompetenz 3. Ordnung).

Analytisch betrachtet, sind auch Funktionseinschränkungen bis hin zur Funktionsaufgabe möglich. Dies ist im vorliegenden Falle allerdings kaum denkbar.

Daneben sind auch prozeßumgreifende Überlegungen anzustellen: Können Pufferzeiten vermieden werden, wie zwischen F2 und F3 vorhanden, oder sind Parallelläufe möglich. Die Werbung sollte eigentlich schon deutlich vor der Herstellung beginnen, F4 müßte demgemäß F3 überlappen. Die gleiche Problematik stellt sich hinsichtlich Werbung und Verkauf. Nicht zuletzt sind auch die Möglichkeiten der Verkürzung von Prozeßteilen zu prüfen. Es fällt auf, daß der Herstellungsprozeß vergleichsweise viel Zeit in Anspruch nimmt.

170

Alle derartigen Überlegungen münden schließlich in ein Soll-Profil, das schematisch in der unteren Hälfte von Abb.5/6 zu sehen ist. F1 (Akquisition) wird im Niveau stark angehoben. Das gleiche gilt für die fachliche Betreuung (F2)

Das Soll-Profil würde zu einem deutlichen Kompetenzanstieg innerhalb des betrachteten Prozesses führen. Zusätzlich sind auch im Libri-Verlag prozeßübergreifende Gemeinsamkeiten zu nutzen.

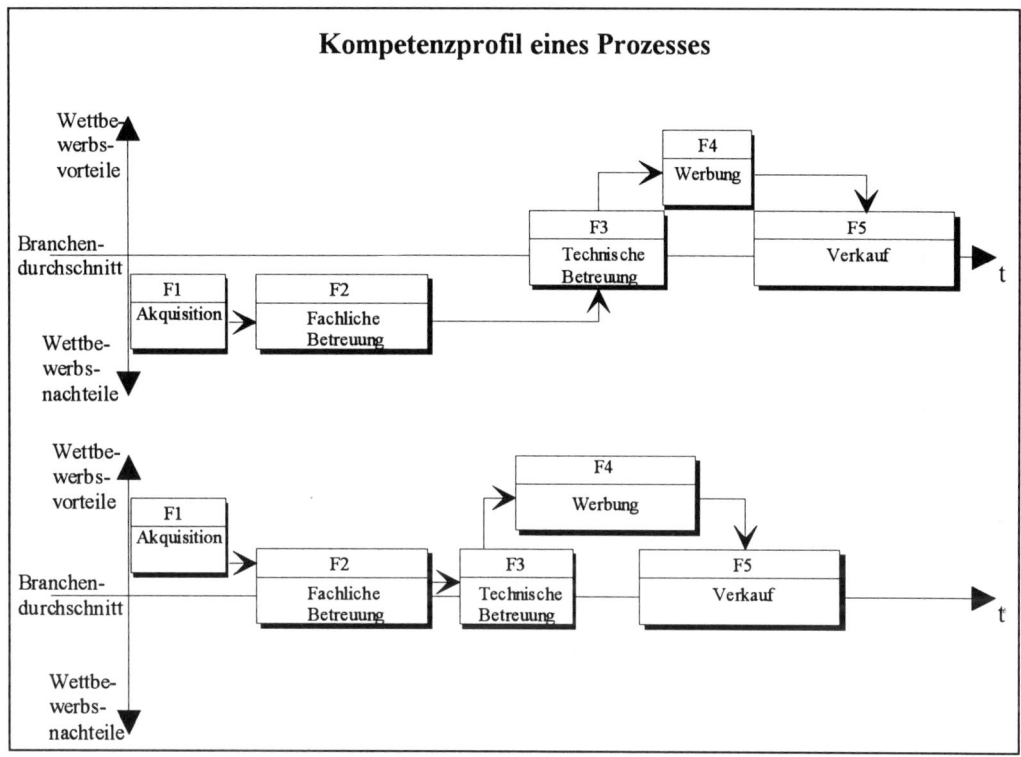

Abb. 5/6

Hier noch einmal ein systematischer Überblick über wichtige Maßnahmen, die in Betracht kommen, um einen einzelnen Prozeß kompetenzorientiert zu verändern:

■ **Funktionsverbesserung:** Hierzu sind die verschiedenen Ansätze verwendbar, die zur Kompetenzentwicklung diskutiert wurden (vgl. Kap. 4 „Entwicklung").

■ **Funktionsaufgabe oder -ausgliederung:** Derartige Veränderungen kommen für solche Aktivitäten in Betracht, die gegenwärtig keine besonderen Fähigkeiten aufweisen und die auch zukünftig im Sinne der strategischen Absichten eher entbehrlich sind. Ausgliederungen sind am Beginn und Ende eines Prozesses am einfachsten, da dabei am wenigsten Schnittstellen berührt werden. Funktionsausgliederungen sind seit einiger Zeit unter dem Stichwort „Outsourcing" häufig zu beobachten. Meistens dominieren dabei Kostenüberlegungen. Fraglich ist, ob den Kompetenzgesichtspunkten immer hinreichende Aufmerksamkeit gewidmet wird. Die Outsourcinglösung sollte als eine Möglichkeit eines weitergefaßten Entscheidungsproblems begriffen werden. Letztlich geht es um das optimale Funktionsprofil einer Unternehmung, dies sowohl in der Funktionsbreite wie -tiefe.

■ **Funktionseingliederung:** Sie bildet konsequenterweise das logische Gegenstück zum Outsourcing. Es kann also sehr wohl sein, daß eine Unternehmung unter Kompetenzgesichtspunkten eine (Wieder-)Eingliederung einer Teilfunktion vornimmt. Anbieten würden sich hierzu kundennahe Funktionen. Aus der Sicht eines Lieferanten ist z.B. die Übernahme der Lagerfunktionen und/oder die Montage beim Kunden ein Vorgang der Funktionseingliederung. Die Automobilindustrie zeigt vielfältige Beispiele hierfür. Man denke auch daran, daß oft dem Outsourcing seitens der einen ein spiegelbildliches Insourcing seitens der anderen Unternehmung gegenübersteht.

■ **Verbesserung der Gesamtstruktur:** Die bisherigen Überlegungen betrafen Veränderungen, die einzelne Funktionen eines Prozesses berühren. Daneben sind auch prozeßumgreifende Gestaltungsmaßnahmen denkbar. Sie beziehen sich auf die Regelungen des gesamten Ablaufs: Können Pufferzeiten vermieden werden oder sind Parallelläufe möglich? Dies entspräche dem sog. Simultaneous Engineering. Auch die radikale Frage, ob es den gesamten Prozeß überhaupt braucht oder ob er vollständig gestrichen bzw. ausgelagert werden kann, muß gestellt werden. Den Kosten und Nutzen dieser Alternative sind die Konsequenzen aller erforderlichen funktionsspezifischen Maßnahmen gegenüberzustellen. Schließlich ist auf ein gleichmäßiges Kompetenzniveau in der gesamten Kette hinzuwirken. Nicht nur ist bekanntlich jede Kette so stark wie ihr schwächstes Glied. Auch die Umkehrung gilt: einem Kettennutzer ist nicht damit gedient, wenn lediglich einzelne Glieder eine besondere Stärke aufweisen.

3.4 Formulierung einer Prozeßstrategie

Bei sehr komplexen Prozessen und Geschäften kann es vor der Formulierung einer Prozeßstrategie notwendig sein, die vielen Einzelanalysen und ihre Ergebnisse zu verdichten, um ein überschaubares Gesamtbild der konzernweiten Stärken und Schwächen zu erhalten. Hierzu läßt sich eine Skill Cluster-Analyse einsetzen (vgl. Kap. 8, Abschnitt

172

5.1). Anhand dieser Gesamtwürdigung läßt sich sodann eine **Prozeßstrategie** formulieren. Sie legt die angestrebten Ziele sowie Maßnahmenprogramme fest, die der kompetenzorientierten Verbesserung der Unternehmungsprozesse dienen. Eine solche Prozeßstrategie sollte zu den üblicherweise unterschiedenen Strategieebenen hinzutreten (corporate, business, functional level). Abb. 5/7 zeigt am Beispiel der Kernprozesse der Chemopharm exemplarisch, wie prozeßbezogene Absichten aussehen könnten. Das Schema weist aus Vereinfachungsgründen keine eigenständigen Funktionalstrategien auf. Es zeigt im übrigen eine Spezifikation des **Gegenstromverfahrens**. Hierarchieabwärts laufen die rahmensetzenden Vorgaben der Unternehmungs- und der Geschäftsbereichsstrategien. Selbstverständlich muß eine Prozeßstrategie mit diesen Strategieebenen abgestimmt sein. Hierarchieaufwärts ergeben sich Impulse aus der Sicht der prozessualen Möglichkeiten und Ergebnisse. Eine kritische Würdigung der Prozesse kann sehr wohl neue Akzente auf der Ebene der Bereichs- oder Unternehmungsstrategie setzen.

Die stichwortartig formulierten Strategien enthalten jeweils umfangreiche Programme, hinter denen sich zahlreiche Einzelprojekte verbergen können. Die Gesamtverantwortung für die Steuerung und Kontrolle dieser unternehmungsweiten Vorhaben liegt bei der Unternehmungsspitze. Dies bedeutet, wie bereits erwähnt, daß einzelne Vorstandsmitglieder zusätzlich zu ihren vorhandenen Ressorts die konzernweite Verantwortung für einen Kernprozeß übernehmen müssen.

Dies gilt unbeschadet der Partizipation betroffener Bereiche und unabhängig davon, daß selbstverständlich Teilprojekte mit weitreichender Delegation von Teilverantwortung durchzuführen sind. Für das erforderliche Schnittstellenmanagement und die Prozeßverantwortung in den jeweiligen Programmteilen ist ein ausgebautes Projekt-Management unabdingbar. Dabei ist auch auf eine angemessene Kompetenzausstattung und Unterstützung der Projektleiter Wert zu legen.

Bereits dieses stark vereinfachte Schema läßt erahnen, welche Komplexität eine prozeßorientierte Ausrichtung von Unternehmungen besitzt. Im Einzelfall ist daher sehr wohl zu fragen, wie viele Prozeßstrategien gleichzeitig zu verkraften sind. Daß in der Praxis oft eine Restrukturierung die andere ablöst (z.B. Total Quality Management → Business Reengineering), hat auch mit den Grenzen der Belastbarkeit eines Systems zu tun. Die Frage ist allerdings, ob der Konkurrenzdruck ein Nacheinander überhaupt zuläßt.

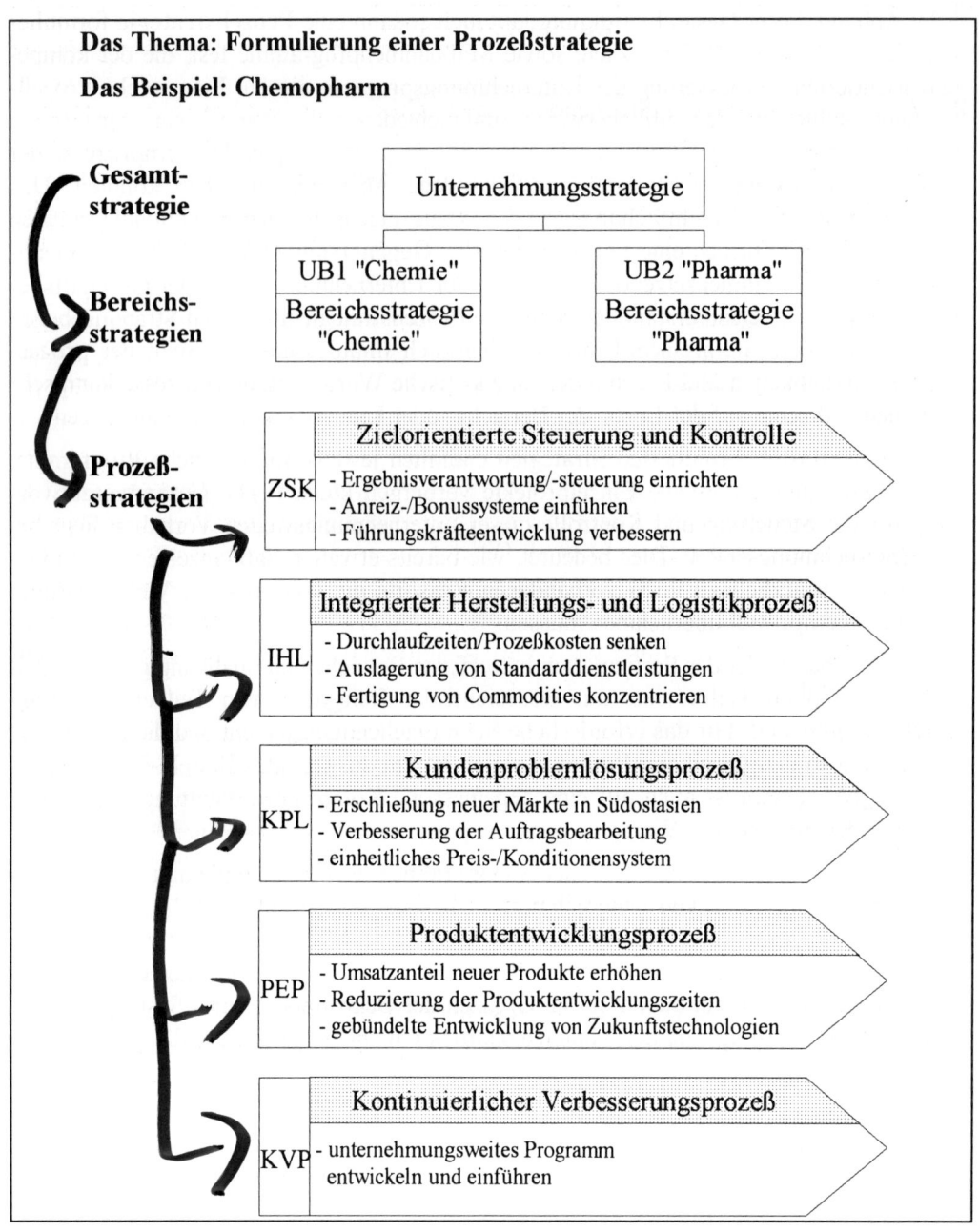

Das Thema: Formulierung einer Prozeßstrategie

Das Beispiel: Chemopharm

Gesamt-
strategie

Unternehmungsstrategie

Bereichs-
strategien

UB1 "Chemie"
Bereichsstrategie
"Chemie"

UB2 "Pharma"
Bereichsstrategie
"Pharma"

Prozeß-
strategien

ZSK
Zielorientierte Steuerung und Kontrolle
- Ergebnisverantwortung/-steuerung einrichten
- Anreiz-/Bonussysteme einführen
- Führungskräfteentwicklung verbessern

IHL
Integrierter Herstellungs- und Logistikprozeß
- Durchlaufzeiten/Prozeßkosten senken
- Auslagerung von Standarddienstleistungen
- Fertigung von Commodities konzentrieren

KPL
Kundenproblemlösungsprozeß
- Erschließung neuer Märkte in Südostasien
- Verbesserung der Auftragsbearbeitung
- einheitliches Preis-/Konditionensystem

PEP
Produktentwicklungsprozeß
- Umsatzanteil neuer Produkte erhöhen
- Reduzierung der Produktentwicklungszeiten
- gebündelte Entwicklung von Zukunftstechnologien

KVP
Kontinuierlicher Verbesserungsprozeß
- unternehmungsweites Programm
entwickeln und einführen

Abb. 5/7

174

- Wenn Kernkompetenzen unternehmungsweite Quellen für Wettbewerbsvorteile darstellen, dann stellt sich die Frage, wie das zuständige **Topmanagement** an diese Quellen gelangen, sie absichern, ausbauen und nutzen kann. Die Voraussetzung, um diese Frage systematisch beantworten zu können, ist das Vorliegen einer **Unternehmungsstrategie**, die Auskunft darüber gibt, welche Wettbewerbsvorteile konkret angestrebt werden.

- Die Pfade, die von dem Ziel der Wettbewerbsvorteile zu ihren Quellen führen -den unternehmungsweit verteilten Ressourcen und Fähigkeiten- werden am besten dadurch gefunden, daß man zunächst **unternehmungsweite Kernprozesse** definiert. Kapitel 5 liefert zahlreiche methodische Hinweise hierfür. Diese Prozesse werden sodann wie ein Filter über die Konzernstrukturen gelegt, und es wird in dieser Gesamtbetrachtung („Makroanalyse") festgestellt, wo überall (z.B. Funktionsbereiche, Sparten, Niederlassungen, Werke) die Ressourcen und Fähigkeiten liegen, die für das angestrebte Ergebnis bedeutsam sind. Die auf dieser „Kompetenzlandkarte" sichtbaren Gemeinsamkeiten in verschiedenen Bereichen bieten dem Kernkompetenz-Management zahlreiche Hinweise darauf, wo Kompetenzen gemeinsam zu nutzen und wo sie zu bündeln sind, wo sie zu verstärken und wohin sie zu transferieren sind (vgl. das Fallbeispiel Chemopharm AG).

- Die Einzelheiten des Vorgehens bei der „Quellenbearbeitung" werden zweckmäßigerweise anhand einer detaillierten Analyse der entsprechenden Teilprozesse festgelegt („Mikroanalyse"). Diese Analyse erfaßt die Stärken und Schwächen des Ist-Zustandes mit Hilfe eines **Kompetenzprofils**. Das darauf aufbauende Soll-Profil legt fest, was zu tun ist, um die Ressourcen und Fähigkeiten so zu kultivieren, daß die angestrebten Ergebnisse erreicht werden (vgl. das Beispiel Libri-Verlag). Dies kann im einzelnen selbstverständlich auch bedeuten, daß die organisatorischen Abläufe und Strukturen umzugestalten sind.

- Die Ergebnisse der Makro- und Mikroanalyse sollten zur Formulierung einer **Prozeßstrategie** führen. Sie legt die Absichten und Maßnahmenprogramme fest, die innerhalb der definierten Kernprozesse zur Umsetzung der Konzernstrategie erforderlich sind. Die Verantwortung für die einzelnen Kernprozesse und Prozeßstrategien ist in der Aufbauorganisation zu verankern. Dies bedeutet konkret, daß die Mitglieder der Geschäftsleitung zusätzlich zu ihren bisherigen Aufgaben auch zum Kernprozeßmanager werden müssen.

Sechstes Kapitel

Kompetenzorientierte Unternehmungsstrukturen

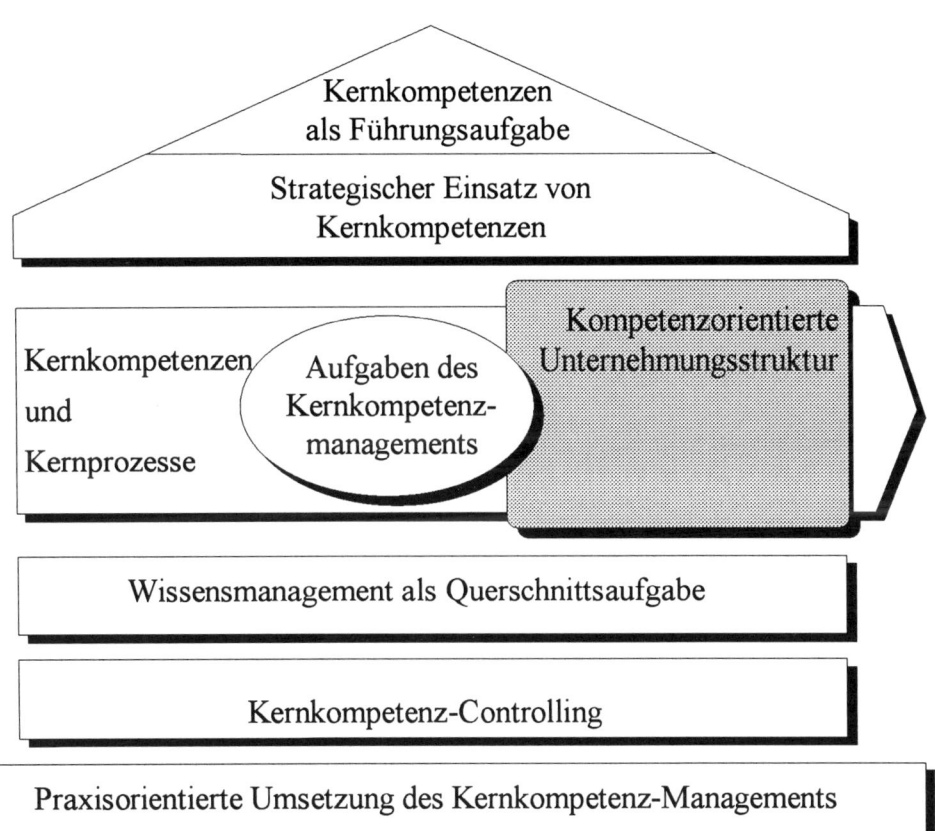

1. Struktur als Kompetenzplattform

1.1 Kompetenzorientierte Anforderungen an Strukturen

Aus der Sicht eines unternehmungsweiten Kernkompetenz-Managements ist die aufbauorganisatorische Struktur der Unternehmung und ihrer Bereiche ein Führungsinstrument, das dem Umsetzen kompetenzorientierter Absichten dient. Gesucht wird also eine Struktur, die möglichst gute Bedingungen für die Entfaltung und Verwertung vorhandener und angestrebter Kompetenzen bietet. Strukturen sind, so gesehen, als **Kompetenzplattformen** zu interpretieren und zu gestalten.

> Den Gegenstand und Maßstab der Strukturgestaltung bilden die **Kernfunktionen**, die **Kernprodukte**, die **Kerngeschäfte** und die **Kernprozesse**.

Kernfunktionen liefern, bildlich gesprochen, die Grundlage hierfür. Sie enthalten die Ressourcen und Fähigkeiten, aus denen sich die Kernkompetenzen zusammensetzen. Aus aufbauorganisatorischer Sicht sind es also die **Kernfunktionen**, von denen unternehmungsweite Kompetenz repräsentiert wird. Die Kernprodukte entstehen in den Kernfunktionen. Sie fließen ein in die **Kerngeschäfte.** Überquert und zusammengehalten werden alle diese Elemente von den **Kernprozessen**.

Die Organisationsstruktur hat nun sicherzustellen, daß diese vier Komponenten durch geeignete Ausgestaltung der Strukturbausteine und deren Integration gesichert sind. Dementsprechend lassen sich vier Anforderungen an die Strukturgestaltung formulieren. Sie werden im Verlaufe dieses Kapitels als **Prüfkriterien** benutzt, um insbesondere die verschiedenen praktischen Strukturkonzepte auf ihre Eignung für das Kernkompetenz-Management zu untersuchen (vgl. die Abschnitte 3 und 4).

■ **Kultivierung und Ausschöpfung der Kernfunktionen**

Kernkompetenzen sind letztlich immer in bestimmten Funktionen bzw. Teilfunktionen der Unternehmung und ihrer Bereiche verankert. Zu prüfen ist daher, ob eine vorhandene Struktur die als relevant bestimmten Kernfunktionen überhaupt enthält und ob ihre Ausgestaltung den angestrebten Zielen hinreichend entspricht.

■ **Generierung von Kernprodukten**

Die Kernfunktionen speisen mit Hilfe der zugehörigen Ressourcen und Fähigkeiten die Geschäftsfelder. Die Geschäftsfelder, als Produkt-/Marktkombination definiert, enthalten die relevanten Produkte und Leistungen, mit denen sich die Unternehmung gegenüber dem Wettbewerb profiliert. „Profilieren" heißt, daß die für den Kunden wichtigen Kerneigenschaften in den Produkten vorteilhaft ausgebildet sind. Zumindest bei zusammengesetzten und vor allem bei komplexen Produkten ist zwischen Endprodukten, Produktkomponenten und Vorprodukten zu unterscheiden. Die Frage ist dann, welche Produktbestandteile zu den **Kerneigenschaften** in besonderem Maße beitragen. Diese Komponenten, Module oder Subsysteme eines Endprodukts sind die **Kernprodukte**, z.B. der Motor eines Sportwagens oder der Toner eines Kopiergerätes. Eine aufbauorganisatorische Struktur muß sicherstellen, daß eine kompetenzgestützte Produktion, Entwicklung und Vermarktung von Kernprodukten erfolgen kann.

■ **Entfaltung von Kerngeschäften**

Die Betonung der Kern**produkte** entspricht der ressourcenorientierten Sicht, also der Inside Out-Perspektive. Vom Markt her betrachtet, interessieren neben den Kernprodukten auch andere Objekte der Aufgabenerfüllung, insbesondere Kunden, Aufträge und Regionen. Selbstverständlich zählen auch solche Objekte zum „Kern" und müssen strukturell abgesichert sein. Derartige Gesichtspunkte kommen im Begriff „**Kerngeschäft**" zum Ausdruck. Es ist klar, daß eine Struktur nicht zuletzt dazu da ist, Kerngeschäfte zur Entfaltung zu bringen. Mit diesem Beurteilungsmaßstab ist der Marktorientierung der Kernkompetenzen, der Outside In-Perspektive, Rechnung getragen.

■ **Verankerung von Kernprozessen**

Der Übergang von den Kompetenzabsichten zur Strukturgestaltung ist vor allem durch die Bestimmung und Analyse von Kernprozessen zu leisten. Dies hat Kap. 5 deutlich gemacht. Anhand einer Stärken-/Schwächen-Analyse der Prozeßketten sowie über das Aufspüren funktionaler und kompetenzspezifischer Gemeinsamkeiten werden konkrete Ansatzpunkte zum Abbau und Umbau, aber auch zum Ausbau und Aufbau einer Organisationsstruktur deutlich. Kernprozesse stellen - richtig definiert - sicher, daß alle erforderlichen Basiskompetenzen und Metakompetenzen der Unternehmung beachtet

180

werden. Im Verhältnis zu den Kompetenzkomponenten „Funktion" und „Produkt" haben die Prozesse, bildlich gesprochen, den Charakter des einigenden Bandes. Es ist daher zu gewährleisten, daß die Aufgaben und Kompetenzen zur Bewältigung von Kernprozessen in der Struktur verankert sind.

1.2 Fragestellungen der Strukturgestaltung

Betrachtet man die Unternehmung als System, so lassen sich alle Probleme und Ansätze der Strukturgestaltung letztlich auf drei Fragenkomplexe zurückführen. Diese Fragestellungen sind im weiteren Verlauf aufzugreifen, und anhand der erläuterten Anforderungen sind mögliche Antworten für das Kernkompetenz-Management zu entwickeln:

■ Externe Systemabgrenzung (Integration und Desintegration von Aufgaben)

Welches ist das optimale Funktionsspektrum der Unternehmung unter dem Gesichtspunkt der Kernkompetenzen? Welche Aufgaben sollte die Unternehmung selbst erfüllen, welche kann sie auf den Markt übertragen? Welche Möglichkeiten bieten Zwischenformen externer und interner Aufgabenerfüllung, insbesondere strategische Partnerschaften? Diese Fragen werden im folgenden Abschnitt aufgegriffen. Es geht darum, eine kompetenzorientierte Gestaltung des Funktionsspektrums einer Unternehmung vorzunehmen.

■ Interne Systemstrukturierung (Subsystembildung und Subsystemintegration)

Wie soll das System in Subsysteme zur Gewährleistung von Kernkompetenzen gegliedert werden? Wie kann das Zusammenwirken dieser arbeitsteiligen Einheiten sichergestellt werden? Welche Besonderheiten weisen praktische Organisationskonzepte (z.B. funktionale, divisionale Organisation, Konzernstrukturen) hinsichtlich der Verankerung von Kernkompetenzen auf?

Der 3. Abschnitt behandelt demgemäß die Kompetenzorientierung im Rahmen funktionaler Organisation, der 4. Abschnitt greift die Besonderheiten der divisionalen Organisation auf.

■ Systementwicklung

Welche strukturellen Probleme ergeben sich im Lebens- und Entwicklungszyklus einer Unternehmung? Lassen sich Querverbindungen zu den Kernkompetenzen herstellen?

Die Bausteine, Konzepte und Trends der Strukturgestaltung sind breit diskutiert und praktiziert, so z.B. die möglichen Formen des Outsourcing, die vielfältigen Varianten strategischer Partnerschaften, die Typen der Holding. Es geht im Rahmen des Kernkompetenz-Managements also nicht darum, völlig neue Lösungskonzepte zu entwickeln, sondern die vorhandenen Optionen darauf zu überprüfen, ob sie auch den Kernkompetenz-Erfordernissen genügen. Falls nicht, sind entsprechende Anpassungen zu erwägen. Dabei kann es sehr wohl geschehen, daß in der kompetenzorientierten Ausformung und Kombination vorhandener Strukturbausteine etwas für die einzelne Unternehmung gänzlich Neues entsteht.

Nicht selten werden die Entscheidungskriterien, die sich aus Kernkompetenzsicht ergeben, mit anderen Kriterien, z.B. Kosten, im Widerspruch liegen. Solche Probleme sichtbar zu machen, um dem Praktiker seine Entscheidungssituation zu verdeutlichen, ist ebenfalls Ziel der folgenden Abschnitte.

Die Systementwicklung läßt sich, bei allen Unterschieden im Detail, allgemein mit einem Trend zur „Hybridisierung" kennzeichnen. Was sich dahinter verbirgt, macht der 5. Abschnitt deutlich.

2. Kompetenzorientierte Gestaltung des Funktionsspektrums

2.1 Problemstellung

Die Frage, welche Aufgaben eine Unternehmung selbst übernehmen soll, und welche sie dem Markt übertragen kann, führt zur Systemabgrenzung. Bezogen auf die Produktion geht es um das alte Problem „Eigenfertigung vs. Fremdbezug", bezogen auf die Wertschöpfungskette insgesamt geht es traditionell um die vertikale Integration, vorwärts wie rückwärts. In Funktionen ausgedrückt ließe sich von **Funktionstiefe** sprechen. In externen Beziehungen argumentiert geht es um die Arbeitsteilung und Koordination im Verhältnis zu Lieferanten einerseits, Kunden andererseits. Aktuelle Schlagworte hierzu sind **Outsourcing**, zunehmend aber auch **Insourcing**. Beides zusammen bildet die vertikale Perspektive des Funktionsspektrums einer Unternehmung. In dem hier verwendeten Begriffsverständnis bezeichnen In- und Outsourcing also keine Einzelmaßnahmen, sondern Entwicklungsrichtungen, ähnlich wie dies bei den Begriffen Zentralisation und Dezentralisation der Fall ist.

Eine weitreichende vertikale Veränderung des Funktionsspektrums kann die Unternehmung insgesamt und ihren Geschäftszweck vollständig neu definieren. Auch hierfür finden sich vermehrt Beispiele. Puma z.B. hat sich von einem Sportschuh**hersteller** in den letzten Jahren zu einem **Designer** und **Vermarkter** verändert, die Produktion also aufgegeben. Es entsteht in diesem wie in anderen Fällen eine moderne Form des **Ver-**

lagssystems. Der „Verleger" definiert das Konzept, gibt die Realisierung in Auftrag und vermarktet anschließend das Ergebnis. Dies kann nur funktionieren, wenn er entsprechende Kompetenzen des Netzwerkmanagements aufbaut.

Daneben läßt sich auch die horizontale Richtung als ein Problem des Funktionsspektrums begreifen. Wie differenziert und eigenständig muß eine bestimmte Funktion wie z.B. Forschung und Entwicklung ausgebildet sein? Betroffen sind dabei die Abgrenzung von oder auch die Verbindung mit Wettbewerbern. Inzwischen schon weithin üblich ist es, auch mit Konkurrenten Partnerschaften einzugehen. Eine gemeinsame Chipentwicklung (IBM/Siemens) z.B. verändert auch das horizontale Funktionsspektrum einer Unternehmung, ihre **Funktionsbreite**.

Grundlage jeder kompetenzorientierten Gestaltung des Funktionsspektrums ist zwangsläufig die Feststellung der funktionalen Kompetenzstärken und -schwächen. Die Vorgehensweise hierzu ist in Kap. 4 („Methodik der Identifikation") sowie in Kap. 5 („Kompetenzprofile") beschrieben worden. Im Ergebnis steht fest, welche Funktionen kompetenzstark, welche kompetenzschwach sind. Ob eine Funktion einerseits zu verstärken oder neu aufzubauen, andererseits abzuschwächen oder aufzugeben ist, hängt von den **Kernkompetenz-Management-Prioritäten** ab. Ihre Bestimmung bezieht, wie in Kap. 5 erläutert, neben der Kompetenzstärke auch die Marktattraktivität in die Überlegungen ein. Beide Kriterien zusammengenommen bilden die **Markt-/Kompetenz-Matrix**. Sie kann nicht nur dazu dienen, die Unternehmung als Ganzes zu positionieren, sondern auch dazu, einzelne Funktionen zu untersuchen (vgl. Abb. 6/1).

Bezogen auf diese beiden Kriterien sind **dauerhafte Kernfunktionen** dadurch gekennzeichnet, daß sowohl die Kompetenzstärke als auch die Marktattraktivität positiv ausgeprägt sind. In die Beurteilung der „Kompetenzstärke" fließt dabei nicht nur die gegenwärtige Kompetenz, sondern auch der Saldo von Entwicklungsaussichten und -aufwand ein (Feld 2 von Abb. 6/1). Funktionen mit dieser Position sind die einzigen, bei denen keine Integrations- oder Desintegrationsüberlegungen anzustellen sind.

Läßt die Marktattraktivität zukünftig nach (Feld 4), so sind Funktionen bzw. die in ihnen verankerten Kompetenzen auf Transferierbarkeit zu untersuchen. Auch in diesen Fällen bleibt die Länge der Wertschöpfungskette zumindest vorläufig unverändert.

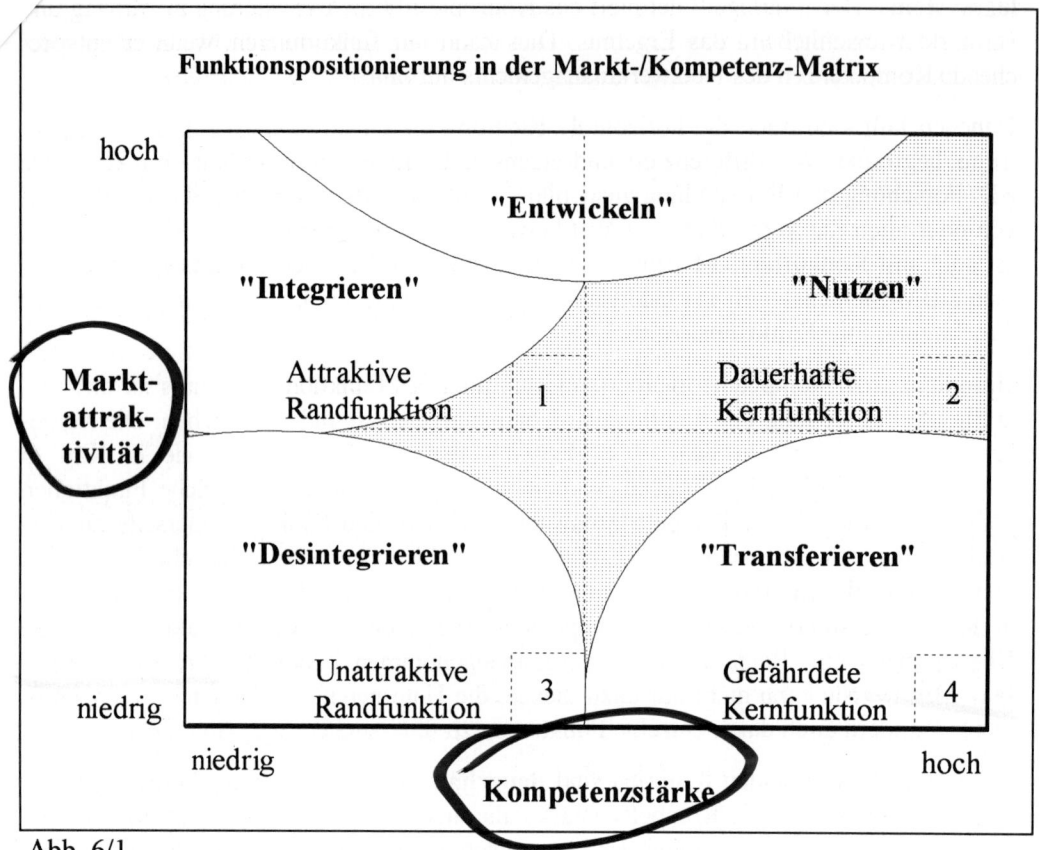

Funktionspositionierung in der Markt-/Kompetenz-Matrix

hoch

"Entwickeln"

"Integrieren"   **"Nutzen"**

Markt-
attrak-
tivität

Attraktive
Randfunktion   1   Dauerhafte
Kernfunktion   2

"Desintegrieren"   **"Transferieren"**

niedrig   Unattraktive
Randfunktion   3   Gefährdete
Kernfunktion   4

niedrig   hoch

Kompetenzstärke

Abb. 6/1

Die Funktionstiefe ist in den Feldern 1 und 3 der Matrix tangiert. Funktionen ohne Kompetenz- und Marktaussichten (Feld 3) sind klar als **unattraktive Randfunktionen** einzustufen. Sie sind auf eine mögliche **Desintegration** zu prüfen. Dazu sind zusätzlich die unten erläuterten Entscheidungskriterien anzuwenden. Im Falle der Desintegration würde sich die Funktionstiefe verringern **(Outsourcing)**. Dies ist vor allem dann sinnvoll, wenn Dritte in eben diesen Funktionen besondere Kompetenzen besitzen, die für die abgebende Unternehmung von Interesse sind, sie also z.B. Vorprodukte besser und/oder preiswerter liefern können. Demgegenüber sind viele Outsourcingentscheidungen der Praxis offenkundig von Kostenüberlegungen dominiert.

Wenn niedrige Kompetenzstärke und hohe Marktattraktivität zusammentreffen (Feld 1), liegt ein Entwicklungs- bzw. Ergänzungsbedarf der Prozeßkette vor. Es handelt sich um zwar kompetenzschwache, aber **marktattraktive Randfunktionen**. Wenn eine Entwicklung aus Vorhandenem heraus als nicht empfehlenswert eingestuft wird, z.B. wegen

184

der zu langen Zeitdauer, stellt sich die Frage, ob die Kompetenz dadurch zu stärken ist, daß zusätzliche (Teil-)Funktionen von außen in die Wertschöpfungskette zu integrieren sind (Insourcing). Hierfür ist auch an strategische Partnerschaften zu denken.

> **Insourcing (Outsourcing)** bedeutet die Erhöhung (Verringerung) der Funktionstiefe einer Unternehmung.

Es kann sich im Extremfall dabei zeigen, daß unter Kompetenzgesichtspunkten frühere Outsourcingentscheidungen rückgängig zu machen wären. Anstatt weitere Schlankheitsbemühungen zu unternehmen, werden Aktivitäten wieder ins Haus geholt.

Vor einer endgültigen Entscheidung über die Funktionstiefe sind allerdings weitere Überlegungen anzustellen, die jenseits der reinen Kompetenzbetrachtung liegen. In- und Outsourcing sind also Entscheidungen unter Mehrfachzielsetzungen. Außer der **Marktattraktivität** und der **Kompetenzstärke** kommen vor allem folgende Kriterien in Betracht (vgl. Picot 1991):

- **Verfügbarkeit** von externen Bezugsquellen
- **Sicherheit** des Bezugs
- **Qualität** der Funktion bzw. Leistung
- **Spezifität** der Leistung
- **Schnelligkeit** der Bedarfsdeckung bzw. Leistungserstellung
- **Häufigkeit** des Bedarfs
- **Kosten** des Integrations- bzw. Desintegrationsvorgangs
- **Kosten** der externen bzw. internen Leistungserstellung

Die Extrempunkte der Integrations-/Desintegrationsskala sind die völlige Eigenerstellung einerseits, die fallweise Beschaffung am Markt andererseits. Dazwischen befinden sich allerdings einige interessante Mischformen, so z.B. langfristige Vereinbarungen mit Kunden oder Lieferanten. Eine besondere Bedeutung auf der Integrationsskala besitzen die „in der Mitte" liegenden Formen der Kooperation. Sofern sie von strategischer, also erfolgskritischer Bedeutung sind, wird weithin der Begriff **strategische Partnerschaf-**

ten bzw. **Wertschöpfungspartnerschaften** verwendet (vgl. Abb. 6/2, nach Krüger/Buchholz/Rohm 1996, S. 7). Sie können vertikal orientiert sein, aber auch horizontal.

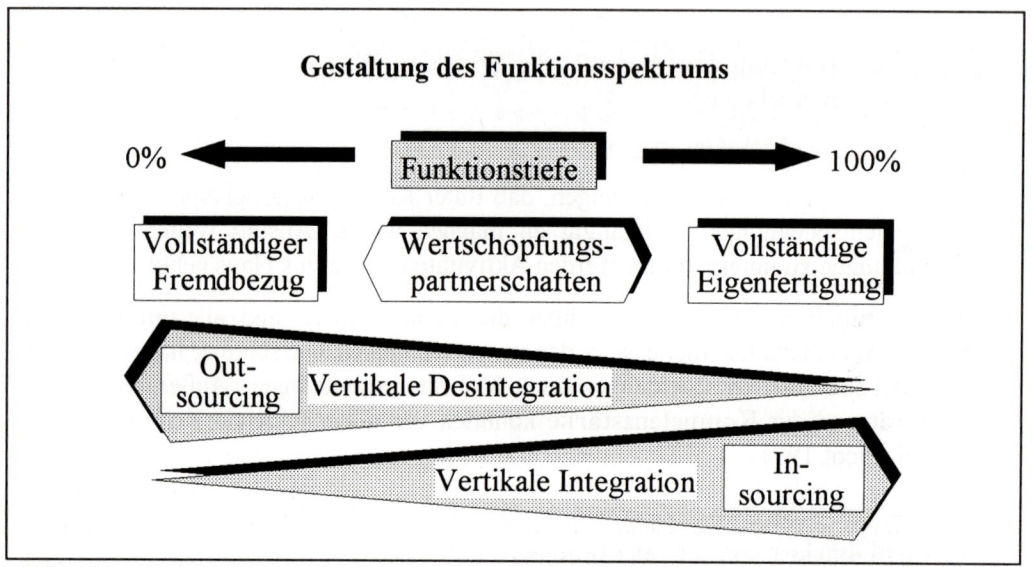

Abb. 6/2

Vertikale Partnerschaften werden auch als **Abnehmer-/Zuliefererkooperationen**, horizontale als **strategische Allianzen** bezeichnet.

2.2   Abstufungen des Outsourcing und Insourcing

Im folgenden werden ausgewählte Formen der Integration und Desintegration von Funktionen vor dem Hintergrund der Kompetenzproblematik diskutiert.

■ **Ausgründung einer Tochtergesellschaft**

Für diesen Vorgang, der die schwächste Form des Outsourcing darstellt, wird auch der Begriff „Ausgliederung" benutzt. In der Praxis geht es dabei vielfach um den Versuch, die Kosten der jeweiligen Leistung resp. Funktion zu senken. Zum einen, indem Marktdruck erzeugt und sichtbar gemacht wird, zum anderen, indem man aus Tarifbereichen mit hohen Löhnen in Bereiche niedriger Entlohnung ausweicht. Private Busunternehmungen oder Direktbanken z.B. entlohnen anders, nämlich niedriger, als öffentliche Verkehrsbetriebe oder Filialbanken.

186

Die Muttergesellschaft, die zu 100% das Eigenkapital der Tochtergesellschaft stellt, übt in jedem Fall einen starken Einfluß aus, erhält sich also auch dann den Zugang zu dieser Kompetenzquelle, wenn die Tochtergesellschaft ihre Leistungen auf dem freien Markt anbietet.

Eine unmittelbare Wirkung auf die Kernkompetenz ist zunächst nicht vorhanden. Immerhin ist das Risiko eines Kompetenzabflusses gegeben. Dagegen steht allerdings auch die Möglichkeit, daß durch den Markt- und Wettbewerbsdruck, aber auch durch die rechtliche Verselbständigung, zunächst die Managementkompetenz in der ausgegliederten Funktion wächst und sich sodann auch die operative Kompetenz verbessert. Der „Markt" leistet dann etwas, was die „Hierarchie" vorher nicht zu leisten imstande war.

■ Gemeinschaftsunternehmung (GU)

Bei der Gemeinschaftsunternehmung handelt es sich ebenfalls um eine rechtlich selbständige Gesellschaft, die aber von mehreren unabhängigen Eigenkapitalgebern gemeinsam unterhalten wird, um für diese Leistungsfunktionen auszuüben (vgl. Selchert 1971, S. 67). Für die ausgliedernde Unternehmung ist die Art und Zahl der übrigen Eigenkapitalgeber von entscheidender Bedeutung. Die Einflußnahme und damit der Zugriff auf die Kompetenzen der Beteiligungsunternehmung lassen sich durch die Höhe der Beteiligung variieren. Gegenstand der Gesellschaft ist die gemeinsame Führung und Durchführung einer wirtschaftlichen Aktivität, die zeitlich befristet oder unbefristet sein kann. Gemeinschaftsunternehmungen bilden eine Teilmenge der **Joint Ventures**. So werden in der Praxis auch solche Kooperationen bezeichnet, die nicht in Form einer eigenen Gesellschaft gestaltet sind (z.B. Konsortialgeschäfte). Gemeinschaftsunternehmungen sind eine Unterform **strategischer Partnerschaften**. Sie sind als Kooperationsform nichts grundsätzlich Neues (vgl. z.B. das Joint-Venture Bosch-Siemens-Hausgeräte GmbH). Allerdings haben sie in den letzten Jahren einen starken Bedeutungsaufschwung erlebt.

Für das Kernkompetenz-Management ist die wichtigste Voraussetzung, daß eine Gemeinschaftsunternehmung nur dann sinnvoll ist, wenn die Partnerunternehmungen komplementäre **Ressourcen und Fähigkeiten** besitzen und diese auch in die Partnerschaft einbringen. Im Rahmen des Kernkompetenz-Management-Zyklus kann es dabei um die **Entwicklung** von Kompetenzen gehen (z.B. gemeinsame Produkt- oder Technologieentwicklung). Die Lastenteilung durch Poolung von finanziellen Ressourcen und Know-how kann ebenso für eine solche Partnerschaft sprechen wie die Beschleunigung der Entwicklungs- und Vermarktungsprozesse. Problematisch und regelungsbedürftig ist natürlich die spätere Nutzung der gemeinsamen Wissensbasis.

Aber auch die gemeinsame **Nutzung** sowie der **Transfer** von Kompetenzen können im Vordergrund stehen. Neben Kosten- und Zeitvorteilen spielen dabei Wettbewerbsgesichtspunkte eine erhebliche Rolle, sei es, daß man fremde Markteintrittsbarrieren überwinden, sei es, daß man eigene errichten will. Die rasche Durchsetzung von Innovationen oder der regionale Marktzugang können hier z.B. genannt werden. Komplementarität der Partner muß auch dabei gegeben sein, eine Komplementarität, die sich in Marktstärke niederschlägt, z.B. Technologiekompetenz des einen Partners und Kundenkontakt des anderen. Vor allem im internationalen Wettbewerb eröffnen sich zahllose Möglichkeiten strategischer Partnerschaften zwischen Konkurrenten, da sich vielfach ihre regionalen Schwerpunkte (Stammgeschäft/Heimatmarkt) ebenfalls komplementär verhalten („Mehrpunktwettbewerb"). Davon wird in der Luftfahrtindustrie z.B. ebenso Gebrauch gemacht wie in der Automobilindustrie.

■ Kooperationsabsprachen und -verträge

Von den Gemeinschaftsunternehmungen unterscheiden sich Kooperationsabsprachen und -verträge durch die geringere Bindungsintensität. Als zweite hier unterschiedene Form der Wertschöpfungspartnerschaft (strategische Partnerschaft) scheint sie vor allem im Verhältnis Kunden zu Lieferanten, also im Rahmen vertikaler Integration, eine bedeutende Rolle zu spielen. Selbstverständlich muß auch hier ein gemeinsames Interesse und ein wechselseitiges Vertrauen vorhanden sein. Dies gilt um so mehr, da gesellschaftsrechtliche und finanzielle Verflechtungen und Bindungen fehlen.

Obwohl die gegenseitige Abstimmung, z.B. der Produktionsprogramme, außerordentlich eng sein kann und vielfach auch sein muß, geht es hinsichtlich der Kompetenzen nicht so sehr um eine wechselseitige Durchdringung und gemeinsame Weiterentwicklung oder Nutzung von Kompetenzen, sondern mehr um eine **beiderseitige Ergänzung**. Jeder Partner entwickelt und behält seine eigene Kompetenz, allerdings in Abstimmung untereinander. Der Vorteil liegt aus Sicht des Kernkompetenz-Managements gerade darin, daß sich beide Seiten vollständig auf ihre jeweiligen Kernkompetenzen, Kernfunktionen und Kerngeschäfte konzentrieren können.

Betrachtet man das Integrations-/Desintegrations-Kontinuum, so liegen diese Formen der Kooperation etwa in der Mitte. In- und Outsourcing halten sich also die Waage.

■ Systemlieferanten/Modular Sourcing

Alle Integrations- und Desintegrationsbemühungen bewegen sich zu wesentlichen Teilen auf dem Gebiet **externer Koppelungen**, bilden also eine besondere Form des Schnittstellenmanagements. Komplexitätsreduktion kann auch hier weiterhelfen. Dies ist der Hintergrund für die vielfältigen Bemühungen der Praxis, die Vielzahl unterschiedlicher Lieferanten zu reduzieren. Die Tendenz geht zum Bezug ganzer Baugruppen statt vieler Einzelteile und damit zum **Modular Sourcing**. Dadurch verändert sich die **Zuliefererstruktur** (vgl. Abb. 6/3, nach Krüger/Buchholz/Rohm 1996, S. 7). Der Endprodukthersteller konzentriert sich auf die Beziehung zu wenigen **Systemlieferanten**.

188

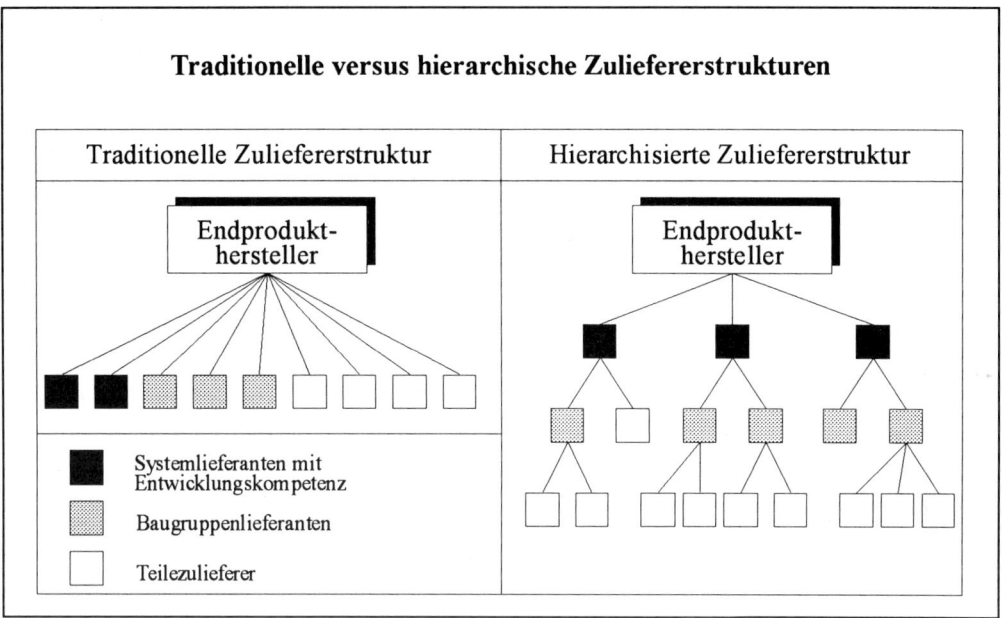

Traditionelle versus hierarchische Zuliefererstrukturen

| Traditionelle Zuliefererstruktur | Hierarchisierte Zuliefererstruktur |

Endprodukt-hersteller

Endprodukt-hersteller

■ Systemlieferanten mit Entwicklungskompetenz

▨ Baugruppenlieferanten

□ Teilezulieferer

Abb. 6/3

Unter Kompetenzgesichtspunkten ergeben sich vielfältige Konsequenzen. Der **Endpro-dukthersteller** reduziert seine Fertigungstiefe, vor allem aber seine Montagetiefe. Inso-fern liegt eine Form der Desintegration, des Outsourcing, vor. Er muß allerdings darauf achten, damit nicht auch Kernkompetenzen zu verlieren. Kernprodukte und Kernfunk-tionen müssen integriert bleiben.

Outsourcing ist in dem Maße kompetenzorientiert sinnvoll, wie im Anschluß daran eine Konzentration auf die eigentlichen Stärken erfolgen kann. Ähnlich wie ein Gasballon durch Ballastabwurf an Auftrieb gewinnt, muß es der Unternehmung möglich sein, neue Kräfte freizumachen, um die Kernkompetenz zu kultivieren. Entlastet wird die **Mana-gementkompetenz**, vor allem aber die **operative Kompetenz**. Diese Entlastungen am Beginn der Wertschöpfungskette könnten zum Beispiel dazu dienen, sich noch stärker auf Kernprodukte zu konzentrieren oder dazu, die kundennahen Funktionen zu verstär-ken oder zu ergänzen.

Der Zulieferer muß als Systemlieferant die Baugruppenlieferanten und Teilezulieferer einbinden. Hierzu benötigt er verstärkt **Managementkompetenzen** zur Koordination und Integration der Produktions-, Logistik- und Montageprozesse. Erst durch die gelun-gene Bündelung der vielfältigen Ressourcen und Fähigkeiten entstehen Module, die den Anforderungen des Endproduktherstellers entsprechen. Daneben muß der Systemlieferant auch seine **operative Kompetenz** verbreitern, denn ihm obliegt jetzt die komplette Montage, Qualitätssicherung und Just-in-time Anlieferung des Moduls. Dies kann im Einzelfall mit erheblichen Investitionen bis hin zum Bau neuer Werke verbunden sein.

Im Falle von Neuentwicklung oder eines Simultaneous Engineering arbeitet der Endprodukthersteller nur mit dem Systemlieferanten zusammen. In diesem Fall sind die **Metakompetenzen (Entwicklungskompetenzen)** des Systemlieferanten gefordert. Für den Endprodukthersteller besteht die Chance, die eigenen Entwicklungskompetenzen zu ergänzen. Die meisten Automobilhersteller z.B. greifen auf die Entwicklungskompetenz von Zulieferern zurück, so für das Getriebe oder die Elektronik. Nach der gemeinsamen Entwicklungsarbeit von Endprodukthersteller und Systemlieferant treten die Basiskompetenzen wieder in den Vordergrund. Ein Risiko dieses Vorgehens ist sicherlich, daß der Lieferant sehr frühzeitig von den strategischen Absichten des Herstellers Kenntnis erhält. Damit taucht das Problem des Informations- und Kompetenzschutzes auf und die Gefahr einer **Kompetenzerosion**. Eine ausschließliche Verringerung der Fertigungstiefe kann daher keinesfalls als „Patentlösung" angesehen werden. Es gibt unverändert auch genügend Beispiele erfolgreicher Unternehmungen mit hoher Fertigungstiefe (vgl. z.B. die création baumann (vgl. Kap. 2, Abschnitt 2.1.3).

Das Thema: Systemlieferant

Das Beispiel: Die Golf-Produktion

Die Frontpartie eines VW-Golfs (das sog. Frontend) besteht aus 64 Teilen (z.B. Scheinwerfer, Stoßfänger, Kühlergrill). Der Scheinwerfer-Hersteller Hella fungiert als Systemlieferant für das sächsische VW-Werk Mosel. Hella führt die Teile von insgesamt 17 Zulieferern in einem eigenen Montagewerk mit den in einem anderen Werk gebauten Scheinwerfern (17 Arten) zusammen und montiert die komplette Frontpartie. Per Lkw gehen diese Module an das 7 km entfernte VW-Werk Mosel (16 Module pro Lkw). Dort baut VW täglich 420 Golf (1995). Neben Hella haben sich sieben weitere Systemlieferanten im Umkreis von 10 km um das VW-Werk Mosel angesiedelt (weiterentwickelt nach Müller 1995).

■ **Räumliche Integration**

Die externen **Koppelung**en stellen neben den vielfältigen organisatorischen und planerischen Herausforderungen nicht zuletzt auch transport- und lagertechnische Integrationsprobleme. In letzter Zeit sind Entwicklungen sichtbar, die sich stärker auf diesen Aspekt des Geschehens konzentrieren. Gemeinsame Industrieansiedlungen, wie auch am

190

Beispiel des VW-Werks Mosel zu sehen, bilden einen ersten Ansatz hierfür. Die räumliche Integration führt zu „Industrieparks", die in sich die mehrstufige Zuliefererstruktur abbilden.

Die räumliche Integration läßt sich im Prinzip beliebig weit treiben. Relativ gebräuchlich ist es mittlerweile, daß die Zulieferer nicht nur fertigungssynchron anliefern, sondern auch den Einbau bzw. die Montage ihrer Teile in den Gebäuden des Kunden vornehmen. Der nächste Schritt ist, daß auch noch die Produktion des Lieferanten buchstäblich unter dem Dach des Herstellers erfolgt.

Räumliche Integration:

Der Reifenhersteller Continental übernimmt das Aufziehen des Rades und die Montage an den Pkw bei Volkswagen in Mosel und Stöchel, für Ford in Portugal und für Mercedes-Benz in Ludwigsfelde. In dem geplanten Smart-Werk von Mercedes-Benz werden in von Mercedes gebauten Hallen teilweise auch Zulieferer produzieren.

Derartige Varianten der räumlichen Integration sind es, die in der Praxis gelegentlich als „Insourcing" bezeichnet werden. Die Funktionstiefe ändert sich dadurch allerdings nicht. Hersteller und Lieferant gehen ein sehr enges, symbiotisches Verhältnis ein, mit allen seinen Vorteilen, aber auch gegenseitigen Abhängigkeiten. Im Erfolgsfall kann die räumliche Nähe zum Verstärken der beiderseitigen Kompetenzen beitragen, insbesondere auch die Entwicklungsfähigkeit und das Entwicklungstempo verbessern. Derartige Kompetenzwirkungen können die Wettbewerbsfähigkeit im Zeit- und Innovationswettbewerb stärken. Räumliche Integration von Zulieferern wäre dann ähnlich zu beurteilen wie der Bau von Entwicklungszentren (z.B. das FIZ von BMW in München), in denen von der ersten Designstudie bis zum Prototypenbau alle Funktionen eines Kernprozesses räumlich dicht konzentriert sind, um die kreativitäts- und innovationsfördernde **direkte Kommunikation** sicherzustellen.

3. Kompetenzorientierung im Rahmen der funktionalen Organisation

Die **funktionale Organisation** ist die traditionelle Aufbaustruktur der Industriegesellschaft. Gleichartige Verrichtungskomplexe, z.B. Beschaffung, Produktion, Absatz, werden zu entsprechenden Funktionsbereichen zusammengefaßt und bilden das Rückgrat der Struktur. Die Geschäftsprozesse verlaufen **quer** zu den Funktionsbereichen, zahlreiche Schnittstellen sind zu überwinden. Die Unterschiedlichkeit funktionsspezifischer Denk- und Handlungsweisen (z.B. „Kaufleute-Techniker") richtet vielfältige Barrieren auf („Abteilungszäune") und führt zu Konflikten. Als Konsequenz daraus ergibt sich eine hohe Belastung der Spitze mit Koordinationsaufgaben und Routineentscheidungen.

■ Kultivierung und Ausschöpfung der Kernfunktionen

Die größte Stärke der funktionalen Organisation liegt in der Konzentration auf die Funktionen begründet. Vor allem **Spezialisierungsvorteile** sind zu nennen. Wenn die Kernfunktionen entsprechend ihrer Bedeutung strukturell ausgebildet sind, dann ist durch diese Poolung ein Höchstmaß an Professionalisierung, aber auch ein Ausnutzen von Größenvorteilen gegeben.

Für das Kernkompetenz-Management bedeutet dies, daß die **operative Kompetenz** (Beherrschen der Kernfunktionen) **strukturell gefördert** wird. Auch eine kontinuierliche Verbesserung der Kernfunktionen als Teil der **Metakompetenz** ist relativ gut möglich, wenngleich sie durch Zusatzmaßnahmen, angefangen beim traditionellen Vorschlagswesen, zu unterstützen wäre. Strukturell begünstigt sind vor allem **Verfahrensinnovationen**, weniger dagegen Produktinnovationen. Weiterreichende Entwicklungsprozesse sind in der funktionalen Grundstruktur nicht verankert und wären grundsätzlich von der Unternehmungsspitze zu veranlassen und zu steuern. Genau dies ist die Aufgabe und das hervorstechende Kennzeichen von kreativen, innovativen Unternehmern. Mit zunehmender Unternehmungsgröße wächst allerdings die quantitative und qualitative Belastung an der Spitze, der auch vielseitige und aufopferungsvolle Persönlichkeiten kaum mehr gewachsen sind.

Die besondere Stärke der funktionalen Organisation, die Kernfunktionen zu stützen, verweist zugleich auf ihre Schwächen. Die Koordination und Integration einzelner Teilfunktionen, sei es im Rahmen von Kernprozessen, sei es, um Kernobjekte in den Vordergrund zu rücken, wird strukturell eher behindert als gefördert.

■ Generierung von Kernprodukten

In der funktionalen Organisation ist keine gesonderte Einheit vorgesehen, die sich auf Objekte, Produkte, Kunden oder Geschäftsfelder spezialisiert. Dies führt oft dazu, daß technik- und/oder marktgetrieben eine unerhörte Teile- und Variantenvielfalt entsteht. Dahinter steht das gut gemeinte, aber schlecht koordinierte Bemühen, einerseits die eigenen Fähigkeiten und andererseits die Möglichkeiten des Marktes auszuschöpfen.

Grundlage einer Reorientierung kann nur eine Definition der angestrebten Kerneigenschaften und die daraus abzuleitende Festlegung der Kern(end)produkte sein. Strukturänderungen setzen also - wie soll es anders sein - strategische Überlegungen voraus. In
der Praxis wird in dem Zusammenhang vielfach der Begriff „**Plattform**" und Platt-
formsstrategie verwendet.

Das Thema: Kernprodukte/Produktplattformen

Das Beispiel: VW

Sachverhalt: VW hat im Rahmen seiner Plattform-Strategie konzernweit die Anzahl der Produktplattformen (Bodengruppe mit Motor und Getriebe) von sechzehn
auf vier reduziert. Zugleich soll die Anzahl der Karosserievarianten erhöht werden.
Die Anzahl der Hinterachsen im VW-Golf ist von dreißig auf sechs reduziert worden.
Interpretation: Eine Produktplattform ist eine Form der Modularisierung und dient
der Reduzierung der Teilevielfalt. Damit verbunden sind Kostensenkungseffekte
durch Mehrfachverwendung wichtiger Teile („Baukastenprinzip"). Es entstehen also Größenvorteile, die auf der Kostenseite der Strategie zu Buche schlagen. Für den
Kunden sind diese Effekte bezogen auf das Endprodukt unerheblich bzw. unsichtbar. Zugleich aber wird bei VW wie in gleichgelagerten Fällen versucht, die für den
Kunden sichtbare und wichtige „Produktoberfläche" mit ihren Merkmalen auszudif-
ferenzieren (Karosserievarianten). Im Erfolgsfall ergeben sich daraus Ansätze zu
einer Kombinationsstrategie („Outpacing"; vgl. Kap. 3) (vgl. Buchholz 1996, S.
226ff.).

Sortimentsstraffung und -entwicklung aufgrund einer Plattform-Strategie entspricht
dem, was traditionell **Koordination durch Pläne** genannt wird. Strukturänderungen
sind bei kleineren Sortimentsänderungen zunächst nicht erforderlich, sehr wohl aber bei
tiefgreifenden Veränderungen, wie sie derzeit mit den Plattformen typischerweise angestrebt werden.

Für eine strukturelle Umsetzung dieser Strategie müßte eine objektorientierte Bündelung
von Funktionen erfolgen. Hiervon betroffen wären bei Kernprodukten vor allem Ferti-
gungsbereiche. Sie könnten nach dem Konzept der **Fertigungsinseln** modifiziert werden. Die verrichtungsorientierte Werkstatt (z.B. Drehen, Fräsen) wird durch eine objektorientierte Organisation ersetzt, die sich auf Baugruppen, Teilefamilien oder auch
Endprodukte ausrichtet (vgl. Bullinger 1994, S. 225ff.). Diese „Fabriken in der Fabrik"
sind durch ein hohes Maß an Eigenverantwortung und durch Gruppen- und Teamstruk-

turen charakterisiert. Neben der Entwicklung der operativen Kompetenz kann auch eine kontinuierliche Verbesserung und damit ein Element der Metakompetenz erreicht werden. Existieren an verschiedenen Standorten Werke, die gleiche oder ähnliche Teile herstellen, so ist zu prüfen, ob durch Konzentration strategische Vorteile im Hinblick auf Kosten oder/und Leistung zu erreichen sind. Internationale Autokonzerne konzentrieren z.B. teilweise die Produktion ihres „Kernprodukts Motor" in maximal zwei Motorenfabriken weltweit. Diese Einheiten funktionieren dann als produktorientierte **„Centers of Competence"**, deren Fabrikate in sämtliche Plattformen Eingang finden und ggf. sogar auf dem externen Markt verkauft werden.

Bleibt zu fragen, wer die Gesamtverantwortung für die Plattformstrategie trägt. Hierfür kommt entweder die Unternehmungsspitze selbst in Betracht, oder aber es sind spezielle Stellen einzurichten, die vorwiegend der Querschnittskoordination dienen. Ein weit verbreiteter Ansatz, der hier zu nennen wäre, sind die **Product-Manager**. Bei BMW z.B. bilden verschiedene Baureihen das Rückgrat des Geschäfts (3er, 5er, 7er, Sondermodelle), für die jeweils ein sog. **Baureihenverantwortlicher** zuständig ist, der direkt an den Vorstand berichtet.

Spätestens mit diesem Strukturbaustein werden auch **Matrixelemente** in die bis dahin im Einliniensystem operierende funktionale Organisation eingebracht.

■ Entfaltung von Kerngeschäften

Um Geschäfte organisieren zu können, müssen sie als solche überhaupt definiert werden. Diese Aussage ist nur scheinbar trivial. In einer funktionalen Organisation mit einem stark differenzierten, historisch gewachsenen Sortiment ist es oft keineswegs einfach, unterschiedliche Geschäftsfelder zu identifizieren. Die Abgrenzung von Kundengruppen bzw. Bedürfnisgruppen und zugehörigen Produkten ist aber unverzichtbar, um auch auf diesem Gebiet den „Kern" ausmachen zu können. Ähnlich wie im Falle der Plattform-Strategie muß also zunächst eine Segmentierung strategischer Geschäftsfelder (erfolgsprägender Produkt-/Markt-Kombinationen) erfolgen. Auch in diesem Fall kann eine **Koordination durch Pläne** u.U. bereits ausreichen.

Zuständig für das Management von Geschäftsfeldern ist zweifellos die Unternehmungsspitze, bei Pluralinstanzen also vorrangig das für Vertrieb und Marketing verantwortliche **Geschäftsführungs-** bzw. **Vorstandsmitglied**. Existiert ein **Produktmanagement**, so sind diese Stellen ergänzend zu berücksichtigen. Für wichtige Kunden bzw. Kundengruppen können, sofern nicht wiederum das Topmanagement gefordert ist, spezielle **Key Account-Manager** installiert werden. Eine weitere strukturelle Möglichkeit zur Berücksichtigung von Geschäften ist die sog. **duale Organisation**. Einzelne Manager der zweiten Ebene werden **nebenamtlich** mit der Betreuung von Geschäftsfeldern be-

194

auftragt (**SGF-Beauftragter**). Unter Einbeziehung der notwendigen Spezialisten entsteht eine Teamstruktur, ähnlich einer nebenamtlichen Projektorganisation. Die Beobachtung und Analyse des jeweiligen Geschäfts sowie das Erarbeiten von Vorschlägen zur Geschäftsentwicklung sind mögliche Aufgaben. Dem Nachteil des knappen Zeitbudgets steht als möglicher Vorteil die Hierarchieeinbindung und damit die Reduktion von Implementierungsbarrieren gegenüber.

Die letzte der hier zu erwähnenden Strukturalternativen ist die Gliederung marktnaher Funktionen nach Kernobjekten, also Produkten, Auftragstypen oder Kundengruppen. Besonders aktuell ist die Umgruppierung des Vertriebs in sog. **Vertriebsinseln**. Dieses Konzept verwirklicht den gleichen objektorientierten Grundgedanken, der bereits die Fertigungsinseln prägte. Die Vertriebsinsel soll den gesamten Prozeß der Auftragsabwicklung für bestimmte Auftragstypen übernehmen. Die Aufgabenteilung kann nach marktorientierten (Kundenkreis, Region), produktorientierten oder herstellungsorientierten Kriterien (z.B. Großserie, Kleinserie, Einzelprodukt) erfolgen. Durch räumliche Zusammenfassung und organisatorische Integration der entsprechenden Mitarbeiter sowie flankierende Maßnahmen im Bereich der Anreizsysteme und Informations- und Kommunikationssysteme werden deutliche Vorteile hinsichtlich der Durchlaufzeiten und der Lieferbereitschaft erreicht.

Vertriebsinseln sind eine teamorientierte Weiterführung des Gedankens der **Rundumsachbearbeitung**, wie er im Dienstleistungsbereich schon längere Zeit verwirklicht ist. Im Versandhandel (z.B. Quelle, Otto) stellt die telefonische Bestellannahme einen wichtigen Kernprozeß dar. Bundesweit arbeiten hunderte von Mitarbeitern in solchen Funktionen. Betrachtet man die Bestellannahme als einen wichtigen Kundenkontakt, so wird deutlich, daß es sich um einen „**Point of Sale**" handelt. Es liegt dann nahe, die Sachbearbeitung zu einer wirklichen Kundenberatung auszudehnen. Auch hierfür wären objektorientierte Aufgabenanreicherungen und Delegation von Verantwortung erforderlich.

■ **Verankerung von Kernprozessen**

Bereits mehrfach wurde erwähnt, welche Schwierigkeiten sich der Prozeßorientierung im Rahmen der funktionalen Organisation entgegenstellen. Es fehlen Stellen, die als „Process-Owner" fungieren. Einige der erläuterten Strukturbausteine besitzen allerdings unmittelbaren Bezug zu Kernprozessen. Eine Vertriebsinsel repräsentiert ebenso einen Kernprozeß (Auftragsabwicklung) wie eine Fertigungsinsel (integrierte Herstellung, Montage und Qualitätssicherung). In beiden Fälle können **Teams** als Process-Owner eingesetzt werden. Der Baureihenverantwortliche steht für den gesamten Produktentwicklungsprozeß und stellt insofern auch einen Ownertyp dar. In abgeschwächter Form gilt dies auch für Produktmanager, SGF-Beauftragte und Key Account-Manager.

Fertigungs- und Vertriebsinseln stärken die operative Kompetenz, die anderen Einheiten sollten die Managementkompetenz in Form der objektorientierten Prozeßverantwortung unterstreichen. Dies gilt zumindest insoweit, als die notwendige **Querschnittsregelung** mit allen damit verbundenen Problemen der Aufgaben- und Kompetenzabgrenzung funktioniert. Die letzte Prozeßverantwortung trägt die Unternehmungsspitze, dies vor allem bei unernehmungsweiten Kernprozessen, die unterschiedliche Geschäfte und Funktionen überspannen.

Bleibt die Frage nach den Metakompetenzen zu klären, also nach den Prozessen der Unternehmungsentwicklung. Der Baureihenverantwortliche, z.B. bei BMW, ist Ausdruck einer gebündelten Produktentwicklungsverantwortung. Ihm unterstehen die zahlreichen Teams, die für die Entwicklung der jeweiligen Module (z.B. Türen, Elektrik) zuständig sind. Product-Manager und SGF-Beauftragte sollen ebenfalls Anstöße für Produktverbesserungen geben. Insofern sind Elemente des Wandels und der Innovation bereits angesprochen. Kernprozesse, die Daueraufgaben repräsentieren, sind durch Einheiten der Primärorganisation abzudecken. Soweit Veränderungen als Daueraufgaben begriffen werden, gilt das auch für sie (z.B. Baureihenverantwortlicher). Soweit es sich um sporadische Aufgaben handelt, ist auf die Möglichkeiten der Sekundärorganisation zurückzugreifen (z.B. SGF-Beauftragter). Zusätzlich zu den bereits erwähnten Strukturbausteinen sind hier die Formen der **Projektarbeit** zu erwähnen, die sich in Teams, Arbeitsgruppen und Gremienarbeit niederschlagen. Mit ihrer Hilfe sind solche Prozesse zu regeln, die zeitlich befristet sind.

Hinsichtlich der gesamten Thematik der Unternehmungsentwicklung stellt sich das Problem, daß „Wandel" und „Innovation" von einer sporadischen Aufgabe zu einer dauerhaften Herausforderung geworden und auch dementsprechend zu organisieren sind. Dieser Herausforderung muß sich das Topmanagement stellen, denn wer, wenn nicht der Kapitän, ist für den Kurs des Schiffes und Kursänderungen verantwortlich. Wandlungs- und Innovationsmanagement sind also Aufgaben des Topmanagement-Teams. Da die Zeitanteile für derartige Aufgaben durch die hohe Belastung mit dem Tagesgeschäft u.U. nicht ausreichen, muß nach Entlastung gesucht werden. Traditionelle Lösungen, wie das Einschalten von Stabs- und Assistenzeinheiten, sind problematisch. Es geht nicht um den Aufbau von Unterstützungskompetenz für Wandel, Innovation und Lernen, sondern um die Stärkung der Managementkompetenz. Dies läßt sich nur durch eine Änderung in der Organisation der Unternehmungsspitze oder durch die Einrichtung zusätzlicher Managementpositionen erreichen.

Das Thema: Verankerung von Kernprozessen

Das Beispiel: Hailo GmbH & Co.KG

Hailo ist eine funktional gegliederte Familienunternehmung des metallverarbeitenden Gewerbes in Haiger (Hessen). Im Mittelpunkt des Produktprogramms stehen Steiggeräte (Sprossenleitern, Stufenleitern, Treppenhocker, Klapptritte), die bei Hailo einen Umsatzanteil von ca. 40% besitzen. Der Gesamtumsatz von 116 Millionen DM (1995) verteilt sich außerdem zu 30% auf Bügeltische, 10% auf Regale und 15% auf Kücheneinbauprodukte. Hailo verfolgt eine ausgeprägte Differenzierungsstrategie und ist dabei, den Firmennamen durch gezielte Fernsehwerbung beim Endkunden zum Markennamen zu machen. Lutz Klimek, Geschäftsführer Marketing/Vertrieb: „Wer Leiter sagt, muß Hailo sagen!".

Zwei funktionsübergreifende Kernprozesse, die von je einem der beiden Geschäftsführer initiiert und geprägt wurden, kennzeichnen das Geschehen bei Hailo: der **Lean-Management-Prozeß** und ein umfassender Innovationsprozeß. Weiteres Wachstum will Hailo vor allem auf der Grundlage von Innovationen erzielen. Zentral für das **Innovations-Management** ist die speziell eingerichtete Position eines Innovations-Managers, der die systematische Ideen-Entwicklung koordiniert (vgl. Abb. 6/4). Ihm unterstehen verschiedene Kategorien von Teams als Einheiten der Sekundärorganisation. Sie setzen sich aus 4-7 Mitgliedern zusammen, die innerhalb von 1-2 Jahren eine klar definierte Aufgabe lösen und dafür etwa zehn bis zwanzig Prozent ihrer Arbeitszeit investieren.

Die **Champion-Teams** sollen die nächsten Produktgenerationen entwickeln, sie schaffen damit neue Basisinnovationen. Die **Innovations-Scouts** haben die Aufgabe, weltweit nach neuen Ideen und Erfindungen zu suchen, die wiederum in neue Produkte einfließen. Sie schaffen damit Produktinnovationen auf der Basis von Benchmarking.

Beide Teams sind die Elite von Hailo und werden auch innerhalb der Unternehmung als solche bezeichnet. Die Ideen der Teams werden vom Innovations-Manager gesichtet und selektiert. Die erfolgversprechendsten Ideen präsentiert er dem **Projekt-Steuerungs-Team**, das sich monatlich trifft und aus einer erweiterten Geschäftsleitung besteht.

Wird eine Idee als realisierungswürdig eingestuft, leitet sie das Projekt-Steuerungs-Team an das **Konzept-Team** weiter, das die Aufgabe der Prototypenerstellung hat. Hier werden Kalkulationen, Markterfolgsbewertungen und schließlich ein Pflichtenheft für die Produktion erstellt. Das **Projekt-Team** befaßt sich als letztes Kettenglied mit der Serienentwicklung des neuen Produkts.

Um die gesamte Unternehmung in die Innovationskultur einzubinden, hat Hailo die **Ibis-Teams** (Ich bin innovativ-ständig) geschaffen. Die Aufgabenstellung und die Einrichtung eines Ibis-Teams entscheidet das Projekt-Steuerungs-Team. Die Ibis-Teams sind mit Mitgliedern aus allen Ebenen besetzt. Sie sind damit, im Gegensatz zur Elite, in die Breite ausgerichtet. Die Basis für die Mitarbeit ist vollkommen freiwillig. Das sich selbst regelnde Ibis-Team erarbeitet seine Verbesserungsvorschläge und unterbreitet sie ebenfalls dem Innovations-Manager. Falls die Idee realisiert wird, erhält das Team einen definierten Teil des daraus entstehenden Deckungsbeitrags zur Verfügung. Das Team wählt einen Teamsprecher, der die Ergebnisse dem Innovations-Manager mitteilt.

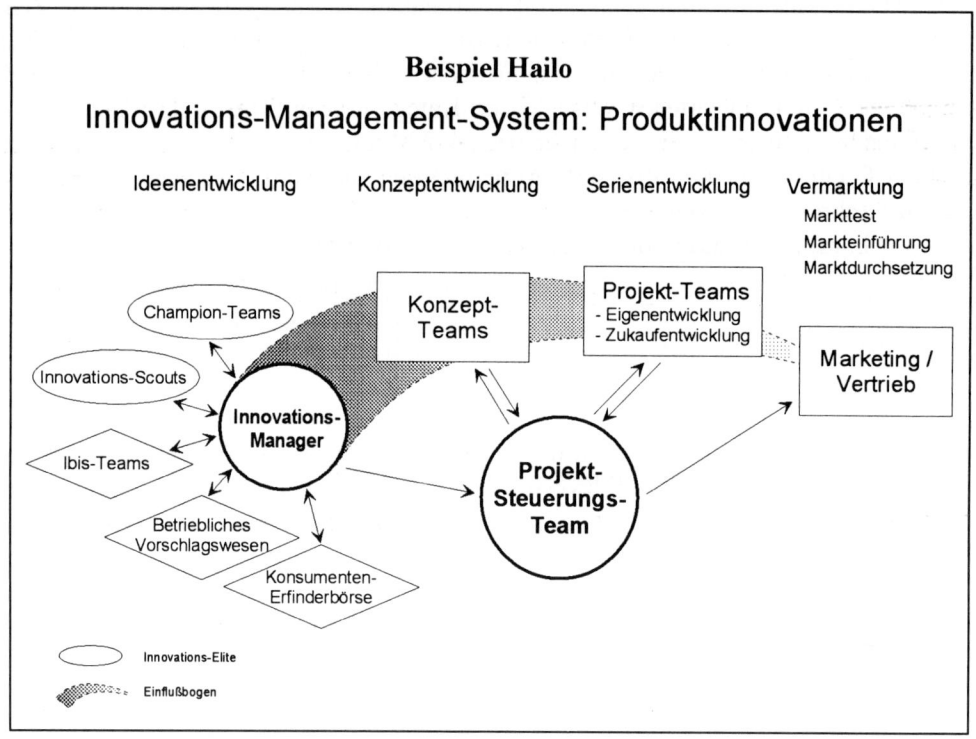

Abb. 6/4

4. Kompetenzorientierung im Rahmen der divisionalen Organisation

Mit dem Begriff **divisionale Organisation** (Spartenorganisation) wird hier das logische Gegenstück zur funktionalen (verrichtungsorientierten) Organisation bezeichnet, die objektorientierte Organisation. Objektorientierte Einheiten (Sparten, Divisionen, Geschäftsbereiche) können nach Produktgruppen, Regionen oder Kundengruppen gegliedert sein. Eine Sonderform ist die Organisation nach Projektbereichen als Objekten. Im Idealfall sind die einzelnen Geschäftsbereiche insbesondere produktionstechnisch und marktbezogen klar trennbar, bedienen also je für sich unterschiedliche Märkte mit verschiedenartigen Produkten. Dadurch ist ein hohes Maß an Flexibilität und Marktnähe möglich, vorausgesetzt, die notwendige Entscheidungsdelegation und der damit zu erreichende Handlungsspielraum sind gegeben.

Der Funktionsumfang der Sparten ist allerdings in aller Regel begrenzt. Sich wiederholende Funktionen, insbesondere solche der Unterstützung, sind in **Zentralbereichen** konzentriert. Typische zentrale Funktionen sind z.B. Controlling, Organisation/Datenverarbeitung, Personal, aber auch Revision und Recht.

Im Ergebnis verkörpert die divisionale Organisation in ihrer Struktur das **SOS-Konzept**. „Steuerung" wird von der Unternehmungsspitze und den ihr assistierenden Stäben geleistet. „Operation" wird von den Sparten als den **operativen Einheiten** durchgeführt, und „Support" ist in den Zentralbereichen gebündelt. So gesehen, sind auch alle Voraussetzungen gegeben, um die Basiskompetenzen zu entfalten.

Für die strukturelle Problematik **innerhalb** der Sparten gelten die im Rahmen der funktionalen Organisation getroffenen Aussagen weitgehend analog. Im folgenden stehen daher nur die Gesamtprobleme der Struktur zur Debatte.

■ Kultivierung und Ausschöpfung der Kernfunktionen

Die wichtigsten Funktionen, um eine Sparte als selbständige Einheit überhaupt zu begründen, sind Produktion und Absatz. Mit der Anzahl der Sparten vervielfachen sich zwangsläufig entsprechende Funktionsbereiche. Dies ist im Hinblick auf die Spartenkosten dann unschädlich, wenn eine hinreichende Auslastung gegeben ist. Spartenübergreifende „economies of scale" sind allerdings nicht möglich.

Es ist klar, daß jeder Spartenleiter im Sinne seiner Handlungsautonomie bestrebt sein wird, über ein möglichst breites Funktionsspektrum zu verfügen. Dies führt regelmäßig zur Mehrfachexistenz von (Teil-)Funktionen, die zugleich in Zentralbereichen gebündelt sind. Damit stellt sich erneut ein Kostenproblem. Im Zuge des Lean-Managements und entsprechender Outsourcingaktivitäten sind geschäftsferne Zentralbereiche vielfach ausgedünnt bzw. ausgegliedert worden. Geschäftsnahe Funktionen wurden den Sparten übertragen, die auch insgesamt mehr Selbständigkeit erhielten. Je heterogener das Spartensortiment ist, desto differenzierter sind auch die erforderlichen Produktions- und Vertriebskompetenzen. Dann ist umgekehrt zu fragen, ob die notwendige Mindestgröße einer Sparte erreicht ist, um eine kompetenzbildende Spezialisierung und damit die Herausbildung wirklicher Kern(kompetenz-)funktionen zu ermöglichen.

Dreh- und Angelpunkt des Kernkompetenz-Managements ist auch in der Spartenorganisation die Bestimmung unternehmungsweiter Kompetenzen und die von da ausgehende Definition, Analyse und Ausgestaltung von Kernfunktionen. Dies kann dazu führen, daß diejenigen (Teil-)Funktionen, die divisionalisiert sind, (re-)zentralisiert werden, wodurch ein **Center of Competence** entsteht. Schwerpunkt einer solchen Einheit kann eine **einzelne** Funktion sein (z.B. Produktion, Logistik, Design, Forschung). Genauso können aber auch **mehrere** Funktionen organisatorisch (und räumlich) zu einem entsprechenden Center gebündelt werden.

Der Leiterhersteller **Hailo** z.B. hat seine verschiedenen Auslieferungslager auf den Exportmärkten aufgegeben und beliefert sämtliche Kunden aus seinem Logistikcenter in Haiger bei einer Lieferfähigkeit von 96%.

BMW hat alle Funktionen, die für den Produktentwicklungsprozeß maßgeblich sind, in einem Forschungs- und Ingenieurzentrum zusammengefaßt, von der Planung/Konstruktion über Prototypenbau und Pilotwerk bis zu Einkauf und Logistik. Dieses Zentrum umfaßt ca. 5.000 Mitarbeiter.

Das Thema: Funktionale Centers of Competence

Das Beispiel: Siemens AG

Sachverhalt: Die Siemens AG hat Ende der 80er Jahre einen durchgreifenden Umbau des Konzerns begonnen, der eine weitgehende Dezentralisierung und organisatorische (nicht: rechtliche) Verselbständigung der Geschäftsbereiche bewirkte. Im Zuge dieser Entwicklung sind auch Zentralbereiche reduziert worden. Insbesondere wurde die Forschungsorganisation vollkommen neu gestaltet. Der Anwendungsbezug der Forschung wurde dadurch betont, daß die meisten Projekte und die entsprechenden Stellen auf die Geschäftsbereiche verlagert wurden. Weltweit beschäftigte der Konzern 1991 ca. 42.000 Mitarbeiter in der Forschung und Entwicklung.

Aus Sicht von Siemens wird der größere Teil der Wertschöpfung nicht mehr in der Produktion, sondern durch Forschung und Entwicklung erzielt. Konsequenterweise hat Siemens geprüft, worin neben den bereichsbezogenen Vorhaben konzernweite Kompetenz bestehen sollte. Ergebnis dieser Prüfung war die Definition von 22 sog. Kerntechnologien, in denen Siemens nach internationaler Spitzenstellung strebt (z.B. „Supraleitung und magnetische Materie" oder „Expertensysteme und Bild-verarbeitung"). In einer neu zusammengesetzten „Zentralen Forschung und Ent-wicklung (ZFE)" arbeiten in München und Erlangen rund 2.000 Mitarbeiter. Ge-gliedert ist diese Zentrale in fünf Technologielaboratorien, denen die Kerntechnolo-gien zugeordnet sind (z.B. Labor „Materialien" oder „Software").

Wesentliche Aufgaben in den Laboratorien sind das Recherchieren, Analysieren und Bewerten. Auf diese Weise wird der neueste Stand der Basistechnologien festgestellt und an die Entwickler in den Geschäftsbereichen weitergegeben. Die ZFE ist also eine Informationsdrehscheibe.

Eine im Grundgedanken ähnliche Bündelung der FuE-Kompetenz erfolgt weltweit auch für bestimmte Produktbereiche. Herzschrittmacher werden so nur noch in den USA und in Schweden erforscht, Turbinen für Wasserkraftwerke ausschließlich in Brasilien.

Nicht zuletzt ist Siemens dabei, den Gedanken der weltweiten Konzentration von Funktionen auch auf dem Felde der Produktion anzuwenden. Ein Bestandteil des „Konzepts der Weltmarktfirmen" ist es, die Herstellung solcher Produkte, die für den Weltmarkt bestimmt sind, an einem einzigen Produktionsstandort zu konzentrie-ren.

Interpretation: Siemens hat hier wesentliche Schritte unternommen, die sich sehr gut in das Konzept der Kernkompetenzen fügen, auch ohne direkt davon angetrieben worden zu sein. Im Funktionsbereich FuE wurden Technologien definiert, die quer zu herkömmlichen Einteilungen und Ausbildungsgängen liegen. Die Art und Anzahl dieser Kerntechnologien ist Ausdruck des strategischen Selbstverständnisses von Siemens. Sie lassen erkennen, welche strategischen Stoßrichtungen der Weltkonzern nehmen wird. In der Definition dieser Technologien zeigt sich im übrigen auch der spezielle Industrievorausblick, den Siemens seinen zukünftigen Märkten zugrunde-legt.

Die Kerntechnologien sind planerische Begriffe, die sich quer über die Laboratori-enstruktur legen. Durch vielfältige Abstimmungsprozeduren, Ausschußsitzungen und siemensinterne Messen wird der vertikale Gegenstrom der FuE-Information si-chergestellt. Es erfolgt also eine Kombination von „Koordination durch Pläne" und „Koordination durch Prozesse und Strukturen". Die ZFE übernimmt als Wissens-zentrum Supportfunktionen, die produktbezogenen FuE-Zentren sind auf wesentli-che Teile der Metakompetenz konzentriert.

201

Bemerkenswert ist nicht minder die globale Bündelung der Produktion bestimmter „Weltprodukte". Hier entstehen (objektorientierte) **Centers of Competence**, die sowohl Ressourcen und Fähigkeiten bündeln und kultivieren als auch Größenvorteile ausschöpfen können. Im Hinblick auf die Porter-Strategien deuten sich Möglichkeiten einer Kombinationsstrategie an (vgl. Kap. 3). Um dies genauer bestimmen zu können, müßten allerdings die Wettbewerber berücksichtigt werden.

Insgesamt zeigt Siemens Züge einer Struktur und Strategie, die auch als transnational bezeichnet wird. Aus Kernkompetenz-Management-Sicht interpretiert bedeutet dies, daß global operierende Unternehmungen lokale strategische Vorteile mit globaler Effizienz kombinieren (Act global, think local). Transnationale Unternehmungen bestehen, idealtypisch betrachtet, aus einem Netz von „Centers of Competence", die für bestimmte Funktionen bzw. Objekte zuständig sind und hierfür auch die konzernweite Verantwortung tragen.

(weiterentwickelt nach Fuchs 1991)

■ Generierung von Kernkompetenzen

In dem typischen Anwendungsfall einer produktorientierten Spartenbildung werden die Endprodukte getrennt entwickelt, produziert und montiert. Im Falle völlig heterogener Programme gibt es auch kaum die Möglichkeit, **zwischen** den Sparten einen Austausch oder eine Mehrfachverwendung von Kernprodukten zu organisieren. Dies schließt den externen Transfer selbstverständlich ebensowenig aus wie Plattformstrategien und Kernproduktstrategien **innerhalb** der Sparten.

Allerdings existieren in vielen Spartenstrukturen zahlreiche Leistungsverflechtungen und Umsatzbeziehungen zwischen den Sparten. Der konzerninterne Umsatz von Siemens z.B. erreicht zweistellige Milliardenbeträge. Derartige Binnengeschäfte bieten mit Sicherheit auch Ansatzpunkte für eine Kernproduktbetrachtung, die von der Unternehmungsspitze ausgehen müßte.

Spartenübergreifendes Kernproduktdenken könnte auch Teil der zentralen Forschungs- und Entwicklungseinheit sein.

■ Entfaltung von Kerngeschäften

Beste Voraussetzungen bietet die divisionale Organisation hinsichtlich des Betreibens von Kerngeschäften. Die Sparten sind Geschäftseinheiten und können als Profit Center geführt werden. Die Struktur bildet also Geschäfte in sich ab. Ob Kerngeschäfte auch wirklich als solche erkannt und aufgebaut, Randgeschäfte demgemäß auch abgebaut, aufgegeben oder verkauft werden, ist vor allem eine Frage der **kompetenzorientierten**

Unternehmungsführung. Je nachdem, welcher Vorstellungsmodelle und Steuerungsgrößen sich die Spitze bedient, wird sie diesem Ansatz gerecht werden oder nicht. Eine rein risikoorientierte Diversifikation oder eine nur rentabilitätsorientierte Steuerung mit einem einheitlichen Renditeanspruch würde den kompetenzorientierten Geschäftserfordernissen nicht entsprechen. Diese Gefahr besteht z.B. bei einem Vorgehen, das sich der traditionellen Portfolio-Analyse mit Hilfe der Marktwachstums-/relativer Marktanteils-Matrix bedient. Wie die Entwicklung in vielen großen Unternehmungen zeigt, sind die Probleme offenbar erkannt. Die Chemieindustrie ist z.B. seit einigen Jahren dabei, einen kompetenzorientierten Umbau vorzunehmen (vgl. Hoechst und BASF). Es wurden aufsehenerregende Verkäufe und Zukäufe von Unternehmungsteilen durchgeführt.

■ Verankerung von Kernprozessen

Querschnittsdenken und Querschnittskoordination sind auch und gerade in der Spartenorganisation erforderlich. Damit sind Managementprozesse angesprochen. So sehr sich die Gesamtleitung im Sinne der Flexibilität und Handlungsautonomie der Sparten aus dem operativen Geschäft zurückziehen mag, bis hin zur Errichtung einer Holding, so sehr muß sie sich andererseits auf die strategische Steuerung und Kontrolle konzentrieren. Erst die Definition von Kernkompetenzen, Kernfunktionen und vor allem Kernprozessen liefert die Grundlage für die Installierung geeigneter Führungsinstrumente und -prozesse.

Strukturell davon betroffen ist die **Führungsorganisation**, also die Organisation der Unternehmungsspitze sowie ihr Verhältnis zu den Teilbereichen. Neben die vorhandene Ressortierung muß die Übernahme von **Kernprozeßverantwortung** treten. Mit wachsender Unternehmungsgröße wird eine derartige Absicht aufgrund der Belastung der Spitze immer schwieriger zu verwirklichen sein. Dies allein würde bereits ausreichen, Delegationsvorgänge zu begründen. Die Kernprozeßveranwortung ist nicht delegierbar, sehr wohl aber die Verantwortung für Kernfunktionen oder/und Kerngeschäfte.

Auf den ersten Blick korrespondiert diese Forderung sehr gut mit der Entwicklung von Stammhauskonzernen zur Managementholding. In einer Holding zieht sich die Spitze aus dem operativen Geschäft zurück und schafft rechtlich und organisatorisch selbständige Teilbereiche. Je nach Führungsanspruch der Muttergesellschaft lassen sich **drei Holdingtypen** unterscheiden, die unterschiedliche Eignung für das Kernkompetenz-Management besitzen (vgl. Abb. 6/5).

Auf reine Finanzinteressen und eine entsprechend finanzielle Führung beschränkt sich die **Finanzholding**, ein in Deutschland weniger gebräuchlicher Typ. Aus der Sicht des Kernkompetenz-Managements entfallen die Möglichkeiten einer kompetenzorientierten Steuerung. Die einzelnen Teilbereiche haben völlig eigenständige und auch unterschiedliche Geschäfte („Mischkonzern") und können nicht von Integrationsleistungen der Spitze profitieren.

Für das Kernkompetenz-Management am besten geeignet ist die **strategische Führungsholding** als eine der beiden Varianten der Managementholding. Die Konzernspitze, deren Rolle die eines „Strategischen Controllers" ist (vgl. Krüger 1994, S. 269ff.), entwickelt eine unternehmungsweite Strategie, sorgt für die Konzentration auf Kernkompetenzen und gestaltet die spartenübergreifenden Gemeinsamkeiten. In der strategischen Führungsholding geht eine **Zentralisation der Kernprozesse** mit einer **Dezentralisation der Kerngeschäfte** einher.

Diese Dezentralisation und die dadurch erreichte Marktnähe und Flexibilität fehlen der **operativen Holding**, die insofern dem traditionellen Stammhauskonzern gleicht. Durch den unternehmungsweiten Einblick der strategischen Führungsholding in die einzelnen Funktionsbereiche der Töchter entsteht ein Informationsaustausch, der die jeweils spezifischen, spezialisierungsbedingten Wettbewerbsvorteile in ein Wertschöpfungsnetzwerk einbringt (vgl. Corsten/Will 1995, S. 21). Die Integration der einzelnen Ressourcen und Fähigkeiten durch den strategischen Controller wirkt positiv auf die Entwicklung einer Kernkompetenz. Die weitgehend autonomen Bereiche handeln eigenverantwortlich bei gleichzeitiger Orientierung an einem gemeinsamen Bezugsobjekt, der Kernkompetenz. Die Selbstkontrolle verringert die Führungskomplexität der Mutter und verbessert zugleich die Mitarbeitermotivation, was wiederum die Innovationsfähigkeit anregt. Dies sind beste Voraussetzungen zum Aufbau und zur Entwicklung von Kernkompetenzen (vgl. Abb. 6/5).

Im Falle einer einheitlichen Kernkompetenz sind die Kompetenzen der Töchter in das Kernkompetenz-Management der Führungsholding einzufügen. So kann ein Synergiemanagement (vgl. Ringelstetter 1995, S. 86), im Sinne eines Zusammenwirkens unterschiedlicher Teilbereiche, bei dem sich das Gesamtergebnis positiv von den Einzelwirkungen abhebt, durch die Mutter übernommen werden.

Delegation und Dezentralisation bedingen allerdings nicht zwangsläufig einen Übergang vom Stammhauskonzern zur Holding. Dezentralisation ist sehr wohl auch ohne rechtliche Verselbständigung möglich, ohne also unterhalb des Konzernvorstandes weitere Vorstände bzw. Geschäftsführungen rechtlich selbständiger Teilbereiche einzurichten. Die Lösung besteht in der vertikalen Abstufung der Führungsentscheidungen im Vorstand und damit der Schaffung eines „engeren" und „erweiterten" Vorstands. Die Konzeption der Siemens AG wäre hier zu erwähnen. Diese Gesellschaft wird von einem kleinen sog. **Zentralvorstand** geführt, der sich um die Leiter der Geschäftsbereiche zu einem erweiterten Vorstand ergänzt. Die Deutsche Bank ist offenbar dabei, ein ähnliches Konzept zu verwirklichen.

Merkmalsausprägungen verschiedener Holdingtypen			
	Holdingtypen		
Organisation	Operative Holding	Strategische Holding	Finanz-Holding
Führung	operativ	strategisch	finanziell
Strategische Autonomie	Niedrig		Hoch
Delegations-grad	Niedrig		Hoch
Führungs-intensität	Hoch		Niedrig
Flexibilität	Niedrig		Hoch
Kern-kompetenz-Eignung	Niedrig	Hoch	Niedrig

Abb. 6/5

Spannungen und Zielkonflikte sind bei keiner Lösung zu vermeiden. Der Wunsch eines Vorstands, den Kontakt mit dem Geschäft nicht zu verlieren, kollidiert mit der Notwendigkeit, sich auf übergreifende Fragen zu konzentrieren. Das ebenso klare Bemühen eines Teilbereichsleiters, seinen Geschäftsbereich selbständig unternehmerisch zu führen, steht wiederum dem kompetenz- und prozeßorientierten Durchgriff „von oben" entgegen. Die Kooperations- und Führungskultur im Führungskreis entscheidet letztlich darüber, ob die sich ergebende Interaktion mehr einem „Hauen und Stechen" oder einem „Ziehen an einem Strang" ähnelt.

5. Entwicklung hybrider Strukturen

5.1 Kombination gegenläufiger Gestaltungstrends

5.1.1 Gestaltungsparameter

Die kompetenzorientierte Würdigung der Organisationsmodelle „funktionale Organisation" und „divisionale Organisation" zeigt eine Fülle von Detailproblemen und -lösungen. Die folgenden Überlegungen versuchen, die Einzelheiten zu einem Gesamtbild zusammenzufassen. Dieses Bild wird von dem alles überragenden Eindruck geprägt, daß es letztlich darauf ankommt, bisher getrennte, alternative organisatorische Gestaltungstrends zu kombinieren. Die kompetenzoptimale Struktur ist eine Kreuzung aus unterschiedlichen Formen, sie ist eine **hybride Struktur**. Die Struktur ist nicht durch das herkömmliche „Entweder-Oder" organisatorischer Elemente und Beziehungen charakterisiert, sondern durch ein „Sowohl-Als-auch". Diese „Hybridisierung" läßt sich am deutlichsten mit Hilfe der in der Organisationslehre üblichen Gestaltungsparameter der Aufbauorganisation herausarbeiten. Während man in herkömmlichen Strukturen zwischen verschiedenen Ausprägungen dieser Parameter wählt, wären sie in einer kompetenzorientierten Struktur kombiniert anzuwenden:

- Art der **Aufgabenspezialisierung**: **Kombination** verrichtungs- **und** objektorientierter Subsystembildung

- Verteilung der **Entscheidungsbefugnisse**: **Kombination** von Entscheidungszentralisation **und** -dezentralisation

- Struktur der **Weisungsbeziehungen**: **Kombination** von Einlinien- **und** Mehrliniensystem

5.1.2 Kombination funktionaler und objektorientierter Einheiten

Die Definition von Kernfunktionen einerseits, Kernprodukten andererseits markiert einen strukturellen Gegensatz, der in einer hybriden Organisation aufzuheben ist. Bei

206

einer funktional strukturierten Ausgangsbasis kann eine Bündelung von Funktionen um ein Kernprodukt herum erfolgen, und es entsteht ein objektorientiertes Center of Competence, z.B. eine Motorenfabrik. Diese Einheit bedient die verschiedenen Produktplattformen, aber u.U. auch einen externen Markt. Denkbar ist, daß sie dann sogar als Profit Center, also voll ergebnisverantwortlich geführt wird, was bei konventionellen Funktionsbereichen in Ermangelung eines externen Marktes nicht ohne weiteres möglich ist. Eine umgekehrte Entwicklung kann eine divisionale Organisation nehmen. Bei aller Selbständigkeit der produktorientierten oder regionalen Geschäftseinheiten werden Kernfunktionen möglicherweise in entsprechenden verrichtungsorientierten Centers of Competence gebündelt. Selbstverständlich sind auch Kernprodukte und entsprechende Subsysteme möglich, wenngleich nur bei relativ homogenen Geschäften.

Hinzu kommen die Kernprozesse. Ihre Organisation erfolgt durch eine Kombination von Primär- und Sekundärorganisation. Bei Kernprozessen ist völlig offen, ob sie eher verrichtungs- oder objektorientiert definiert werden. Der „Produktentwicklungsprozeß" wäre ein Beispiel für einen objektorientierten Prozeß, der „integrierte Herstellungs- und Logistikprozeß", der daneben besteht, ist verrichtungsorientiert definiert. Mit der strukturellen Verankerung der Prozeßverantwortung kommt daher ein weiteres Moment der Hybridisierung ins Spiel. Denkbar ist auch, daß die Kernprozesse gegenüber der Aufbauorganisation die jeweils andere Art der Aufgabenspezialisierung betonen. In einer nach Produktgruppen gegliederten Grundstruktur würden Kernprozesse also vorzugsweise funktionale Querschnitte bilden. Hinsichtlich der Aufbauorganisation wäre eine solche Lösung (überwiegend) divisional, hinsichtlich der Prozeßorganisation (überwiegend) funktional einzustufen.

5.1.3 Zentrales Management von Kernprozessen und dezentrales Management von Kerngeschäften

Daß man in einer Organisation sowohl Elemente der Zentralisation wie der Dezentralisation finden kann, ist altbekannt. Im Rahmen des Kernkompetenz-Managements ergibt sich eine weitere Facette dieses Phänomens. Das Management von Kernkompetenzen ist eine unternehmungsumgreifende Aufgabe. Sie umschließt die Handhabung von Kernfunktionen, Kernprodukten, Kerngeschäften und Kernprozessen. Am wenigsten delegierbar und damit an der Unternehmungsspitze zu konzentrieren ist das Management der Kernprozesse. Dem steht das Entfalten der Kerngeschäfte gegenüber, wofür auch oder in erster Linie die zweite oder dritte Ebene die Verantwortung trägt. In dem Maße, wie unterschiedliche Geschäftsfelder zu betreuen sind, herrscht hier also eine Entscheidungsdezentralisation. Das gleiche gilt für Kernprodukte.

Hinsichtlich der Kernfunktionen sind unterschiedliche Lösungen denkbar. Ihre Führung kann dem gleichen Prinzip entsprechen wie die Führung selbständiger Geschäftseinheiten, also dezentral angelegt sein. Genauso ist eine völlige Zentralisierung möglich („Zentralbereich"), aber auch eine abgestufte Verantwortung. Einzelne Teile einer Kernfunktion sind dezentralisiert, z.B. anwendungsbezogene Forschung für unterschiedliche Geschäftsfelder. Andere Teile sind direkt der Spitze unterstellt, z.B. die Bearbeitung von Kerntechnologien. In jedem Fall läßt sich eine exakte Aussage über den (De-)Zentralisationsgrad nur bezogen auf einzelne (Teil-)Funktionen machen, kaum aber über die Unternehmung insgesamt. Die Bildung eines zumindest gedanklichen (De-)Zentralisationsgrads würde mehr verschleiernd als erhellend wirken.

5.1.4 Einheit der Auftragserteilung und Multifunktionalität der Subsysteme

Die **Einheit der Auftragserteilung**, das alte Fayolsche Prinzip, und das daraus resultierende Einliniensystem mit klar abgegrenzten Kompetenzen bildet das Rückgrat der herkömmlichen aufbauorganisatorischen Denkwelt. Dies gilt unbeschadet der „dotted line" funktionaler Weisungsrechte, z.B. in Form einer Richtlinienkompetenz eines Zentralbereichs oder der Querschnittskoordination durch einen Matrixmanager, z.B. in Form eines Produktmanagers. Damit einher geht das Bemühen, eine Stelle für klar unterschiedliche Aufgabentypen zu bilden, entweder als Leitungsstelle **oder** Ausführungsstelle **oder** Stabsstelle. Selbstverständlich werden z.B. zur selbständigen Führung von Geschäftseinheiten nach wie vor klare Kompetenzen und eindeutige Verantwortungen gebraucht. Aber es gibt eben nicht nur eine vorherrschende Aufgabe und damit einen Typ von Kompetenz und Verantwortung.

Die Unternehmung und alle ihre Einheiten haben **gleichzeitig** heterogene Anforderungen zu erfüllen, also z.B. die Geschäftsfelder auszuweiten **und** die Produkte zu innovieren **und** die Struktur zu verschlanken. Dies bedeutet regelmäßig, daß vielfältige Aufgaben sich überlagern und zahlreiche Schnittstellenprobleme entstehen. Dies gilt auch für die Aufgaben **innerhalb** einer Stelle. So kann ein Manager z.B. 50% seiner Arbeitszeit mit dem Management von Geschäftsfeldern, 20% mit der Ideenfindung im Team und 30% mit der Koordination von Prozessen verbringen. Er wäre im ersten Fall als Linienvorgesetzter tätig, im zweiten Fall als eines von mehreren Teammitgliedern, die einem Projektleiter unterstehen und eine Beratungsfunktion gegenüber einer hochrangig besetzten Projektoberleitung wahrnehmen. Im dritten Fall schließlich ist er Gleicher unter Gleichen in einem Koordinationsgremium, das Mehrheitsbeschlüsse fällt.

Hybridisierung drückt sich also auch in einer **Multifunktionalität von Stellen** aus. Dies ist zwar keine grundsätzlich neue Erscheinung, sie wird aber in der hybriden Organisa-

208

tion vom Ausnahme- zum Normalfall. Außerdem entsteht eine ausgeprägte **Mehrlinearität** der „Weisungsbeziehungen" (besser: **Koordinationsbeziehungen)**. Vertikale und horizontale Koordination und Integration sind gleichzeitig zu leisten, und es ist keineswegs klar, welche der Linien dominiert bzw. ob überhaupt eine Linie durchgehend Priorität hat, oder ob die Priorität nicht situationsabhängig wechselt. Ein Projektmanager z.B. oder ein Leiter eines Quality Circles wird zurecht mit stärkeren Kompetenzen ausgestattet als früher und kann seine Querschnittskoordination mit Durchgriffsrechten gegenüber der hierarchischen Autorität wahrnehmen. Neben die disziplinarischen Unterstellungsverhältnisse, die insgesamt an Bedeutung verlieren, treten fachliche und projektbezogene Weisungsrechte, die heute diesen Namen wirklich verdienen. In Unternehmungen, die in großem Umfang auf Teamarbeit setzen, wird im Gegenzug seitens der Mitarbeiter gelegentlich über organisatorische „Heimatlosigkeit" geklagt.

Immer häufiger wird das Schnittstellenmanagement von Mehrpersoneneinheiten geleistet. Koordination ist dann genauso ein Gruppen- bzw. Teamprozeß wie z.B. die Ideenformulierung. Kooperationsbereitschaft und -fähigkeit und die Verpflichtung auf gemeinsame Vorhaben und Ziele sind wichtiger als die Formulierung von Vorfahrtsregeln. Sinnbild hierfür können ampellose Straßenkreuzungen in den USA sein, die regelmäßig an allen vier Ecken Stoppschilder aufweisen. Für den deutschen Autofahrer, der in Vorfahrtsregeln denkt, eine ungewohnte und zunächst ungemütliche Situation. Der Verkehrsfluß kommt durch die situative „spontane Ordnung" der Verkehrsteilnehmer zustande. Was hier für den Straßenverkehr gilt, läßt sich auf die Unternehmung übertragen: Kooperatives Verhalten und nicht das Pochen auf Vorfahrtsregeln sollte die Grundlage der Prozeßabwicklung bilden !

Kernkompetenzen sind eine unternehmungsweite Kategorie. Sie können nur durch das Zusammenführen und Zusammenwirken vieler verschiedener Stellen, Subsysteme und hierarchischer Ebenen entstehen und sich entwickeln. Es ist Aufgabe des Kernkompetenz-Managements, die strukturellen Voraussetzungen hierfür zu schaffen, aber auch, die **geistige Infrastruktur** zu bahnen, damit Kernkompetenzen zu einer „**shared agenda**" aller Beteiligten werden.

5.2 Ausdifferenzierung einer hybriden Struktur

5.2.1 Organisatorische Fragestellungen

Wie die bisherigen Überlegungen deutlich gemacht haben, läßt sich für eine hybride Organisation im Gegensatz zu herkömmlichen Formen kein schematisiertes, modellhaftes Organigramm zeichnen. Es kommt vielmehr gerade darauf an, ein Strukturkonzept zu entwerfen, das der Strategie und der angestrebten Kernkompetenz der Unternehmung möglichst genau entspricht. Die Unternehmung müßte sich also auch hinsichtlich ihrer Struktur vom Wettbewerb abheben. Die möglichen Einzelmaßnahmen der Gestaltung sind in den vorangegangenen Abschnitten im Überblick dargestellt worden. Im folgenden geht es nun darum, die Prinzipien des „Zusammenbaus" der verschiedenen Organisationseinheiten zu erläutern. Drei Fragestellungen sind hierfür vorrangig zu durchdenken:

- Welche Organisationseinheiten prägen die Kernkompetenz und sind ggf. als Centers of Competence auszulegen?

- Wie groß soll der Handlungsspielraum dieser Centers sowie der anderen Organisationseinheiten sein, und wie sind sie demgemäß zu führen?

- Wie ist das einheitenübergreifende Zusammenwirken zu regeln?

5.2.2 Bildung von Centers of Competence

Zunächst einmal müßte im konkreten Einzelfall die Frage geklärt werden, welche der vorhandenen oder noch zu bildenden Organisationseinheiten die unternehmungsweiten Kernkompetenzen prägen. Diese Einheiten sind bereits in verschiedenen Kapiteln als sog. **Centers of Competence** erwähnt worden.

> **Ein Center of Competence** ist eine organisatorische Einheit, in der solche Aufgaben gebündelt werden, die eine unternehmungsweite Kernkompetenz prägen.

Im Prinzip können alle Arten von Organisationseinheiten (Steuerung, Operation und Support) zu Centers of Competence werden, auch wenn klar ist, daß ein Schwerpunkt im Bereich operativer Einheiten liegen dürfte. Für die Bildung kommen vorwiegend drei unterschiedliche Varianten in Betracht:

- **Funktionsorientierte Centers of Competence**: Unternehmungsweite Bündelung eines verrichtungsorientierten Aufgabengebietes mit Kernkompetenzen. Es kann sich dabei um operative Einheiten oder um Unterstützungseinheiten handeln. Beispiele wären die „Zentrale Forschung und Entwicklung (ZFE)" von Siemens als Support Center oder das Logistikcenter von Hailo als Operation Center. Wie bereits erläutert,

werden funktionsorientierte Center ihren Anwendungsschwerpunkt in einer divisionalen Organisation besitzen.

■ **Objektorientierte Centers of Competence**: Unternehmungsweite Bündelung von objektorientierten Aufgaben mit Kernkompetenzen. Als Objekte kommen vor allem Endprodukte bzw. Kernprodukte in Betracht. Ein Beispiel wäre ein Motorenwerk, das unterschiedliche Plattformen beliefert. Es ist klar, daß objektorientierte Centers vorwiegend in einer ansonsten funktional geprägten Struktur zu finden sein werden.

■ **Prozeßorientierte Centers of Competence**: Prozeßorientierung stellt einen wichtigen Sonderfall dar, der gewählt werden kann, wenn es darum geht, über mehrere Funktionsbereiche oder/und objektorientierte Bereiche hinweg einen Kernprozeß in einer gesonderten Einheit zu verankern. Ein Beispiel liefert das „Forschungs- und Ingenieurzentrum (FIZ)" von BMW, in dem vom Design bis zum Prototypenbau und Versuch alle Funktionsbereiche für alle Baureihen konzentriert sind. Prozeßbezogene Centerbildungen sind nicht an eine bestimmte Grundstruktur gebunden.

Der weitaus überwiegende Teil aller Organisationseinheiten einer Unternehmung besitzt keine Kernkompetenzen, sondern Kompetenzen einer niedrigeren Ordnung. Bisher existiert kein eingeführter Begriff, um diese „Nicht-Kernkompetenz-Einheiten" zu bezeichnen. Hier sei zur Unterscheidung der Sammelbegriff **Activity Center** benutzt. Dabei kann es sich ebenfalls um „Support" oder „Operation", aber auch „Steuerung" handeln. Marktnahe Activity Centers sind z.B. Sparten, Niederlassungen oder Vertriebsfunktionen. Marktferne Centers sind z.B. interne Dienste wie das Rechnungswesen. Dabei ist selbstverständlich zu berücksichtigen, daß „Marktnähe" in weiten Grenzen gestaltbar ist.

Eine besonders wichtige Beziehung zwischen Activity Center und Center of Competence liegt im Falle von Leistungsaustausch vor. Die bekannten Probleme der Leistungsverrechnung und entsprechender Verrechnungspreise tauchen dann auf.

5.2.3 Bestimmung des Handlungsspielraums der Organisationseinheiten

Die Aufgaben- und Kompetenzabgrenzung als Kernproblem organisatorischer Regelungen klärt den Handlungsspielraum der einzelnen Einheiten sowie ihr Verhältnis zur nächsthöheren Ebene. Den organisatorischen Hintergrund bildet das Kongruenzprinzip. Aufgabe, Kompetenz (i.S. von Handlungsrechten) und Verantwortung sollen sich wechselseitig entsprechen. Die in der Praxis vorfindbaren Abstufungen lassen sich in folgenden organisatorischen Führungskonzepten einfangen:

■ **Cost Center**: Aufgaben, Kompetenz und Verantwortung sind vorrangig an Kostengrößen orientiert (kostenwirtschaftliche Steuerung).

- **Leistungscenter**: Aufgaben, Kompetenz und Verantwortung sind am Erbringen bestimmter Leistungen orientiert, flankiert durch Budgeteinhaltung (leistungswirtschaftliche Steuerung).

- **Profit Center**: Aufgaben, Kompetenz und Verantwortung sind an Erfolgsgrößen orientiert (finanzwirtschaftliche Steuerung).

- **Investment-Center**: Aufgaben, Kompetenz und Verantwortung sind an Erfolgsgrössen und zusätzlich an der Gewinnverwendung orientiert (finanzwirtschaftliche Steuerung).

Am niedrigsten ist tendenziell die Autonomie eines Cost Centers, am höchsten diejenige eines Investment Centers, dem sogar ein Teil des erwirtschafteten Ergebnisses überlassen wird. Die Frage, welche Organisationseinheit nach welchem Führungskonzept geführt werden sollte, klärt Abb. 6/6. Im Mittelpunkt von Theorie und Praxis steht derzeit das Profit Center (vgl. Krüger/Jantzen-Homp 1997).

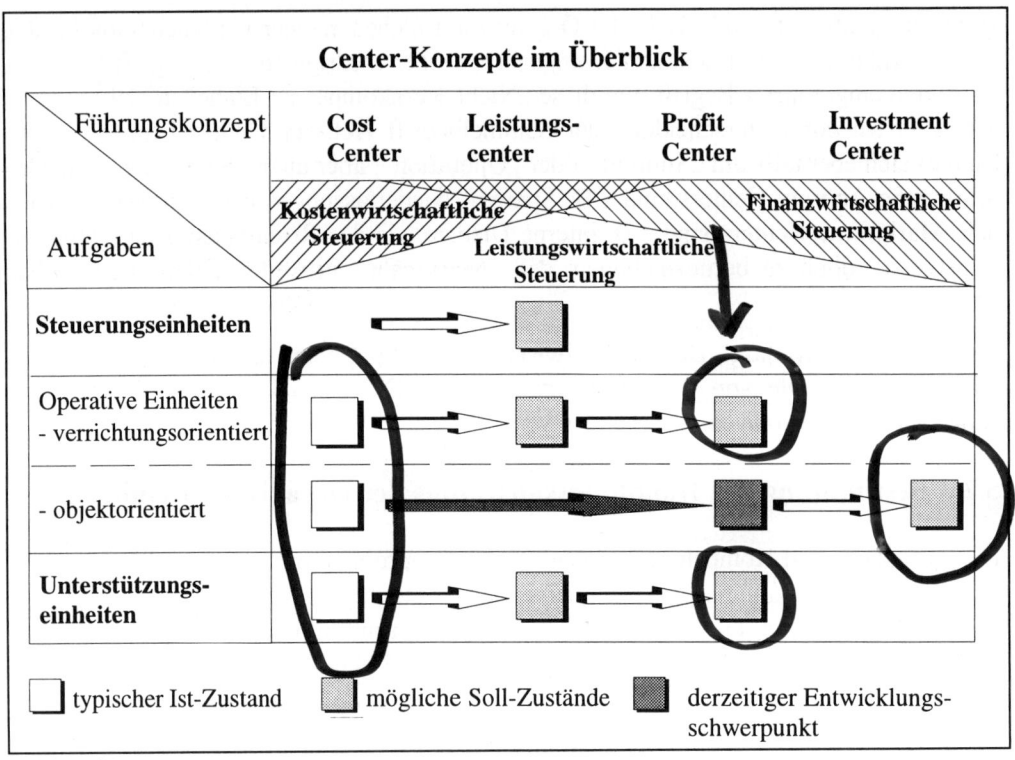

Abb. 6/6

212

Steuerungseinheiten begreifen sich selbst traditionell nicht als Center, sollten dies aber sehr wohl tun. Soweit möglich, müßte versucht werden, sie als **Leistungscenter** zu behandeln, auch wenn die hierfür erforderliche Leistungsdefinition schwerfällt. Das mindeste, was erreicht werden muß, ist, daß auch Steuerungseinheiten dazu angehalten werden, selbstkritisch über ihren spezifischen „value added" nachzudenken.

Unterstützungseinheiten, also vor allem Zentralbereiche, die sich in der Vergangenheit auf eine Kostenumlage verlassen konnten, sind heute zumindest als **Leistungscenter** zu führen. Zu diesem Zweck sind zunächst die dort zu erbringenden Leistungen und Leistungsergebnisse zu bestimmen (z.B. Menge, Qualität, Zeit). Wenn diese Leistungen nicht für den Gesamtkonzern erbracht, sondern von operativen Einheiten abgenommen werden (müssen), dann ist der Schritt zum Profit Center naheliegend, wobei durchaus Zwischenschritte möglich sind.

Bei den **operativen Einheiten** ist die Art der Aufgabenspezialisierung zu unterscheiden. Ist die Unternehmung **verrichtungsorientiert** gegliedert, sollten die Teilbereiche zumindest als **Cost Center** gesteuert werden. Eine verursachungsgerechte Zuordnung der Kosten muß allerdings gewährleistet sein, um Fehlsteuerungseffekte zu vermeiden. Eine Weiterentwicklung in Richtung **Leistungscenter** oder **Profit Center** ist aber anzustreben. **Profit Center** reinen Typs haben volle Ergebnisverantwortung, sind wie selbständige Unternehmungen geführt und können an Erfolgskennzahlen wie z.B. am RoI oder ROCC gemessen werden. Bei **objektorientierten** Unternehmungen ist bereits die Entwicklung vom Cost Center zum Profit Center in vollem Gange. Das Profit Center stellt bei diesem aufbauorganisatorischen Grundmodell eine „natürliche" Lösung dar. Eine Weiterentwicklung in Richtung **Investment Center** kann angestrebt werden (vgl. zu diesen Center-Konzepten Krüger/Jantzen-Homp 1997). Das bedeutet für die Leitung dieser Einheit, daß sie autonom über einen Teil des von ihr erzielten Ergebnisses selbst verfügen und damit z.B. über die Durchführung neuer Investitionsvorhaben entscheiden kann. Dieser Idee entspricht z.B. die Vorgehensweise von Hailo, den erwähnten Ibis-Teams einen Teil des Deckungsbeitrags zur Verfügung zu stellen, der aufgrund ihrer Vorschläge erwirtschaftet wurde. Daß der Investment Center Gedanke keineswegs auf operative Einheiten beschränkt bleiben muß, mag neben diesem Beispiel die Entwicklung der zentralen Forschung (Corporate Research & Technology) der Hoechst AG illustrieren. Diese Einheit verkauft das von ihr entwickelte Know-how innerhalb, aber auch außerhalb von Hoechst und darf im Bedarfsfall ihrerseits Know-how und auch komplette Firmen von außen zukaufen (vgl. Neukirchen 1996).

5.2.4 Regelung des Zusammenwirkens

Bleibt abschließend die Frage zu klären, wie die organisatorischen Beziehungen zwischen den so charakterisierten Organisationseinheiten zu regeln sind. Die gewohnten Unterscheidungen zwischen Ein- und Mehrliniensystem oder gar zwischen „Stab" und „Linie" greifen im Falle einer hybriden Organisation nicht mehr. Dennoch muß auch und gerade in einer derart komplizierten Struktur Ordnung geschaffen werden. Es spricht alles dafür, zu diesem Zweck auf die Definition unternehmungsweiter **Kernprozesse** zurückzugreifen. Man denke an die im Kapitel 5 getroffenen Aussagen und führe sich das Beispiel der Chemopharm AG vor Augen.

Kernprozesse lassen sich wie ein „einigendes Band" um die einzelnen Organisationseinheiten herumlegen. Das Ausmaß, in dem die beteiligten Einheiten zur Abwicklung der Kernprozesse beitragen, bestimmt dann über die notwendige Zuordnung organisatorischer Kompetenz und Verantwortung. Die Regelung dieser Fragen hat im Wechselspiel mit der oben erläuterten Festlegung des Handlungsspielraums der Einheit zu erfolgen.

Das sachliche Gewicht der Einheiten und damit die ihnen einzuräumenden Handlungsrechte werden von Prozeß zu Prozeß wechseln. So kommt es dann vor, daß A im Prozeß X über Entscheidungs- und Anordnungsrechte gegenüber B verfügt, ihm im Gegenzug aber im Prozeß Y Genehmigungsrechte überlassen muß. Dieses Auf und Ab wird jeden irritieren oder gar frustrieren, der auf klare und durchgehende Über- und Unterordnungsverhältnisse setzt. Es wird denjenigen herausfordern und begünstigen, der über Initiativfreudigkeit und Stilflexibilität verfügt.

Im übrigen läßt sich eine solche Struktur ohne grundsätzliche Schwierigkeiten mit Hilfe konventioneller Dokumentationstechniken, wie z.B. Ablaufdiagrammen und Funktionendiagrammen, regeln und für die Beteiligten transparent machen. Als Prinzipdarstellung zeigt Abb. 6/7 das Vorgehen. In diesem auszugsweise dargestellten Schema eines Funktionendiagramms sind einige Centers of Competence sowie Activity Centers eingetragen, die in unterschiedlichem Ausmaß Verantwortung in zwei unternehmungsweiten Kernprozessen tragen. Selbstverständlich ist die Bestimmung der Kompetenzskala sowie die Zuweisung der Teilkompetenzen Sache des Einzelfalls. Ergänzend zu einer solchen aufbauorganisatorischen Dokumentation wäre eine Ablaufdarstellung einzusetzen, um die genauen Teilaufgaben und ihre Abfolge zu dokumentieren. Allerdings ist auf ein Gestaltungsrisiko aufmerksam zu machen: einerseits erfordert eine komplizierte und differenzierte Struktur grundsätzlich ein höheres Maß an Regelungen als eine einfache, konventionelle Organisation, die sozusagen "selbsterklärlich" ist, wie z.B. die "Einheit der Auftragserteilung". Andererseits würde die zunehmende Regelungsdichte sowohl den kontinuierlichen Wandel behindern als auch die notwendigen Handlungsspielräume der Beteiligten unzulässig einengen. Strukturelle Regelungen allein können den Koordinationsbedarf daher nicht abdecken. Sie müßten zwangsläufig zu Schematismus und Bürokratie führen. Die Koordination über gemeinsame Werte und Verhaltensweisen, also über kulturelle Regelungen, muß hier einsetzen.

Daher gilt auch an dieser Stelle, daß die Kooperations- und Führungskultur maßgeblich mit darüber entscheidet, ob die differenzierten Regeln der Struktur mit Leben erfüllt und zur vollen Wirkung gebracht werden.

Schema eines Funktionendiagrammes (Ausschnitt)

Kernprozesse	Centers of Competence		Activity Centers					
	Motorenfabrik	Forschungs- und Ingenieurzentrum	Produktion und Montage	Logistik	Vertrieb	Konzernleitung	:
Integrierter Herstellungs- und Logistikprozeß	V, I, B	I, B	I,V	V, I, B	I, A	G, P	
Produktentwicklungsprozeß	I, B	P	I, B	I, B	I, B	G	
...							

A: Auftragsrechte   P : Prozeßbezogene Entscheidungsrechte
I : Informationsrechte   G: Genehmigungsrechte
B: Beratungsrechte   V : Ausführungs- und Verfügungsrechte

Abb. 6/7

■ Aus der Sicht des Kernkompetenz-Managements ist die aufbauorganisatorische Struktur als **Kompetenzplattform** zu gestalten. Eine Organisation, die diesem hohen Anspruch genügen will, muß Unterstützung bei folgenden Anforderungen bieten: Kultivierung und Ausschöpfung der Kernfunktionen, Generierung von Kernprodukten, Entfaltung von Kerngeschäften, Verankerung von Kernprozessen.

■ Die kompetenzorientierte Umgestaltung einer Unternehmung beginnt mit dem Spektrum der Funktionsbereiche. Ist es nach Breite und Tiefe, gemessen an der Marktattraktivität und Kompetenzstärke, richtig dimensioniert? Je nachdem, wie die Antwort auf diese Frage ausfällt, sind die verschiedenen Maßnahmen der Integration bzw. Desintegration von Funktionen (**Insourcing/Outsourcing**) zu ergreifen. Die Wertschöpfungskette wird kürzer oder länger bzw. schmaler oder breiter.

■ Auch die Binnenstruktur der Aufbauorganisation ist zu überprüfen. Geht man von den beiden Grundmodellen aus, so liegt die besondere Stärke der funktionalen Organisation darin, daß sie die Spezialisierung und Professionalisierung der **Kernfunktionen** unterstützt. Ihre Schwächen sind die mangelhafte Unterstützung objektorientierten Handelns (betr.: Kernprodukte und -geschäfte) sowie die Schwierigkeit, abteilungsübergreifende Prozesse (Kernprozesse) zu institutionalisieren. Die divisionale Organisation besitzt, grob gesprochen, spiegelbildliche Stärken und Schwächen. Besonders geeignet ist sie für die strukturelle Verankerung der **Kerngeschäfte**, Kernfunktionen sind allerdings typischerweise zersplittert.

■ Es gibt eine ganze Reihe organisatorischer Maßnahmen, die beide Grundmodelle der Organisation kompetenzorientiert umgestalten können. Sei es, daß man in der funktionalen Organisation Produkt- oder Geschäftsfeldmanager installiert, Produktplattformen errichtet oder marktnahe Funktionen nach Kundenkriterien ausrichtet (z.B. sog. Vertriebsinseln). Sei es, daß man in der divisionalen Organisation Kernfunktionen (re-)zentralisiert, also funktionale **Centers of Competence** schafft und in der Führungsorganisation Kernprozesse verankert.

■ In letzter Konsequenz führen alle derartigen Restrukturierungen zu organisatorischen Mischformen, so daß es konsequent ist, sich die Organisation der Zukunft als hybride Organisation vorzustellen. Sie ist eine „Sowohl-Als-auch -Organisation", in der objektorientierte Profit Centers mit funktionalen **Centers of Competence** zusammenwirken, und die in vielfacher Weise Stellen und Organisationseinheiten als Mehrzweckgebilde (sog. multifunktionale Subsysteme) ausgestaltet.

Siebtes Kapitel

Wissensmanagement als Querschnittsaufgabe

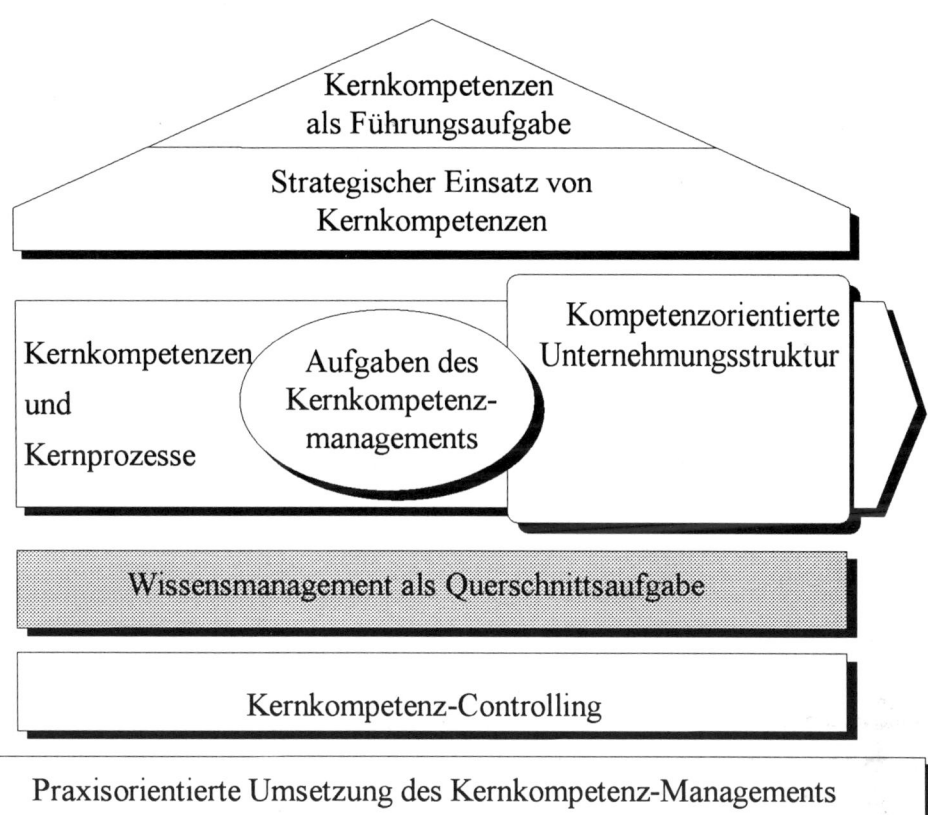

1. Wissensmanagement als Teil des Kernkompetenz-Managements

Die bisherigen Kapitel haben die Grundsatzfragen und die wichtigen Details des Kernkompetenz-Managements geklärt. An verschiedenen Stellen und von unterschiedlichen Blickwinkeln aus wurden dabei immer wieder „Ressourcen und Fähigkeiten" als die Quellen sichtbar, die es aufzuspüren und auszuschöpfen gilt, wenn man sich Kernkompetenzen erarbeiten will. Wer nun angesichts der Fülle von Einzelheiten versucht, einen gemeinsamen Nenner in dieser „Rohstoffbasis" der Kompetenzen zu finden, der wird über kurz oder lang auf eine Kategorie stoßen, die sozusagen den „tragenden Urgrund"der Kernkompetenzen bildet. Dieser tragende Urgrund heißt „**Wissen**".

Wissen prägt die Fähigkeiten jedes einzelnen, Wissen bildet den Hintergrund der organisatorischen und technologischen Beherrschung der Wertschöpfungskette, und schließlich ist es auch Wissen über interne und externe Potentiale und Entwicklungen, das eine Unternehmung in die Lage versetzt, sich an marktliche und außermarktliche Veränderungen anzupassen oder sogar einflußnehmend und gestaltend auf sie einzuwirken. Spätestens an dieser Stelle wird man an die alte Spruchweisheit erinnert, daß Wissen Macht sei. Die Wahrheit dieser Erkenntnis wird nicht dadurch geschmälert, daß sie uralt ist, eher ist das Gegenteil der Fall. Die Analyse von Zukunftsmärkten bis hin zur wissenschaftlichen Erklärung des globalen Wandels (vgl. Thurow 1996) ist von Wissenskategorien durchzogen, sei es, daß ein „Zeitalter der Information" oder die dominierende Bedeutung von „Knowledge Industrien" in den Mittelpunkt gerückt wird.

Auch wenn viele Aussagen noch unscharf und plakativ wirken, dürfte klar sein, daß ein Kernkompetenz-Management, das diesen Namen verdient, nicht ohne Wissensmanagement auskommen kann. Es ist nicht übertrieben zu behaupten, daß Wettbewerbsvorteile Wissensvorteile sind. Dies gilt auf jeden Fall für innovations- und differenzierungsorientierte Strategien, kann aber bei vergleichbarer Ausgangslage genauso auf den Kostenführer angewendet werden. Der Zugang zu sowie die Beherrschung und Umsetzung von

Wissen sind essentiell. Als ein kleiner, aber bedeutender Hinweis darauf, wie groß der Wissensbedarf in Unternehmungen ist und wie sehr zugleich interne Wissensdefizite, gerade auch im Management, das Bild bestimmen, sei an den umfangreichen Beratereinsatz erinnert. Kaum eine Unternehmung trifft heute unternehmungspolitische Entscheidungen ohne Topmanagement-Berater. Ebenso werden für die Optimierung von Teilprozessen externe Consultants mit speziellem Know-how zu Rate gezogen. Dieser Trend macht auch vor dem Mittelstand nicht halt. Der Boom der Beraterbranche macht sich mittlerweile auch auf dem Markt für geistiges Potential bemerkbar. Zwischen den "big six" der Unternehmungsberatung ist ein harter Wettbewerb um die besten Hochschulabsolventen entbrannt.

Wissensmanagement wird in diesem Kapitel als eine Querschnittsaufgabe des Kernkompetenz-Managements dargestellt. Mit „Querschnitt" ist gemeint, daß sich die betreffenden Aufgaben durch den gesamten Kernkompetenz-Management-Zyklus hindurchziehen. Um zu klären, worum es dabei konkret geht, sind vor allem folgende Fragestellungen zu behandeln:

- In welchen kompetenzbezogenen Formen tritt Wissen in der Unternehmung auf und wer (Organisationseinheiten und Personen) sind die Träger des Wissens?

- Welche Formen des Wissens werden im Zyklus des Kernkompetenz-Managements benötigt?

- Wie läßt sich das Wissensmanagement in das Gegenstromverfahren integrieren?

- Welche Möglichkeiten des internen und externen Wissenserwerbs gibt es und wie sind sie zu beurteilen?

- Über welche Instrumente kann das Wissensmanagement verfügen?

2. Formen und Träger kompetenzbezogenen Wissens

2.1 Wissen als Kompetenzbestandteil

In den bisherigen Kapiteln ist zwischen Ressourcen und Fähigkeiten einerseits, Kompetenzen und Wettbewerbsvorteilen andererseits als Ausgangspunkt der Überlegungen unterschieden worden. Es ist nun zunächst zu klären, in welchem systematisch-begrifflichen Zusammenhang hierzu die Kategorie des Wissens steht. Generell ist Wissen an Personen, organisatorische Einheiten oder die Unternehmung insgesamt gebunden und drückt sich in den Fähigkeiten der jeweils betrachteten Ebene aus. Durch Ausbildung und Erfahrung erworbenes Wissen und Können eines einzelnen Individuums sowie alle Persönlichkeitsmerkmale und Verhaltensweisen können den **individuellen Fähigkeiten** zugeordnet werden. Analog lassen sich Verständnis und Geschick organisatorischer Einheiten als **kollektive Fähigkeiten** interpretieren. In einer versachlichten, weiten Begriffsfassung ist die Summe dieser Potentiale als die **Wissensbasis** der Unternehmung zu verstehen. Zur Entfaltung von Fähigkeiten -und damit zur Wissensanwendung- sind Hilfsmittel notwendig, z.B. Bürogeräte, Maschinen oder auch Informationssysteme. Der einzelne wird diese Hilfsmittel als **Ressourcen** betrachten, die er zur Nutzung seiner Fähigkeiten einsetzt. Auf der Ebene der organisatorischen Einheit betrachtet, trägt dann die Leistungsabgabe des einzelnen Mitglieds ihrerseits Ressourcencharakter. Die Frage, was als Ressource und was als Fähigkeit oder Wissen zu verstehen ist, hängt folglich von der jeweiligen **Referenzebene** (Individuum, organisatorische Einheit, Gesamtunternehmung) ab (vgl. Abb. 8/1).

Die Summe aus allen **individuellen Fähigkeiten** (durch Ausbildung und Erfahrung erworbenes Wissen und Können, Persönlichkeitsmerkmale und Verhaltensweisen einzelner Individuen) und allen an organisatorische Einheiten gebundenen **kollektiven Fähigkeiten** bildet die **Wissensbasis einer Unternehmung** (vgl. Krüger/Bach 1997).

	Individuum	Organisatorische Einheit	Unternehmung
Kompetenz	Möglichkeit eines einzelnen, bestimmte Aufgaben zuverlässig zu erfüllen	Möglichkeit eines Subsystems (z.B. Funktionsbereiche, Werk), nachhaltig gegebene Aufgaben zu erfüllen und gesteckte Ziele zu erreichen	Möglichkeit einer Unternehmung, nachhaltig wettbewerbsfähig zu sein
Ressource	Materielle und immaterielle Hilfsmittel der Aufgabenerfüllung	Individuelle Fähigkeiten sowie weitere materielle und immaterielle Ressourcen	Subsystemspezifische Fähigkeiten sowie weitere materielle und immaterielle Ressourcen
Fähigkeit	Personengebundene Leistungspotentiale	Individuelle Fähigkeiten werden zu Fähigkeiten einer organisatorischen Einheit kombiniert	Subsystemspezifische Fähigkeiten und ihre Integration führen zu Fähigkeiten der Unternehmung insgesamt

Referenzebenen von Ressourcen und Fähigkeiten (Tabellentitel)

(Diagonaler Pfeil: *Wissensmanagement*)

Abb. 7/1

Bewähren sich individuelle oder kollektive Fähigkeiten im aufgaben- und zielbezogenen Einsatz, so wird von einer **Kompetenz** gesprochen (vgl. Kap. 2). Anders formuliert: Individuelle (kollektive) Kompetenz ist die nachgewiesene Möglichkeit eines einzelnen (einer Organisationseinheit, einer Unternehmung), eine bestimmte Kategorie von Aufgaben bzw. Anforderungen zuverlässig zu erfüllen.

Mit der Wahl einer Referenzebene läßt sich auch die Frage nach der Unterscheidung von explizitem und implizitem (tacit) Wissen (vgl. Polanyi 1966, Nonaka/Takeuchi 1995) klären. Explizites Wissen ist solches Wissen, das auf der jeweiligen Referenzebene bekannt, evtl. auch dokumentiert, und allgemein zugänglich ist. Ein Drucker, der als qualifizierter Facharbeiter seine Maschine bedient, verfügt über durch Ausbildung und Erfahrung erworbenes Wissen, das für ihn jederzeit präsent ist. Das Wissen ist für ihn **explizit**. Aus Sicht des Druckers betrachtet wäre sein Wissen eine **Ressource.** Der Graphiker dagegen, der seine Originalvorlage für das Filmplakat mit dem Druckbogen vergleicht, Korrekturen anordnet und schließlich die Druckgenehmigung erteilt, nutzt die **Fähigkeiten** des Druckers. Für ihn sind wiederum diese Fähigkeiten **Ressourcen**, die Inputfaktoren seines kreativen Prozesses darstellen. Je besser es ihm gelingt, diese Ressourcen mit seinen eigenen Fähigkeiten zu kombinieren, desto besser wird das Endergebnis ausfallen. Für den Graphiker ist das Wissen des Druckers **implizites Wissen**. Er kann darüber nicht unmittelbar verfügen. Das gleiche gilt allerdings auch für den technischen Direktor des Betriebes und sogar für den Maschinenmeister, sofern er nicht selbst noch an der Maschine arbeitet.

Während explizites Wissen also Ressourcencharakter trägt, fließt implizit vorhandenes Wissen als Fähigkeit in die Kompetenz der betrachteten Referenzebene ein. Für übergeordnete Referenzebenen stellen Kompetenzen der untergeordneten Ebenen Ressourcen dar, die zur Nutzung der Fähigkeiten eingesetzt werden. Soll implizites Wissen darüberhinaus nutzbar gemacht werden, muß es in geeigneter Weise „angezapft" werden. Diesem Zweck dienen z.B. Quality Circles und Kaizen-Prozeduren, in denen es Unternehmungen darum geht, die vielfältigen Erfahrungen der Mitarbeiter aufzugreifen, zusammenzubringen und für Verbesserungen zu nutzen.

Das Thema: Implizites und explizites Wissen

Das Beispiel: Arthur-Andersen

Die vom Kunden honorierte Kompetenz der Unternehmungsberatung Arthur-Andersen basiert zu großen Teilen auf dem Wissen ihrer Berater. "Wir leben von Wissen und unsere Unternehmungskultur basiert schon immer auf dessen Austausch" sagt Berater Sven Müller aus Zürich. Ein Problem sahen die Consultants darin, daß implizit in den Fähigkeiten ihrer Mitarbeiter vorhandenes Wissen oft weder bekannt noch zugänglich war. Daher wurde angestrebt, durch Dokumentation vorhandenes implizites in leichter zu handhabendes explizites Wissen zu verwandeln und es als Unternehmungsressource für alle zugänglich zu speichern. Bei 80.000 weltweit tätigen Mitarbeitern ist das eine mehr als schwierige Aufgabe. Heute ist jeder Andersen-Mitarbeiter verpflichtet, etwa eine Viertelstunde täglich dem „Knowledge-sharing" zu widmen, indem er in das Datennetz AA-online eine Beschreibung seiner aktuellen Arbeit sowie besondere Erfahrungen oder Schwierigkeiten eingibt. Zahl und Qualität der Beiträge werden bei der Gehaltsfindung berücksichtigt, so daß für die Mitarbeiter auch ein Anreiz besteht, ihre Erfahrungen weiterzugeben. Ergebnis dieses gezielten Wissensmanagements sind die „**Global Best Practices**". Auf 18.000 digitalisierten Seiten sind die weltweit wichtigsten Geschäftsprozesse dokumentiert und rund 70 verschiedene Bewertungskriterien erläutert. Das zuvor implizit vorhandene Wissen der Mitarbeiter steht damit in expliziter Form als Ressource allen Mitarbeitern zur Verfügung. Andersen ist überzeugt, daß durch dieses gezielte Wissensmanagement die Kompetenz der gesamten Unternehmung täglich wächst und mit dazu beiträgt, im globalen Wettbewerb der Berater zu bestehen (vgl. Palass 1997, S. 118f.).

Wissen ist für die Unternehmung kein Selbstzweck, besitzt also keinen Eigenwert. Sofern Wissen handelbar ist, bildet sich am Wissensmarkt ein Preis, der **Marktwert** des Wissens. Der Verwendungsnutzen des Wissens und damit der Wert, den eine Unternehmung einem speziellen Wissen beimißt, ist ein gänzlich anderer. Er hängt zunächst von der verfolgten Strategie ab. Wissen, das für die eine Unternehmung wenig zur Wettbewerbsposition beiträgt, kann für eine andere Unternehmung der entscheidende Mosaikstein zur Komplettierung ihres Kompetenzpuzzles sein. Hierfür könnte der Ausdruck **strategischer Wert** benutzt werden. Wissen ohne strategische Bedeutung ist ohne strategischen Wert, gleichgültig, was sein Erwerb gekostet haben mag.

Hinzu kommt die Tatsache, daß Wissen aufgeschlossen, angewendet, kommuniziert und transferiert werden muß, um es zu nutzen. „Stand alone"-Wissen ist wirkungslos. Es sind also **komplementäre Ressourcen und Fähigkeiten** erforderlich. Dies gilt auch in personeller Hinsicht. Ein einzelner kann noch so hochqualifiziert sein, ohne adäquate Hilfsmittel und kongeniale Kooperationspartner verpufft ein großer Teil seines Potentials bzw. liegt brach. Ähnlich wie bei Unternehmungszusammenschlüssen ist also auch beim Wissenserwerb über Synergieeffekte und den „parenting advantage" (vgl. Good et al. 1994, Krüger 1996, Reißner 1992) von Wissens-Bausteinen nachzudenken. Es gilt, den **synergetischen Wert** des Wissens zu berücksichtigen und auszuschöpfen.

> Insgesamt ist der Kompetenzwert des Wissens eine Funktion aus Marktwert, strategischem Wert und synergetischem Wert.

2.2 Träger und Volatilität des Wissens

Im traditionellen Verständnis ist Wissen an einzelne Personen gebunden und wird durch „Lernen", z.B. in der Schule, aber auch durch „on the job"-Maßnahmen am Arbeitsplatz erworben. Im betriebswirtschaftlichen Kontext muß dieses Verständnis erweitert werden. Als **Träger des Wissens** kommen nicht nur einzelne Individuen, sondern auch organisatorische Einheiten oder die Gesamtunternehmung in Frage. Darüber hinaus sind sogar unternehmungsübergreifende Netzwerke und auch die Gesamtheit der Anspruchsgruppen der Unternehmung als Träger des Wissens denkbar.

Wissen ist teilweise handelbar. Es kann als Dienstleistung fremdbezogen oder durch Aufnahme neuer Wissensträger ins Arbeitsverhältnis zugekauft werden. Analog kann auch eigenes Wissen als Dienstleistung angeboten werden. Schließlich geht Wissen durch das Ausscheiden von Wissensträgern verloren, sei es bewußt geplant oder weil der Wettbewerb ein besseres Angebot gemacht hat. Für die einzelnen Wissensträger kann dabei eine unterschiedliche Mobilität oder **Volatilität** beobachtet werden (vgl. Abb. 7/2). Das Abwandern und Anwerben von Fachkräften ist nicht nur für operative Tätigkeiten an der Tagesordnung, die ganze Branche der „Headhunter" lebt von der Vermittlung von Wissensträgern. Schwieriger gestaltet sich der Wechsel ganzer organisatorischer Einheiten. Die Folgen für den Wettbewerb, aber auch die rechtlichen Konsequenzen eines solchen Wissenstransfers auf kollektiver Ebene wurden insbesondere im Fall López, der mit seinem Mitarbeiterstab von General Motors zu Volkswagen wechselte, deutlich. Hier wurde die Kompetenz einer gesamten organisatorischen Einheit von VW angeworben. Auch der An- und Verkauf von Unternehmungsteilen, die zu diesem Zweck oft vorher rechtlich verselbständigt werden, ist als Form des Wissenserwerbs anwendbar.

Träger und Volatilität des Wissens

Volatilität	hoch niedrig
Träger	Individuum organisatorische Gesamt- Einheit unternehmung

Abb. 7/2

Die Volatilität des Wissens steht in einem direkten Zusammenhang zur Kernkompetenz:

- **Kompetenzerwerb:** Je volatiler Wissen ist, desto leichter kann es erworben und für den Kompetenzaufbau genutzt werden. Eine Konsequenz ist z.B. das Abwerben von Spezialistenteams.

- **Kompetenzerhalt:** Je volatiler Wissen ist, desto leichter kann es abfließen und desto schwerer ist es, eine dauerhafte Kompetenz damit aufrechtzuerhalten. Individuelles Wissen müßte, um dem zu begegnen, soweit wie möglich in kollektives Wissen umgewandelt werden. Hochkarätige Mitarbeiter müssen möglichst eng an die Unternehmung gebunden werden.

2.3 Lernen zur Veränderung der Wissensbasis

In der ressourcenorientierten Sicht des Strategischen Managements ist Wissen als Bestandteil von Kompetenzen eine potentielle Quelle von Wettbewerbsvorteilen. Allerdings können Kompetenzen und die auf ihnen beruhenden Produkte oder Dienstleistungen durch Veränderungen im marktlichen oder außermarktlichen Umfeld auch an Bedeutung verlieren, weshalb ein statisches „Verwalten" der Wissensbasis nicht ausreichen kann, um dauerhafte Wettbewerbsvorteile auf dynamischen Märkten zu erzielen. Wird die „Machtbasis Wissen" nur statisch genutzt, so kann ein einstiger Wettbewerbsvorteil rasch erodieren.Um auf dynamischen Märkten mitzuhalten, ist daher eine Veränderung der eigenen Kompetenzen und damit auch der Wissensbasis der Unternehmung erforderlich. Einmal erworbenes Wissen ist kein Ruhekissen.

In jedem Fall ist eine erfolgreiche Konfiguration der Ressourcen- und Fähigkeitsbasis der Unternehmung ständig auf Änderungsbedarfe zu überprüfen, zumindest, um auf sich wandelnde Kundenbedürfnisse zu reagieren. Neben einer rein reaktiven Anpassung an marktliche oder außermarktliche Umfeldveränderungen ist aber auch eine proaktive Gestaltung des Wettbewerbs, z.B. durch den Transfer einer Kernkompetenz, möglich, was erst recht eine Veränderung der Wissensbasis erfordert. Alle notwendigen Veränderungen der Wissensbasis stellen Lernbedarfe dar, denn ohne Lernen ist eine Veränderung schlicht unmöglich. Die Tatsache, daß auch Kernkompetenzen einem Lebenszyklus unterliegen und degenerieren können, unterstreicht die Notwendigkeit des Lernens erneut. Lernen kann im übrigen auch unternehmungsübergreifend erfolgen, z.B. in Netzwerken bzw. Allianzen.

Lernen umschließt daher jede Veränderung der Wissensbasis **in der** Unternehmung bis hin zum Lernen **der** Unternehmung (organisationales Lernen, vgl. Krüger/Bach 1997; Probst/Büchel 1994). Unternehmungen, die ihre Wissenbasis gezielt verändern, sind als lernfähig zu bezeichnen. Führt eine Unternehmung wiederholt erfolgreich Lernprozesse durch, so hat sich die Lernfähigkeit dauerhaft bewährt. In diesem Fall ist von einer Lernkompetenz zu sprechen (vgl. Abb. 7/3; Krüger/Bach 1997).

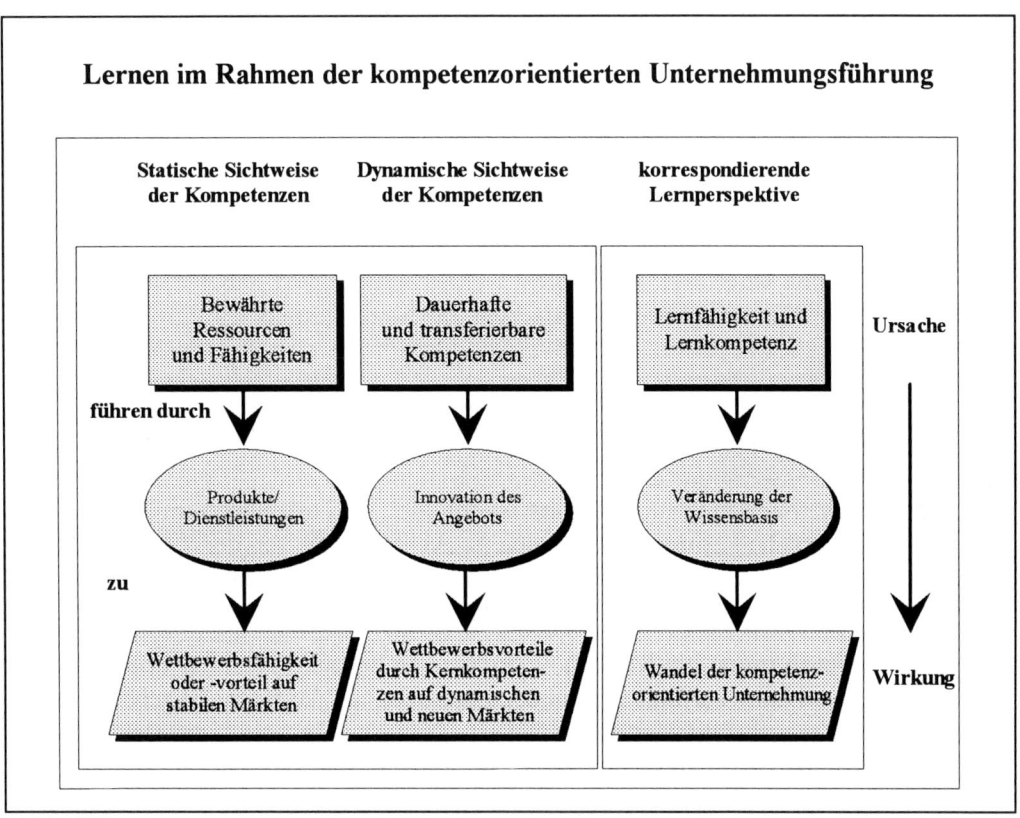

Lernen im Rahmen der kompetenzorientierten Unternehmungsführung

Statische Sichtweise der Kompetenzen	Dynamische Sichtweise der Kompetenzen	korrespondierende Lernperspektive

Bewährte Ressourcen und Fähigkeiten

Dauerhafte und transferierbare Kompetenzen

Lernfähigkeit und Lernkompetenz

Ursache

führen durch

Produkte/ Dienstleistungen

Innovation des Angebots

Veränderung der Wissensbasis

zu

Wettbewerbsfähigkeit oder -vorteil auf stabilen Märkten

Wettbewerbsvorteile durch Kernkompeten- zen auf dynamischen und neuen Märkten

Wandel der kompetenz- orientierten Unternehmung

Wirkung

Abb. 7/3

Lernkompetenz und Lernprozesse sind Bestandteil des Wissensmanagements und durchziehen das gesamte Kernkompetenz-Management.

Lernen ist ein Prozeß der Veränderung der Wissensbasis, der sich entweder in einer effizienteren Ausführung bekannter Aufgabenstellungen oder in der - proaktiven oder reaktiven - Fähigkeit zur Erkennung neuer Aufgaben äußert (vgl. Krüger/Bach 1997).

3.   Prozeß des Wissensmanagements

„Wissen kann man nicht herumschicken wie ein Paket. Es ist immer im Fluß"
(Edvinsson). Die Steuerung dieses Flusses und damit das Managen von Wissen begleitet
alle fünf Phasen des Kernkompetenz-Management-Zyklus. In jeder dieser Phasen liegt
das Hauptaugenmerk des Wissensmanagements, bedingt durch die phasenspezifischen
Aufgabenstellungen, auf unterschiedlichen **Wissenskategorien**. Diese Kategorien des
Know-how, Know-what und **Know-why** werden nachfolgend näher erläutert und in
ihrem Einsatz im Kernkompetenz-Management-Zyklus dargestellt.

3.1   Wissenskategorien im Kernkompetenz-Management-Zyklus

Der Kernkompetenz-Management-Zyklus ist für alle Wissensträger mit Lernbedarfen
verbunden. Für solche Lernprozesse werden, in Abhängigkeit von der Tiefe der Veränderung, drei Lernformen unterschieden, die mit drei spezifischen Wissenskategorien
korrespondieren (vgl. Abb. 7/4; vgl. Krüger/Bach 1997).

Die erste Wissensform ist als Know-how hinlänglich bekannt. Nur wer über ein Mindestmaß an **Know-how** verfügt, wird in der Lage sein, am Markt zu bestehen, d.h. die
Ebene der Wettbewerbsfähigkeit zu erreichen. „Doing things right", die Beherrschung
der laufenden Geschäftsprozesse, das Wissen um das „wie" und „womit" der Aufgabenerfüllung, kennzeichnen diese Wissenskategorie. Wird der Begriff des Know-how
auf dieses „wie" und „womit" beschränkt, so ist klar, daß es noch nicht zur Innovation
oder zu kreativ-proaktivem Handeln befähigt. Es dient lediglich der effizienten Erfüllung bereits bekannter Aufgaben und der besseren Befriedigung bereits bedienter Kundenbedürfnisse.

Wissen um die richtigen Aufgabenstellungen, das vielzitierte „doing right things", zählt
zur Kategorie des **Know-what**. Solches Wissen ist tiefgreifender als reines Know-how.
Es tangiert auch das „was", also die zu deckenden Kundenbedürfnisse, die angestrebten
Ziele und die zu erfüllenden Aufgaben. Alle Entscheidungen von strategischer Bedeutung bauen auf dieser Wissenskategorie auf. Geprägt und geformt wird das Know-what
vor allem durch die eigene Wahrnehmung und Interpretation der Realität. Das Hinzu-
ziehen von externen Beratern für strategische Entscheidungen kann als mangelnder
Unternehmergeist kritisiert werden, auf der anderen Seite werden dadurch jedoch Fehl-
entscheidungen aufgrund eines falschen Selbstbilds vermieden. Gerade in der Kategorie
des Know-what ist ein möglichst objektives Bild über Stärken und Schwächen der Unternehmung im Vergleich zu externen Chancen und Risiken überlebenswichtig. Ausge-

wiesene Fähigkeiten im Know-how ersetzen nicht das Know-what. Umgekehrt bedarf es Know-how, um als richtig erkannte Aufgabenstellungen zu bewältigen. Auch der kreativste Visionär ist ohne Know-how nicht wettbewerbsfähig.

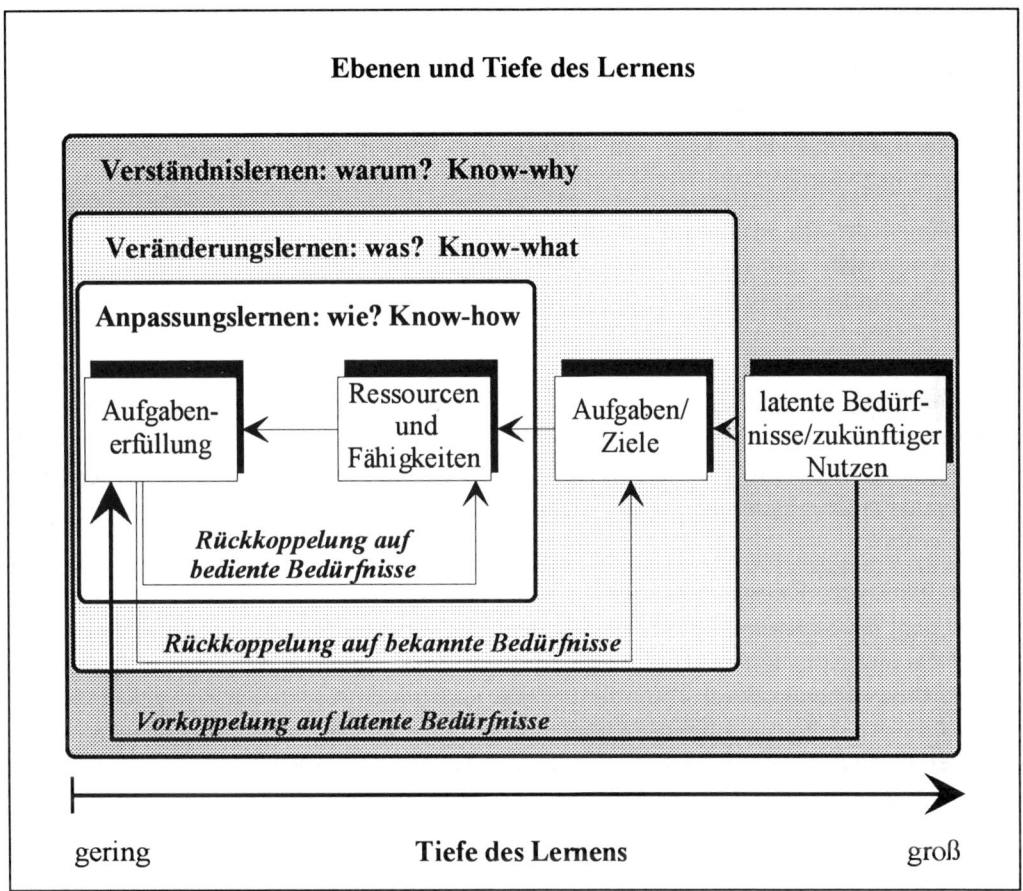

Abb. 7/4

Beiden bisher vorgestellten Wissenskategorien übergeordnet ist das **Know-why**. Das Wissen um die Entwicklung der Kernbedürfnisse des Kunden und die Ursache-Wirkungsbeziehungen der Bedürfnisbefriedigung sind hier verankert. Solch tiefes Wissen ermöglicht eine Vorkoppelung auf zukünftige Bedürfnisse. Die Unternehmung kann ein auf ihrer Kernkompetenz basierendes Angebot bereitstellen, bevor der Kunde eine entsprechende Nachfrage artikuliert. Erst Know-why ermöglicht also proaktives Handeln. Dieses besondere Wissen um die Nutzenstiftung beim Kunden muß mit echtem Unternehmertum im Sinne Schumpeters kombiniert werden, um aus den vermuteten latenten Bedürfnissen reale Kernbedürfnisse zu formulieren und letztendlich Kunden zu bedienen. Diesen auf Nutzenstiftung beim Kunden gerichteten Einsatz des Know-why bezeichnen Quinn et al. als "Care-why" (vgl. Quinn et al. 1996, S. 96).

Das Wissensmanagement und die einzelnen Wissenskategorien begleiten alle Phasen des Kernkompetenz-Managements. Für die Erfüllung der phasenspezifischen Aufgaben kommt den einzelnen Wissenskategorien wechselnde Bedeutung zu und für das Zusammenspiel der Kategorien des Know-why, Know-what und Know-how im Kernkompetenz-Management-Zyklus kann ein spezifischer Verlauf aufgezeichnet werden (vgl. Abb. 7/5, nach Homp/Bach 1997).

Im Rahmen der **Identifikation** und des **Transfers** von Kernkompetenzen kommt vor allem **Know-why** zum Einsatz. In der Identifikationsphase muß sich die Unternehmung durch Verständnislernen Know-why darüber aneignen, warum der Kunde gewisse Leistungen besonders honoriert oder andere eben nicht. Aus einem vermuteten latenten Bedürfnis müssen Kernbedürfnisse abgeleitet werden, denn ohne Wissen um die Kernbedürfnisse des Kunden sind die Aufgaben des Kernkompetenz-Managements nicht zu erfüllen. Auch Know-what und Know-how sind von Bedeutung. Sie spiegeln die Erkenntnisse des Know-why wider. Konkret ist zu fragen: Was sind unsere Stärken und wie können sie zur Befriedigung der identifizierten Kernbedürfnisse der Kunden eingesetzt werden?

In der Phase der **Entwicklung** muß das Know-why zwar weiter hinterfragt werden, jedoch liegt der Schwerpunkt hier im Wissen um die richtigen Ziele und Aufgaben, d.h. in der Kategorie des **Know-what**, verbunden mit Wissen um die Wege der Aufgabenerfüllung (Know-how). Welche Kernfunktionen muß unser Angebot aufweisen und wie können diese bereitgestellt werden? Was muß dazu entwickelt werden und wie sind vorhandene Kompetenzen zu verändern? Auf welche Schwerpunkte wollen wir uns konzentrieren, und in welchen Bereichen sind Ergänzungen notwendig?

Im Verlauf der **Integration** verschiebt sich die Gewichtung zu Lasten des Know-what in Richtung des **Know-how**. Es geht um die zielorientierte Bündelung der Ressourcen und Fähigkeiten. Das Wissen um das Zusammenwirken der zur Aufgabenerfüllung einzusetzenden Kompetenzen ist hier in gleichem Maße von Bedeutung wie Wissen um die richtigen Aufgaben. Wie sind die einzelnen Ressourcen und Fähigkeiten sowie Kompetenzträger zusammenzuführen? Wie sind die Schnittstellen in der Wertschöpfungskette zu gestalten? Wie sollen die operativen Prozesse laufen und wie sind die Unterstützungsprozesse zu gestalten?

In der **Nutzungsphase** schließlich wird das Know-why für den Lebenszyklus des nun konkreten Angebots an die Kunden als gegeben vorausgesetzt. Der eindeutige Schwerpunkt der Managementaufgaben liegt in der effizienten Aufgabenerfüllung (**Know-how**) unter Berücksichtigung der Frage, ob die eigenen Kompetenzen noch sinnvoll eingesetzt werden (Know-what).

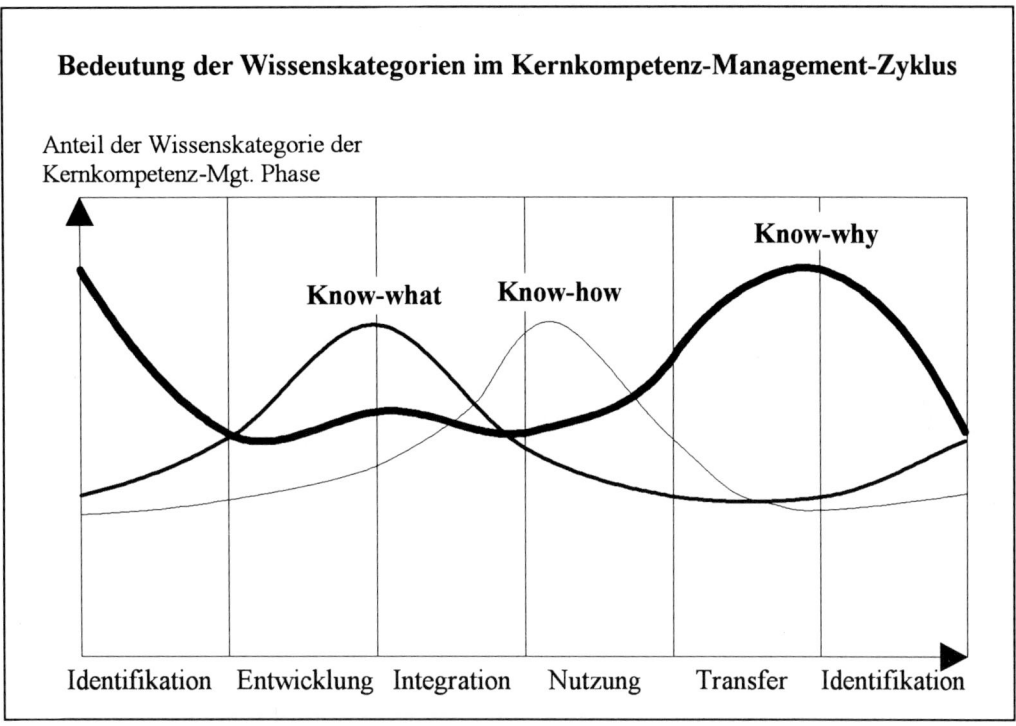

Abb. 7/5

3.2 Wissensmanagement im Gegenstrom

Wissen hat keinen Eigenwert, sondern kann immer nur in seinem Beitrag zur Aufgabenerfüllung, also in seiner Eigenschaft als Kompetenzbestandteil, beurteilt werden. Ziel des Wissensmanagements kann es folglich nicht sein, einen möglichst großen Wissensschatz anzuhäufen, sondern es muß den nutzenstiftenden Einsatz des Wissens im Auge behalten. Eine Möglichkeit hierzu ergibt sich aus der Untersuchung von Wissen als Kompetenzbestandteil im Rahmen des in Kapitel 4 vorgestellten Gegenstromverfahrens. Die einzelnen Wissenskategorien werden in ihrem Einsatz im horizontalen und vertikalen Gegenstrom näher untersucht, um dann Aufgaben für einzelne Wissensträger ableiten zu können.

Innerhalb des vertikalen Gegenstroms kann eine Arbeitsteilung in der Unternehmungshierarchie ausgemacht werden. Die Unternehmungspitze muß über Know-why verfügen und daraus die strategische Richtung vorgeben. Sie formuliert die kompetenzgestützten **Visionen** und Konzepte. Dies genau ist der **"stategic intent"**, die strategische Absicht zur Generierung neuer Märkte und der Bedienung latenter Kundenbedürfnisse. Im Wege einer offenen Kommunikation ist das Know-why der Unternehmungsbasis mitzuteilen, um eventuellen Akzeptanzbarrieren entgegenzuwirken.

Im **stretch-orientierten** Vorlauf sind vom mittleren Management die Rahmenkonzepte in konkrete Ziele und Aufgaben für ihre Bereiche umzusetzen. Das strategisch formulierte Vorgehen wird auf dieser Ebene in konkrete Handlungsanweisungen heruntergebrochen (Know-what). Schließlich sollte die Unternehmungsbasis über das Know-how zur Erfüllung der aus dem Know-why abgeleiteten Aufgabenstellungen verfügen. Ist eine Erfüllung der im Stretch angestrebten Aufgaben mit den vorhandenen Ressourcen und Fähigkeiten nicht zu gewährleisten, beginnt der **fit-orientierte** Rücklauf mit einer Meldung darüber, welche Kompetenzen zu Erreichung der strategischen Zielsetzung noch entwickelt oder zugekauft werden müssen.

Die mittleren Ebenen bündeln diese Rückmeldungen und melden die vorhandenen Potentiale an die Unternehmungspitze. Nachdem diese über den Bestand an Ressourcen und Fähigkeiten informiert ist, kann sie entscheiden, inwieweit die im stretchorientierten Vorlauf gesteckten strategischen Ziele zu erreichen sind, oder ob die eigenen Kompetenzen „überdehnt" würden. Neben möglichen Lücken im Kompetenzgefüge deckt der fit-orientierte Rücklauf auch auf vorhandenem Know-how basierende ungenutzte Chancen auf. Diesen Gedanken verfolgt Skandia mit dem sogenannten „Wissens-Smörgasboard", bei dem Teams aus dem ganzen Konzern der Unternehmungsspitze Vorschläge unterbreiten, wie vorhandene Potentiale genutzt werden könnten (vgl. Palass 1997, S. 121).

Quer zum vertikalen Gegenstrom innerhalb der Unternehmung verläuft ein horizontaler Prozeß unter Einbindung potentieller Kunden mit dem Ziel, aus latenten Bedürfnissen Kernbedürfnisse abzuleiten und diese in realen Geschäften zu bedienen (vgl. Abb. 7/6, nach Homp/Bach 1997). In einem kompetenzorientierten Vorlauf zielt die Unternehmungsleitung auf vermutete latente Bedürfnisse und kommuniziert diese an potentielle Kunden. Bestätigen diese die Existenz solcher Bedürfnisse, müssen aus der kompetenzgestützten Vision zu befriedigende Kernbedürfnisse abgeleitet und die entsprechenden Ziele und Aufgabenstellungen definiert werden (bedürfnisorientierter Rücklauf). Zur Bereitstellung der Kernfunktionen/Kerneigenschaften des Angebots wird das vorhandene Know-how der Unternehmungsbasis eingesetzt und weiterentwickelt. Erst die Bedienung des Bedürfnisses am Markt zeigt, daß die Unternehmung über ein funktionierendes

Wissensmanagement verfügt, welches sie in die Lage versetzt, aus einer strategischen Vision ein marktfähiges Produkt entstehen zu lassen.

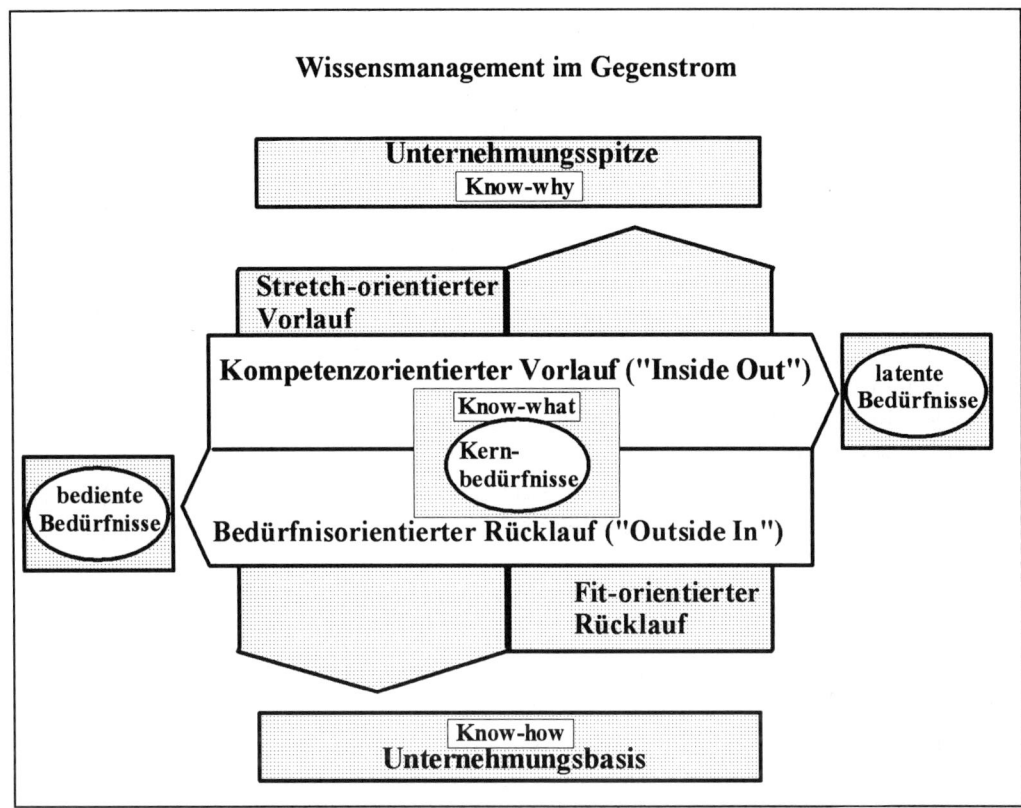

Abb. 7/6

4. Formen des Wissenserwerbs einer Unternehmung und Instrumente des Wissensmanagements

4.1 Unternehmungsinterner und -externer Wissenserwerb

Eine entscheidende Frage ist, wie der Wissenserwerb organisiert werden soll. Ähnlich wie in der Personalpolitik kann hierfür zwischen internem und externem Wissenserwerb unterschieden werden. (vgl. Hamel/Heene 1994, S. 232f.). Eine interne Wissensentwicklung erscheint insbesondere für Leaderstrategien vorteilhaft, da bei dieser Timing-Strategie ein Vorsprung auf der Erfahrungskurve herausgefahren und das Wissen rechtlich geschützt und eventuell in Lizenzen vermarktet werden kann (vgl. Buchholz 1996). Überholerstrategien lassen sich dagegen oft nur durch den Zukauf von Wissen verfolgen, da ein eigener Wissensaufbau in der Regel mehr Zeit in Anspruch nimmt als eine externe Beschaffung. Dies ist die Erkärung dafür, daß in den letzten Jahren ein scharfer Anstieg des externen Wissenserwerbs zu beobachten war, insbesondere in Form des Beratereinsatzes und der Firmenübernahmen.

Unternehmungsinterner Wissenserwerb: Unternehmungen, die sich auf ihre eigene Wissensbasis verlassen wollen, müssen über ausreichende Zeit verfügen und sie müssen in der Lage sein, das Wissen aus eigener Kraft zu aktualisieren und in der Unternehmung jeweils in geeigneter Form „anzuzapfen" und umzuverteilen. Dazu gehört auch das Schaffen einer kreativitäts- und kooperationsfördernden Unternehmungskultur, in der es zu einem ungehinderten Ideenfluß kommt. In der Praxis ergibt sich nicht selten eine Abstoßungsreaktion, in der Fachliteratur als „Not invented here- Syndrom" bekannt. Ein weiterer Nachteil ist sicherlich die Gefahr der „Betriebsblindheit". Dennoch ist schon das Aufdecken und Dokumentieren von Wissen in Wissensdatenbanken vielfach lohnend. Dabei können sich einzelne Personen oder Bereiche als Wissenszentren erweisen. Sie sind als eine besondere Form der Center of Competence zu begreifen. Für die Pflege des Wissens und den Wissenstransfer, der von ihnen verlangt wird, also für ihren Beitrag zum Wissensmanagement, sollten Ziele vereinbart, überprüft und auch gratifiziert werden, bis hin zu Gehaltsauswirkungen.

Entscheidender Vorteil ist, daß internes Wissen für den Wettbewerber kaum sichtbar und damit schwer imitierbar ist. Um einen „Überraschungsschlag" auf dem Markt führen zu können, wird von forschungsintensiven Firmen teilweise sogar auf eine Patentanmeldung verzichtet, da die Konkurrenz noch nicht einmal darüber informiert werden soll, woran überhaupt geforscht wird.

Extern unterstützter Wissenserwerb: Die Einschaltung von Beratern kann, richtig angewendet, auch zum Wissenserwerb genutzt werden. Dies ist die bisher gebräuchlichste Form eines extern unterstützten Wissenserwerbs. Wichtig für das Wissensmanagement ist es, einen Einbezug der richtigen internen Stellen in das Projekt vorzusehen, die ggf. anschließend als interne Wissensträger zu Multiplikatoren werden können. Der Beratereinsatz muß also im Sinne einer „Hilfe zur Selbsthilfe" funktionieren. Vorteile guter und vertrauenswürdiger Berater sind sicherlich neben ihrer persönlichen Qualifikation die Neutralität und breiten Erfahrungen, die sie einbringen können. Abgesehen davon, daß es nicht immer leicht ist, den richtigen Berater zu finden und auszuwählen, sind Berater und ihr Know-how der Konkurrenz gleichermaßen zugänglich, was die erreichbaren Vorteile zwangsläufig relativiert.

Externe Unterstützung des Wissenserwerbs kann aber auch bedeuten, daß andere Wissensträger genutzt werden. Man denke an Universitäten und andere Hochschulen, die beratungsnahe Projektarbeit leisten können, aber auch über Praktikanten und Diplomanden der Praxis bei Problemlösungen helfen können. Forschungs- und entwicklungsnahe Arbeit leisten außerdem Transferstellen oder Technologieparks sowie öffentliche und private Auftragsforschungsinstitute. Nicht zuletzt ist an Wissensvermittler zu denken, die als Informationsdrehscheibe fungieren, vorhandene Datenbanken, Archive und andere Wissensangebote nutzen und gezielte Recherchen für ihre Auftraggeber durchführen. Derartige intermediäre Dienstleistungen werden in dem Maße wichtiger, wie die Informationsflut anschwillt und der Nutzer die Übersicht verliert. Prinzipiell ist der Zugang zu allen diesen Formen auch für die Konkurrenz offen. Es hängt von der relativen Intensität der Nutzung sowie von der intelligent formulierten Fragestellung ab, ob der Nutzer Wissen erwirbt, das ihm einen sachlichen oder zeitlichen Informationsvorsprung sichert.

Wissensbezug am Informationsmarkt: Wissen ist natürlich in vielfältiger Form als handelbares Gut über den Markt zu erhalten. Es beginnt beim Auswerten von Printmedien und setzt sich zunehmend über die Nutzung elektronischer Medien fort (z.B. Datenbankrecherchen, Internet-Nutzung).

Zu den Informationsmärkten zählt auch der Markt für Aus- und Weiterbildung. Im Gegensatz zu amerikanischen und auch schweizerischen Managern können deutsche Führungskräfte nicht als sehr weiterbildungsorientiert gelten. Es gibt anteilig weit mehr theorieferne Praktiker unter ihnen als praxisferne Theoretiker in der betriebswirtschaftlichen Managementlehre. Neues Wissen und neue Konzepte gelangen -wenn überhaupt- erst mit großer Zeitverzögerung in ihre Köpfe. In diesem Bereich ist noch viel zu tun.

Dem Wissensbezug vom Markt ist aber auch der Erwerb von Wissen durch Lizenzen und vergleichbare Nutzungsrechte (z.B. im Rahmen von Franchisekonzepten) zuzurechnen. Auch hier hängt es vom Einzelfall ab, ob die erreichte Spezifität und Schnelligkeit des Wissenserwerbs den angestrebten Vorsprung sichert.

Wissensbezug über den Personalmarkt: Als Wissensbezug über den Markt ist letztlich auch das An- und Abwerben von Managern und Spezialisten einzustufen, das nur selten, dann aber um so aufsehenerregender, in der Öffentlichkeit bekannt wird. Man denke an den bereits erwähnten „Fall López". Beim Wissenserwerb durch „Einkauf" eines einzelnen, hochkarätigen Mitarbeiters muß geprüft werden, ob die internen Bedingungen gegeben sind, um das Wissen voll zur Wirkung zu bringen. Komplementäre Fähigkeiten und Ressourcen sind hierzu vonnöten. Ein einzelner, auch wenn es sich dabei um einen Topmanager handelt, ist oft zu schwach, um sich intern durchzusetzen. Dies erkärt, warum nicht selten ganze Teams bzw. Teile eines Leitungsstrangs („Seilschaften") übernommen bzw. nachgezogen werden. Topmanager besetzen Schlüsselpositionen nach Amtsantritt mit Leuten ihres Vertrauens. Dabei handelt es sich zwar in erster Linie um einen machtpolitischen Vorgang, aber seine Relevanz auch für den Wissens- und Fähigkeitstransfer ist offenkundig.

Bleibt als letztes die Zeitarbeit zu erwähnen. Insbesondere der Einsatz von Managern auf Zeit ist auch als Form des Wissenserwerbs zu gestalten. Auch hier kommt es allerdings nur dann zum Wissenserwerb, wenn die Unternehmung in dieser Zeit einen Lernprozeß durchläuft.

Externe Netzwerke: Die Unternehmungsgrenzen werden ständig durchlässiger und fließender. Immer häufiger bilden sich grenzüberschreitende Netzwerke. Es kann sich um vertikale Beziehungen handeln (Abnehmer-Zulieferer-Kooperationen) oder horizontale, in denen Wettbewerber zusammenarbeiten (Strategische Allianzen). Joint Ventures sind ebenso möglich wie projektbezogene Entwicklungspartnerschaften, wie sie z.B. Mercedes Benz für die Entwicklung des Smart eingegangen ist. Unter den verschiedenen Zielen solcher Partnerschaften (z.B. Lastenteilung, Zeitgewinn) läßt sich auch der Wissenserwerb finden. Das Problem, eigenes Wissen im Netzwerk preisgeben zu müssen, bildet das Gegenstück zum Wissenserwerb. Netzwerklösungen stehen nicht selten mit Outsourcingmaßnahmen im Zusammenhang. Dann ist die Gefahr des Kompetenzverlustes gegeben, so z.B., wenn ein Automobilproduzent die Neuwagenentwicklung externen Spezialisten überläßt. Davon wird unter dem Deckmantel äußerster Verschwiegenheit bereits sehr lebhaft Gebrauch gemacht. Für einen Außenstehenden nicht zu entscheiden ist, ob es sich dabei um eine symbiotische Lerngemeinschaft handelt, oder ob der Wissensbezug ein Indikator für Wissensabhängigkeit und Kompetenzschwäche ist.

Wissenserwerb durch Firmenübernahmen: Akquisitionen und Fusionen verfolgen unterschiedliche Ziele. Im Zuge der Aufholjagd der letzten Jahre sind Firmenübernahmen nicht selten auch mit der Möglichkeit des Wissenserwerbs begründet worden. Man denke an moderne Hochtechnologien. Voraussetzung für ein Gelingen ist die wirkliche Nutzung der vielbeschworenen, aber schon seltener realisierten Synergieeffekte (vgl. Good et al. 1994, Krüger 1996, Reißner 1992). Die hierfür nötige Integration des Targets kann dazu führen, daß die durch Eigenständigkeit und Flexibilität gekennzeichnete Kompetenzumgebung der übernommenen Einheit in dem größeren Verbund verlorengeht. Dies ist bei der verführerischen Vorstellung zu beachten, daß man mit der Firmenübernahme in einem Zug ein erprobtes Fähigkeitspotential erwirbt und sich damit sofortige Konkurrenzvorsprünge zu einem klar kalkulierbaren Preis verschafft. Es hat sich gezeigt, daß u.a. kulturelle Unterschiede eine nachhaltige Integrationsbarriere darstellen und daß Schlüsselpersonen die Unternehmung verlassen, wenn sie nicht von vornherein intensiv in den Integrationsprozeß eingebunden werden.

Das Thema: Formen des Wissenserwerbs

Das Beispiel: Die koreanische Automobilindustrie

Die großen Konzerne der aufstrebenden Wirtschaftsmacht Südkorea sind vor einigen Jahren in das Automobilgeschäft eingestiegen. Als erster Schritt erfolgte meist die Lizenzproduktion ausgelaufener Modelle japanischer oder deutscher Hersteller (Proton: Mitsubishi; Kia: Mazda; Daewoo: Opel). In einem zweiten Schritt wurden einzelne Kernfunktionen des Lizenzprodukts weiterentwickelt und dazu das Wissen einer organisatorischen Einheit als Dienstleistung fremdbezogen, z.B. das Design italienischer Studios wie Bertone oder Ital-Design, oder die Motorenentwicklung von Porsche oder Steyr-Daimler-Puch. Unterstützt wurden diese Bestrebungen durch das Abwerben von Fachkräften und den anschließenden Aufbau eigener Kompetenzen, wie am Beispiel des ehemaligen Porsche-Entwicklungschef Ulrich Bez bei Daewoo zu beobachten ist. Für späte Follower bleibt im harten Zeitwettbewerb nur noch der Erwerb ganzer Unternehmungen oder gar von Netzwerken, um die früher gestarteten Wettbewerber zumindest einholen zu können. Als letzter der großen koreanischen Konzerne beschloß Samsung den Einstieg ins Autogeschäft. Da für Eigenentwicklungen kein Know-how vorhanden war und auch keine Zulieferer für eine Entwicklungspartnerschaft gewonnen werden konnten, versuchte man zunächst, Kia aufzukaufen, was aber am harten Widerstand der Kia-Leute gescheitert ist. Zur Zeit wird mit Ssangyong verhandelt, einer Unternehmung die durch ihr funktionierendes Netz an Zulieferern und die Verbindung zu Mercedes-Benz (Ssangyong verwendet Mercedes-Benz Motoren) besonders vielversprechend erscheint (vgl. FAZ vom 27.1.1997).

4.2 Instrumentelle Unterstützung des Wissensmanagements

Ohne Instrumente bleibt jede Art des Managements kraftlos. Dies gilt auch für das Management von Wissen. Nachfolgend wird daher ein konzentrierter Überblick über Instrumente gegeben, derer man sich hierfür bedienen kann. Diese Toolbox ist nach den Wissenskategorien einerseits, der dominierenden Betrachtungsrichtung andererseits geordnet (vgl. Abb. 7/7, nach Homp/Bach 1997). Der Text liefert außerdem Hinweise auf den Zusammenhang zum Gegenstrom.

Die Unterscheidung nach einzelnen Wissenskategorien ist insofern wichtig, als die Instrumentenauswahl von der Art des angestrebten Wissens abhängt (z.B. Know-how oder Know-why). In der Praxis ist derzeit unter dem Schlagwort **Wissensmanagement** vielfach nur die Archivierung und Verwaltung von Unternehmungs-Know-how zu beobachten. Damit allein ist es selbstverständlich nicht getan.

Instrumentierung für das Know-why: Auch in der Wissenskategorie des **Know-why** können die Inside Out- und die Outside In-Perspektive unterschieden werden. Allerdings zeigt schon die oft diskutierte Frage der Entstehung von Innovationen durch „technologie-push" oder „market-pull", daß gerade in dieser Wissenskategorie die Grenzen eher fließend sind und einzelne Instrumente nur schwer eindeutig zugeordnet werden können. Tendenziell von innen nach außen richtet der vorausblickende **Visionär** seine Kräfte. Er orientiert sich weniger an existierenden Märkten, sondern er sucht nach latenten Bedürfnissen, die er anschließend durch neue Produkte zu befriedigen versucht. Gleichzeitig generiert er damit neues Wissen. Ohne Visionen über eine zukünftige Nutzenstiftung sind heute kaum noch wirklich neue Kundenbedürfnisse zu entdecken. Die relativ konkrete Zielvorstellung des Visionärs, der sich fragt, wie er Umweltveränderungen aktiv in diese Richtung beeinflussen kann, verdeutlicht die Inside Out - Wirkungsrichtung einer Vision (vgl. Hamel/Prahalad 1995, S. 136). Ebenso ist aber auch die Inspiration der Vision durch externe Entwicklungen möglich, so daß auch Outside In- gerichtete Visionen denkbar sind. Eine gute Vision ist dabei wenig nutzbringend, wenn die zur Verwirklichung notwendigen Ressourcen und Fähigkeiten fehlen. Ebenso ineffektiv ist es, geeignete Fähigkeiten zu besitzen, wenn es an einer Vision mangelt, diese auch zukunftsgestaltend einzusetzen.

> Eine **Vision** ist ein konkretes Zukunftsbild, nahe genug, daß wir die Realisierbarkeit noch sehen können, aber schon fern genug, um in der Unternehmung die Begeisterung für eine neue Wirklichkeit zu erwecken (vgl. Boston Consulting Group 1988).

In der Ungewißheit der Entwicklung von Lebensgewohnheiten, Technologien, Bevölkerungsstrukturen und Politik liegen die Chancen wie auch die Gefahren des Visionärs. Einerseits kann die Umsetzung einer Vision zu einem bahnbrechenden Erfolg führen, andererseits kann der Visionär auch an der Realität scheitern, wie das Beispiel Edzard Reuters und seines Traums vom „Integrierten Technologiekonzern" zeigen.

Ein weiteres Instrument in der Wissenskategorie des Know-why ist die **Szenariotechnik**. Genau wie die Vision versucht sie, ein mögliches Zukunftsbild zu beschreiben, welches benutzt wird, um Fähigkeiten, Ressourcen oder Kernkompetenzen zielgerichtet aufzubauen. Damit will die Unternehmungsleitung Aufschlüsse über Transfermöglichkeiten vorhandener Kernkompetenzen erhalten. Der Unterschied zwischen Vision und Szenariotechnik liegt in der Berücksichtigung der Vergangenheit bzw. der Gegenwart.

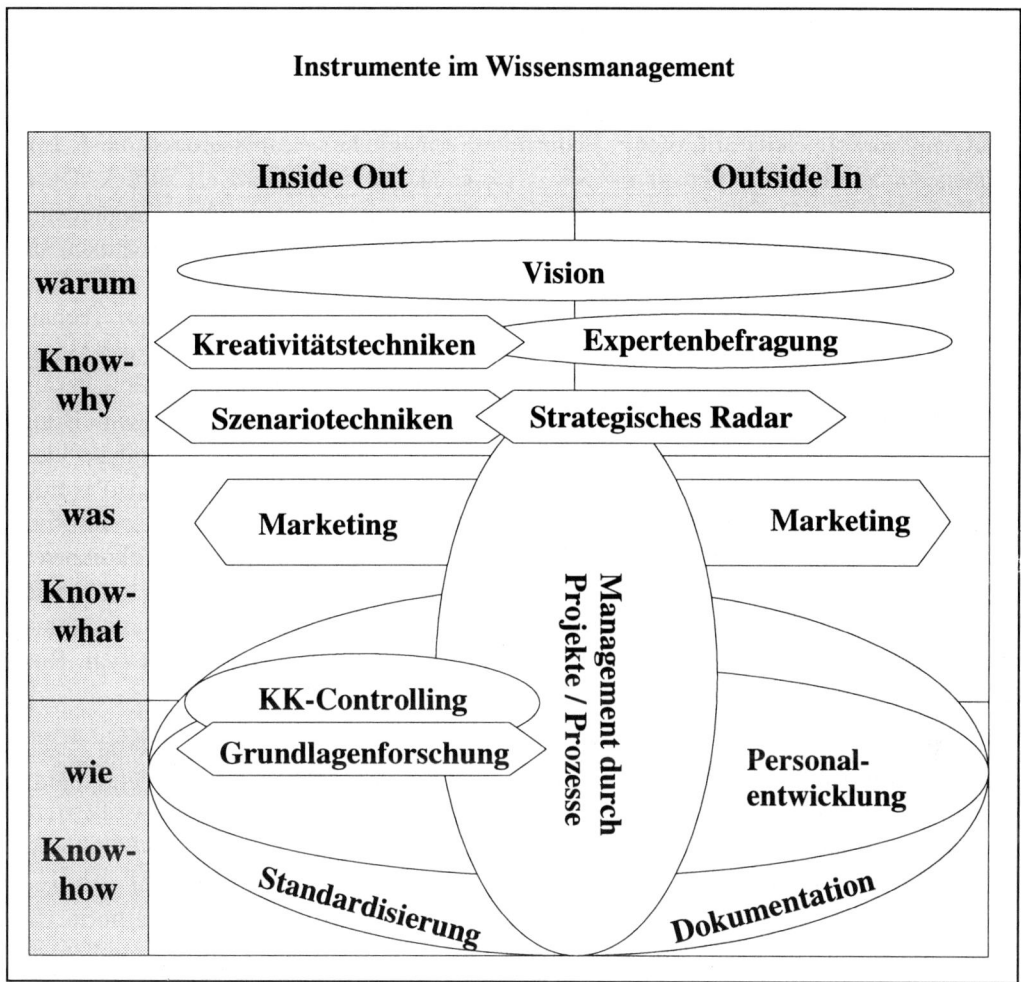

Abb. 7/7

Die Szenariotechnik entwickelt systematisch und nachvollziehbar aus der gegenwärtigen Situation heraus mögliche Zukunftsbilder. Der Rahmen vorhandener Werte, Bedürfnisse, Strukturen usw. wird also in die Zukunft projiziert (vgl. Geschka/Hammer 1992, S. 314). Deshalb kann die Szenariotechnik in ihrer Wirkungsrichtung tendenziell dem Inside Out-Denken zugeordnet werden. Dadurch stößt sie an Grenzen, wenn Diskontinuitäten, wie z.B. Technologiesprünge, ins Spiel kommen. Eine Vision dagegen löst sich oftmals völlig von der Gegenwart und läßt mehr Freiraum für Kreativität als die Szenariotechnik. Es liegt daher nahe, beide Instrumente miteinander zu kombinieren und durch die Zweigleisigkeit zum einen Phantastereien der Vision auf den Boden der Realität zurückzuholen und umgekehrt in der Szenariotechnik den Trichter möglicher Zukunftsentwicklungen durch visionäre Elemente zu erweitern.

Ebenso wie Szenariotechnik und Vision dienen auch **Kreativitätstechniken** zur instrumentellen Unterstützung des stretch-orientierten Vorlaufs im Gegenstrom. Ihr Einsatz soll eine Vorkoppelung auf latente Bedürfnisse ermöglichen. Dabei greifen die Kreativitätstechniken noch stärker als die Szenariotechnik auf die Gegenwart zurück. Durch Kombination und Ordnung von vorhandenem Wissen und existierenden Fähigkeiten in bisher unbekannter Weise entstehen neue Ideen, lautet der hinter diesen Techniken stehende Grundgedanke (vgl. Schmidt 1994, S. 232). Der Rückgriff auf die vorhandenen Potentiale der Unternehmung zeigt deutlich die Inside Out-Perspektive dieser Technik. Ziel ist es, die vorhandenen Denkmuster und Denkschablonen über Kunden und Märkte zu verändern. Unter der Überschrift „Kreativitätstechniken" werden in der Literatur vielfältige Einzelinstrumente angeboten. Beispielsweise lassen sich mit einem Brainstorming, der Methode 635 oder dem Erstellen einer morphologischen Analyse Ideen darüber entwickeln, wohin man Kernkompetenzen transferieren kann. Ebenso werden Hinweise geliefert, welche Kernkompetenzen zukünftig benötigt werden, also Informationen für die Aufgaben der Identifikation und Entwicklung zukünftiger Kernkompetenzen. Große Unternehmungen wie z.B. Daimler-Benz, Audi, Lotus, Kodak oder Shell haben zu diesem Zweck interdisziplinär besetzte organisatorische Einheiten mit Namen wie „Kreativitätslabor", „Traumteam" oder „Kreativitätstanks" eingerichtet (vgl. Bierach/Groothuis 1997).

Die **Expertenbefragung** ist ein Instrument, das sowohl unternehmungsinterne (Inside Out-Richtung) als auch unternehmungsexterne (Outside In-Richtung) Fachleute heranzieht, die aus verschiedenen Fachgebieten rekrutiert werden (vgl. Wolfrum 1991, S. 139ff.). Im Rahmen der Befragung geben die Experten ihre Einschätzung zu interessierenden Fragestellungen ab, so z.B. über zukünftige Marktveränderungen oder sich wandelnde Kundenbedürfnisse. Ein spezielles Verfahren stellt die **Delphi-Methode** dar. Dabei handelt es sich um eine anonyme, mehrstufige Befragung eines räumlich getrennten Expertenkreises. Die räumliche Distanz und die Anonymität der Interviewpartner sollen eine größere Voraussicht und Kreativität sichern, als dieses in einer dem Konformitätsdruck ausgesetzten Gruppe der Fall ist (vgl. Buchholz 1996, S. 143; Wolfrum 1991, S. 141ff.).

Auch das **Strategische Radar** von Ansoff ist dem **Know-why** zuzurechnen (vgl. Ansoff 1976, S. 129ff.). Grundidee ist, daß Ereignisse nicht völlig unverhofft auftreten, sondern durch Vorboten (Signale) sich frühzeitig ankündigen. Das Strategische Radar zur

Erkennung dieser Signale beinhaltet zwei Basisaktivitäten. Im sog. **Scanning** werden permanent die Umfelder der Unternehmung beobachtet, um Hinweise auf strategisch relevante Phänomene wie Änderungen in den Kundenbedürfnissen oder Märkten zu erhalten (Outside In). Heute existieren sogar Zukunftsinstitute (vgl. Schweer/Deysson 1996, S. 45) und Trendbüros (z.B. Trendbüro Hamburg, vgl. Ruess 1996), die solches Wissen als Dienstleistung anbieten. Zeichnen sich derartige Änderungen ab, gilt es, diesen konkret nachzugehen, indem eine detaillierte Analyse und dauerhafte Beobachtung der Phänomene durchgeführt wird (**Monitoring**). Das Erkennen und Reagieren auf die schwachen Signale ermöglicht ein - in Relation zum angekündigten Ereignis - proaktives Inside Out Verhalten. Zum Zeitpunkt der Umfeldveränderungen kann die Unternehmung bereits mit entsprechenden Angeboten aufwarten.

Instrumentierung des Know-what: Ist dem Kernkompetenz-Management eine Vorkoppelung auf latente Bedürfnisse gelungen, gilt es, das Know-why in **Know-what** umzusetzen, d.h. einen potentiellen Markt abzuleiten und konkrete Ziele und Aufgabenstellungen für die Unternehmung zu definieren. Hierzu können bekannte Instrumente der betrieblichen Funktionen Marketing und Controlling genutzt werden. In der Inside Out-Perspektive ist an das **Vorstoßmarketing** zu erinnern. Dieses, von Hamel und Prahalad auch „entdeckungsfreudiges Marketing" genannte Instrument (vgl. Hamel/Prahalad 1995, S. 355f.) verfolgt das Ziel, in kurzen Abständen immer wieder neue Produktideen auf den Markt zu bringen, die jeweils auf unterschiedlichen Kombinationen von Ressourcen und Fähigkeiten beruhen. Die Reaktionen des Marktes liefern detaillierte Hinweise darauf, welche Modifikationen vorgenommen werden müssen, um die Kernbedürfnisse des Kunden zu treffen. Toshiba hat z.B. im Zeitraum von 1986-1990 insgesamt 31 verschiedene Laptop-Modelle auf den Markt gebracht. Nach jedem Modell setzte ein Veränderungslernen ein, und es wurden verschiedenste Ausstattungsvarianten am Markt getestet. Welche Kernfunktionen muß ein Laptop aufweisen, um die Marktchancen des nächsten Modells zu erhöhen? Auf diese Weise hat Toshiba sich entscheidendes Wissen um die Kernbedürfnisse seiner Kunden erworben und dieses genutzt, seine Ressourcen und Fähigkeiten zu einer Kernkompetenz zu integrieren.

Im Zuge des Technology-push-Gedankens kann auch die **Grundlagenforschung** als ein Inside Out- gerichtetes Instrument des Wissensmanagements eingeordnet werden. Die spezifische Besonderheit der Grundlagenforschung liegt gerade darin, sich Kenntnisse im Bereich des Know-how anzueignen, ohne dabei an eine konkrete Aufgabenstellung oder eine Nutzenstiftung beim Kunden zu denken. Im Zuge des Gegenstromverfahrens (vgl. Abb. 7/6) fließt dieses Know-how in den fit-orientierten Rücklauf ein. Auf diese Weise kann das schon konkrete Know-how Anregungen für neue Aufgabenstellungen (Know-what) oder Nutzenstiftung beim Kunden (Know-why) geben, wozu auch die in Kapitel 4 (vgl. Funktions-Transfermatrix, Abschnitt 2.5.3) vorgestellte Funktions-Transfermatrix nützlich sein kann.

Während Vorstoßmarketing und Grundlagenforschung ihren Ursprung in den eigenen Ressourcen und Fähigkeiten haben, setzen Outside In-gerichtete **Marketing-Instrumente** primär beim Kunden an. Es gilt, die Kernbedürfnisse des Kunden zu ermitteln. Hierbei können bereits traditionelle Methoden, wie z.B. Marktbeobachtungen oder Kundenbefragungen, interessante Informationen liefern, und das gesamte Spektrum der Marktforschung ist in diesem Sinne als Instrument der Wissensakquisition einsetzbar (vgl. z.B. Weis/Steinmetz 1995). Erst in einem zweiten Schritt werden dann, aufbauend auf identifizierten Bedürfnissen, Ressourcen und Fähigkeiten entwickelt, die es ermöglichen, Angebote bereitzustellen, die vom Kunden gewünschte Kerneigenschaften besitzen.

Instrumentierung des Know-how: Die meisten Instrumente, die dem Know-how zuzurechnen sind, lassen sich zugleich für das Know-what einsetzen. Insofern ist eine Mehrfachanwendung möglich. Dies gilt in besonderem Maße für das **Kernkompetenz-Controlling.** Es hat sowohl die Kategorie des **Know-what** als auch des **Know-how** zum Gegenstand. Die in Kapitel 9 vorgestellten phasenspezifischen Controlling-Instrumente liefern dem Kernkompetenz-Management detaillierte Informationen, die sowohl ein reines Anpassungslernen wie auch ein Verständnislernen auslösen können. So lassen sich z.B. gesetzte Entwicklungsziele mit Hilfe eines Kernkompetenz-Portfolios (vgl. Abb. 8/8) überprüfen. Zeigt sich hier, daß die zukünftige Bedeutung der Kernkompetenz höher ist als zunächst vermutet, sind die Entwicklungsziele sowie die daraus resultierenden Aufgaben auf das neue Verständnis der Kernkompetenz-Bedeutung hin auszurichten. In der Nutzungsphase einer Kernkompetenz steht dagegen das Know-how im Vordergrund. Es interessiert vor allem die Frage: Wie oft wird die Kernkompetenz im Endprodukt eingesetzt? Diesen Rückschluß vom Endprodukt auf die verwendeten Ressourcen und Fähigkeiten resp. Kernkompetenzen leisten solche Kennzahlen wie z.B. der Return on Core Competencies (vgl. Kap. 8, Abschnitt 5.4). Aus den Informationen einer solchen Kennzahl resultiert ein Anpassungslernen. Deutet die Kennzahl auf einen sehr geringen Einsatz der Kernkompetenz in Endprodukten hin, wird dieses Wissen Anpassungsänderungen in der Produktion nach sich ziehen.

Ähnliche Auswirkungen auf **Know-what** und **Know-how** haben auch die **Standardisierung** und **Dokumentation** von Wissen, die insbesondere im Rahmen der Zertifizierung nach DIN ISO 9000 an Popularität gewonnen haben. Dieses Vorgehen, vorhandenes Know-how als Standard festzuschreiben und zu dokumentieren, ist derzeit in vielen Unternehmungen zu beobachten. Die Praxis greift hier vor allem auf individuelle Fähigkeiten einzelner Mitarbeiter zurück. Oft liegen Ergebnisse bereits explizit in Form von Forschungsberichten oder Dokumentationen über Projektabläufe vor. Diese werden zum Standard erhoben, zunehmend in EDV-Systemen erfaßt und anschließend der gesamten Unternehmung zugänglich gemacht. Dadurch erhalten sie den Charakter einer Ressource.

Das Thema: Standardisierung und Dokumentation von Wissen

Das Beispiel: F.Hoffmann-LaRoche

Bei Hoffmann-LaRoche stieß man im Rahmen eines Reengineering-Projekts zur Verkürzung der Entwicklungszeiten für neue Medikamente auf die gesetzlich vorgeschriebenen Zulassungsdokumente. In diesen Dokumenten wird auf Tausenden von Sciten der gesamte Forschungsablauf eines neuen Produkts genau festgehalten. Es wird verbal beschrieben, wer was zu welchem Zeitpunkt aus welchem Grund und mit welchem Ergebnis getan hat. Nach der Zulassung verschwanden die Ordner im Konzernarchiv. Auf das hier vorhandene, genau dokumentierte Expertenwissen wurde beim nächsten Zulassungsverfahren jedoch nicht zurückgegriffen. Der Konzern investierte viel Geld in Doppel- und Dreifacharbeit und wiederholte die gleichen Fehler immer wieder.

Um das im Konzernarchiv vorhandene Wissen besser zu nutzen, wurde die Abteilung **Knowledge-Systems** gegründet. Diese Abteilung stellte anhand der vorhandenen Unterlagen eine "Wissenslandkarte" zusammen, in der alle wichtigen Experten verzeichnet sind. Zusätzlich wurden sog. Knowledge-links hergestellt. Sie beschreiben wichtige Querverbindungen zwischen allen an einer Zulassung Beteiligten. So kann beim Auftauchen eines schon bekannten Problems der jeweilige Experte gezielt angesprochen werden (vgl. Palass 1997, S. 116).

Das Beispiel Hoffmann-LaRoche zeigt eindrucksvoll, wie standardisiertes und dokumentiertes Wissen als Ressource der gesamten Unternehmung zugänglich gemacht werden kann. So erstrebenswert dieser erste Schritt im Wissensmanagement ist, so ist doch darauf hinzuweisen, daß es sich dabei um reines Know-how handelt, welches bei der Generierung neuer Märkte oder dem Transfer von Kernkompetenzen nur eine nachgelagerte Rolle spielt. Im Zuge des Kernkompetenz-Management-Zyklus werden alle drei Wissenskategorien benötigt und in der Praxis sind größere Defizite im Know-what und Know-why zu verzeichnen als im vorhandenen Know-how.

Ein gezieltes Projektmanagement integriert alle drei Wissenskategorien. Die vertikale Arbeitsteilung im Gegenstrom des Wissensmanagements spiegelt sich in den **Ebenen des Projektmanagements** wieder (vgl. Krüger 1994, S. 374f.). Das Topmanagement betreibt ein **Management durch Projekte**. Es definiert Projektbedarfe und arbeitet an der Einbindung externer und interner Anspruchsgruppen in die Unternehmungsentwicklung. Projektarbeit dient als Instrument zur gezielten Unternehmungsentwicklung mit dem Hauptaugenmerk auf der Wissenskategorie des Know-why. Das **Management**

von Projekten liegt in den Händen der Projektoberleitung, d.h. meist von Managern mittlerer Hierarchieebenen. Sie übernehmen Aufgaben der Kategorie des Know-what, d.h. in der projektübergreifenden Koordination der zu erfüllenden Aufgaben und der Einbindung potentieller Benutzer/Kunden in den Prozeß. Das **Management des (Einzel-) Projekts** obliegt dem Projektleiter, der vor allem über Know-how der Aufgabenerfüllung verfügen muß.

Ebenso wie alle Wissenskategorien integriert ein gezieltes Projektmanagement auch die beiden Perspektiven des "Inside Out" und des "Outside In". Zum Aufdecken latenter Bedürfnisse erscheint es sinnvoll, sowohl die Träger des Know-how als auch zukünftige Benutzer, wie z.B. Kunden oder sonstige Interessengruppen, frühzeitig in Entwicklungsprojekte einzubinden. Diese Idee verfolgt 3M, wie bereits erläutert, mit den sog. „major-customer-teams", in denen neben potentiellen Kunden auch alle Unternehmungsfunktionen vertreten sind: „Letting the company follow where its scientists and customers lead" (Stewart 1996, S. 47) lautet das Credo. Gemeinsam werden latente Bedürfnisse aufgedeckt und Anforderungen an das zukünftige Produkt definiert. Anschließend werden Kernbedürfnisse abgeleitet (Know-what) und Wege zur Erfüllung der Kernfunktionen/-eigenschaften (Know-how) erarbeitet. Lücken im Know-how lassen sich durch die Einbindung externer Partner, z.B. durch Entwicklungspartnerschaften oder Joint-Ventures, schließen.

Im traditionellen Verständnis ist Wissen an Individuen gekoppelt und deshalb liegt es auf der Hand, daß auch das Personalmanagement Instrumente des Wissensmanagements beinhaltet. Ausgehend von formulierten Strategien ist der Bedarf an Wissen und damit auch an Wissensträgern zu ermitteln. Anschließend können interne und externe Maßnahmen der Personalveränderung ergriffen werden, die ausführlich in den einschlägigen Lehrbüchern diskutiert werden (vgl. z.B. Scholz 1993, S. 231ff.). Insbesondere Maßnahmen der **Personalentwicklung** sind hier von Bedeutung. Neben der Entwicklung von Führungskräften liegt ein besonderes Potential in der Kultivierung und Pflege individuellen und kollektiven Wissens in der Produktion (Know-how). Konzepte wie die „Lean-Production" und der „fraktalen Fabrik" sind spätestens seit dem Erfolg von Toyota und den Veröffentlichungen von Womack/Jones/Roos (1990) und Warnecke (1992) als Erfolgspotential erkannt. Allen diesen Ansätzen gemeinsam ist die Betonung von Eigenverantwortung, marktwirtschaftlichem Denken und Kundenorientierung in einer traditionell von Management by Direction and Control geprägte Produktion, wo weniger selbständiges Denken, als vielmehr die korrekte Umsetzung vorgegebener Aufgaben erwünscht war. Im Kontext des Wissensmanagements werden jedoch auch diese bisher ungenutzten Potentiale des Wissens und der Fähigkeiten der eigenen Mitarbeiter identifiziert und eingesetzt.

Das Thema: Ungenutzte Potentiale in der Produktion

Das Beispiel: Produktionsmanagement und Fähigkeiten-Matrix

Allen neueren Konzepten der Arbeitsorganisation gemeinsam ist die Überwindung der tayloristischen Arbeitsteilung und die Einführung von Kundenorientierung und marktwirtschaftlichem Denken in der Produktion. Die entstehenden Arbeitsgruppen oder „Fabriken in der Fabrik" bekommen zwar meist Know-why und Know-what vorgegeben, können jedoch im Rahmen der gemeinsam erarbeiteten Standards selbst über Art und Weise der Aufgabenerfüllung entscheiden und sind aufgefordert, eigene Ideen und Verbesserungsvorschläge einzubringen.

In der Praxis bewährt (in Europa u.a. bei British Aerospace, Daimler-Benz, L'Oréal, Rover Group, Robert Bosch, Saab, Siemens) hat sich das Konzept der Fähigkeiten-Matrix des japanischen Unternehmungsberaters und Autors Kiyoshi Suzaki (vgl. Suzaki 1994). Aus den angestrebten Kompetenzen der Gesamtunternehmung werden Soll-Kompetenzen für die einzelnen Arbeitsgruppen abgeleitet, welche sich aus dem Einsatz von Ressourcen (z.B. Maschinenpark) sowie kollektiver und individueller Fähigkeiten ergeben. Die zur Entfaltung der kollektiven Kompetenz notwendigen individuellen Fähigkeiten werden standardisiert und dokumentiert. Anschließend wird jeder Mitarbeiter der betreffenden Einheit darauf getestet, über welche dieser Fähigkeiten er verfügt. In einer **Fähigkeiten-Matrix** werden in den Spalten die relevanten Fähigkeiten, in den Zeilen die einzelnen Mitarbeiter aufgeführt und nachgewiesene Fähigkeiten der Mitarbeiter eingetragen. So gewinnt die Unternehmung einen guten Überblick über die vorhandenen Potentiale und kann gezielt Arbeitsgruppen zur kollektiven Aufgabenerfüllung zusammenstellen sowie Schulungsmaßnahmen für die einzelnen Mitarbeiter anbieten. Ziel ist eine Art „Überqualifikation". Jeder Mitarbeiter sollte über mehr Fähigkeiten verfügen als sein derzeitiger Aufgabenbereich erfordert. Auf diese Weise wird eine höhere Flexibilität der Fertigung angestrebt (vgl. Suzaki 1994, S. 99ff.).

In der praktischen Umsetzung unterstützen viele Unternehmungen diese Arbeitsorganisation durch ein Entlohnungssystem, das sich an den Fähigkeiten der Mitarbeiter und den eingebrachten Verbesserungsvorschlägen orientiert. Jede nachgewiesene Fähigkeit steigert den Stundenlohn des Mitarbeiters, jede erfolgreich abgeschlossene Schulungsmaßnahme und jede umgesetzte Idee schlagen sich in einer Lohnerhöhung nieder. Des weiteren wird jede individuelle Weiterentwicklung mit öffentlicher Anerkennung und Prämien zusätzlich belohnt.

■ Die unterschiedlichen Ressourcen und Fähigkeiten, die einer Unternehmung als Quellen von Wettbewerbsvorteilen zur Verfügung stehen, haben eines gemeinsam: sie basieren auf Wissen. Zumindest selbst erarbeitete Wettbewerbsvorteile sind regelmäßig auch als Wissensvorteile erklärbar. Das Kernkompetenz-Management muß daher auch **Wissensmanagement** betreiben.

■ Nach den Trägern des Wissens ist individuelles und kollektives, nach der „Tiefe" des Wissens sind **Know-how** (gewußt „wie" und „womit"), **Know-what** (gewußt „was") und **Know-why** (gewußt „warum") zu unterscheiden. Am Beginn und am Ende des Kernkompetenz-Management-Zyklus (Identifikation resp. Transfer) ist Know-why erforderlich. Die Entwicklung und Integration der Kernkompetenzen stellen Fragen, die schwerpunktmäßig mit Know-what zu beantworten sind. Der Einsatz von Know-how ist im Grunde auf die Nutzungsphase beschränkt.

■ Dem Wissensmanagement stehen verschiedene interne und externe Wege des Wissenserwerbs offen. Es gilt, sie in ihren Vor- und Nachteilen gegeneinander abzuwägen und gezielt auszuwählen, wobei auch Kombinationen möglich sind. Tendenziell kann man davon ausgehen, daß für eine Leaderstrategie der interne Wissenserwerb wichtiger ist als der externe. Insofern deuten die zahlreichen Fälle der Netzwerke und Akquisitionen, sofern sie Wissenserwerb bezwecken, auch darauf hin, daß vielfach ein Nachholbedarf besteht, die betreffenden Firmen also nicht aus einer Leaderposition heraus handeln.

■ Für die instrumentelle Unterstützung kann das Wissensmanagement auf eine ganze Reihe bekannter Methoden und Techniken zurückgreifen. Kapitel 7 gibt einen konzentrierten Überblick über so unterschiedliche Instrumente wie Expertenbefragungen und Szenariotechnik für die Instrumentierung des Know-why, zeigt aber genauso z.B. Projekt-Management, Standardisierung und Dokumentation als Instrumente, die sowohl für Know-what wie für Know-how Verwendung finden können.

246

Achtes Kapitel

Kernkompetenz-Controlling

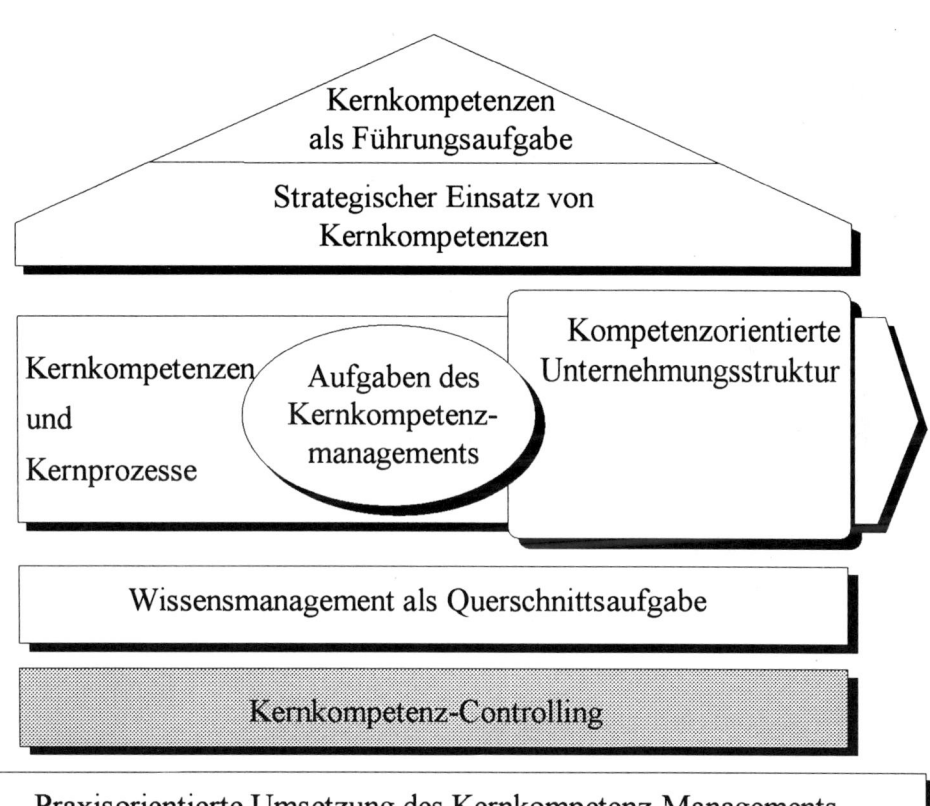

Wie lassen sich Chancen und Risiken der Kernkompetenz-Orientierung durch Controlling beherrschbar machen?

1. Problemstellung

Jede Unternehmung, die nach außergewöhnlichem Erfolg strebt, muß ihre Ressourcen und Fähigkeiten in sehr spezifischer und sehr gezielter Weise entwickeln, integrieren und nutzen. Gerade dadurch, daß es gelingt, alle Kräfte anzuspannen und auf einen Punkt zu konzentrieren, entsteht der Durchbruch am Markt, räumt man die Barrieren beiseite, die auf dem Weg zum Erfolg aufgerichtet werden. Im günstigsten Fall kommt es zu einer sich selbst verstärkenden Schwungkraft. Die ersten Erfolgserlebnisse motivieren zu weiteren Anstrengungen, die zu weiteren Erfolgen führen. Kurz gefaßt: **Nothing succeeds like success!**

Jede Art von Erfolg beruht auf Besonderheiten des Erfolgreichen, in welcher Form auch immer. Je stärker diese Besonderheiten kultiviert sind, desto ausgeprägter ist allerdings auch die damit einhergehende Einseitigkeit der Unternehmung, dies sowohl im Denken und Handeln wie in den Systemen, Strukturen und Prozessen. Wenn die alten Erfolgsmuster nicht mehr greifen, z.B. aufgrund geänderter Rahmenbedingungen, neuer Kundenbedürfnisse oder innovativer Technologien, dann tritt nicht selten eine Umkehrung des Verstärkungseffekts ein, nun also mit negativem Vorzeichen. Das beharrliche Festhalten an den ehemaligen Stärken, das Intensivieren der Anstrengungen in der alten Weise und das Verfolgen der überkommenen Ziele wird von einer Tugend zu einem Laster. Neue Probleme werden nicht als solche wahrgenommen, neue Chancen nicht erkannt. Der Erfolgstrend kippt, es beginnt ein immer steilerer Abstieg. Die entsprechende Abwandlung des Erfolgsmottos lautet: **Nothing fails like success!**

Diesen allgemeinen Gesetzmäßigkeiten unterliegt auch das Kernkompetenz-Management. So sehr eine Ausrichtung auf Kernkompetenzen zu einem Turnaround und einer Erfolgslinie der Unternehmung führen kann, so sehr müssen auch die damit verbundenen Risiken der Einseitigkeit und Starrheit beachtet werden. Je enger der Unternehmungskern definiert ist und je stärker sich alles darauf ausrichtet, desto stärker ist auch die **Kerneinseitigkeit** (core rigidity).

Immerhin kann dafür gesorgt werden, daß die richtigen Instrumente vorhanden sind, die rechtzeitig über Risiken informieren und die notwendigen Informationen bereitstellen. Derartige Vorkehrungen zu treffen, ist in der Praxis Gegenstand des **Controlling**. Konsequenterweise sollte sich das Topmanagement darum bemühen, auch die Aufgaben des Kernkompetenz-Zyklus von einem Controllingprozeß begleiten und unterstützen zu lassen. Die folgenden Abschnitte liefern einen Überblick über die zu beachtenden Probleme und Risiken einerseits, die einsetzbaren Controllinginstrumente andererseits. Dabei werden auch einige Schnittstellen zu vorangegangenen Kapiteln deutlich, so insbesondere zu Kapitel 4.

Die Hauptstoßrichtung des **Kernkompetenz-Controlling**, so wie sie hier gesehen wird, liegt in der **Aufdeckung** und **Bewältigung von Risiken**. Daher werden zunächst die allgemeinen Risiken des Kernkompetenz-Ansatzes erläutert, bevor auf die speziellen Probleme, die der Kernkompetenz-Management-Zyklus enthält, eingegangen wird.

2. Risiken der Kernkompetenz-Orientierung

2.1 Konzentrationsrisiko: Fokussierung vs. Transfer und Neuentwicklung

Daß die Konzentration auf den Unternehmungskern, so wie sie in der Praxis verstanden und betrieben wird, vielfach nur der Rückgewinnung der verlorengegangenen Wettbewerbsfähigkeit dient, aber noch nicht zu transferierbaren Kompetenzen führt, wurde bereits erläutert. Die Konzentration auf Kerngeschäfte reduziert die Zersplitterung der Kräfte und begünstigt die Entwicklung der besonderen Stärken einer Unternehmung. Diese Fokussierung ist in der Praxis weithin zu beobachten. Sie kostet viel Zeit und Mühe, führt aber zu sichtbaren Erfolgen. Fokussierung bedeutet aber auch, daß Risiken der Einseitigkeit, des „Tunnelblicks" entstehen. Die Aufgabe des Kernkompetenz-Managements muß es daher sein, immer wieder den Spannungsbogen zwischen Fokussierung einerseits, Transfer von Kernkompetenzen andererseits im Auge zu behalten. Nicht zuletzt ist an den Lebenszyklus von Kernkompetenzen zu erinnern. Sollte ein solcher erkennbar sein und sich dem Ende zuneigen, so sind rechtzeitig Maßnahmen zum Erwerb neuer Kompetenzen zu ergreifen. Anders formuliert: die Kernkompetenz-Agenda (vgl. Abb. 8/1, nach Hamel/Prahalad 1995, S. 341) ist nicht nur durch das Feld der Konzentration bzw. Fokussierung, sondern genauso auch durch andere Felder, insbesondere den Transfer vorhandener Kompetenzen und nicht zuletzt auch den Aufbau neuer Kompetenzen gekennzeichnet.

250

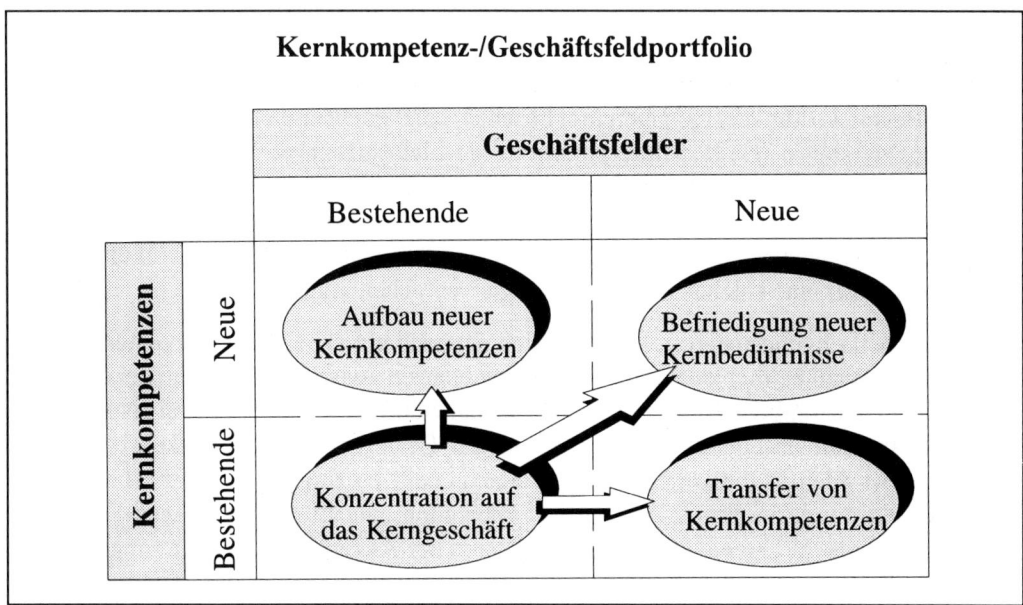

Kernkompetenz-/Geschäftsfeldportfolio

Geschäftsfelder

Bestehende | Neue

Kernkompetenzen

Neue — Aufbau neuer Kernkompetenzen | Befriedigung neuer Kernbedürfnisse

Bestehende — Konzentration auf das Kerngeschäft | Transfer von Kernkompetenzen

Abb. 8/1

Im Falle eines erstmaligen Aufbaus einer Kernkompetenz kann das Kerngeschäft Hinweise auf mögliche Stärken geben, die Ansatzpunkte für den Aufbau liefern. Derartige Hinweise sind Häufungen von Ressourcen und Fähigkeiten in bestimmten Bereichen, die mit Hilfe einer "Skill Cluster-Analyse" sichtbar gemacht werden können (vgl. Abschnitt 5.1). Das Kerngeschäft, als Grundlage für eine Konzentration auf Kernkompetenzen, kann jedoch nur die beiden linken Felder stützen, nicht jedoch den rechten Bereich des Portfolios.

Der Transfer von Kernkompetenzen ist verbunden mit dem Eintritt in neue Geschäftsfelder, die das Kerngeschäft ergänzen oder sogar ersetzen. Die Unternehmung versucht, neue Produkte oder Dienstleistungen zu schaffen, in denen die bestehende Kernkompetenz in kreativer Weise eingesetzt wird (vgl. Hamel/Prahalad 1995, S. 341). Neben dem Transfer besteht noch die Möglichkeit, neue Kernbedürfnisse durch neue Kernkompetenzen zu befriedigen. Hier findet der Wettbewerb der Zukunft durch die Schaffung neuer Märkte statt. Die Unternehmung ist in der Lage, latent vorhandene Bedürfnisse zu erkennen und gezielt darauf zu reagieren.

2.2 Prognoserisiko: Ex ante-Festlegung vs. Ex post-Interpretation

In der einschlägigen Literatur zum Kernkompetenz-Management existieren zahlreiche Firmen-Beispiele, die bei genauerem Hinsehen eine nachträgliche Interpretation des Vorgehens darstellen (Ex post-Interpretation). Es bleibt offen, ob und in welcher Form Unternehmungen von vornherein eine kompetenzorientierte Strategie verfolgt haben (Ex ante-Festlegung). Der gesamte Text dieses Buches konzentriert sich darauf, theoretische Grundlagen zu schaffen und praktische Hinweise zu geben, wie das Kernkompetenz-Management für eine solche "Ex ante-Strategie" vorgehen könnte.

Vor allem beim Kompetenztransfer stellt sich dennoch ein spezifisches **Prognoserisiko**, das analog auch beim Neuaufbau von Kompetenzen existiert. Die Aufdeckung von Transferchancen und das Einleiten entsprechender Schritte sind und bleiben risikobehaftet. Es kann keine Erfolgsgarantie geben, und der Beweis für die Richtigkeit einer Entscheidung ist auch in diesem Fall erst im Nachhinein zu führen. Modifiziert wird der Risikoaspekt durch die Frage, ob eine Unternehmung eine Leader- oder eine Follower-position anstrebt. Während der Leader das Risiko der Akzeptanz von Neuerungen trägt, muß der Follower fürchten, daß seine Erfolgsaussichten durch die starke Stellung etablierter Anbieter und deren bereits erfolgter Marktabschöpfung gering ist.

Die Erfolgsaussichten werden in jedem Fall entscheidend geprägt von den **Triebkräften des Wettbewerbs**. Die Wettbewerbssituation in den vorhandenen Märkten ist gegen die zu erwartende in den neuen Märkten abzugleichen. Je stabiler die aktuelle Kompetenzsituation, repräsentiert durch die Wettbewerbskräfte, eingeschätzt wird, desto dauerhafter erscheint der erlangte Wettbewerbsvorteil und desto weniger dringend ist ein Transfer oder Neuaufbau der Kompetenz.

Eine Situationsanalyse anhand von Porters Wettbewerbskräften kann hier hilfreich sein, um die Entscheidung vorzubereiten:

- **Aktuelle und potentielle Konkurrenten:** Die Konkurrenz schläft nicht! Ein Satz, der besonders für die Dauerhaftigkeit zutrifft. Konkurrenten arbeiten fieberhaft an Nachahmungen oder im Extrem am Aufbau der gleichen Kernkompetenz. Es besteht damit die Gefahr einer **Imitation** des eigenen Wettbewerbsvorteils. Sicherlich besteht eine Kernkompetenz aus einer unternehmungsindividuellen Zusammensetzung der Ressourcen und Fähigkeiten, die eine Imitation erschwert. Jedoch bleibt zu bedenken, daß mit dem zunehmenden Einsatz der Kernkompetenz die Konkurrenten "Proben" in Form von Kern- oder Endprodukten erhalten. Hier ergibt sich im Laufe der Zeit die Möglichkeit, die Rezeptur zu analysieren. Zu erwähnen sind auch strategische Allianzen, wie sie im Rahmen des Mehrpunktwettbewerbs immer häufiger werden. Sie sind hinsichtlich der Kompetenzproblematik ein zweischneidiges Schwert. Zum einen können sie dem Kompetenzerwerb dienen, zum anderen besteht die Gefahr, daß eigene Kompetenzen "angezapft" und "abgesaugt" werden.

■ **Abnehmer/Kunden:** Elementarer Bestandteil des Markts sind Abnehmer und Kunden. Sie sind neben den Konkurrenten die Haupttriebkräfte des Wettbewerbs, da ihre Bedürfnisstruktur im Zeitablauf keinesfalls konstant bleibt. Kernbedürfnisse ändern sich, neue Bedürfnisse treten zu den alten hinzu. Da die Kernkompetenz direkt auf die Befriedigung dieser Bedürfnisse abzielt, muß sie dem geänderten Kundenwunsch angepaßt werden und kann nur als bedingt dauerhaft gelten.

■ **Lieferanten:** Eine Unternehmung, die sich auf Kernkompetenzen konzentriert, stellt nicht nur für die Konkurrenz einen ernstzunehmenden Gegner dar, sondern ist vor allem attraktiv für die Lieferanten. Im Zuge einer erfolgreichen Vorwärtsintegration kann dieser den Versuch eines Kompetenzerwerbs unternehmen. Damit ist nicht nur die Dauerhaftigkeit der Kernkompetenz bedroht, sondern die Eigenständigkeit der gesamten Unternehmung.

■ **Ersatzprodukte:** Die Ersatzprodukte sind zwar nicht direkt auf die Kernkompetenz der Unternehmung ausgerichtet, stellen aber dennoch eine Bedrohung dar. Sie sind als **Substitute** der eigenen Produkte anzusehen, die zwar selten "auf dem gleichen Weg" (Rasche 1994, S. 86) erstellt wurden, jedoch die gleichen Kernbedürfnisse des Kunden befriedigen. In den seltensten Fällen handelt es sich um echte Pionierprodukte. Vielfach sind es Nachahmungen, bei denen die eingesparten Entwicklungskosten für eine aggressive Preisgestaltung genutzt werden.

2.3 Reaktionsrisiko: Nachhaltige Kompetenzorientierung vs. kurzfristige Anpassungsfähigkeit

Aufbau und Nutzung von Kernkompetenzen erfordern eine Langfristperspektive. Dauerhaftigkeit wird angestrebt.

Dies kann in Widerspruch geraten zu kurzfristigen Anpassungsnotwendigkeiten. Wenn sich externe Rahmenbedingungen in kurzer Frist dramatisch ändern, wie dies Anfang der 90er Jahre durch den politischen Umbruch der Fall war, dann zählen u.U. alte Fähigkeiten nicht mehr und neue sind zu kultivieren. Vielseitige Unternehmungen sind in solchen Situationen im Vorteil, da sie einen Risikoausgleich zwischen ihren Geschäften vornehmen können. Allerdings ist nicht selten eine „rasche Änderung" nicht deswegen notwendig, weil sich die externe Situation gleichsam über Nacht geändert hat. Insbesondere die dramatischen Wandlungsprozesse der letzten 2-3 Jahre in Deutschland sind vor allem ein Ausdruck des zu langen Abwartens, der zu hohen Wandlungsbarrieren und auch der zu geringen Strategiecourage im Management. Allenthalben ist zu hören, daß ohne Krise die Bereitschaft zum Wandel in den Unternehmungen nicht zu wecken sei.

Derartige Risiken sind sehr wohl kalkulierbar. Kernbedürfnisse von Konsumenten wandeln sich allmählich. Neue Technologien entwickeln sich zwar schnell, aber ebenfalls kaum als Überraschung. Biotechnologie, Gentechnologie, Verkehrssysteme, Internet, um nur einige Schlagworte zu nennen, sind Felder, die sich allmählich öffnen und die sich jedem erschließen, der unternehmerische Ideen besitzt und ein entsprechendes Risiko einzugehen bereit ist.

Das Risiko der nachhaltigen Kompetenzorientierung besteht insgesamt wohl weniger darin, daß Fähigkeiten und Ressourcen plötzlich obsolet werden, sondern mehr darin, daß die damit einhergehende Perspektiveneinengung Effekte der Betriebsblindheit zur Folge hat. Die alten Grundüberzeugungen nehmen den Charakter von Glaubenssätzen an, Änderungen kommen geradezu einer „Gehirnwäsche" gleich. Daß solche Änderungen nötig und auch möglich sind, belegen Beispiele wie IBM und Mercedes-Benz. Die Ablösung der Großrechnerphilosophie bei IBM und das Eindringen in die Kompaktklasse und das Kleinwagensegment seitens Mercedes-Benz sind geradezu revolutionäre Änderungen.

2.4 Gestaltungsrisiko: „Stretch" vs. „Fit"

Das traditionelle Verständnis des Strategischen Managements geht davon aus, daß eine Unternehmung sich bemühen muß, die verschiedenen Erfolgsfaktoren (z.B. Strategie, Struktur, Kultur) möglichst gut einander anzupassen. Eine hohe Stimmigkeit („Strategic Fit") wird als Ziel der Gestaltung angestrebt. Im Gegensatz dazu fordern Hamel/Prahalad, daß eine besondere Spannung zu erzeugen sei („Strategic Stretch") zwischen den vorhandenen Ressourcen und Fähigkeiten einerseits, den ambitionierten Zielen andererseits.

Die Idee ist, ein ambitioniertes zukünftiges Ziel (sog. strategic intent) zu verfolgen, um die Märkte von morgen zu schaffen. Die derzeitigen Kernkompetenzen der Unternehmung reichen zur Zielerreichung nicht aus. Es ist somit eine Dehnung (Stretch) erforderlich, um die Zielsetzung mit Hilfe der Kernkompetenz zu erreichen.

Eine Dehnung (Stretch) ist eine **bewußt** in Kauf genommene Diskrepanz zwischen den bestehenden Kernkompetenzen und den zukünftig angestrebten Zielen (Visionen) der Unternehmung.

254

Diese Zielsetzung oder auch Vision soll durch den sog. Leverage erreicht werden. Der **Leverage** umfaßt alle Akivitäten, die geeignet sind, die Lücke zwischen den Kompetenz- Zielen (strategic intent) und derzeitigen Kernkompetenzen zu schließen.

Gelingen der Stretch und der Leverage, ergibt sich eine Innovationsquelle, die neue Märkte und/oder Produkte entstehen läßt. Grundvoraussetzung ist jedoch, daß die Unternehmung den Kundenwunsch von morgen trifft. Können die neuen Produkte die zukünftigen Kernbedürfnisse jedoch nicht befriedigen, hat die Unternehmung wertvolle Ressourcen verschwendet. Verstärkt wird diese Problematik von der Tatsache, daß ein **Allokationsproblem** besteht. Fähigkeits- und Kompetenzträger stehen der Unternehmung entweder nur einmalig oder in sehr begrenztem Umfang zur Verfügung. Werden diese Schlüsselpersonen nun von der aktuellen Kernkompetenz abgezogen, leidet darunter die Wettbewerbsfähigkeit im aktuellen Markt. Im Falle eines fehlgeschlagenen Stretch ist damit nicht nur die Verschwendung von Zeit und finanziellen Ressourcen zu beklagen, sondern auch eine Schwächung der derzeitigen Erfolgsposition der Unternehmung. Gelingt jedoch der Stretch, sind die Vorteile nicht von der Hand zu weisen. Die Unternehmung kann im Falle proaktiven Handelns eine Leaderposition erreichen und besitzt die einmalige Chance, Standards zu setzen, wie z.B. Sony mit dem Walkman und der CD. Mercedes-Benz bemüht sich mit der A-Klasse und dem Smart, den Industriestandard in diesen Geschäftsfeldern neu zu definieren.

Die Betonung des Fitgedankens führt zu einer intensiven Nutzung bestehender Kompetenzen, behindert jedoch das Nachdenken über deren Veränderung. Der Eintritt in neue Geschäftsfelder unterbleibt mit dem Argument, daß diese mit der derzeitigen Kernkompetenz nicht vereinbar sind. Die Unternehmung beschränkt ihre Aktivitäten auf die angestammten Geschäftsfelder und ist auch von deren Entwicklung abhängig. Eine zu enge Auslegung des Fits führt dazu, daß die Ambitionen heruntergeschraubt werden. Es entstehen keine Anreize mehr für Kreativität, und ein Großteil des Potentials einer Unternehmung liegt brach.

Im Hinblick auf den Kernkompetenz-Management-Zyklus stellen „Stretch" und „Fit" keine wirklichen Alternativen dar. Die besondere Herausforderung besteht vielmehr darin, zwischen Anspannung und Harmonisierung der Ressourcen zu wechseln. Ein aufgeklärtes Kernkompetenz-Management sollte versuchen, die Vorzüge beider Varianten zu nutzen. Es wird einen **sequentiellen** Wechsel zwischen Fit und Stretch anstreben (vgl. Abb. 8/2). Die besondere Schwierigkeit besteht darin, das jeweils richtige Maß zu finden, also sowohl eine Übertreibung des Fit wie eine Überdehnung des Stretch zu vermeiden. Die Phase der Identifikation bedeutet einen Stretchaufbau, da dort die Entwicklungsbedarfe und -ziele formuliert werden. Die Entwicklungsphase dient der Anspannung aller Kräfte, um diese Absichten zu erreichen. Sie ist durch Leveragebemühungen gekennzeichnet. Die Integrationsphase dreht diesen Trend um und dient der

Herstellung des strategischen Fit, der sich in der Nutzungsphase dann zu einem stabilen Zustand verfestigt. Ihn aufzulockern, ist Sache des Transfers. Hier wird der Sprung auf neue Felder vorbereitet und durchgeführt, also ein mehr oder minder großer Stretch erzeugt. Mit Hilfe von Promotoren z.B. ist die Bereitschaft einer Unternehmung zu schaffen, neue Wege zu gehen und konventionelle Vorstellungen über Produkte, Kunden und Märkte zu ändern. Die derzeitigen Denk- und Handlungsmuster sind zu entfrosten (Unfreezing) und zu entrosten, um die Flexibilität zu erzeugen, die die Verwirklichung neuer Ziele benötigt.

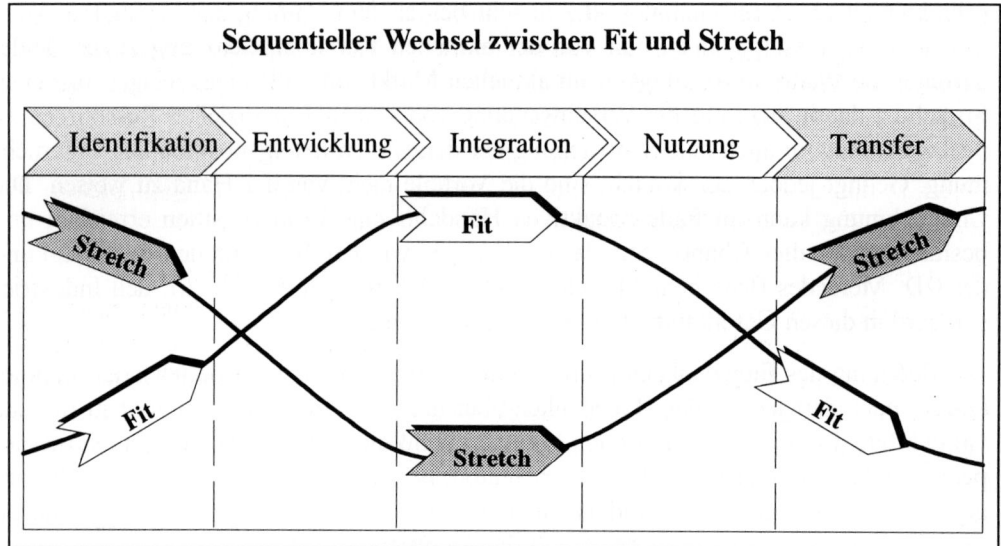

Abb. 8/2

Der erfolgreiche Eintritt in das neue Geschäftsfeld muß wiederum in einen strategischen Fit münden. Die neu formierten Ressourcen und Fähigkeiten sind untereinander und mit den Markterfordernissen in Einklang zu bringen.

256

3. Risiken im Kernkompetenz-Management-Zyklus

3.1 Überlastungsrisiko

Mit der Einführung eines Kernkompetenz-Managements steigen die Aufgaben der Unternehmungsspitze stark an. Es treten nicht nur die fünf Hauptaufgaben des Kernkompetenz-Management-Zykluses neben das Tagesgeschäft, sondern auch eine Vielzahl von Unteraufgaben, die aufgrund ihrer strategischen Trag- und Reichweite nur von den Mitgliedern der Unternehmungsspitze auszuführen sind. Die Steuerung bestehender Geschäfte und die gleichzeitige Einleitung des für die Kernkompetenz-Orientierung notwendigen Wandels führen zwangsläufig zu einer hohen Belastung der Spitze mit dem Risiko der Überlastung. An dieser Stelle ist an die Notwendigkeit zu pluraler Führung zu erinnern und an die Forderung nach einem Topmanagement-Team an der Unternehmungsspitze. In einem solchen Team würden sich auch die Lasten der Führungsaufgaben besser tragen lassen.

Das **Überlastungsrisiko** tritt besonders innerhalb der **Identifikationsphase** auf. Die traditionellen Geschäftsfelder und Geschäftsideen sind kritisch zu hinterfragen. Die Spitze muß („Inside Out") die relevanten Ressourcen und Fähigkeiten oder die zu entwickelnden Kompetenzen bestimmen. Hier ist eine Vielzahl von Einzelinformationen zu verarbeiten und auszuwerten, denn von der Selektion, d.h. von der Bestimmung der richtigen Ressourcen und Fähigkeiten, hängt die Qualität der späteren Kernkompetenz ab.

Im Sinne des horizontalen Gegenstromverfahrens sind („Outside In") die Kernbedürfnisse des Kunden herauszufinden. Diese Bestimmung nimmt mit der Heterogenität der Geschäftsfelder an Komplexität zu. Außerdem sind die notwendigen Entwicklungs- und Umbaumaßnahmen vorzubereiten.

In der Praxis kann der gezielte Beratereinsatz hilfreich sein und entlastend wirken, dies zumindest bei der Entscheidungsvorbereitung und der methodischen Unterstützung. Der Einbezug nachgelagerter Einheiten i.S. des vertikalen Gegenstroms sollte für ein Kernkompetenz-Projekt ebenfalls genutzt werden, kompliziert die Prozesse aber zusätzlich.

3.2 Qualifikationsrisiko

Das Qualifikationsrisiko tritt innerhalb der **Entwicklungsphase** auf (vgl. Abb. 8/3). Es ergibt sich aus der Gesamtheit der kompetenzorientierten Aufbau- und Umbaumaßnahmen, die insbesondere die Förderung und Entwicklung der Fähigkeiten und Ressourcen der Unternehmung betreffen. Es sind die notwendigen Kompetenzen aufzubauen, um das in der Identifikationsphase bestimmte Kernbedürfnis zu befriedigen. Dieses ist mit Hilfe von Eigenentwicklungen ebenso möglich wie durch Gemeinschaftsentwicklungen mit Partnern bzw. Akquisitionen.

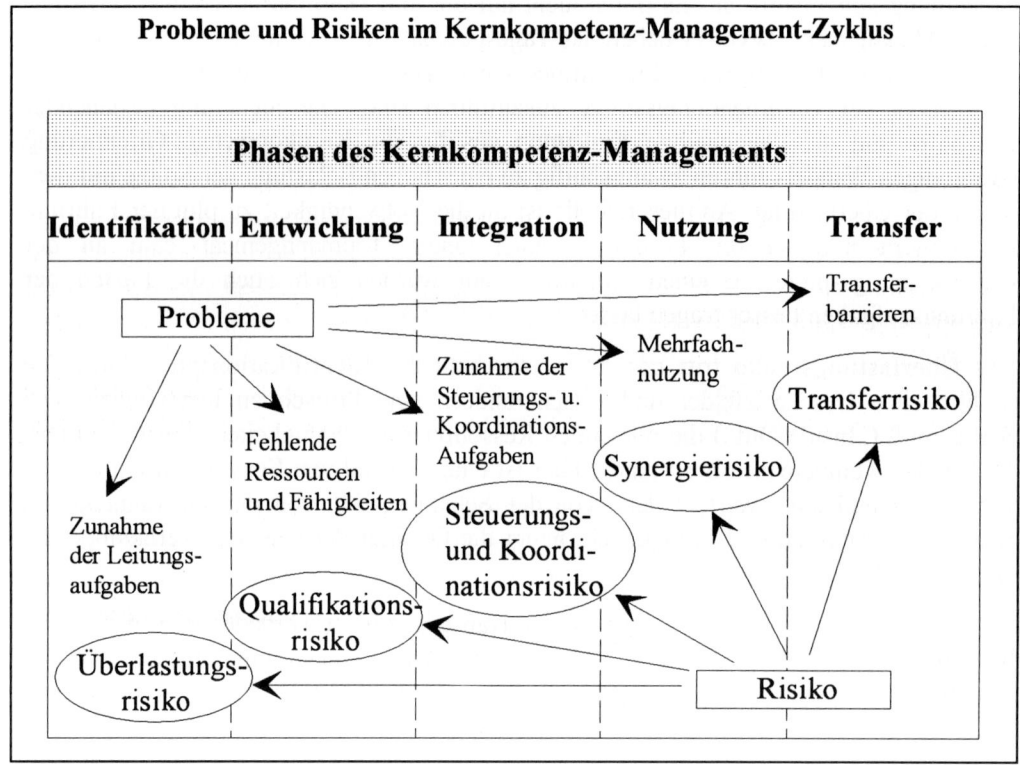

Abb. 8/3

Die selbständige Entwicklung von Fähigkeiten ist i.d.R. mit erhöhten Anforderungen an die Mitarbeiter verbunden. Das Ziel, ein neues Geschäftsfeld zu betreten, bedeutet vielfach auch, das Wissensspektrum des Mitarbeiters zu erweitern.

Sind die zusätzlichen Ressourcen und Fähigkeiten nicht durch eigene Anstrengungen zu erwerben, verstärkt sich die Problematik des Qualifikationsrisikos. Die Unternehmung ist dann auf die Kenntnisse Dritter angewiesen. Häufig wird dieses Problem in der Unternehmungspraxis durch Kooperationen gelöst, ohne sich des drohenden Risikos bewußt zu sein. Nach außen wird die Zusammenarbeit als gegenseitige Ergänzung der

Kompetenzen dargestellt. Intern geht es jedoch oftmals darum, ein entscheidendes Loch im Kompetenzgefüge der eigenen Unternehmung durch die Kooperation zu stopfen. Gelingt es der Unternehmung nicht, sich die fehlenden Kompetenzen in einem angemessenen Zeitraum anzueignen, besteht die Gefahr der Abhängigkeit vom Kooperationspartner.

3.3 Steuerungs- und Koordinationsrisiko

Kernkompetenzen entstehen durch die Zusammenführung von Ressourcen und Fähigkeiten. Diese organisatorische, personelle und technische Bündelung der Kräfte wird innerhalb der **Integrationsphase** vorgenommen. Die Unternehmungsspitze muß nicht nur die einheitliche Willensbildung (die Konzentration auf Kernkompetenzen) vorantreiben, sie hat auch für die konsequente Umsetzung der Entscheidungen Sorge zu tragen. Es sind vielfältige Abteilungszäune zu überwinden, die den Informationsfluß be- oder im Extremfall sogar verhindern. Die hier zu leistende Querschnittskoordination betrifft nicht nur die Informationsflüsse, sondern auch die Aufgabenverteilung. Es sind Teilprozesse und Beteiligte zu koordinieren, um die konkret definierte Zusammenarbeit umzusetzen. Strukturen, Prozesse und Systeme sind den neuen Erfordernissen anzupassen.

Nicht zuletzt geht es innerhalb der Koordination auch um die Einbindung der Mitarbeiter in das Kernkompetenz-Management. Eine ergebnisorientierte sowie professionalisierte Einbindung können dabei in sachlicher Hinsicht integrierend wirken. Interaktionsbarrieren, die sich durch eine mangelnde Bereitschaft der Zusammenarbeit ergeben, sind durch personelle und soziale Einbindung abzubauen.

Die Steuerungs- und Koordinationsprozesse gehen oft über die Unternehmungsgrenzen hinaus. Werden Kooperationen eingegangen (Allianzen mit Konkurrenten oder Abnehmer-Zulieferer-Kooperationen), so sind die Fähigkeiten und Ressourcen des Partners in das eigene Kompetenzgefüge zu integrieren. Den eigenen Geschäftsbereichen sind eindeutige Steuerungsanweisungen zu erteilen, welche Kompetenzen in welcher Weise mit dem Partner zu bilden sind. Die **Komplexität** des Gebildes Unternehmung erhöht sich erheblich, und damit wächst das Risiko mangelnder Beherrschbarkeit.

Die Problematik wird noch dadurch verschärft, daß der kompetenzorientierte Umbau von Strukturen und Prozessen bei „laufendem Geschäftsbetrieb" erfolgt. Die Gefahr ist, daß man über der Beschäftigung mit sich selbst den Kunden und den Wettbewerber aus dem Auge verliert. Für den Erfolg unerläßlich ist ein Multi-Tasking im Management.

Der Überblick und die Kontrolle im Tagesgeschäft müssen ebenso gewährleistet bleiben wie die Steuerung und Moderation des kompetenzorientierten Wandlungsprozesses. Zugespitzt formuliert: es ist, als wenn ein Schlachtschiff mitten in der Schlacht umgebaut wird. Wahrlich keine leichte Aufgabe für alle Beteiligten. Sie kann nur gelingen, wenn auch auf der Kommandobrücke ein eingespieltes Team arbeitsteilig agiert - das erwähnte Topmanagement Team - und nicht der Kapitän allein gleichzeitig die Schlacht leitet und über die Schiffsentwicklung nachdenkt. So absurd dieses Beispiel anmutet, so sehr gibt es die Verhältnisse in nicht wenigen Unternehmungen wieder.

Aus allen diesen Ursachen entstehen vielfältige Umsetzungsprobleme in der Integrationsphase. Die Gesamtheit der damit verbundenen Risiken läßt sich insgesamt als das Steuerungs- und Koordinationsrisiko der Unternehmung begreifen (vgl. Abb. 8/3).

3.4 Synergierisiko

Die Nutzungsphase stellt den „Normalbetrieb" des Kernkompetenz-Managements dar. Selbstverständlich gibt es in diesem Prozeß, wie üblich, „Betriebsrisiken", die allerdings nicht kernkompetenzspezifisch sind. Eine Besonderheit resultiert aus der Mehrfachnutzung von Kompetenzen, die zu einem Synergierisiko führt (vgl. Abb. 8/3).

Eine Kernkompetenz findet ihre reale Verkörperung in einem Kernprodukt. Dieses Kernprodukt wird in vielfältigen Endprodukten verwendet. So ist im Automobilbau z.B. an die Motoren oder die Bodengruppen von Fahrzeugen zu denken, die vielfach über mehrere Endproduktvarianten identisch bleiben. Diese Mehrfachnutzung oder auch Plattformstrategie (vgl. Kapitel 6) schafft economies of scale, die sich als Basis für Kostenstrategien einsetzen lassen. Oftmals ist gerade im Kernprodukt der Grund für eine Outpacing-Strategie zu finden (vgl. Kapitel 3). Ändern sich die Kundenbedürfnisse innerhalb der Nutzungsphase dahingehend, daß zwar eine Kernkompetenz "Motorenbau" erhalten bleibt, jedoch das Kernprodukt "4-Zylinder-Motor" nicht mehr gefragt ist, sondern 6-Zylinder, fallen alle mit dem Kernprodukt verbundenen Synergien schlagartig weg. Innerhalb der Nutzungsphase der Kernkompetenz kommt es daher zum **Synergierisiko**. Das Baukastenprinzip kann nicht mehr angewendet werden, da der "Baustein" Kernprodukt modifiziert werden muß.

Das Synergierisiko ist eine fast zwangsläufige Folge der erwähnten „Kerneinseitigkeit". Wenn die gesamte Unternehmung auf Kernkompetenzen ausgerichtet ist, herrscht eine weitestgehende Bündelung aller Ressourcen und Fähigkeiten, eine enge Verzahnung und Koordination aller Strukturen und Prozesse. Impulse, die von außen oder von innen auf dieses Gebäude einwirken, breiten sich rasch und ohne Verlust über alle Stockwerke aus. Dieser schwer erarbeitete Vorteil prägt aber zugleich das Risiko. Man kann nicht einzelne Gebäudeteile ändern oder gar abbrechen, ohne daß das gesamte Gebäude davon berührt wird oder sogar in Gefahr gerät. Umso wichtiger ist es, eine regelmäßige „Wartung und Pflege", also eine Kompetenzanpassung und -entwicklung durchzuführen, um „Baufälligkeit" oder gar „Einsturz" zu vermeiden.

3.5 Transferrisiko

Die Konzentration auf Kernkompetenzen bietet einer Unternehmung vielfältige strategische Optionen. Nicht nur, daß die Kernkompetenz einen wirksamen Schutz vor potentiellen Angreifern bietet, sie ist ebenso Grundlage für den Aufbau dauerhafter Kosten- und/oder Differenzierungsvorteile (vgl. Kap. 3). Der größte Vorteil, den eine Kernkompetenz jedoch bietet, liegt in der **Transferierbarkeit** auf neue Märkte. Die Unternehmung besitzt die Möglichkeit, ihre Stärken auf Geschäftsfelder zu übertragen, in denen die Kunden die gleichen Kernbedürfnisse haben wie im angestammten Geschäftsfeld. Der Käufer einer Aluminiumleiter und der eines Bügeltisches scheinen auf den ersten Blick keinerlei Gemeinsamkeiten zu haben. Dennoch verbindet beide das gleiche Kernbedürfnis, die "Standfestigkeit". Eine derartige Übertragung der Kernkompetenz auf neue Geschäftsfelder innerhalb der Transferphase ist jedoch nicht selbstverständlich. Vielfältige Gründe können dem entgegenstehen:

- mangelnder Vorausblick der Unternehmungsspitze
- fehlende Risikobereitschaft
- Festhalten an altbekannten Produkten
- Beschränkung auf traditionelle Märkte
- noch nicht ausreichend entwickelte Ressourcen und Fähigkeiten
- Akzeptanzprobleme der Mitarbeiter
- Markteintrittsbarrieren

Welcher Grund auch vorliegt, er führt immer zu einem **Transferrisiko**, da die Besetzung neuer Geschäftsfelder unterbleibt oder scheitert und somit die Gefahr entsteht, daß die angestammten Kompetenzen mehr oder minder degenerieren (vgl. Abb. 8/3).

4. Controlling als Teil des Kernkompetenz-Management-Zyklus

Die Überlebensfähigkeit einer Unternehmung ist direkt an ihren Wettbewerbsvorteil gekoppelt, der besonders im operativen Controlling durch quantitative Daten wie Kosten- und Erlösrechnungen erfaßt wird. Im Falle einer Degeneration des Wettbewerbsvorteils oder der Schaffung eines neuen Wettbewerbsvorteils reichen diese Informationen jedoch nicht aus. Das Controlling ist in den Strategiebereich hinein zu erweitern und muß demgemäß auch die Ursachen für Wettbewerbspositionen und -vorteile behandeln. Daraus folgt, daß auch die Kernkompetenzen als Ursachengeflecht der Wettbewerbsvorteile zum Gegenstand des Controlling zu machen sind.

In Analogie zu allgemeinen Controllingaufgaben (vgl. Hahn 1996, S. 189ff.) lassen sich drei **generelle Aufgaben** des Kernkompetenz-Controlling unterscheiden: Unterstützung der Spitze bei der strategischen Planung, laufende Überwachung der Unternehmungsprozesse, Einleitung von Gegensteuerungsmaßnahmen. Die Aufgabenteilung zwischen dem Linienmanagement und den Controllingeinheiten ist Sache des Einzelfalls. In frühen Stadien der Einführung des Kernkompetenz-Ansatzes werden sich die Linienverantwortlichen weitgehend selbst um die im folgenden beschriebenen Aufgaben kümmern müssen. Mit wachsender Erfahrung sind dann Entlastungseffekte durch spezialisierte Controllingstellen möglich.

Diese allgemeinen Aufgaben erstrecken sich grundsätzlich auf den gesamten Kernkompetenz-Management-Zyklus. Sie führen in den einzelnen Zyklusphasen (z.B. Identifikation) zu unterschiedlichen Teilaufgaben, die in dem folgenden Tableau zusammengestellt sind.

Generelle Aufgaben des Kernkompetenz-Controllings:

- Unterstützung der Unternehmungsleitung bei der strategischen Planung
- Aufbau und Pflege von strategischen Planungs- und Steuerungsinstrumenten
- Bereitstellung von Planungsinstrumenten und Hilfsmitteln
- Beratung bei der Verabschiedung strategischer Pläne

Laufende Überwachung der Unternehmungsprozesse im Hinblick auf die strategische Planung

- Durchführungskontrollen: Können bestimmte Fähigkeiten überhaupt entwickelt werden?
- Zielkonsistenz: Stimmen die Entwicklungen und die Entwicklungsziele überein?
- Planfortschrittskontrollen: Inwieweit ist die Integration der Ressourcen und Fähigkeiten fortgeschritten?

Einleitung von Gegensteuerungsmaßnahmen

- Änderung der Entwicklungsschwerpunkte bei eventueller Zielverfehlung
- Vorschlag von Transfermöglichkeiten in der Reife- und Sättigungsphase des Produktlebenszykluses

	Identifikation	Entwicklung	Integration	Nutzung	Transfer
Unterstützungsaufgabe	Informationsverdichtung Lieferung von Hinweisen auf Ressourcen und Fähigkeitshäufungen	Zukunftsszenarien aufstellen. Chancen und Risiken der Ressourcen und Fähigkeitsentwicklung aufzeigen	Instrumentelle Unterstützung bei der Entscheidung über die Zuteilung von Ressourcen und Fähigkeiten auf einzelne Einheiten	Bereitstellung geeigneter Instrumente zur Überwachung des Kernkompetenz-Einsatzes	Transfermöglichkeiten aufzeigen
Überwachungsaufgabe	Überprüfung der identifizierten Kernkompetenzen mit Hilfe von geeigneten Instrumenten	Überwachung des Entwicklungsfortschritts. Stimmen die entwickelten Ressourcen und Fähigkeiten mit den Entwicklungszielen überein?	Überwachung der Ressourcenallokation. Sind die Ressourcen und Fähigkeiten auch da eingesetzt worden, wo sie am meisten Nutzen stiften?	Prüfung des Kernkompetenz-Einsatzes. Wie oft werden Kernkompetenzen in Endprodukten eingesetzt? Wie oft wird das Kernprodukt in Endprodukten verwendet?	Überprüfung von Transfermöglichkeiten. Sind alle potentiellen Einsatzmöglichkeiten der Kernkompetenz in die strategische Planung mit einbezogen worden?
Gegensteuerungsaufgabe	Bei Abweichungen zwischen den Ergebnissen der Identifikationsphase und dem Kernkompetenz-Management sind Hinweise auf andere Kompetenzen zu geben	Dem Kernkompetenz-Management sind konkrete Empfehlungen zu geben, welche Chancen sich nutzen lassen oder welche Kompetenzen in die Entwicklung mit einbezogen werden sollen	Im Falle von Fehlsteuerungen in der Resourcenverteilung sind konkrete Gegenmaßnahmen und Umverteilungen vorzunehmen	Hinweise an das Kernkompetenz-Management, in welchen Bereichen die Nutzung der Kernkompetenz unterrepräsentiert oder gar rückläufig ist	Abweichungen vom angestrebten Transferergebnis aufzeigen

264

5. Controlling-Instrumente des Kernkompetenz-Managements

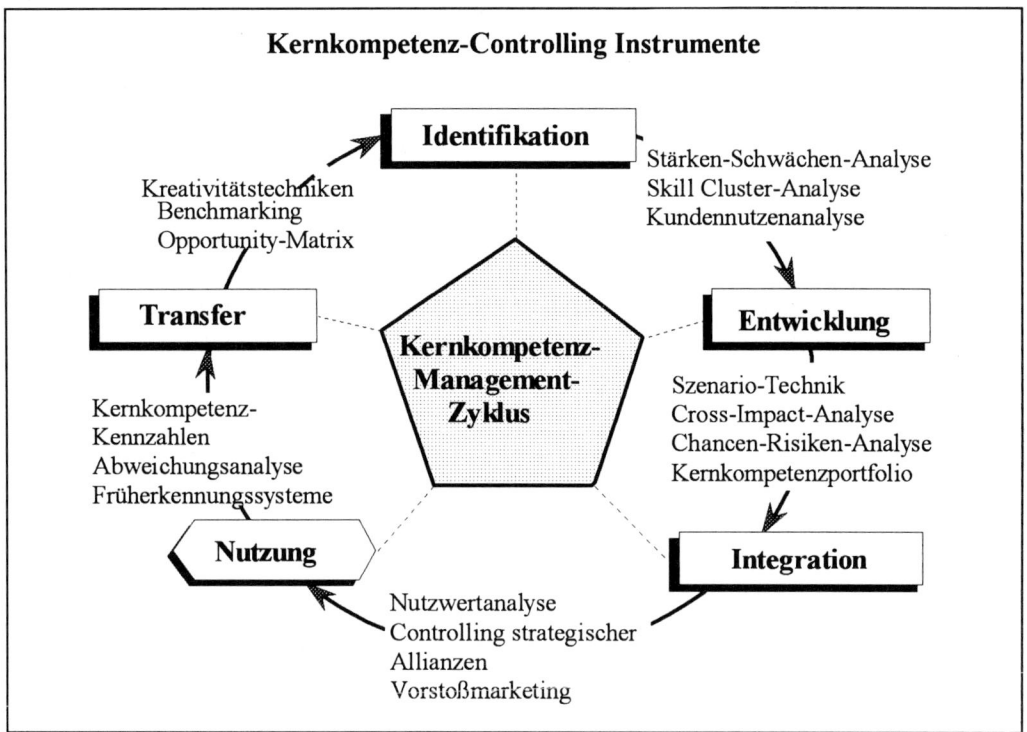

Kernkompetenz-Controlling Instrumente

Identifikation

Stärken-Schwächen-Analyse
Skill Cluster-Analyse
Kundennutzenanalyse

Kreativitätstechniken
Benchmarking
Opportunity-Matrix

Transfer

Kernkompetenz-
Management-
Zyklus

Entwicklung

Szenario-Technik
Cross-Impact-Analyse
Chancen-Risiken-Analyse
Kernkompetenzportfolio

Kernkompetenz-
Kennzahlen
Abweichungsanalyse
Früherkennungssysteme

Nutzung

Integration

Nutzwertanalyse
Controlling strategischer
Allianzen
Vorstoßmarketing

Abb. 8/4

5.1 Instrumente der Identifikationsphase

Es existieren unterschiedliche Instrumente, derer sich das Kernkompetenz-Controlling bedienen kann. Sie lassen sich zumindest schwerpunktartig den einzelnen Zyklusphasen zuordnen (vgl. Abb. 8/4). Einzelne Instrumente, wie z.B. die Skill Cluster-Analyse, sind neuartige Verfahren, die speziell für das Kernkompetenz-Management entwickelt wurden. Bei anderen Instrumenten, z.B. Benchmarking, handelt es sich um eine Übertragung bekannter Techniken auf ein neues Einsatzgebiet.

Am Beginn der Identifikationsphase steht eine Stärken-Schwächen-Analyse. Für eine Grobanalyse kann bereits die bekannte **SWOT**-Matrix erste Hinweise liefern. Besser ist es allerdings, die **Wertschöpfungskette** der Unternehmung aufzubauen und die einzelnen Kettenglieder genauer zu untersuchen. Dabei sind die in Kapitel 2 unterschiedenen strategischen Vorteile als Checkliste einsetzbar. Sie lassen sich zu einem **Suchbaum** zusammenfassen (vgl. Abb. 2/6). Ein schematisches Fallbeispiel ist die création baumann (vgl. Kap. 2, Abschnitt 2.1.3). Die Stärken-Schwächen-Analyse muß auf der Seite der Stärken in die Feststellung möglicher Ansatzpunkte für vorhandene Kernkompetenzen münden. Bei einer großen Anzahl von Produkten bzw. Geschäftsfeldern kommt es hierfür u.a. darauf an, eine unternehmungsweite Bilanz der Stärken zu ziehen. Diesem Zweck dient die sog. **Skill Cluster-Analyse**. Mit ihrer Hilfe lassen sich unternehmungsweit nutzbare Ressourcen und Fähigkeiten identifizieren, also solche Skills, die mehrfach auftreten.

Der Skill Clustering Index I_{ij} weist dabei den Prozentsatz der Produkte aus, die sowohl Fähigkeit i als auch j enthalten (vgl. Abb. 8/5; Edge et al. 1995, S. 212).

Matrix der Skill Cluster Indizes

$I_{ij} = \dfrac{\text{Anzahl der Produkte, die Stärke i und j in hohem Ausmaß enthalten}}{\text{Gesamtzahl der Produkte}}$

Skill Cluster Index

	Stärke 1	Stärke 2	Stärke 3	Stärke 4	Stärke 5
Stärke 1		4	80	5	10
Stärke 2	4		5	60	75
Stärke 3	80	5		8	5
Stärke 4	5	60	8		45
Stärke 5	10	75	5	45	

Abb. 8/5

Die Matrix zeigt, daß die Stärken eins und drei bei 80 Prozent der Produkte auftreten, während die Stärken eins und zwei bei nur 4 Prozent vorhanden sind. Die einzelnen Stärken der Produkte lassen sich danach zu Gruppen zusammenstellen. Diese Cluster-bildung kann mit entsprechenden Softwareprogrammen wie z.B. SPSS oder SPS+ er-folgen. Im Ergebnis zeigt sich, daß die Stärken eins und drei sowie zwei, vier und fünf wechselseitig gruppiert sind (vgl. Abb. 8/6; Gourlay/McLean/Shephert 1977). Die beiden Cluster repräsentieren **potentielle** identifizierte Kernkompetenzen, da sie empirisch beobachtbare Kombinationen von Stärken/Fähigkeiten darstellen (vgl. Edge et al. 1995, S. 212). Diese Kombinationen sollten sich sinnvollerweise im Kerngeschäft der Unternehmung wiederfinden. Ein Vergleich mit den Umsatz- und Ergebnisanteilen der vorhandenen Geschäfte bzw. Produkte zeigt, in welchem Umfang dies der Fall ist. Felder mit hohem Umsatz, aber niedriger Kompetenz, deuten auf angreifbare Positionen hin. Wünschenswert wäre sicherlich, daß sich die Kompetenzstärke und der Ergebnis- bzw. Umsatzanteil langfristig entsprechen. Der im weiteren Verlauf noch darzustellende Return On Core Competencies (ROCC) ist eine hierfür entwickelte Kennzahl, die ähnlich dem RoI klare Steuerungs- und Kontrollhinweise liefert.

Beispiel zweier Stärken Cluster

Skill Cluster	Stärke 1	Stärke 3	Stärke 2	Stärke 4	Stärke 5
Stärke 1		80	4	5	10
Stärke 3	80		5	8	5
Stärke 2	4	5		60	75
Stärke 4	5	8	60		45
Stärke 5	10	5	75	45	

Abb. 8/6

Ob es sich letztlich um Kernkompetenzen handelt, kann sich nur im Wettbewerbsprozeß herausstellen. Hier wird sich ex post zeigen, ob die Identifikationsmerkmale der Dauerhaftigkeit und Transferierbarkeit erfüllt sind (vgl. Kap. 2).

Einen Hinweis auf mögliche Dauerhaftigkeit liefert die Nutzenstiftung der Kernkompetenz beim Kunden und damit auch die Befriedigung seiner Kernbedürfnisse. Dies kann auch kurzfristig mit Hilfe einer **Kundennutzenanalyse** überprüft werden, in deren Mittelpunkt die Zufriedenheit des Kunden steht. Das Zufriedenheitsniveau kann objektiv wie subjektiv ermittelt werden. Objektive Indikatoren sind Absatz- und Umsatzzahlen sowie Marktanteile, die mit dem Produkt erreicht wurden. Subjektiv kann eine Befragung zur Kundenzufriedenheit Aufschlüsse über die Bedürfnisbefriedigung des einzelnen Kunden geben.

Zeigt das Kernkompetenz-Controlling im weiteren Verlauf des Kernkompetenz-Management-Zyklus signifikante Abweichungen auf zwischen derzeitigen Kompetenzen und den Ergebnissen der Clusteranalyse, ist eine Änderung der Entwicklungsschwerpunkte ratsam. Zu untersuchen ist, inwieweit die Ergebnisse der Identifikationsphase noch zutreffen, oder ob sich in der Zwischenzeit die Positionierungen der **Markt-Kompetenz-Matrix** (vgl. Kap. 4) geändert haben. Bewegungen der Konkurrenten sowie eigene Entwicklungsschübe können zuvor identifizierte Stärken im Nachhinein als Schwächen erscheinen lassen.

Das Thema: Überprüfung der Kompetenzstärke

Das Beispiel: Die Schweizerische Uhrenindustrie

Schweizer Uhren genossen traditionell Weltruf. Die Kompetenzstärke der schweizerischen Uhrenindustrie lag im Bau von mechanischen Uhrwerken.
Als ein findiger Schweizer das Quarzwerk erfand, wurde dessen Marktattraktivität von der Uhrenindustrie als so niedrig eingestuft, daß er sein Patent schließlich an die Japaner verkaufte. Deren Kompetenzstärke lag in der „Elektronifizierung". Die Möglichkeiten, die ein Quarzuhrenwerk bietet, passen hierzu hervorragend.
Eine Kundennutzenanalyse seitens der schweizerischen Uhrenindustrie hätte schon frühzeitig aufgezeigt, daß der Kunde die bedienungsfreundliche Quarzuhr durchaus einer mechanischen Uhr vorzieht. Das Kernbedürfnis des Kunden liegt nicht etwa darin, ein mechanisch betriebenes Uhrwerk zu erwerben. Diese Bedürfnisse finden sich lediglich in einer stark differenzierten Nische. Der Kunde möchte eine Uhr, die ihm unkompliziert und zuverlässig die genaue Zeit anzeigt.
Eine derartige Überprüfung der Kundenbedürfnisse hätte sicherlich verhindert, daß die Japaner in den Besitz des Quarzwerkes gekommen wären.

Ein weiterer Vorteil der Skill Cluster-Analyse ist die Verdichtung der vielfältigen Detailinformationen. Ebenso wie bei Bilanzkennzahlen erhält die Unternehmungsspitze einen kompetenzorientierten Überblick über potentielle Stärken, was sich positiv auf ein drohendes Überlastungsrisiko auswirkt.

5.2 Instrumente der Entwicklungsphase

Stärken und Schwächen betreffen die gegenwärtige Situation. In der Entwicklungsphase geht es darum, die Zukunft zu gestalten. Hierfür werden Informationen über die zukünftigen Chancen und Risiken benötigt. Gegenwart und Zukunft zusammen machen, schematisch betrachtet, die Felder der **SWOT-Matrix** aus (vgl. Abb. 8/7).

SWOT-Matrix		
intern / extern	**Opportunities - O** 1. 2. 3. 4. 5. 6. 7. 8. Liste der zukünftigen Chancen	**Threats - T** 1. 2. 3. 4. 5. 6. 7. 8. Liste der zukünftigen Risiken
Strenghts - S 1. 2. 3. 4. 5. 6. 7. 8. Liste der gegenwärtigen Stärken	SO Strategien 1. 2. 3. 4. 5. 6. 7. 8. Nutze die vorhandenen Stärken und ziele darauf ab, die Chancen der Umwelt wahrzunehmen	ST Strategien 1. 2. 3. 4. 5. 6. 7. 8. Ziele darauf ab, die Stärken einzusetzen, um die Risiken des Umfeldes zu minimieren
Weaknesses - W 1. 2. 3. 4. 5. 6. 7. 8. Liste der gegenwärtigen Schwächen	WO Strategien 1. 2. 3. 4. 5. 6. 7. 8. Beseitige interne Schwächen, um die Chancen des Umfeldes wahrnehmen zu können	WT Strategien 1. 2. 3. 4. 5. 6. 7. 8. Minimiere die Schwächen und vermeide Risiko

Abb. 8/7

Die inhaltliche Feststellung bzw. Anreicherung der **Chancen-Risiken-Analyse** kann über die Erfassung subjektiver Einschätzungen und Erwartungen hinaus auch durch die bekannten Planungs- und Prognosetechniken unterstützt werden, so insbesondere die **Szenariotechnik** oder die **Cross Impact-Analyse**, auf die hier nicht näher eingegangen werden soll. Die aggregierte Darstellung im SWOT-Diagramm läßt dann mögliche Entwicklungsrichtungen und -schwerpunkte erkennen.

Die SO-Strategie beschreibt die Nutzung vorhandener Kernkompetenzen unter Ausnutzung der Chancen im Markt. Die ST-Strategie geht in die Richtung der Risikovermeidung, z.B. durch Absicherung von Kompetenzen, ggf. aber auch durch deren Weiterentwicklung. Entwicklungsbedarfe zeigen die WO-Strategien. Die internen Schwächen sind abzubauen, um die gebotenen Marktchancen zu nutzen.

Durch eine wiederholte Aufstellung einer SWOT-Analyse kann eine Überprüfung stattfinden, ob Chancen genutzt wurden und inwieweit Schwächen abgebaut worden sind.

Ein weiteres Instrument, um den Entwicklungsprozeß zu überprüfen, ist ein **Kernkompetenzportfolio** (vgl. Abb. 8/8). Durch die beiden Dimensionen "zukünftige Bedeutung der Kernkompetenz" und "gegenwärtiger Anteil an Ressourcen und Fähigkeiten der Kernkompetenz" kann durch eine Entwicklung von Ressourcen und Fähigkeiten die Bewegung der Kernkompetenz im Portfolio gut nachvollzogen werden.

Es kommt zu einer aktiven Unterstützung der Unternehmungsleitung durch das Kernkompetenz-Controlling, da die Portfolioposition Hinweise auf Entwicklungsziele oder einen eventuellen Neuaufbau von Kernkompetenzen liefert.

Beide Controlling-Instrumente sind nicht nur nach abgeschlossener Entwicklungsarbeit anzuwenden, sondern können schon während der Kernkompetenz-Entwicklung wertvolle Erkenntnisse liefern. So kann mit Hilfe des Kernkompetenz-Portfolios der Erwerb eigener Ressourcen und Fähigkeiten im Rahmen einer Partnerschaft überprüft werden. Bleibt der eigene Anteil am Kernkompetenzaufbau gering, ist ein Qualifikationsrisiko am Ende der Partnerschaft wahrscheinlich (vgl. Abschnitt 3.2).

Eine frühzeitige **Produkterprobung** kann mit Hilfe der SWOT-Matrix wertvolle Hinweise über zukünftige Erfolge oder Mißerfolge bringen. Hier wird deutlich, ob im Markt vorhandene Chancen genutzt wurden oder inwieweit das neue Produkt in der Lage ist, Lücken zu schließen.

Ebenso lassen sich andere Maßnahmen zur Eigenentwicklung von Kernkompetenzen im Kernkompetenz-Portfolio abbilden. Die Förderung der Entwicklungskompetenzen und die Stimulierung des Unternehmertums (Intrapreneurship) können z.B. durch Bewegungen im Portfolio abgebildet werden.

270

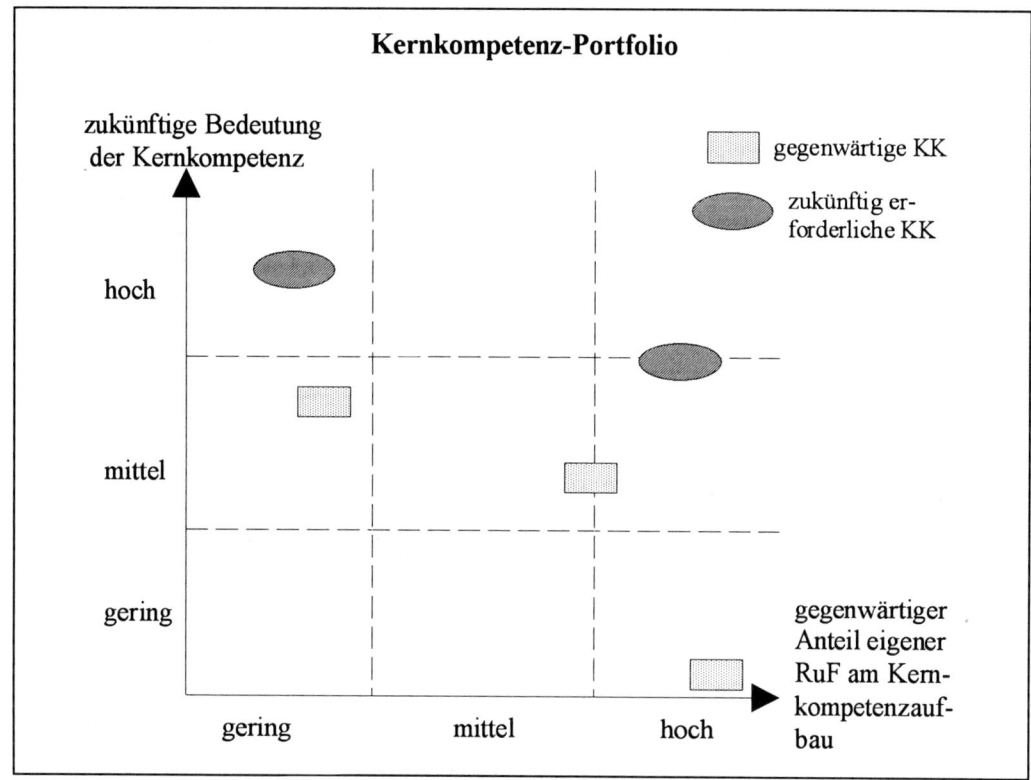

Abb. 8/8

5.3 Instrumente der Integrationsphase

Kernkompetenzen bestehen aus der **Integration** von Ressourcen und Fähigkeiten. Dabei ergibt sich das Problem, daß es sich um spezifische, oftmals einmalige Ressourcen oder Fähigkeiten handelt, die nicht in beliebigem Umfang zur Verfügung stehen. Besitzt eine Unternehmung mehrere Kernkompetenzen und auch zwei oder drei Centers of Competence, entsteht ein Verteilungskonflikt. Die Frage ist, welcher Organisationseinheit welche Ressourcen in welchem Umfang zugewiesen werden. Auch diese Frage ist zusätzlich in den jährlichen Zielbildungs- und Budgetierungsprozeß (MbO-Zyklus) mit aufzunehmen. Das Kernkompetenz-Controlling kann der Unternehmungsleitung hier ein strategisches Entscheidungsinstrument bereitstellen, das es ermöglicht, die Ressourcen dem Kompetenz-Zentrum zuzuordnen, in dem sie den meisten Nutzen stiften. Eine Zuordnung nach der maximalen Nutzenstiftung ist in der Integrationsphase unerläßlich, da erst durch die Zusammenführung der Ressourcen und Fähigkeiten letztlich die Kern-kompetenz entsteht. Fehlallokationen vergeuden Ressourcen und schwächen die Kompetenz. Diese Probleme sind der konkrete Ausdruck der erwähnten Steuerungs- und Koordinationsrisiken (vgl. Abschnitt 3.3).

Als Instrument lassen sich hier die üblichen **Wirtschaftlichkeitsrechnungen** monetärer Art einsetzen (z.B. Kapitalwertmethode, Discounted Cash Flow). Im Falle multivariabler Zielsysteme, insbesondere auch für qualitative Ziele, ist die **Nutzwertanalyse** geeignet (vgl. Abb. 8/9).

Die Integration von Ressourcen und Fähigkeiten erfolgt nicht nur unternehmungsintern, sondern vielfach auch extern, wie im Fall von Großprojekten, an denen mehrere Unternehmungen zusammenarbeiten. Eine häufig anzutreffende Form der Zusammenarbeit ist die strategische Allianz. Durch ein **Controlling strategischer Allianzen** kann sich die Unternehmung Klarheit verschaffen, welche Rolle sie in der Allianz spielt. Eine kritische Frage ist insbesondere, ob die Partner die Ressourcen und Fähigkeiten der Unternehmung strapazieren und durch die Zusammenarbeit einen Einblick in die Kompetenzbasis der Unternehmung gewinnen, um sie sich anschließend selbst anzueignen.

Nutzwertanalyse					
Einsatz der Ressourcen und Fähigkeiten	Alternative A_i	Ziele Z_j mit Gewichtungsfaktor q_j			Nutzwerte je Alternative N_{Ai}
		Motivation des Mitarbeiters q=2	Integrations-fähigkeit des MA q=5	Heraus-forderung für den MA q=4	
erfüllt	Kompetenz-zentrum A	W=4 4*2=8	W=3 3*5=15	W=4 3*4=12	39
erfüllt	Kompetenz-zentrum B	W=3 3*2=6	W=4 5*5=25	W=5 4*4=16	46
erfüllt	Kompetenz-zentrum C	W=2 2*2=4	W=4 4*5=20	W=6 5*4=20	48

Abb. 8/9

Für den Fall einer solchen "De-facto-Internalisierung" (vgl. Hamel 1991, S. 84) sind natürlich Maßnahmen zu treffen, um den ungewollten Abfluß der eigenen Kernkompetenzbasis an den Partner zu vermeiden. Wichtiger ist jedoch die Zusammenarbeit, die zur Kumulation der eigenen Ressourcen und Fähigkeiten beiträgt. Das Controlling sollte solche Allianzen zur Diskussion stellen, die der eigenen Unternehmung keine de-facto-Internalisierungsmöglichkeiten bieten und die zu einem Abfluß von Wissen an den Partner führen. Abschließend bleibt auf die in Kapitel 3 erläuterten Maßnahmen des **Vorstoßmarketings** hinzuweisen, die ebenfalls in das Controlling einbezogen werden können.

5.4 Instrumente der Nutzungsphase

Innerhalb der praktischen Anwendung der Kernkompetenz sind die **Nutzungsphase** und die damit verbundenen Überwachungsinstrumente noch hervorzuheben. Traditionell werden zur Kontrolle der laufenden Produktion **Kennzahlen** eingesetzt, das Problem ist jedoch, daß diese sich auf die Endprodukte beziehen und damit nur mittelbar den Erfolg der Kernkompetenz wiedergeben. Daher sind Modifikationen notwendig, die im Ergebnis zu spezifischen Kennzahlen wie dem **Return On Core Competencies (ROCC)** führen.

Der Quotient besteht aus dem Umsatzanteil aller Neuprodukte, die auf Kernkompetenzen beruhen, im Verhältnis zum Gesamtumsatz aller Neuprodukte, also auch denen, die keine Kernkompetenz enthalten. Der ROCC bringt damit zum Ausdruck, wie häufig die Kernkompetenzen der Unternehmung eingesetzt werden, um Neuprodukte auf den Markt zu bringen. Je näher der Quotient an eins liegt, desto intensiver wird die Kernkompetenz genutzt. Sinkt der Quotient, ist dieses ein Anzeichen dafür sein, daß die Nutzung der Kernkompetenz zurückgeht. Ist die Nutzung der aktuellen Kernkompetenz rückläufig, ohne daß es eine Parallelentwicklung gibt, dann ist die Kernkompetenz zu eng mit dem Produkt verbunden. Mit Beendigung des Produktlebenszyklus scheidet nicht nur das Produkt, sondern auch die Kernkompetenz aus der Nutzung aus.

Eine weitere Auskunft über die Nutzung der Kernkompetenz liefern die Kernprodukte als reale Verkörperung einer oder mehrerer Kernkompetenzen. Zu oft werden Endprodukte betrachtet, deren Marktanteil gering ist, wogegen die Betrachtung der Kernprodukte auf eine Marktbeherrschung schließen läßt. Canons Marktanteil an Kopiergeräten ist weltweit eher gering, dennoch stellt Canon 84 Prozent aller Innenleben für Tischkopierer weltweit her.

Daß zum Einsatz von Kennzahlen eine **Abweichungsanalyse** gehört, wie in jedem Controlling üblich, und daß man zur Früherkennung von Soll-Ist-Abweichungen auch **Früherkennungssysteme** verwenden kann, versteht sich.

$$\textbf{ROCC} = \frac{\text{Umsatzanteil der Neuprodukte, die auf einer KK beruhen}}{\text{Gesamtumsatz aller Neuprodukte}}$$

$$\textbf{Kernproduktanteil} = \frac{\text{Anzahl der verkauften Kernprodukte}}{\text{Anzahl der verkauften Endprodukte}}$$

5.5 Instrumente der Transferphase

Als letztes stellt sich die Frage der Steuerung und Überwachung des **Transfers**. Ziel muß es sein, die Unternehmungsleitung bei der Suche nach neuen Anwendungsgebieten der Kernkompetenz instrumentell zu unterstützen, um zu verhindern, daß die Kernkompetenz mit Beendigung des Produktlebenszyklus verloren geht. Je stärker man sich beim Kompetenztransfer von den angestammten Produkten und Märkten entfernen will oder muß, desto mehr ist man auf unternehmerische Phantasie und Kreativität angewiesen. Zahlengestütztes Controlling stößt hier rasch an Grenzen. Allerdings ist an den Einsatz von **Kreativitätstechniken** wie Brainstorming und Morphologie zu denken, die Produkt- und Marktideen generieren könnten, deren Verwirklichung durch Kompetenztransfer anschließend zu prüfen wäre.

Weit verbreitet ist derzeit das **Benchmarking**. Diese Technik kann auch für die Suche nach neuen Märkten genutzt werden. Dazu ist allerdings ein Benchmarking erforderlich, das aus dem Konkurrenzvergleich herausführt und versucht, Bestlösungen aus anderen Bereichen aufzutun (sog. **generisches Benchmarking**). Als Beispiel mag ein Pkw-Bremsenhersteller dienen, der prüft, ob er in den Markt für Sportfahrräder eindringen will. Fällt die Prüfung positiv aus, so kommt es z.B. zur Entwicklung von Scheibenbremsen für Mountain Bikes.

Die Unternehmungsleitung erhält also vom Controlling Vorschläge für potentielle Anwendungsgebiete einer Kernkompetenz (Wohin wird transferiert?). Die Informationen lassen sich mit Hilfe einer **Opportunity-Matrix** (vgl. Klein/Hiscocks 1994, S. 198) weiter verdichten. Die Abszisse der Matrix bilden die Kernkompetenzen der Unternehmung, die Ordinate zeigt potentielle Einsatzmöglichkeiten, die das Benchmarking liefert. Die Achsen lassen sich in relationale Datenbanken wie z.B. dBase, Paradox oder Excel eingeben. Danach werden für jedes neue Produkt bzw. jede neue Anwendungsmöglichkeit die Kernkompetenzen eingegeben, die zur Herstellung erforderlich sind. Die Datenbank läßt sich nun so programmieren, daß alle potentiellen Produkte ausgegeben werden, die auf der Basis der bestehenden Kernkompetenz hergestellt werden können (vgl. Abb. 8/10).

Produkte \ Kernkompetenz	Feinmechanik	Feinoptik	Mikroelektronik
Opportunity-Matrix am Beispiel von Canon			
Kamera: Einsteigermodell	3	3	1
Elektronische Kamera	4	3	5
Laserstrahldrucker	2	4	5
Faxgerät	2	2	2
Laserfaxgerät	4	2	5
Rechner	0	0	5
Farbkopierer	3	4	3
Laserbelichter	4	4	5
Laserschneidegerät	5	4	5
Masken-Justiergerät für die Chip-Produktion	3	0	4

Abb. 8/10

Das Anwendungsbeispiel Canon zeigt, daß, wie auch von Canon praktiziert, nicht nur Laserdrucker angeboten werden können, sondern es die vorhandenen Kernkompetenzen auch erlauben, Laserstrahldrucker, Laserbelichter und Laserschneidegeräte herzustellen, da hier die Relationswerte nicht nur im Bereich der Feinmechanik und Mikroelektronik, sondern auch der Feinoptik sehr hoch sind. Alle drei Bereiche sind demnach ungebundene Spezialfunktionen, bei denen ein hoher Professionalisierungsgrad vorliegt, jedoch eine niedrige Produkt-/Marktgebundenheit (vgl. Kapitel 4, Abb. 4/7).

Zusätzlich ist es möglich, auch die Anwendungsfelder zu listen, die der Auswahl nur knapp entgangen sind und die durch geringfügige Modifikationen der Kernkompetenz bedient werden könnten. Somit wird verhindert, daß naheliegende Chancen aufgrund des schematischen Aufbaus einer Opportunity-Matrix außer acht gelassen werden.

- Der Kernkompetenz-Ansatz im allgemeinen und die Durchführung der zugehörigen Managementaufgaben im besonderen enthalten eine Reihe von **Risiken**, die das Erreichen der Kompetenzziele be- oder gar verhindern können. Um derartige Probleme möglichst früh erkennen und gegensteuern zu können, ist ein **Kernkompetenz-Controlling** einzurichten, das herkömmliches Controlling ergänzt.

- Der Kernkompetenz-Ansatz hat bei allen Vorteilen, die er bietet, konzeptspezifische Eigenarten, die man kennen muß. In der Bündelung der Kräfte für eine Kompetenz liegt ein Konzentrationsrisiko. Die Umgestaltung von Strukturen und Prozessen mit ihrem Wechsel von „stretch" und „fit" ist nicht ohne Gestaltungsrisiko. Die Langfristorientierung der Kompetenzausrichtung kann zu einem Reaktionsrisiko bei kurzfristigen Anpassungsnotwendigkeiten führen. Schließlich ist wie bei allen strategischen Entscheidungen ein Prognoserisiko gegeben.

- Auch die Einzelaufgaben im Management-Zyklus enthalten Stolpersteine. Sie liegen zunächst in der Überlastung der Spitze (betr. Identifikation), fehlenden Ressourcen und Fähigkeiten (betr. Entwicklung) sowie in Steuerungs- und Koordinationsrisiken bei komplexer werdenden Strukturen (betr. Integration). Sodann gibt es Risikopotentiale, die in der Abhängigkeit von stark synergetisch genutzten Ressourcen begründet sind (betr. Nutzung) und nicht zuletzt solche, die durch Transferbarrieren entstehen (betr. Transfer).

- Zur Risikoerkennung und -bewältigung sind den einzelnen Aufgaben des Zyklus näher spezifizierte **Controlling-Aufgaben** zuzuordnen. Sie können sich teils auf speziell konstruierte, teils auf bereits vorhandene **Controlling-Instrumente** stützen. Wie Kapitel 8 im einzelnen zeigt, sind insgesamt sehr wohl die Voraussetzungen dafür gegeben, daß die scheinbar so unscharfe Kategorie der Kernkompetenzen präzise erfaßt wird. Es liegt ganz in der Hand des Anwenders, sich der Instrumente zu bedienen und sie sich für seine Zwecke zu schärfen.

Neuntes Kapitel

Praxisorientierte Umsetzung des Kernkompetenz-Managements

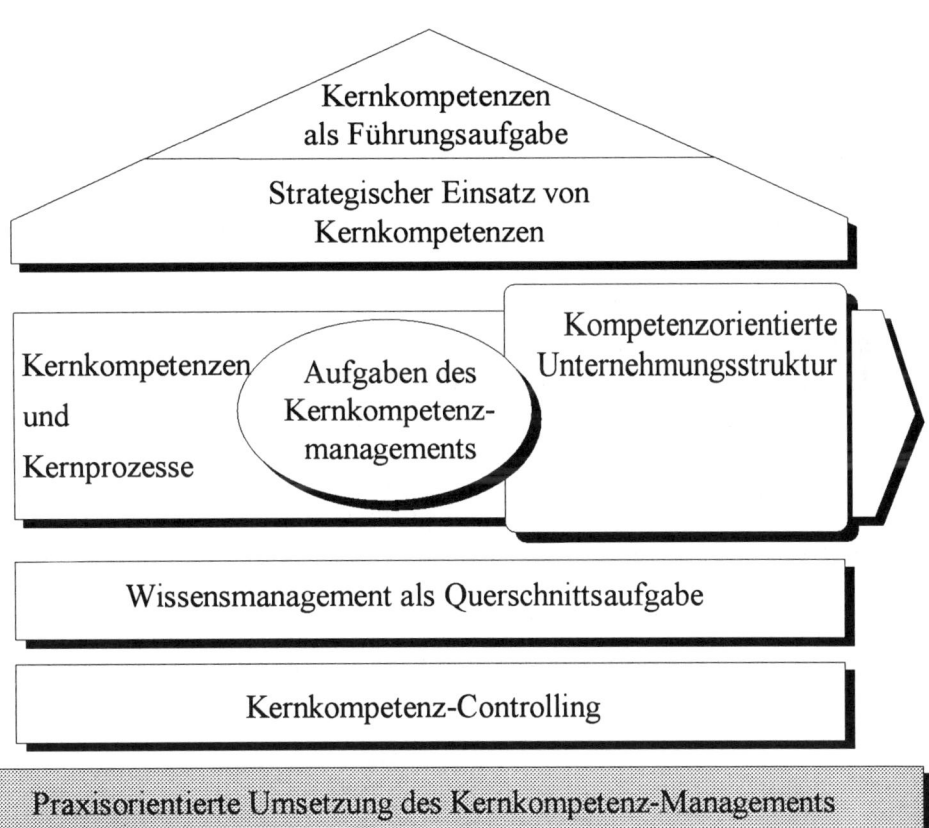

1.   Problemfelder der praxisorientierten Umsetzung

Wie für jeden grundlegenden Wandel, so gilt auch für den Kernkompetenz-Ansatz, daß sich sein Erfolg in der Umsetzung entscheidet. Im Prinzip gelten die gleichen Erfahrungen und Spielregeln, wie sie für die Implementierung und das Wandlungs-Management generell formuliert werden (vgl. Krüger 1997). In der „Umsetzung" werden einige Schnittstellen und Zusammenhänge zu den vorangegangenen Kapiteln deutlich, so daß dieses Kapitel zugleich eine gewisse Klammerfunktion ausübt.

Die folgenden Abschnitte wollen und können keinen vollständigen Abriß aller Einzelheiten bieten, sondern drei markante Fragen aufgreifen, die als besonders erfolgskritisch gelten dürfen:

- **Organisatorische Umsetzung:** Wie wird ein Kernkompetenz-Projekt organisiert und wie werden nach der Einführung die Aufgaben des Kernkompetenz-Managements verteilt?

- **Personelle Umsetzung:** Welche Anforderungen an das Topmanagement bringt der Kernkompetenz-Ansatz mit sich und wie können die Mitarbeiter eingebunden werden?

- **Systemunterstützung:** Welche Systeme müssen in der Unternehmung vorhanden sein, um die Realisierung des Kernkompetenz-Ansatzes zu gewährleisten?

2. Organisatorische Umsetzung

2.1 Einführung des Kernkompetenz-Managements als Projekt

Die Einführung des Kernkompetenz-Managements und damit der erstmalige Aufbau einer Kernkompetenz ist ein zeitlich befristetes, außergewöhnliches Vorhaben. Es sind vielfältige komplexe und neuartige Aufgaben zu lösen, die funktionsübergreifendes Wissen erfordern. Die **Primärstruktur** („Hierarchie"), die sich überwiegend auf die Bewältigung des Tagesgeschäfts konzentriert, ist mit der Übernahme solcher zusätzlichen Aufgaben regelmäßig überfordert. Mehr und mehr werden daher Änderungsvorhaben von einer speziell einzurichtenden **Sekundärorganisation** („Projektorganisation") übernommen. Bausteine der Sekundärorganisation sind Ausschüsse und Teams, Workshops und Konferenzen. Sie werden bei größeren Vorhaben wirkungsvoll miteinander kombiniert. Mit der Primärstruktur zusammen ergibt sich dann eine charakteristische Aufbaustruktur von Projekten, die sich auch auf die Einführung des Kernkompetenz-Managements in einer Unternehmung übertragen läßt (vgl. Abb. 9/1, nach Krüger 1994, S. 393).

Ein Projekt zur Einführung des Kernkompetenz-Ansatzes sollte vor allem zwei Anforderungen erfüllen: Der Lebenszyklus des Kernkompetenz-Management-Projekts muß zum einen die **Phasen des Kernkompetenz-Management-Zyklus** abbilden. Der Projektablauf ist also so zu regeln, daß Identifikation, Entwicklung, Integration, Nutzung und Transfer von Kernkompetenzen zum Tragen kommen. Zum anderen ist die Zusammensetzung der Projekteinheiten so vorzunehmen, daß dem **Gegenstromverfahren** entsprochen wird. Dies betrifft vor allem den vertikalen Austausch von Informationen und Ideen zwischen der Unternehmungsspitze und den nachgelagerten Einheiten. Durch Einbindung von Kunden und/oder Lieferanten wäre auch die externe („horizontale") Kommunikation im Bedarfsfall zu berücksichtigen.

Die Aufgabenverteilung zwischen den verschiedenen am Projekt beteiligten Stellen hängt sehr stark von der Situation der Unternehmung und vom Führungsstil der Spitze ab. Im folgenden wird davon ausgegangen, daß sich die Unternehmung nicht in einer akuten Krise befindet und das Topmanagement zu einem partizipativen Vorgehen bereit und in der Lage ist.

Der Start des Kernkompetenz-Management-Projekts erfolgt durch das Topmanagement, das unbedingt im **Lenkungsausschuß** vertreten sein muß. Diesem Gremium sollten je nach Einzelfall auch Vertreter der wichtigsten Geschäfte bzw. Funktionen angehören, ggf. auch externe Berater zur methodischen Unterstützung. Nicht zuletzt sind die Leiter der (Teil-)Projekte in dieses Steuerungsgremium zu berufen. Der Lenkungsausschuß fällt erforderliche Zwischen- und Abschlußentscheidungen, formuliert Projektaufträge und legt Prioritäten fest.

Ein **Workshop** kann alle Schlüsselpersonen des Kernkompetenz-Managements zu Beginn des **Identifikationsprozesses** zusammenführen und dadurch helfen, den kritischen Punkt der Startphase zu überwinden. Die Unternehmungsspitze stellt ihre strategischen Absichten der Kernkompetenz-Orientierung vor. Die Geschäfts- und Funktionsbereichsleiter bringen gleichzeitig ihre Erfahrungen über die Stärken ihrer Bereiche oder die Kundenwünsche ein. Gemeinsam definiert man Kernprozesse. Auf der personellen Ebene geht es darum, eine breite Motivation und Akzeptanzsicherung auszulösen. In sachlicher Hinsicht muß man das Kernkompetenz-Vorhaben präzisieren und strukturieren sowie das weitere Vorgehen festlegen. Je nach Komplexität muß bereits in der Identifikationsphase auch zur Arbeit in Projektteams übergegangen werden. Sie könnten anhand der angestrebten Wettbewerbsvorteile, z.B. nach Kernprozessen aufgeteilt, die Ressourcen und Fähigkeiten verschiedener Geschäfte und Funktionen untersuchen und so Kompetenzstärken und -schwächen im Detail erheben. Das Ergebnis wären Kompetenzprofile einzelner Prozesse, die sich zu einer Kompetenzlandkarte zusammenfügen lassen (vgl. Kap. 5). Die Schlußfolgerungen daraus zu ziehen und die nächsten Schritte einzuleiten, ist dann wieder Sache des Lenkungsausschusses.

Spätestens mit dem Übergang in die **Entwicklungsphase** und auch für die Bewältigung der übrigen Kernkompetenz-Management-Aufgaben ist ein **Kernteam** zu bilden, dessen Leiter im Sinne einer vermaschten Teamstruktur auch im Lenkungsausschuß vertreten sein sollte. Das Kernteam koordiniert die Gesamtheit aller Aufgaben, die beispielsweise zur Entwicklung der Kernkompetenz gehören.
Die notwendigen Analysen und Entwürfe werden vom Kernteam selbst resp. den einzelnen Teilteams erarbeitet. Das Ergebnis können konkrete Produktvorschläge sein, aber auch Maßnahmenvorschläge zur personellen, technischen oder organisatorischen Veränderung in den betroffenen Geschäften und Funktionen. Die Pläne zur **Entwicklung** von Ressourcen und Fähigkeiten sowie ihre kompetenzorientierte **Integration** gehen ineinander über.

Die Ergebnisse der Teilteams sind vom Kernteam zusammenzuführen und dem Lenkungsgremium zur Entscheidung vorzulegen. Dabei geht es vor allem um Beschlüsse, die der Durchführung der notwendigen Änderungen dienen. Diese Durchführung ist im wesentlichen in den betroffenen Organisationseinheiten selbst zu leisten, ggf. wiederum von speziellen Teams unterstützt, die methodische Hilfe bieten und Schrittmacherdienste leisten. Es geht also darum, einen möglichst reibungslosen Übergang von der Planung zur Realisation und damit von der Sekundär- zur Primärorganisation zu gewähren.

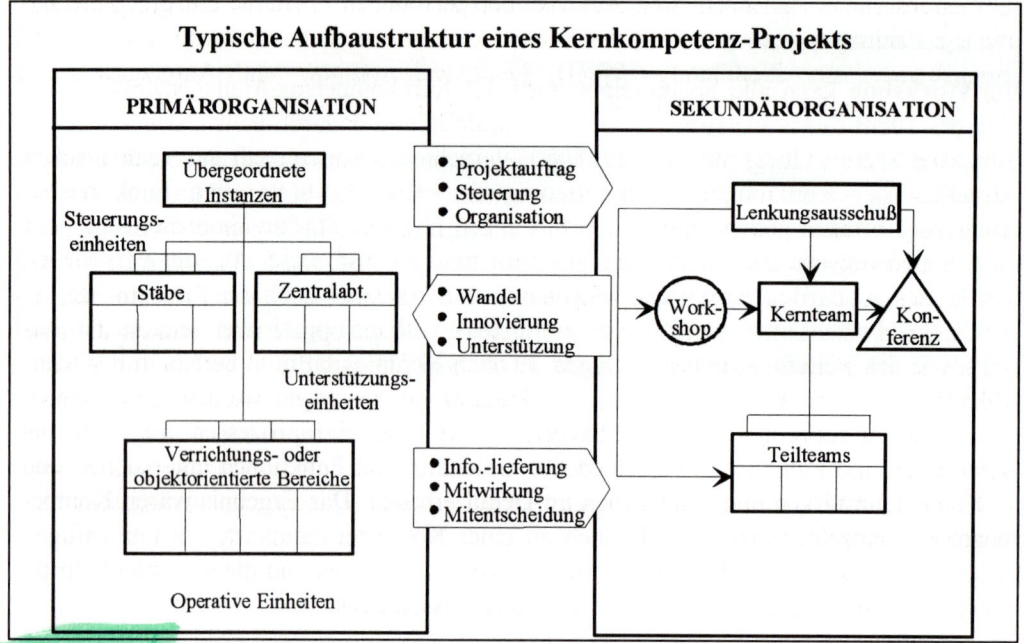

Typische Aufbaustruktur eines Kernkompetenz-Projekts

PRIMÄRORGANISATION

SEKUNDÄRORGANISATION

Übergeordnete Instanzen

Steuerungs-einheiten

Stäbe

Zentralabt.

Unterstützungs-einheiten

Verrichtungs- oder objektorientierte Bereiche

Operative Einheiten

• Projektauftrag
• Steuerung
• Organisation

• Wandel
• Innovierung
• Unterstützung

• Info.-lieferung
• Mitwirkung
• Mitentscheidung

Lenkungsausschuß

Work-shop

Kernteam

Kon-ferenz

Teilteams

Abb. 9/1

Beispiele für Teams, die vorwiegend auf Produktentwicklung ausgerichtet sind, liefern die Champion-Teams, die Innovations-Scouts und die Ibis-Teams von Hailo (vgl. Kap. 6), die durch den Lenkungsausschuß (Projekt-Steuerungs-Team) zur Erfüllung ihrer Entwicklungsarbeit vom Tagesgeschäft für eine begrenzte Zeit freigestellt werden.

Der Übergang von der Sekundärorganisation in die Primärorganisation kann von Konferenzen und Workshops begleitet werden. Konferenzen dienen dazu, breite Teilnehmerkreise der Primärorganisation über die angestrebten Ergebnisse und Maßnahmen zu informieren. In Workshops können Mitarbeiter, die im täglichen Kundenkontakt stehen oder innerhalb der Produktion tätig sind, ihre Ideen äußern, die letztlich wieder zur Entwicklung neuer Ressourcen und Fähigkeiten führen können. Das Gegenstromverfahren erhält so in der Aufwärtsrichtung neue Impulse.

Die **Nutzung** einer Kernkompetenz ist Sache der Primärorganisation. Das Kernkompetenz-Management wird im Erfolgsfall Teil der Tagesarbeit, geht also in den Managementalltag über. Jetzt kommt es darauf an, die Kernkompetenz-Perspektive in den jährlichen Management-Zyklus zu integrieren, um die stetige Überprüfung und Verbesserung der Ressourcen und Fähigkeiten zu gewährleisten. Eine wesentliche Rolle spielt hierbei die Systemunterstützung des Kernkompetenz-Managements. Dies betrifft auf der Sachebene die Integration des Kernkompetenz-Managements in ein Management by

282

Objectives und ein Controllingsystem. Auf der personellen Ebene ist auf geeignete Anreize zu achten als Erweiterung des vorhandenen Anreizsystems sowie auf die Leistungsbeurteilung. Zielbildung (MbO), Leistungsbeurteilung und Anreizgewährung bilden erst gemeinsam einen zusammenhängenden Führungsregelkreis.

Die Weiterentwicklung und der **Transfer** einer bestehenden Kernkompetenz erfolgen zweckmäßigerweise wieder durch Projektarbeit, wobei die Strukturbausteine der Sekundärorganisation die gleichen Aufgaben übernehmen wie bei einem erstmaligen Aufbau von Kernkompetenzen. Projekte und Projektarbeit sind eine Schlüsselgröße für den erfolgreichen Aufbau einer Kernkompetenz. Insbesondere, wenn die Projekte und die Sekundärorganisation gut mit der Primärorganisation gekoppelt sind, wirken die Projekte wie ein **Katalysator** (vgl. Krüger 1994, S. 373), der die Ursachen für Wettbewerbsvorteile zusammenführt und zur Wirkung bringt, so daß daraus Kernkompetenzen entstehen, die zu Wettbewerbsvorteilen führen. Es ist zu wesentlichen Teilen Sache des Topmanagements, dafür zu sorgen, daß die Projekte nicht als Störfaktor wirken, sondern den Wandlungsprozeß begünstigen. Kernkompetenz-Management ist auch als Management **durch** Projekte zu gestalten.

2.2 Aufgabenverteilung in der Primärorganisation

Die Ersteinführung des Kernkompetenz-Managements ist eine typische Projektaufgabe und damit Gegenstand der Sekundärorganisation. Die laufende Anwendung des Kernkompetenz-Management-Gedankens, insbesondere auch die Phase der **Nutzung** von Kompetenzen, obliegt der Primärorganisation. Es gilt hier, die verschiedenen Aufgaben des Kernkompetenz-Managements, wie sie in Kap. 4 beschrieben wurden, im Pflichtenheft der beteiligten Manager zu verankern. Wie dies im einzelnen zu geschehen hat, wer also welche Aufgaben und Kompetenzen übernimmt, hängt natürlich von der vorhandenen Organisationsstruktur ab. Ein Stammhauskonzern wird andere Lösungen finden als eine Managementholding.

Im folgenden soll eine möglichst organisationsneutrale Argumentation geführt werden, um die Arbeitsteilung innerhalb des Kernkompetenz-Managements allgemein zu beleuchten. Dazu wird vom Vorhandensein dreier Organisationsebenen ausgegangen: Unternehmungsleitung, Geschäftsbereichsleitung, Funktionsbereichsleitung. Zugleich wird unterstellt, daß die Kernkompetenzen unternehmungsweite Kategorien darstellen, also über die Geschäftsbereiche bzw. Geschäftsfelder hinwegreichen. Unter diesen Voraussetzungen entfallen nicht wenige Kernkompetenz-Management-Aufgaben auf die Unternehmungsleitung. Mit wachsender Verselbständigung der Geschäfte und zunehmender Ausdifferenzierung unterschiedlicher Kompetenzen verlagert sich das Kernkompetenz-

Management zwangsläufig auf die Geschäftsbereichs- und die Funktionsebene. Hinzu kommt als intervenierende Variable das unterschiedliche Ausmaß an Delegation und Partizipation, das den Führungsstil insbesondere der Spitze prägt und modifizierend auf die Aufgaben- und Kompetenzverteilung einwirkt.

Abb. 9/2 zeigt, wie die Aufgabenteilung unter den gesetzten Prämissen aussehen könnte. Bereits in der **Identifikationsphase** setzt das Gegenstromverfahren ein. Die Definition der Unternehmungsstrategie, der angestrebten Wettbewerbsvorteile, der Kernprozesse und der möglichen Kernkompetenzen liefern den Orientierungsrahmen für die Geschäftsbereichs- und Funktionsbereichsleiter, die über eine kritische Würdigung ihrer Verantwortungsbereiche an der Definition und Gestaltung der „Kerne" mitwirken.

Rahmengebend wirkt die Spitze auch in der **Entwicklungsphase**, die ansonsten stark von den nachgelagerten Einheiten geprägt wird. In der **Integrationsphase** tritt die Koordination aller unternehmungsweiten Vorhaben in den Vordergrund des Kernkompetenz-Managements der Unternehmungsleitung. In dieser Phase liegt der Aktivitätsschwerpunkt ebenso bei den Leitern der Teilbereiche wie vor allem in der **Nutzungsphase**. Erst in der **Transferphase** sind wiederum stärkere Eingriffe der Spitze angezeigt.

Unternehmungsebenen und ihre Aufgabenteilung im Gegenstromverfahren

Ab-lauf	Ebenen des KKM / KKM-Aufgaben	Unternehmungs-spitze	Geschäfts-bereiche	Funktions-bereiche
	Identifikation	- Definition der Unternehmungs-strategie - Ableitung und Definition der Kernkompetenz aus der Unternehmungsstrategie - Bestimmung der Kerngeschäfte - Bestimmung der Kerneigenschaften der Produkte	- Abschätzung vorhandener/fehlender Kompetenzen - Information der Spitze über die einzelnen Stärken der Geschäftsbereiche - Bestimmung der Kernbedürfnisse des Kunden und der Kernprodukte sowie der Kernfunktionen	- Aufnahme des Ist-Zustandes der Ressourcen und Fähigkeiten - Festlegung vorhandener /fehlender Ressourcen und Fähigkeiten
	Entwicklung	- Festlegung der Rahmenbedingungen (Termine, Restriktionen) - Entscheidungen über eine Eigen- oder Fremdfertigung - Abschätzung zukünftiger Entwicklungen	- Festlegung von Entwicklungszielen und Schwerpunkten - Zuweisung von Ressourcen - Überwachung des Entwicklungsfortschritts	- Ableitung konkreter Entwicklungsaufgaben - Finanziellen-, Sach- und Personalbedarf ermitteln - Aufgabenübertragung an Mitarbeiter
	Integration	- Abstimmung mit anderen Vorhaben (z.B. Kooperation, Akquisition)	- Übergreifende Koordination - Eingriffe in Ausnahmefällen - Anreize definieren - Einbindung der Mitarbeiter in das KKM	- Teilprozesse und Beteiligte koordinieren und steuern - Konkrete Zusammenarbeit definieren - Anleiten und motivieren
	Nutzung	- Genaue Beobachtung der Lebensphasen von Produkten und/oder Märkten, um im Falle von Reife und Rückgang die KK in neue Anwendungsfelder zu transferieren	- Überwachung des Kernkompetenz Einsatzes - Verzahnung mit der Entwicklung und Integration, um eine bloße Abnutzung der KK zu verhindern	- Maßnahmen bei Abweichungen einleiten - Überwachung der Produktion von Kern- und Endprodukten
	Transfer	- Definition neuer Märkte oder neuer Kernkompetenzen - Entscheidung über neue Verwendungsmöglichkeiten der KK	- Produktinnovation auf der Basis der KK - Vorschlag von neuen Verwendungsmöglichkeiten für KK - Vorbereitung von Markteintritten	- Informationsbeschaffung über potentielle neue Märkte

Abb. 9/2

285

3. Personelle Umsetzung

3.1 Umdenken der Unternehmungsspitze

An verschiedenen Stellen diese Buches wurde deutlich, daß die Einführung des Kernkompetenz-Ansatzes eine besondere Herausforderung vor allem für die Unternehmungsspitze darstellt. Das Topmanagement ist üblicherweise stark in das operative Geschehen eingeschaltet und außerdem mit den vielfältigen Aufgaben der „Restrukturierung" beschäftigt. Dabei geht es immer wieder um das „doing things right". Die Kultivierung von Kernkompetenzen verlangt weiterreichende und tiefergehende Überlegungen, bedeutet Nachdenken über das „doing right things". In Kategorien des Wandels ausgedrückt, geht es um die grundsätzliche Überprüfung der Strategien („Reorientierung"), der Fähigkeiten und Verhaltensweisen („Revitalisierung") und schließlich der Unternehmungskultur („Remodellierung"). Kurz gesagt: der **genetische Code** der Unternehmung ist zu ändern.

Für die Personen an der Spitze bedeutet dies, ihre Entscheidungen der Vergangenheit und damit sich selbst in Frage zu stellen. Dies dürfte der kritischste Faktor des ganzen Geschehens sein. Wer besitzt schon die Größe, öffentlich zu erklären: „Was interessiert mich mein dummes Geschwätz von gestern", so ein Ausspruch von Bundeskanzler Adenauer. Der Erfolg des Kernkompetenz-Ansatzes ist also letztlich ein mentales Problem der Unternehmungsträger. Wenn das richtige Know-why fehlt, wird die Art, wie wir das Problem sehen, zum eigentlichen Problem. Wenn der Kapitän auf der Brücke in seinem Verhalten durch das „Kenner-Macher-Syndrom" geprägt ist, wird er stur am falschen Kurs festhalten. Dann werden auch das beste Schiff und die beste Mannschaft im schlimmsten Fall am Untergang nichts ändern können - von Meuterei einmal absehen.

In die Praxis der deutschen Aktiengesellschaften übertragen, ist das geschilderte Problem im Wechselspiel zwischen Vorstand und Aufsichtsrat zu lösen. Wenn allerdings die Altvorstände dem Aufsichtsrat präsidieren, wie häufig zu sehen, dann verschärft sich das Problem eher noch. Man kann an alle Mitglieder der Unternehmungsspitze nur appellieren, ihrer Verantwortung auch dadurch gerecht zu werden, daß sie den Mut zur Selbstreflexion und anschließend auch die Strategiecourage aufbringen, um das als notwendig Erkannte in die Tat umzusetzen.

3.2 Erweiterung der Führungsrollen und Führungsstile

Die personelle Umsetzung betrifft neben diesem Bewußtseinswandel der Führungskräfte die von ihnen zu erfüllenden Aufgaben und Rollen zum einen, die Einbindung der Mitarbeiter in den Prozeß des Kernkompetenz-Managements zum anderen. Die verschiedenen Veränderungen in Strukturen und Prozessen, wie sie in Kap. 6 und 5 beschrieben wurden, bedingen u.a. eine Multifunktionalität der Stellen und Organisationseinheiten. Man ist nicht mehr nur „Chef" oder „Untergebener", sondern beides gleichzeitig oder nacheinander. Auf dem Felde persönlichen Verhaltens, also des Führungs- und Kooperationsstils, wirken sich diese Entwicklungen dahingehend aus, daß eine **erhöhte Aufgaben- und Rollenvielfalt** zu bewältigen ist und daß eine größere **Stilflexibilität** verlangt wird. Im Idealfall sind die Beteiligten also in der Lage, je nach Phase des Kernkompetenz-Managements unterschiedliche Rollen zu übernehmen und sich mit abgestuftem persönlichen Verhalten auf die wechselnde Situation einzustellen.

Bei allen Unterschieden im Detail ist eine durchgehende Gemeinsamkeit festzustellen: sowohl Führungskräfte wie Mitarbeiter sind herausgefordert, sich in Richtung auf unternehmerisches Denken und Handeln zu entwickeln, also **Unternehmertum** zu kultivieren. Selbständigkeit, Kreativität und Risikoübernahme werden ihnen in hohem Maße abverlangt.

Im folgenden wird zunächst die Rollenvielfalt der Unternehmungsspitze beleuchtet. Dies geschieht unter Abwandlung eines Ansatzes von Bourgeois/Brodwin (vgl. 1984, S. 214ff.).

Zu Beginn des Kernkompetenz-Management-Zyklus agiert die Unternehmungsleitung als "rationaler Entscheider" (vgl. Abb. 9/3). Die **Identifikation** einer Kernkompetenz hat weitreichenden und tiefgreifenden Einfluß auf die Unternehmungsstrategie. Sie wirkt sich besonders auf die Erfolgspotentialplanung der Unternehmung aus, hinter der eine Vision unternehmungspolitischen Handelns steht. Die Frage, die sich am Anfang des Kernkompetenz-Management-Zyklus dem Topmanagement stellt, lautet: "Wie bestimme ich die Kernkompetenz der Unternehmung?" Die Bestimmung wird top down erfolgen, da nur das Topmanagement den Einblick und Durchblick besitzt, der nötig ist, um die Ressourcen und Fähigkeiten über die unterschiedlichen Geschäftsbereiche hinweg zu bündeln. Die Geschäftsbereiche liefern hierzu zwar Informationen, fällen aber keine Entscheidung. Am Ende der Identifikation steht die strategieadäquate Kernkompetenz der Unternehmung fest. Die gesamte Unternehmung wird damit auf ein einheitliches strategisches Ziel hin ausgerichtet. Das Führungsverhalten (der sog. „Führungsstil") ist also vergleichsweise **direktiv**. Die nachgelagerten Einheiten besitzen in dieser Phase zwar Partizipationsmöglichkeiten, sind aber nicht entscheidungsbefugt.

Mit dem Eintritt in die **Entwicklungsphase** wechselt der Aufgabenschwerpunkt und damit auch die Rolle der Unternehmungsleitung. Die Erfolgspotentiale, d.h. die Ressourcen und Fähigkeiten, sind auf die identifizierte Kernkompetenz hin auszurichten und zu entwickeln. Technische und organisatorische Änderungen sind zu konzipieren, personelle Fähigkeiten müssen angepaßt, geändert oder neu aufgebaut werden. Die Unternehmungsleitung wird zum **Architekt** dieses Entwicklungsprozesses. Die mittleren Ebenen fungieren, um im Bilde zu bleiben, als „Bauingenieure" und „Handwerker". Anschließend sind die einzelnen Erfolgspotentiale zur Kernkompetenz zu verschmelzen. Diese **Integrationsaufgabe** verlangt von der Spitze, in die Rolle des **Koordinators** zu wechseln. Der Koordinator übernimmt die „Feinabstimmung" der Ressourcen und Fähigkeiten. Er bringt Kompetenzträger unterschiedlicher Geschäftsbereiche zusammen und räumt Abteilungszäune aus dem Weg. Unternehmungsübergreifend sind strategische Allianzen oder Kooperationen in das Kernkompetenz-Management einzubauen.

Aufgaben, Rollen und Führungsstil der Unternehmungsspitze im Kernkompetenz-Management-Zyklus

Phase des KKM	Aufgabenschwerpunkt der Spitze	Rolle	Führungsstil
Identifikation	**Bestimmung** der relevanten Ressourcen und Fähigkeiten sowie die Definition vorhandener und zu entwickelnder Kompetenzen	Rationaler Entscheider	direktiv
Entwicklung	**Vorgabe** der Entwicklungsziele für kompetenzorientierten Aufbau- und Umbau von Ressourcen und Fähigkeiten	Architekt	non-direktiv
Integration	Fällen von Führungsentscheidungen zur **Bündelung** der Ressourcen und Fähigkeiten	Koordinator	
Nutzung	**Übertragung** der Handlungsverantwortung auf die operativen Einheiten zum Einsatz der Kernkompetenzen im Wettbewerbsprozeß	Coach	
Transfer	Gemeinsame **Vereinbarung** zukünftiger Verwendungen vorhandener oder im Entstehen befindlicher Kompetenzen	Prämissengeber Richter	direktiv

Abb. 9/3

288

Mit Beginn der Nutzungsphase tritt das operative Management in den Vordergrund. Der Unternehmungsleitung fällt während der **Nutzung** der Kernkompetenz die Aufgabe zu, die gesamte Unternehmung in das Kernkompetenz-Management einzubinden. Die Unternehmungsleitung wird zum **Coach**, der beratend zur Seite steht, falls Probleme innerhalb der Nutzung auftauchen, und der Sorge trägt, daß der derzeitige Leistungsstandard erhalten bleibt oder in die gleiche Richtung weiterentwickelt wird und der insofern auch Controllingaufgaben wahrnimmt.

Wie diese Überlegungen deutlich machen, bringt der Rollenwechsel auch einen anderen Führungsstil mit sich. **Architekt** und vor allem **Koordinator** sind rahmengebend und prioritätssetzend tätig. Dies bedingt ein **direktives Führungsverhalten**. Für die Ausarbeitung der Details und deren Realisierung sind den nachgelagerten Ebenen allerdings weitgehende Handlungsspielräume gelassen. Die Führung erfolgt also bereits weniger direktiv. Dieses **nicht-direktive Verhalten** findet in der Nutzung seine stärkste Ausprägung. Die operativen Einheiten werden in dieser Phase sinnvollerweise mit einem hohen Maß an Selbständigkeit geführt. Insbesondere das Konzept des Profit Centers mit voller Ergebnisverantwortung wäre hier zu erwähnen. Abgesichert werden muß das Zusammenwirken durch ein Controllingsystem.

Eine Ausweitung der Wettbewerbsvorteile auf neue Geschäftsfelder bedeutet **Transfer**. Die Frage ist, wie ermutigt das Topmanagement die Unternehmungsmitglieder, neue Kernkompetenzen zu schaffen. Die Mitarbeiter benötigen einen "kreativen Handlungsspielraum", der letztlich Innovationen hervorbringt. Die Unternehmungsleitung gibt die Kernkompetenz nicht als "Commander" vor, sondern wirkt gestaltend und lenkend auf die Innovationsprozesse durch die Formulierung von Forschungsschwerpunkten (**Prämissengeber**). Im Falle von Kontroversen oder auch Parallelentwicklungen wird die Unternehmungsleitung zum **Richter**. Sie fällt, vor dem Hintergrund der Unternehmungsstrategie, die Auswahlentscheidung.

In der Transferphase nimmt die Eingriffsintensität der Spitze also wieder zu, ihr Verhalten ist stärker direktiv.

Ein einzelner Manager oder ein bestimmter, einheitlicher Managertyp wird immer weniger in der Lage sein, diesen heteroge Anforderungen gerecht zu werden. Statt der typischen Uniformität des Vorstands bzw. der Geschäftsführung ist eine **plurale und polyzentrische Führung** vonnöten (vgl. Krüger 1995, S. 149ff.). Plurale Führung bedeutet das gleichzeitige Übernehmen höchst unterschiedlicher Aufgaben. Bewältigung des Tagesgeschäfts und Weiterentwicklung bzw. Aufbau neuer Geschäfte müssen parallel laufen. Polyzentrische Führung meint die Verteilung von Führungsverantwortung auf unterschiedliche Personen sowie Struktur- und Prozeßbausteine. Altbekannte Figuren wie der "einsame Entscheider", der "Patriarch" oder der "Konzernherr" werden diesen Anforderungen nicht gerecht.

Uniformität ist solange unproblematisch wie sich die Unternehmung in einer stabilen Umweltsituation befindet. In dem Maße wie die Umweltzustände komplexer und dynamischer werden, erweitert sich das Aufgabenspektrum der Unternehmungsspitze und verbreitert sich das Anforderungsprofil, dem sie sich gegenübersieht. Heterogene und dynamische Umwelten lassen sich mit einer uniform zusammengesetzten und agierenden Spitze nicht angemessen bewältigen.

Es kommt daher zukünftig verstärkt darauf an, im Topmanagement sich ergänzende Persönlichkeiten mit **komplementären** Fähigkeiten zu haben (vgl. Berth 1994, S. 191ff.). Nicht die eine Person oder die homogene Gruppe an der Spitze, sondern der Führungskreis insgesamt muß und kann die notwendige Vielfalt abdecken. Auch an der Unternehmungsspitze ist dem Teamdenken zum Durchbruch zu verhelfen. Es ist ein **Topmanagement Team (Executive Team)** zu formen. Die deutsche Vorstandsverfassung mit ihrem kollegialen Grundtenor bietet im Prinzip gute Voraussetzungen hierfür. Dem steht die weithin gültige Praxis der Vorstands- und Aufsichtsratsbesetzung entgegen, die auf Homogenität ausgerichtet ist. Die Nachteile für Flexibilität und Innovation sind offenkundig, was not tut an der Spitze, ist nicht Einheitlichkeit, sondern Einigkeit.

Komplementarität statt Heterogenität der Spitze kann anhand demographischer Merkmale (z.B. internationale Zusammensetzung) oder psychographischer Merkmale (z.B. Persönlichkeitstypen, Denkstrukturen) organisiert werden. Neben dem Vorteil der erhöhten Anpassungs- und Innovationsfähigkeit, den eine solche Zusammensetzung böte, ist auf den Aspekt des internen **Wissenserwerbs** hinzuweisen. Eine komplementär zusammengesetzte Spitze verfügt über ein breites Spektrum an internem Wissen, das die Abhängigkeit von externen Quellen reduziert und die Chancen erhöht, sich Wissensvorsprünge und damit auch Wettbewerbsvorteile zu erarbeiten.

Um diesen Ansatz des komplemetären Topmanagement-Teams in die Praxis umzusetzen, sind geeignete Maßnahmen der Führungsnachwuchsentwicklung sowie der Karriereplanung zu ergreifen. Ansonsten bleibt es bei der häufig zu beobachtenden Vorgehensweise, daß die Spitze ausgetauscht wird, wenn der Kurs gewechselt werden soll.

3.3 Einbindung und Selbstverpflichtung der Mitarbeiter

Daß Mitarbeiter aktiv in das Geschehen einzubinden sind, daß sie vom „Untergebenen" zum „Mitarbeiter", vom „Mitarbeiter" zum „Mitunternehmer" zu entwickeln sind, ist keine neue Erkenntnis. Es gilt, sie auch für das Kernkompetenz-Management nutzbar zu machen. Die Multifunktionalität und die daraus resultierenden Konsequenzen des erweiterten Rollenspektrums und der höheren Verhaltensflexibilität kommen selbstverständlich auch hier zum Tragen. Aus Sicht der Spitze bedeutet dies, den Mitarbeiter auf **unterschiedliche Weise** in den Kernkompetenz-Management-Prozeß einzubinden. Einbindung, in einem weiten Sinn verstanden, umschließt alle möglichen Formen der Integration von Mitarbeitern. Analytisch betrachtet sind es **sechs Einbindungsarten**, die zur Verfügung stehen (vgl. Abb. 9/4, nach Krüger 1994, S. 301). Jede Unternehmung kann das für ihre Situation jeweils geeignete **Einbindungsmuster** daraus entwickeln, also verschiedene Stränge der Einbindung miteinander verknüpfen. Mit ihrer Hilfe sind die vielfältigen Akzeptanzbarrieren, die in wandlungshemmenden Einstellungen und Verhaltensweisen zum Ausdruck kommen, soweit möglich zu überwinden.

- **Personale und soziale Einbindung:** Die **personale** Einbindung beruht auf der Akzeptanz einer Person und ihres Verhaltens und bindet den Mitarbeiter dadurch ein, daß er Autorität und Loyalität gegenüber dieser Bezugsperson entwickelt oder sich sogar mit ihr identifiziert. Die Vision und der Visionär, dem man nacheifert, wären hier zu nennen. Man denke an die Phase der Identifikation einer Kernkompetenz. Wenn die Vision durch entsprechende Symbole und Rituale transportiert wird, und wenn vor allem die angestrebten Werte in den Köpfen und den Verhaltensweisen der Beteiligten verankert sind, entsteht die kompetenzorientierte Unternehmungskultur. Sie führt zur wertorientierten Einbindung und bedeutet für den einzelnen eine weitere Quelle der Identifikation, ja sogar der Sinnstiftung. Wenn ein Projektteam mit entsprechendem Teamgeist eingesetzt wird, z.B. um Entwicklungsaufgaben vorzubereiten, kann von **sozialer** Einbindung gesprochen werden.

- **Professionalisierte Einbindung:** Die Übertragung von Eigenverantwortung, von organisatorischen Kompetenzen zur Nutzung von Ressourcen und Fähigkeiten oder zum Transfer dieser Potentiale in neue Felder bildet eine weitere Form der Einbindung. Sie setzt an der Aufgabe an. Die Schaffensfreude, die mit anspruchsvollen Tätigkeiten einhergehen kann, die Freude am Gestalten in einer unternehmerischen Funktion, sind Ausdruck dieser Einbindungsart, die hier als professionalisierte Einbindung bezeichnet wird.

- **Ergebnisorientierte Einbindung:** Mit diesem Einbindungsstrang ist typischerweise eine Orientierung am Erfolg, am Ergebnis des Handelns also, verbunden. Unterstützt wird diese Ergebnisorientierung durch geeignete Führungskonzepte, so vor allem durch das Management by Objectives. Wer z.B. als Leiter einer Geschäftseinheit mit Hilfe von Erfolgskennzahlen geführt, an deren Erreichung gemessen und leistungsorientiert bezahlt wird, ist **ergebnisorientiert** eingebunden. Pläne, Ziele, Budgets und die sie ausdrückenden Kenngrößen sind der Bezugsbereich. Vor allem die Nutzungsphase innerhalb des Kernkompetenz-Management-Zyklus wird einen Schwerpunkt in diesem Bereich besitzen.

- **Strukturelle Einbindung:** Um das Kernkompetemz-Management einzuführen, ist der Aufbau einer Sekundärorganisation vonnöten. Um die fortlaufende Anwendung des Konzepts sicherzustellen, ist ein Managementprozeß zu installieren, der den **Gegenstrom** organisatorisch verankert, also ein Strategieformulierungsprozeß, der in geordneter Form die verschiedenen Unternehmungsebenen und Geschäftsfelder miteinander verbindet und zum Gegenstand des Strategischen (Kernkompetenz-) Managements macht. Diese Anforderungen verweisen auf den Einbindungsbereich „Strukturen und Prozesse" und damit auf die **strukturelle Einbindung** genannte Form. Es ist nicht übertrieben, darin das Rückgrat des Kernkompetenz-Managements zu erblicken. Der jährliche Prozeß des Management by Objectives (MbO-Zyklus) muß diesen Teil der Einbindung sicherstellen.

- **Wertorientierte Einbindung:** Bleibt nicht zuletzt, auf die wichtige Rolle der Unternehmungskultur hinzuweisen. Gerade das Kernkompetenz-Management wird erst dann richtig funktionieren, wenn Komptenz auch gelebt wird. Gemeinsame Werte und Verhaltensmuster sind zu kultivieren, durch Symbole und Rituale unterstützt, in Leitbildern niedergelegt.

- **Selbstverpflichtung:** Das hier vorgestellte Einbindungskonzept stellt Optionen bereit, die unternehmungsspezifisch auszugestalten sind. Für diese Ausgestaltung sind zwei Beschränkungen zu beachten. Zum einen gibt es vor allem personelle Einbindungsbarrieren, die im Wissen, Können und Wollen der Mitarbeiter begründet liegen.

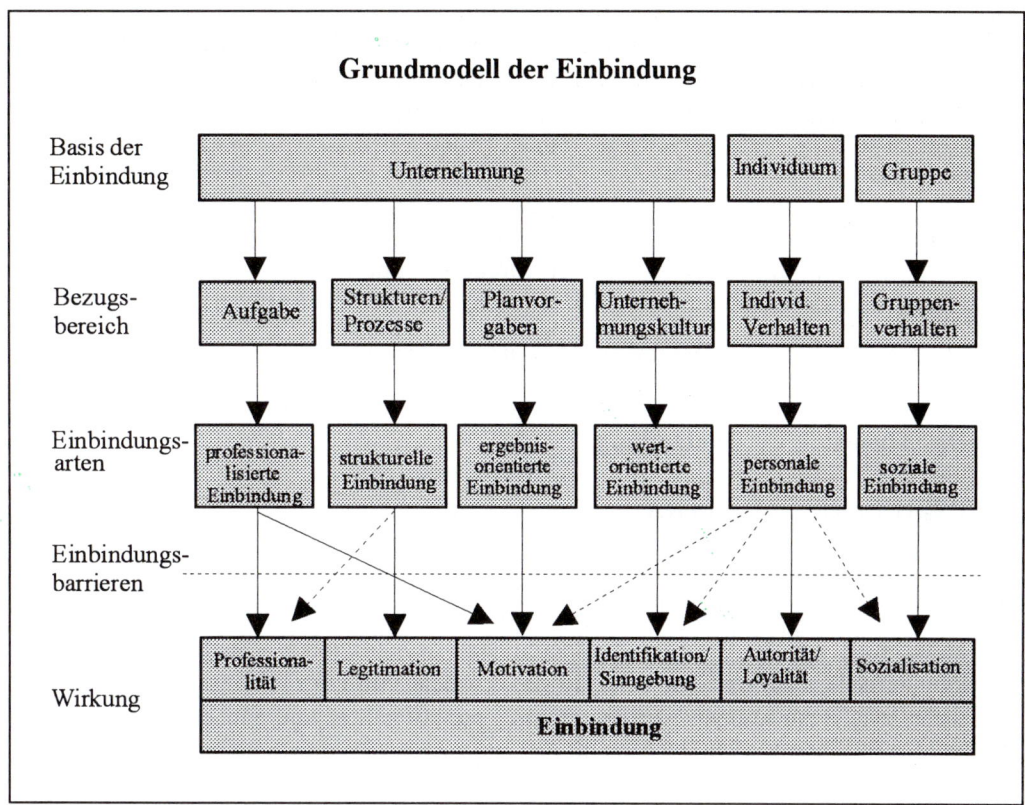

Grundmodell der Einbindung

Basis der Einbindung: Unternehmung | Individuum | Gruppe

Bezugsbereich: Aufgabe | Strukturen/Prozesse | Planvorgaben | Unternehmungskultur | Individ. Verhalten | Gruppenverhalten

Einbindungsarten: professionalisierte Einbindung | strukturelle Einbindung | ergebnisorientierte Einbindung | wertorientierte Einbindung | personale Einbindung | soziale Einbindung

Einbindungsbarrieren

Wirkung: Professionalität | Legitimation | Motivation | Identifikation/Sinngebung | Autorität/Loyalität | Sozialisation

Einbindung

Abb. 9/4

Selbstverständlich ist nicht jeder bereit und in der Lage, sich mit einer bestimmten Vision und mit den angestrebten Änderungen zu identifizieren. Dies erklärt, warum ein Kurswechsel der Unternehmung typischerweise mit einer hohen Fluktuation im (Top-) Management einhergeht. Zum anderen wird immer stärker deutlich, daß die Konzentration auf Einbindungs- und Motivationsaktivitäten in der Praxis auch an konzeptionelle Grenzen stößt. Das mehr oder minder passive „Eingebundenwerden" ist - zumindest teilweise - durch die aktive Übernahme von Eigenverantwortung und durch das Eingehen einer Selbstverpflichtung (self commitment) der Beteiligten abzulösen. Kritiker des herkömmlichen Motivationsverständnisses weisen zu Recht darauf hin, daß Mitarbeiter sich letztlich nur selbst motivieren können (vgl. Sprenger 1995). „Einbindung" kann dann nur bedeuten, Rahmenbedingungen zu setzen und Plattformen zu schaffen, die dem einzelnen Entfaltungsspielräume bieten. Das „Sichentfalten" und „Sichverpflichten" ist dann Teil der Selbstverantwortung. "Internes Unternehmertum" stellt hohe

293

Ansprüche an die persönliche Initiativfreudigkeit. Agieren und nicht Reagieren ist gefragt. Das eher passive Verlangen nach dem "Motiviertwerden" ist damit nicht vereinbar. Im Idealfall wird das erreicht, was Sepp Herberger, der legendäre Trainer der deutschen Fußballweltmeister von 1954, so ausdrückte: "Ihr müßt brennen, Männer!"

Wenn es gelingt, das Feuer der Selbstverpflichtung zu entzünden, dann entsteht unabhängig von der Ranghöhe und Einzelaufgabe ein Netzwerk von proaktiven, internen Unternehmern, die ein Projekt, einen Bereich und schließlich die ganze Unternehmung prägen und vorantreiben. Diese eingeschworene Gruppe ist eine Leistungselite im besten Sinne und sie stellt in personeller Hinsicht den „harten Kern" der Unternehmung dar.

Das Thema:	Einbindung
Das Beispiel:	**VITRA**

Der Büromöbelhersteller VITRA arbeitet mit Designern zusammen, die die Kreation neuer Produkte maßgeblich beeinflussen. Das Problem, welches VITRA zu lösen hatte, war, welche Anreize motivieren den firmenfremden Designer dazu, seine künstlerischen Fähigkeiten völlig in das Produkt einfließen zu lassen und dennoch technische Restriktionen wie Ergonomie, Funktionalität und Sicherheit zu berücksichtigen? Es galt, den Designer in das Ingenieurteam einzubinden, ohne den Designer dauerhaft zu integrieren. Dadurch, daß der Designer ein Außenstehender bleibt, wird sein künstlerischer Freiraum weitestgehend erhalten. Rolf Fehlbaum löste dieses Problem auf zweifache Weise. Der neu entstehende Vitra-Stuhl erhält den Namen des Designers, wodurch ein Identifikationsprozeß mit dem Produkt einsetzt. Dies ist Ausdruck einer umfassenden verantwortlichen Gestaltungsaufgabe (**professionalisierte Einbindung**).
Vorgelagert ist eine besondere Wertgemeinschaft des Unternehmers Rolf Fehlbaum mit den Designern (**wertorientierte Einbindung**).
Um bei aller künstlerischen Gestaltung auch funktionale Lösungen zu erhalten (fashion follows function), erhält der Designer eine Erfolgsbeteiligung an dem von ihm gestalteten Stuhl (**ergebnisorientierte Einbindung**). Damit stellt Fehlbaum die Integration von Kunst und Kundenwunsch sicher, da es im Interesse des Designers liegt, ein marktfähiges Produkt zu kreieren, wie z.B. die Eames Collektion mit dem Lounge Chair von Charles Eames.
Einen ähnlichen Identifikationsprozeß mit motivierender Wirkung hat Fehlbaum in der Produktion eingeführt. Den vielfach monotonen und von Qualitätsproblemen begleiteten Montageprozeß hat er zum individuellen Handwerk gemacht. Jeder VI-

294

TRA-Stuhl ist so gekennzeichnet, daß er dem jeweiligen Monteur zuzuordnen ist. Damit läßt sich die individuelle Leistung nachverfolgen, und der Mitarbeiter hat das Gefühl, er setzt "seinen" Stuhl zusammen. Auch dies läßt sich als professionalisierte Einbindung interpretieren.

4. Systemunterstützung

4.1 Management by Objectives als Führungssystem

Rückgrat professioneller Führung ist ein Führungssystem. Insbesondere das **Führen durch Ziele (Management by Objectives, MbO)** als ein weitverbreitetes Konzept ist hier zu erwähnen. Im Mittelpunkt steht der jährliche Prozeß der Ziel- und Maßnahmenplanung, der zu verbindlichen Zielen und Budgets führt. Unterjährig finden geeignete Überwachungsmaßnahmen statt, die der Überprüfung, der Realisation und ggf. dem Einleiten von Korrekturmaßnahmen dienen.

Typisch für das Management by Objectives ist eine Planungsprozedur, die aus einer Kombination aus **Zielplanung** (Top down) und **Maßnahmenplanung** (Bottom up) besteht (sog. MbO-Zyklus). Dies bedeutet bereits die Institutionalisierung eines im Gegenstrom verlaufenden Managementprozesses. Je nach Eingriffstiefe begnügt sich die obere Führungsebene dabei mit einer kennzahlengestützten Vorgehensweise (Shareholder Value, RoI, Cash Flow), benutzt Portfolio-Analysen oder geht bis in operative Details einzelner Funktionen.

Unternehmungen, die mit MbO arbeiten, bieten beste Voraussetzungen für die Umsetzung des Kernkompetenz-Management-Zyklus. Der vertikale Teil dieses Gegenstromprozesses ist direkt mit dem MbO-Zyklus zu koppeln. Zu diesem Zweck sind jährlich kompetenzorientierte Ziele und Maßnahmenprogramme zu formulieren, zu realisieren und zu kontrollieren. Der **stretch-orientierte Vorlauf** dient der Formulierung von Kompetenzzielen. Man denke an solche Kennzahlen wie den erläuterten Return on Core Competencies (vgl. Kap. 8, Abschnitt 5.4). Außerdem müssen entsprechende Budgets und Anreize bestimmt werden. Der **fit-orientierte Rücklauf** muß die Maßnahmenprogramme zur Zielerreichung entwickeln. Als Ergebnis besitzen die Leiter der entsprechenden Einheiten (Centers of Competence, Geschäftsbereiche, Funktionsbereiche) neben den Standardzielen für ihr Tagesgeschäft Ziele zum Management der Kompetenzen. Darin enthalten sein können auch **persönliche Entwicklungsziele**, sofern ihre eigene Qualifikation oder die ihrer Mitarbeiter zum Gegenstand von Entwicklungsmaßnahmen zu machen sind.

4.2   Instrumentierung durch Kernkompetenz-Controlling

Ein Führungssystem bleibt kraftlos, wenn ihm die instrumentelle Basis fehlt. Der gesamte Kernkompetenz-Management-Zyklus ist durchzogen von planenden, steuernden und kontrollierenden Aktivitäten. Es ist demgemäß erforderlich, das erläuterte Kernkompetenz-Controlling einzurichten, das diese Aufgaben wirkungsvoll unterstützt. Grundidee dabei ist, daß nach der erstmaligen Einführung des Kernkompetenzen-Ansatzes eine nachhaltige Verfolgung und Beibehaltung der Kernkompetenzperspektive gesichert werden muß. Nur so ist die kontinuierliche Pflege und Weiterentwicklung der Ressourcen und Fähigkeiten gewährleistet. Das Topmanagement kann sich durch Einrichtung eines Kompetenz-Controlling, das herkömmliche Controlling-Einheiten ergänzt, von einigen Tagesaufgaben des Kompetenz-Managements entlasten.

4.3   Fundierung durch ein Informations- und Kommunikationssystem

Controlling-Systeme bedürfen selbstverständlich der Fundierung durch Informations- und Kommunikationssysteme. Je komplexer die Unternehmung ist, desto weitverzweigter und verteilter sind die Ressourcen und Fähigkeiten und desto wichtiger wird die Information und Kommunikation. Wenn es denn stimmt, daß immer mehr Anteile der Wertschöpfung in Forschungs- und Entwicklungsaktivitäten und in spezifischen, industriellen Dienstleistungen liegen, dann sind geeignete Informations- und Kommunikationssysteme von herausragender Bedeutung. Damit ist das Thema **Wissensmanagement** angesprochen. Alle für das Kernkompetenz-Management relevanten Fragen des Wissensmanagements werden in Kap. 7 diskutiert.

Zwei Praxisbeispiele verdeutlichen im folgenden das Gewicht der Informations- und Kommunikationssysteme im Kernkompetenz-Management. Einerseits ist es möglich, die Informations- und Kommunikationssysteme so weit zu perfektionieren, daß sie die Kernkompetenz der Unternehmung bilden, andererseits können sie auch im originären Sinne ihrer Unterstützungstätigkeit Serviceleistungen für die Kernkompetenz erbringen.

**Das Thema: Informations- und Kommunikationstechnologie als Kernkompe
tenz**

Das Beispiel: Schweizerischer Bankverein

Der Schweizerische Bankverein (SBV) hat sich auf eine Kernkompetenz festgelegt, die Informations- und Kommunikationstechnologie. Die Kernkompetenz unterstützt maßgeblich das Projekt "proFIL", das gestartet wurde, um den langwierigen Kreditbeantragungsprozeß des Front-Back-Office Geschäfts zu beschleunigen. Während der Kunde zuvor drei Tage auf die Bewilligung des Kredits gewartet hat, ermöglicht es die Kernkompetenz des SBV nicht nur, den Kredit sofort am Point of sale zu bewilligen, sondern auch die Kreditsumme innerhalb von 48 Stunden zur Verfügung zu stellen. Möglich machen dieses die vier Kreditbearbeitungszentren in Bern, Lausanne, Basel und Zürich. Wird in einer der 401 Niederlassungen ein Kredit beantragt, kann der Filialmitarbeiter direkt auf eines der vier **Centers of Competence per** Computer zugreifen. Er erhält dort nicht nur die notwendigen Basisinformationen, sondern kann auch über Spezialwissen verfügen, welches i.d.R. gerade in kleineren Filialen nicht zur Verfügung steht. Die Informations- und Kommunikationstechnologie bewirkt damit eine klare Ausrichtung auf die Kundenbedürfnisse. Sie ermöglicht auch die kontinuierliche Erneuerung der Produkt- und Dienstleistungspalette, da alle Informationen und Kundenwünsche in den Kreditbearbeitungszentren zusammenlaufen und direkt auf Anfragen reagiert werden kann. Entsteht ein neues Produkt in einer Filiale, erleichtert die Informations- und Kommunikationstechnologie eine rasche Markteinführung. Die Center of Competence wirken in diesem Fall wie eine Informationsdrehscheibe. Die Neuerung einer Filiale wird auch den anderen Niederlassungen über die Kreditbearbeitungszentren zugänglich.
Der SBV hat beim Aufbau der Kernkompetenz besonderen Wert auf die Prozeßüberlegenheit hinsichtlich Qualitätsstandards und Kostenvorteilen gelegt. Während des Aufbaus wurde die Unternehmungstochter SYSTOR eingebunden, um durch spezialisierte Fähigkeiten die notwendige Qualität zu schaffen. Zusätzlich wurde die Informations- und Kommunikationstechnologie noch mit der DIN ISO 9001 zertifiziert.
Begleitet wurde die Bildung der vier Kreditbearbeitungszentren von umfangreichen Personalschulungsmaßnahmen. Insgesamt wurden 4.000 Mitarbeiter in Lerngruppen sowohl theoretisch wie auch praktisch geschult. Mit dieser aufwendigen Methode stellte der SBV sicher, daß die Gründe für den Mangel der Informationsversorgung möglichst von vornherein ausgeschaltet wurden.

Das Thema: Informations- und Kommunikationstechnologie zur Unterstützung der Kernkompetenz

Das Beispiel: Wal-Mart

Der amerikanische Lebensmitteldiscounter Wal-Mart besitzt 2.100 Niederlassungen. Die Geschäfte besitzen eine durchschnittliche Verkaufsfläche von 7.432 m^2, auf der über 50.000 Artikel verkauft werden. Insgesamt beschäftigt Wal-Mart 215.000 Mitarbeiter in 25 Staaten der USA. Die **Kernkompetenz** von Wal-Mart ist das **cross-docking**, ein Warenwirtschaftssystem, das es erlaubt, die 50.000 Artikel schneller und kostengünstiger als die Konkurrenz umzuschlagen. Das Logistiksystem verbindet 4.000 Lieferanten mit 19 Wal-Mart Verteilzentren. 2.000 firmeneigene LKW ermöglichen, daß die Waren in weniger als 48 Stunden in die Niederlassungen gelangen, ohne zuvor zeitraubend und kostenintensiv zwischengelagert zu werden (vgl. Stalk/Evans/Shulman 1993, S. 61). Für den Kunden kommt es zu einem Preisvorteil durch die niedrigen Lagerbestände und einem Wahlvorteil, da die Verkaufsregale stets gefüllt sind. Dadurch „drückt" nicht der einzelne Händler die Waren in das Verkaufssystem, wie es herkömmlicherweise im Einzelhandel der Fall ist, sondern der Kunde „zieht" sie heraus.

Cross-docking wird unterstützt durch ein umfangreiches **Informations- und Kommunikationssystem**, das einen Reifegrad erreicht hat, der für einen Lebensmitteldiscounter eher unüblich ist. Wal-Mart besitzt vier hauseigene Satelliten für die zeitgleiche Übermittlung von Verkaufsinformationen an alle Niederlassungen und Zulieferer. Den Abverkauf der Waren speichern die Computerkassen und übermitteln mit Hilfe der Informations- und Kommunikationstechnologie die Daten abends an die 4.000 Lieferanten, die diese Informationen am nächsten Morgen abrufen können und somit direkt anliefern, ohne eine Bestellung im klassischen Sinn abzuwarten. Das umfangreiche IuK-System bietet noch andere Vorteile. Es wird z.B. für Videokonferenzen eingesetzt, in denen Informationen über Markttrends, Kundenwünsche, welche Produkte besonders gut laufen, wie Promotionsaktionen ankommen und wie sie modifiziert werden müssen, ausgetauscht werden. Letztlich wird es sogar zur Personalschulung und zum gegenseitigen Ideenaustausch eingesetzt.

4.4 Anbindung an die Personalplanung und -entwicklung

Das kompetenzorientierte Gestalten von Ressourcen und Fähigkeiten ist nicht zuletzt eine Aufgabe der Personalplanung und -entwicklung. Aus der Definition vorhandener und angestrebter Kompetenzen sind die Anforderungen an die Mitarbeiter und Füh-

298

rungskräfte in fachlicher und persönlicher Hinsicht ableitbar. Sie stellen den **kompetenzbezogenen qualitativen Personalbedarf** dar. Damit abzugleichen ist der **Personalbestand** in qualitativer Hinsicht. Die Differenz ergibt den **Entwicklungsbedarf**, der anzeigt, welche Qualifikationen entbehrlich bzw. überholt sind, welche anderen unterentwickelt sind oder fehlen. Die bekannten Maßnahmen externer und interner Personalentwicklung schließen sich an. Interne Entwicklungsprogramme für Führungsnachwuchs sind dabei besonders zu erwähnen ("Goldfischteich", "Eliteprogramm").

Unternehmungen, die über keine umfassenden Instrumente der Personalplanung und -entwicklung verfügen, könnten so vorgehen, daß anhand des Organigramms durchgeprüft wird, welche Stellen mit Mitarbeitern besetzt sind, die über geeignete Qualifikationen verfügen bzw. als besonders entwicklungsfähig gelten. Sie sind als Know-how-Träger, evtl. auch als Einpersonenkompetenzzentren, einstufbar (Wissensmanager).

Schwierig wird es, wenn Schlüsselqualifikationen nicht oder nicht im ausreichenden Maße intern zur Verfügung stehen. Zur kurzfristigen Überbrückung sind externe Berater und Manager auf Zeit einsetzbar. Eine dauerhafte Lösung kann über den Arbeitsmarkt, über strategische Partnerschaften oder über Akquisitionen gefunden werden.

In dem Maße, wie "Wissensmanager" wichtig werden, ergeben sich interessante Perspektiven hinsichtlich der Karrieremuster. Ein Problem flacher Hierarchien besteht darin, nicht genügend hierarchische Karrierepositionen für qualifizierte Mitarbeiter zu bieten. Die bisher wenig genutzten Möglichkeiten einer **Fachlaufbahn** bzw. einer **Projektlaufbahn** wären durch das Kompetenz-Management gut nutzbar. Die Übernahme bestimmter Fachthemen zur professionellen Aufbereitung, Pflege und Vermittlung stellt eine für die Unternehmung bedeutsame Leistung dar, die mit einer entsprechenden Fachverantwortung versehen werden kann. Das gleiche gilt für die (vollamtliche oder nebenamtliche) Leitung von (Kompetenz-)Projekten. Es erscheint insgesamt nicht übertrieben, zu fordern, daß eine traditionelle hierarchische Beförderung in höhere Managementpositionen nur dann erfolgen sollte, wenn der Betreffende einschlägige Erfolge in der Fach- bzw. Projektlaufbahn aufzuweisen hat.

Personalplanung und -entwicklung hat sich auch auf das Management, einschließlich der Unternehmungsspitze, zu erstrecken. Besonderes Augenmerk sollte auf Laufbahnplanung und Nachfolgeregelung gerichtet werden. Zu erinnern ist an die erweiterten Anforderungen hinsichtlich des Verhaltens und der Rollenübernahme der Spitze. Um eine funktionsfähige plurale Führung aufzubauen, muß die Zusammensetzung des **Executive Teams** Gegenstand besonderer Überlegungen werden. Auch Spitzenführungskräfte müssen im übrigen weiterlernen, in der Praxis ein heikles Problem. Sparringspartner und Coachingspezialisten, die hierfür in Frage kommen, sind nicht leicht zu finden.

4.5 Ergänzung um Leistungsbeurteilungs- und Anreizsysteme

Ein Führungsregelkreis entsteht erst dann, wenn nach der Zielbildung und der Realisati-on eine Leistungsbeurteilung stattfindet, die zur Gewährung entsprechender Anreize führt (z.B. leistungsorientiertes Entgelt). Zur Systemunterstützung gehört daher auch die Gestaltung eines geeigneten Leistungsbeurteilungs- und eines Anreizsystems, die sich auf die Erreichung der Kompetenzziele beziehen. Anreize können bereits darin bestehen, daß für die neben den Standardzielen zu erfüllenden Kompetenzziele auch Ressourcen zur Verfügung gestellt werden. Sei es, daß der Mitarbeiter einen definierten Teil seiner Arbeitszeit Kompetenzprojekten widmen kann, sei es, daß ihm finanzielle Mittel oder personelle Unterstützung eingeräumt werden. Vor allem aber gilt es, die Realisation der Ziele zu gratifizieren. Die gesamte Palette der monetären und nichtmo-netären Anreize ist hier einsetzbar. Selbstverständlich kommen auch sog. Cafeteria-Systeme in Betracht, bei denen der Mitarbeiter unter mehreren Anreizvarianten wählen kann.

300

■ Die besten Kernkompetenz-Ideen bleiben wirkungslos ohne geeignete Umsetzung. Die Spitze muß daher ein sorgfältig organisiertes **Kompetenzprojekt** einrichten, an dessen Durchführung sie aktiv mitwirkt. Ein partizipatives Vorgehen in Teams, Workshops und Konferenzen ist ein bewährtes Verfahren, um den notwendigen Meinungs- und Ideenaustausch ebenso zu fördern wie die Einbindung und Verpflichtung aller Verantwortlichen. Zu diesem Teil der organisatorischen Umsetzung muß anschließend eine Verankerung kompetenzrelevanter Aufgaben und Verantwortlichkeiten auf den einzelnen Führungsebenen hinzutreten. Kapitel 9 zeigt ein praxisnahes Muster hierfür, das den Gegenstrom berücksichtigt.

■ Auch in personeller Hinsicht ist einiges zu tun. Statt vorwiegend am „doing things right" zu arbeiten, muß verstärkt über das „doing right things" nachgedacht werden. Außerdem sind die Anforderungen an die Führungsrollen und Führungsstile so differenziert, daß sie nicht mehr von einer Einzelperson alleine getragen werden können. Daher muß es zur Bildung eines sich ergänzenden **Topmanagement Teams** kommen, in dem sich komplementäre Fähigkeiten und Persönlichkeitsprofile vereinigen. Dies entspricht dem Grundgedanken der pluralen Führung.

■ Vielfalt ist auch geboten - und erreichbar - bei der unerläßlichen **Einbindung** der Mitarbeiter. „Einbindung" als eher passives „Eingebundenwerden" hat allerdings deutliche Grenzen. Von einem wirklich unternehmerisch denkenden Mitarbeiter oder sogar einem „Intrapreneur" wird Selbständigkeit erwartet, und dazu gehört die Bereitschaft und Fähigkeit zur **Selbstverpflichtung**.

■ Neben die organisatorischen und die personellen Ansätze der Umsetzung gehört die **Systemunterstützung**. Ein Management by Objectives muß den Gegenstrom institutionalisieren, instrumentiert durch ein Kernkompetenz-Controlling, sowie fundiert durch ein Informations-und Kommunikationssystem. Gleichermaßen von Bedeutung sind personalbezogene Systeme. Hierfür ist zunächst eine Anbindung an die Personalplanung und -entwicklung vorzunehmen. Sodann sind geeignete Leistungsbeurteilungs- und Anreizsysteme einzubauen. Erst der Dreiklang von Zielbildung, Leistungsbeurteilung und Anreizgewährung führt zu einem geschlossenen Führungsregelkreis.

Zehntes Kapitel

Agenda für das Topmanagement

1. KOMPETENZORIENTIERTES FITNESSTRAINING ABSOLVIEREN!

In der Praxis sind seit einigen Jahren umfangreiche Bemühungen der „Restrukturierung" im Gange. Wenige Schlachtrufe werden dabei so häufig benutzt wie „Konzentration auf die Kerngeschäfte" und „Konzentration auf die Kernfähigkeiten". Dahinter verbirgt sich typischerweise die Rückkehr von großen und mehr oder minder diversifizierten Unternehmungen zum Stammgeschäft, die Reduktion der Fertigungstiefe, der Abbau und die Ausgliederung „unproduktiver" Bereiche sowie eine Abflachung der Hierarchie.

Es besteht kein Zweifel daran, daß mit allen diesen Maßnahmen, die einer intensiven Schlankheitskur ähneln, viele Schwächen abgebaut und manche Wettbewerbsnachteile ausgeglichen wurden. Ebenso klar ist aber auch, daß Schwächenabbau keinesfalls identisch ist mit Stärkenaufbau. Gleichgültig, wie man „Kern" interpretiert oder definiert, genau darum, um die Entwicklung von Stärke, wird man nicht herumkommen. Nun kann aber keine Schlankheitskur der Welt ein Fitnesstraining ersetzen. Genauso naiv wie jemand handelt, der von seiner Diät einen muskulösen Körperbau erwartet, geht daher das Topmanagement vor, wenn es meint, mit einem erfolgreichen „Lean Management" seine Aufgabe gelöst zu haben.

Genau an diesem Punkt setzt das vorliegende Buch an. Es präsentiert ein umfassendes und instrumentell abgesichertes Konzept für ein „kompetenzorientiertes Fitnesstraining". Ziel dieses Trainings ist es, nach dem Abbau von Wettbewerbsnachteilen nun zum Aufbau von Wettbewerbsvorteilen vorzustoßen, und zwar solchen, die einer Unternehmung einen möglichst dauerhaften Positionsvorteil sichern und es ihr darüber hinaus erlauben, durch Kompetenztranfer aus gesättigten und umkämpften Märkten auszubrechen und neue Wachstumsfelder zu erreichen. Erst wenn sich eine Unternehmung diese Fähigkeit erarbeitet hat, kann ihr der Besitz von „Kernkompetenz" im Sinne der hier vertretenen Konzeption attestiert werden.

2. UNTERNEHMERISCHE INITIATIVE ÜBERNEHMEN!

Mit Kostensenkung ist kein Wachstum zu erzielen, mit Marktanpassung kein Vorsprung zu erreichen, kurz: mit Verteidigung läßt sich auf Dauer keine Schlacht gewinnen. Der Aufbau von Kompetenz dient genau dazu. Er bezweckt, die unternehmerische Initiative zu übernehmen bzw. sie zurückzuerlangen, wo sie verlorengegangen war. Kernkompetenzen als die in den Ressourcen und Fähigkeiten der Unternehmung verankerten Ursachen für dauerhafte und transferierbare Wettbewerbsvorteile sind eine Kraftquelle. Aus dieser Quelle kann die Kraft geschöpft werden, Wachstumsstrategien zu beginnen, neue Geschäfte aufzubauen sowie Märkte proaktiv zu beeinflussen und sogar zu gestalten, statt sich immer nur reaktiv anzupassen.

Die Unternehmungsführung ist in letzter Konsequenz der Steigerung des Unternehmungswertes verpflichtet, sie muß Wertmanagement betreiben. Aus dieser Sicht betrachtet, sind die verschiedenen Ressourcen und Fähigkeiten, aus denen die Kernkompetenz besteht, vielseitig nutzbare Werttreiber, die der Wertschaffung für die unterschiedlichen Anspruchsgruppen ("stakeholder") dienen. Darin eingeschlossen ist die Erhöhung des "Shareholder Value".

3. BILDUNG EINES TOPMANAGEMENT TEAMS !

Für die Unternehmungsspitze stellt der Kernkompetenz-Ansatz eine elementare Herausforderung dar. An ihrer Bewältigung wird es sich erweisen, wer nur "Manager" ist und wer "Unternehmer" ist bzw. Unternehmertum verkörpert. Das Denken in Kernkompetenzen verlangt eine (Rück-)Besinnung auf die grundlegenden unternehmerischen Fragen:

- Was können wir überhaupt?

- Was können wir besser als andere?

- Wo (Produkte, Kundengruppen, Regionen) läßt sich unser Können sonst noch verwenden?

Die Beschäftigung mit diesen Fragen ist "die" unternehmerische Aufgabe der Unternehmungsführung schlechthin. Ihre Beantwortung setzt in vielen Fällen einen Wandel in der Bewußtseinslage und in der Wahrnehmung voraus. Zu oft herrscht das "Kenner-Macher-Syndrom" im Management. Dabei ist die Art, wie Manager das Problem wahrnehmen, das eigentliche Problem.

Eine kompetenzorientierte Ausrichtung der Unternehmung bringt einige Zusatzaufgaben mit sich und bedingt, daß ein Wandlungsprozeß ausgelöst wird, der parallel zum Tagesgeschäft abläuft. Dies ist alles andere als eine leichte Übung. Es ist, als wenn ein Schlachtschiff während der Schlacht umgebaut werden soll. Mit dieser Aufgabenvielfalt und Belastung ist die Figur des "einsamen Entscheiders", aber auch eine homogen zusammengesetzte Gruppe von Geschäftsführern bzw. Vorständen, schlicht überfordert. Es gilt daher, dem Gedanken der pluralen Führung zum Durchbruch zu verhelfen, insbesondere dadurch, daß ein Topmanagement Team gebildet wird, das sich ergänzende Persönlichkeiten mit komplementären Fähigkeiten in sich vereint und das die Lasten gemeinsam, wenngleich arbeitsteilig, schultert.

4. Unternehmungsprozesse als Gegenstrom organisieren!

Die Aufgaben des Kernkompetenz-Managements umfassen insgesamt fünf Gebiete: Identifikation, Entwicklung, Integration, Nutzung und Transfer von Kernkompetenzen. Diese Aufgaben bilden entsprechend ihrer sachlogischen Abfolge einen Kernkompetenz-Management-Zyklus. Um diesen Zyklus im Unternehmungsprozeß zu verankern, ist ein zweifaches Gegenstromverfahren zu installieren.

Der horizontale Teil des Gegenstroms dient dazu, den Fluß der internen Ideen und Impulse mit den Informationen vom Markt und den Anregungen von Kunden und Lieferanten zu verbinden. Auf die Weise ist die Inside Out- mit der Outside In-Perspektive zu verbinden. Nur so können marktorientierte Kernkompetenzen entstehen.

Der vertikale Teil verläuft entlang der Hierarchie. Hierarchieabwärts fließt die kompetenzbezogene Zielplanung, der die Wettbewerbsstrategie und die angestrebten Wettbewerbsvorteile zugrunde liegen. Danach haben sich die Soll-Kompetenzen zu richten. Im aufwärtsgerichteten Gegenstrom geht es um die Umsetzung, also um die Maßnahmenplanung.

Entlang der Zeitachse betrachtet, also z.B. im Verlauf eines Produktlebenszyklus, deckt das Kernkompetenz-Management nicht nur den marktlichen Teil, sondern auch den vormarktlichen Wettbewerb ab. Darauf richten sich die Identifikation und Entwicklung der Kompetenzen. Der Wettbewerb um die Zukunft wird sich weitgehend auf diesem Gebiet abspielen.

5. Kernprozesse definieren und verantworten!

Kernkompetenzen müssen auf der Grundlage der in der Unternehmung verteilten Ressourcen und Fähigkeiten kultiviert werden. Die einzelnen Organisationseinheiten sind Kräftespeicher. Die Nutzung dieser Kräfte setzt zunächst ihre Identifikation und Bündelung voraus.

Zu diesem Zweck sollte die Unternehmungsspitze unternehmungsweite Kernprozesse definieren. Sie stellen Pfade dar, auf denen das Management einerseits an die Kompetenzquellen gelangen kann, die es andererseits für die Bündelung und den Transfer der Ressourcen und Fähigkeiten benutzen kann. Entlang dieser Pfade sind Kompetenzprofile zu erarbeiten. Sie zeigen für den Ist-Zustand die Stärken und Schwächen der am jeweiligen Prozeß beteiligten Stellen. Werden die Einzelergebnisse aggregiert, so erhält man ein kompetenzbezogenes Gesamtbild der Unternehmung, eine Kompetenzlandkarte. Im Abgleich mit der Unternehmungsstrategie lassen sich die notwendigen Soll-Profile und geeignete Prozeßstrategien formulieren.

Wesentlich für den dauerhaften Erfolg ist es auch in diesem Zusammenhang, daß die Verantwortung für die unternehmungsweiten Kernprozesse organisatorisch verankert wird. Ein weiteres Mal ist die Unternehmungsspitze gefordert, die zusätzlich zu der vorhandenen Ressortierung die Steuerung und Kontrolle der Kernprozesse übernehmen muß.

6. STRUKTUREN ZU KOMPETENZPLATTFORMEN UMBAUEN !

Aus den Einzelheiten des Kernkompetenz-Ansatzes ergeben sich nicht nur neue Anforderungen an die Führungskräfte, sondern auch an die organisatorischen Strukturen. Sie sind geeignet, eine grundsätzliche Überprüfung einer gegebenen Organisation für die Zwecke der Kompetenzentwicklung vorzunehmen. Eine solche Analyse hätte zunächst die Angemessenheit der externen Systemabgrenzung zum Gegenstand. Ist die Wertschöpfungskette der Unternehmung nach Breite und Länge richtig dimensioniert? Hierbei sind neue Antworten für die Problematik von In- und Outsourcing zu erwarten. Es kann sich durchaus zeigen, daß kompetenzrelevante Funktionen in der Vergangenheit ausgegliedert wurden und damit Kompetenz abgeflossen ist.

Aber auch die interne Systemstrukturierung ist neu zu gestalten. Davon betroffen ist u.a. die Frage der (De-)Zentralisation einzelner Funktionen. Im Gegensatz zum vorherrschenden Trend der Bildung kleinerer, selbständiger Einheiten sind solche Aufgabengebiete und Einheiten, die zu unternehmungsweiten Kompetenzen gehören, zu bündeln, was auch bedeuten kann, sie zu Centers of Competence zusammenzufassen.

Aber auch unterhalb der Schwelle solcher weitreichenden Maßnahmen sind unterschiedliche Modifikationen empfehlenswert, um aus einer historisch gewachsenen Struktur eine Kompetenzplattform zu machen. Dies betrifft divisionale und funktionale Organisationsprofile gleichermaßen.

Die Organisation der Zukunft wird in der Tendenz einen hybriden Charakter annehmen. Dies bedeutet, daß traditionell getrennt durchgeführte Lösungen miteinander kombiniert und gekreuzt werden.

7. KONZEPTUMSETZUNG STEUERN UND SYSTEMUNTERSTÜTZUNG SICHERSTELLEN !

Die Einführung des Kernkompetenz-Ansatzes in der Praxis ist als Projekt zu organisieren, an dessen Steuerung und Durchführung das Topmanagement aktiv mitwirken muß. Die bewährten Bausteine der Sekundärorganisation wie Workshops, Teams und Konferenzen sind intelligent zu kombinieren. Nach Beendigung des Einführungspro-

308

jektes sind die verschiedenen Aufgaben des Management-Zyklus im Pflichtenheft der Beteiligten zu verankern, denn die Arbeit an Kernkompetenzen ist eine Daueraufgabe.

Zur Infrastruktur des Kernkompetenz-Managements gehört auch eine gezielte System-unterstützung. Sie hat ihr Rückgrat in der Kanalisierung des Gegenstroms durch das Management by Objectives. Hinzutreten muß die Anbindung an die Personalplanung und -entwicklung sowie das Leistungsbeurteilungs- und Anreizsystem. Es gilt also, den auch sonst anzustrebenden Dreiklang von Zielbildung, Leistungsbeurteilung und An-reizgewährung zu instrumentieren.

8. MITARBEITER ZUR SELBSTVERPFLICHTUNG VERANLASSEN !

Die Einbindung mittlerer und unterer Ebenen ist mit Hilfe verschiedener Einbindungs-formen herbeizuführen, zum Beispiel einer Einbindung über die Integration in den Pro-jektprozeß, über die Definition von angestrebten Ergebnissen und das Schaffen einer kompetenzorientierten Kultur. Das übliche, eher passive Eingebundenwerden stößt da-bei allerdings an Grenzen. Mitglieder des erweiterten Führungskreises und alle Mitar-beiter, die unternehmerisch handeln oder sogar als Intrapreneure fungieren wollen, müs-sen sich klar machen, daß hierzu Eigeninitiative und Risikobereitschaft gehören. Die Unternehmung kann die Infrastruktur schaffen. Sich für eine Sache zu begeistern, eine Selbstverpflichtung einzugehen und dadurch den eigenen Beitrag zum proaktiven Vor-gehen der gesamten Unternehmung zu leisten, ist Aufgabe jedes einzelnen. Das alleinige Warten auf das Motiviertwerden genügt nicht.

9. CONTROLLING - INSTRUMENTE SCHÄRFEN !

Wirkungsvolle Unterstützung und Entlastung kann sich das Kernkompetenz-Manage-ment dadurch schaffen, daß es kompetenzorientierte Controllingprozeduren und -in-strumentarien einrichtet und nutzt. Damit sind inbesondere die Risiken erkennbar und beherrschbar zu machen, die selbstverständlich auch in einer Kernkompetenz-Strategie enthalten sind. Dabei kann für alle Aufgaben des Management-Zyklus auf bereits vor-handene Instrumente ebenso zurückgegriffen werden wie auf neu konstruierte. Die Skala reicht von einer Skill Cluster-Analyse und einem Kernkompetenz-Portfolio über spezielle Kompetenz-Kennzahlen bis hin zu Benchmarking- und Kreativitätstechniken. Die Tool-Box des Kernkompetenz-Controlling ist also gut gefüllt. Es liegt ganz in der Hand des anwendenden Managers, sich sein Instrumentarium zusammenzustellen und für den Einsatz zu schärfen.

10. DON´T COMPETE - CREATE !

Ein wesentlicher, gemeinsamer Nenner der kompetenztragenden Ressourcen und Fähigkeiten ist individuelles und kollektives Wissen. Insbesondere der Neuaufbau sowie die Weiterentwicklung von Kompetenzen erfordern ein unternehmungsweites Wissensmanagement. Schwerpunkt dieser Topmanagement-Aufgabe ist neben der Kultivierung von Know-how, das der besseren Erfüllung vorhandener Aufgaben dient („doing things right"), vor allem der Erwerb von Know-what und Know-why. Know-what konzentriert sich darauf, neue Aufgabenstellungen zu suchen, also Veränderungsbedarfe zu erkennen, um Anpassungsprozesse auslösen und fundieren zu können. Die anspruchsvollste Form des Wissenserwerbs besteht allerdings darin, völlig neue Bedürfnisse und Märkte aufzuspüren bzw. zu erfinden. Genau darum geht es, wenn von innovativem, proaktivem Verhalten und echtem Pionierunternehmertum die Rede ist. Know-why hat seinen Anwendungsschwerpunkt vor allem in der Phase des Transfers. Erfolgreich eingesetzt, führt es aus bekannten und umkämpften Geschäftsfeldern heraus und liefert die Grundlage für das Neuerfinden der Unternehmung und ihrer Märkte.

Was not tut, ist ein Umdenken der Spitze: Wachstum entsteht immer weniger „von aussen". Es nutzt daher nichts, nur auf „die Konjunktur", auf „die Nachfrage" zu starren und darauf zu warten, daß sie „sich belebt". Wachstum muß in erster Linie von innen kommen. Basis für „die Belebung" ist der eigene Antrieb, die Idee, der schöpferische Gedanke, und die Entschlossenheit zur Realisierung, zur aktiven Gestaltung, getreu dem Motto: „Es gibt keine müden Märkte, es gibt nur müde Manager".

Offensivgeist, Mut zum Risiko und die Ausnutzung von Chancen statt der einseitigen Fixierung auf die Risiken sind gefordert. Die Basis ist da. Sie zu verbreitern und zu verstärken und von dort aus zu neuen Höhenflügen anzusetzen, ist das Gebot der Stunde. Es liegt ganz an uns, ob wir weiter liebevoll an grau bis schwarz getönten Negativszenarien malen oder ob es uns gelingt, die Welt der Industrienationen so zu sehen und zu nutzen, wie sie auch ist: ein globusumspannendes Netz von Märkten, voll von zukunftsträchtigen, neuen Technologien und aufstrebenden Regionen mit starkem Wachstum und ungesättigten Bedürfnissen. Der Vergleich mit der Wachstumsperiode des ausgehenden 19. Jahrhunderts drängt sich auf. Eine neue Gründerzeit ist möglich. Sie findet in anderen Ländern bereits statt. Letztlich ist es müßig, ständig über die Konjunkturentwicklung zu spekulieren. Der beste Weg, die Zukunft vorherzusagen ist, sie selbst zu gestalten!

310

Literaturverzeichnis

ANSOFF, H.I.: Strategies for Diversification, in: Harvard Business Review, Sept./Oct. 1957, S. 113-124.

ANSOFF, H.I.: Managing Surprise and Discontinuity - Strategic Response to Weak Signals, in: Zeitschrift für betriebswirtschaftliche Forschung 1976, S. 129-152.

ARBEITSKREIS ORGANISATION: Organisation im Umbruch, in: Zeitschrift für betriebswirtschaftliche Forschung, Nr. 6/1996, S. 621-665.

BAMBERGER, I./WRONA, TH.: Der Ressourcenansatz und seine Bedeutung für die strategische Unternehmungsführung, in: Zeitschrift für betriebswirtschaftliche Forschung, Nr. 2/1996, S. 130-152.

BAMBERGER, I./WRONA, TH.: Der Ressourcenansatz im Rahmen des Strategischen Managements, in: Wirtschaftswissenschaftliches Studium, Nr. 8/1996, S. 386-391.

BARNEY, J.: Special Theory Forum: The Resource-based Model of the Firm: Origins, Implications, and Prospects, in: Journal of Management, Vol. 17, Nr. 1/1991, S. 97-98.

BARNEY, J.: Firm Resources and Sustained Competitive Advantage, in: Journal of Management, Vol. 17, Nr. 1/1991, S. 99-120.

BARNEY, J.: The Resource-based Theory of the Firm, in: Organization Science, Vol. 7, Nr. 5/1996, S. 469.

BERTH, R.: Aufbruch zur Überlegenheit, Düsseldorf et al. 1994.

BHATTACHARYA, A.K./GIBBONS, A.M.: Strategy Formulation: Focusing on Core Competencies and Processes, in: Business Change and Reengineering, Nr. 1/1996, S. 47-55.

BIERACH, B./GROOTHIUS, U.: So kühn wie Edison, in: Wirtschaftswoche, Nr. 1-2/1997, S. 40-44.

BOOS, F./JARMAI, H.: Kernkompetenzen - gesucht und gefunden, in: Harvard Business Manager, Nr. 4/1994, S. 19-26.

BOSTON CONSULTING GROUP: Vision und Strategie. Die 34. Kronberger Konferenz, München 1988.

BOURGEOIS, L.J.D.II./BRODWIN, D.R.: Strategic Implementation: Five Approaches to an Elusive Phenomenon, in: Strategic Management Journal, Nr. 3/1984, S. 241-264.

BRANNEN, M.Y./WILSON, J.M.: Recontextualization and Internationalization: Lessons in Transcultural Materialism from the Walt Disney Company, in: CEMS Business Review 1/1996, S. 97-110.

BUCHHOLZ, W.: Inhaltliche und formale Gestaltungsaspekte der Prozeßorganisation, Arbeitspapier der Professur für Betriebswirtschaftslehre II, Justus-Liebig-Universität Gießen, Nr. 1/1994.

BUCHHOLZ, W.: Time-to-Market-Management, Stuttgart 1996.

BUCHHOLZ, W./OLEMOTZ, T.: Markt- versus Ressourcenorientierter Ansatz - Konkurrierende oder komplementäre Konzepte im Strategischen Management?, Arbeitspapier der Professur für Betriebswirtschaftslehre II, Justus-Liebig-Universität Gießen, Nr. 1/1995.

BÜHNER, R.: Betriebswirtschaftliche Organisationslehre, 5. Aufl., München 1991.

BÜHNER, R.: Strategie und Organisation. Analyse und Planung der Unternehmungsdiversifikation mit Fallbeispielen, 2. Aufl., Wiesbaden 1993.

BULLINGER, H.J.: Einführung in das Technologiemanagement, Stuttgart 1994.

CORSTEN, H.: Wettbewerbsstrategien - Möglichkeiten einer simultanen Strategieverfolgung, in: Corsten, H./Reiß, M. [Hrsg.]: Handbuch Unternehmungsführung, Wiesbaden 1995, S. 341-353.

CORSTEN, H./REIß, M. [HRSG.]: Handbuch Unternehmungsführung, Wiesbaden 1995.

CORSTEN, H./WILL, T.: Unternehmungsführung im Wandel, Stuttgart 1995.

DEUTSCH, K.J./DIEDRICHS, E.P./RASTER, M./WESTPHAL, J.: Gewinnen mit Kernkompetenzen: die Spielregeln des Marktes neu definieren, München/Wien 1997.

EDGE, G./KLEIN, J.A./HISCOCKS, P.G./PLASONIG, G.: Technologiekompetenzen und Skill-basierter Wettbewerb, in: Zahn, E. [Hrsg.]: Handbuch Technologiemanagement, Stuttgart 1995, S. 185-217.

FRESE, E./MALY, W. [Hrsg.]: Organisationsstrategien zur Sicherung der Wettbewerbsfähigkeit, in: Zeitschrift für betriebswirtschaftliche Forschung, Sonderheft 33, 1994.

FRESE, E./V. WERDER, A.: Organisation als strategischer Wettbewerbsvorteil - Organisationstheoretische Analyse gegenwärtiger Umstrukturierungen, in: Frese, E./Maly, W. [Hrsg.]: Organisationsstrategien zur Sicherung der Wettbewerbsfähigkeit, in: Zeitschrift für betriebswirtschaftliche Forschung, Sonderheft 33, 1994, S. 1-27.

FUCHS, H.-J.: Neue Wege im Dschungel der Technik, in: HighTech, September 1991, S. 32-35.

GAITANIDES, M./SCHOLZ, R./VROHLINGS, A./RASTER M. [HRSG.]: Prozeß-management, München 1994.

GESCHKA, H./HAMMER, R.: Die Szenario-Technik in der strategischen Unter-nehmensplanung, in: Hahn, D./Taylor, B. [Hrsg.]: Strategische Unterneh-mungsplanung - Strategische Unternehmungsführung, Stand und Entwick-lungstendenzen, 7. Aufl., Heidelberg 1997, S. 464-489.

GILBERT, X./STREBEL, P.J.: Outpacing Strategies, in: IMEDE, Perspectives of Managers, Nr. 2/1985.

GOMEZ, P.: Wertmanagement, Düsseldorf, 1993.

GOOLD, M./ CAMPBELL, A./ ALEXANDER, M.: Corporate-Level Strategy, New York et al. 1994.

GOURLAY, A.R./MCLEAN, J.M./SHEPHERD, P.: Identification and Analysis of the Subsystem Structure of Models, in: Applied Mathematical Modelling, June 1977, S. 245-252.

HAHN, D.: PuK - Controllingkonzepte, 5. Aufl., Wiesbaden 1996.

HAHN, D./TAYLOR, B. [HRSG.]: Strategische Unternehmungsplanung - Strategische Unternehmungsführung: Stand und Entwicklungstendenzen, 7. Aufl., Heidelberg 1997.

HAMBRICK, D.C.: The Top Management Team: Key to Strategic Success, in: California Management Review, Fall 1987, S. 88-108.

HAMEL, G.: Competition for Competence and Interpartner Learning within international Strategic Alliances, in: Strategic Management Journal, Vol. 12, 1991, S. 83-103.

HAMEL, G./HEENE, A. [HRSG.]: Competence - based Competition, Chichester et al. 1994.

HAMEL, G./PRAHALAD, C.K.: Strategic Intent - aber jetzt gegen die Japaner, in: Harvard Manager, Nr. 4/1989, S. 90-102.

HAMEL, G./PRAHALAD, C.K.: Competing for the Future, Bosten 1994.

HAMEL, G./PRAHALAD, C.K.: Wettlauf um die Zukunft, Wien 1995.

HAX, A.C./MAJLUF, N.S.: Strategisches Management: Ein integratives Konzept aus dem MIT, Frankfurt/Main 1991.

HENDERSON, B.D.: Das Portfolio, in: von Oetinger, B. [Hrsg.]: Das Boston Consulting Group Strategie-Buch, Düsseldorf 1994, S. 286-291.

HENKOFF, R.: Inside America`s Biggest Private Company, in: Fortune, Nr. 14/1992, S. 53-59.

HOFMANN, S.: Konzernstrukturen auf dem Prüfstand, in: Handelsblatt, 12.3.1996, S. 16.

HOMP, C./BACH, N.: Wissensmanagement, Arbeitspapier der Professur für Betriebswirtschaftslehre II, Justus-Liebig-Universität Gießen, Nr. 3/1997.

JOHNSON, H. (1993): Der große Johnson, Die Enzyklopädie der Weine, Weinbaugebiete und Weinerzeuger der Welt, 7. Aufl., Bern 1993.

KIYOSHI, S.: Die ungenutzten Potentiale nutzen - Neues Management im Produktionsbetrieb, München/Wien 1994.

KLEIN, J.A./HISCOCKS, P.G.: Competence - based Competition: A practical Toolkit, in: Hamel, G./Heene, A. [Hrsg.], Competence - based Competition, Chichester et al. 1994, S. 183-212.

KRÜGER, W.: Die Erklärung von Unternehmungserfolg: Theoretischer Ansatz und empirische Ergebnisse, in: Die Betriebswirtschaft, Nr. 1/1988, S. 27-43.

KRÜGER, W.: Organisation der Unternehmung, 3. Aufl., Stuttgart 1994.

KRÜGER, W.: Management-by-Konzepte, in: Corsten, H./Reiß, M. [Hrsg.]: Handbuch Unternehmungsführung, Wiesbaden 1995, S. 173-186.

KRÜGER, W.: Management von Kernkompetenzen - Alternative zum Reengineering?, in: INDEX, Fachmagazin Betriebswirtschaft, Nr. 5-6/1995, S. 8-9.

KRÜGER, W.: Die Unternehmen profilieren mit Kernkompetenzen, in: io Management Zeitschrift, Nr. 12/1995, S. 8-9.

KRÜGER, W.: Beteiligungscontrolling, in: Schulte, Chr. [Hrsg.]: Lexikon des Controlling, München et al. 1996, S. 74-79.

KRÜGER, W.: Implementierung als Kernaufgabe des Wandlungsmanagements, in: Hahn, D./Taylor, B. [Hrsg.]: Strategische Unternehmungsplanung - Strategische Unternehmungsführung: Stand und Entwicklungstendenzen, 7. Aufl., Heidelberg 1997, S. 821-849.

KRÜGER, W./BACH, N.: Lernen als Instrument des Unternehmungswandels, in: Wieselhuber, N. und Partner [Hrsg.], Handbuch lernende Organisation, Wiesbaden 1997 (im Druck).

314

KRÜGER, W./HOMP, C.: Kernkompetenzen - Charakteristik, Form und Wirkungsweise, Arbeitspapier der Professur für Betriebswirtschaftslehre II, Justus-Liebig-Universität Gießen, Nr. 2/1996.

KRÜGER, W./HOMP, C.: Marktorientierte Kernkompetenzen und ihr strategischer Einsatz, Arbeitspapier der Professur für Betriebswirtschaftslehre II, Justus-Liebig-Universität Gießen, Nr. 4/1996.

KRÜGER, W./JANTZEN-HOMP, D.: Organisation und Führung eines Profit-Centers, Arbeitspapier der Professur für Betriebswirtschaftslehre II, Justus-Liebig-Universität Gießen, Nr. 2/1997.

KRÜGER, W./BUCHHOLZ, W./ROHM, C.: Integration versus Desintegration - Das organisatorische Optimum in der Fertigung, in: Industrie Management, Nr. 3/1996, S. 6-10.

KRYSTEK, U.: Unternehmungskrisen, Wiesbaden 1987.

MEFFERT, H.: Marketing, Grundlagen der Absatzpolitik, 7. Aufl., Wiesbaden, 1986.

MILES, R.E./SNOW, C.C.:Unternehmungsstrategien, Hamburg 1986.

MÜLLER, W.: Golf-Spiel mit System, in: Auto-Zeitung, Nr. 2/1995, S. 74-76.

MÜLLER-STEWENS, G./OSTERLOH, M.: Kooperationsinvestitionen besser nutzen: Interorganisationales Lernen als Know-how-Transfer oder Kontext-Transfer, in: Zeitschrift Führung + Organisation, Nr. 1/1996, S. 18-24.

NEUKIRCHEN, H.: Forschung als professionelle Dienstleistung der Holding, in: Welt am Sonntag, 22.9.1996.

NIESCHLAG, R./DICHTL, E./HÖRSCHGEN, H.: Marketing. Ein entscheidungs-theoretischer Ansatz, Berlin 1991.

NONAKA, I./TAKEUCHI, H.: The Knowledge-Creating Company, New York et al. 1995.

PALASS, B.: Der Schatz in den Köpfen, in: Manager Magazin, Nr. 1/1997, S. 112-121.

PICOT, A.: Ein neuer Ansatz zur Gestaltung der Leistungstiefe, in: Zeitschrift für betriebswirtschaftliche Forschung, Nr. 4/1991, S. 336-357.

PICOT, A./REICHWALD, R./WIGAND, R.T.: Die grenzenlose Unternehmung: Information, Organisation und Management; Lehrbuch zur Unternehmungsführung im Informationszeitalter, 2. Aufl., Wiesbaden 1996.

POLANYI, M.: The Tacit Dimension, London 1966.

PORTER, M.E.: Wettbewerbsstrategien, 7. Aufl., Frankfurt/Main 1992.

PORTER, M.E.: Wettbewerbsvorteile, 2. Aufl., Frankfurt/Main 1989.

PRAHALAD, C.K./HAMEL, G.: Nur Kernkompetenzen sichern das Überleben, in: Harvard Business Manager, Nr. 2/1991, S. 66-78.

PROBST, G.J.B./BÜCHEL, B.S.T.: Organisationales Lernen, Wiesbaden 1994.

QUINN, J.B./ANDERSON, P./FINKELSTEIN, S.: Das Potential in den Köpfen gewinnbringend nutzen, in: Harvard Business Manager, Nr. 3/1996, S. 95-104.

RASCHE, C.: Wettbewerbsvorteile durch Kernkompetenzen, Wiesbaden 1994.

REIßNER, ST.: Synergiemanagement und Akquisitionserfolg, Wiesbaden 1992.

RINGELSTETTER, M.: Konzernentwicklung, München 1995.

RUESS, A.: Großes Heimweh, in: Wirtschaftswoche, Nr. 14/1996, S. 56.

RÜHLI, E.: Ressourcenmanagement - Strategischer Erfolg durch Kernkompetenzen, in: Die Unternehmung, Nr. 2/1995, S. 91-105.

SCHMIDT, G.: Methoden und Techniken der Organisation, Bd. 1, 10. Aufl., Gießen 1994.

SCHMIDT, R.-B.: Wirtschaftslehre der Unternehmung, Bd.1, 2. Aufl., Stuttgart 1977.

SCHOEMAKER, P.J.H.: How to Link Strategic Vision to Core Capabilities, in: Sloan Management Review, Fall 1992, S. 67-81.

SCHOLZ, CHR.: Personalmanagement: informationsorientierte und verhaltenstheoretische Grundlagen, 3. Aufl., München 1993.

SCHOLZ, R./VROHLINGS, A.: Prozeß-Struktur-Transparenz, in: Gaitanides, M./Scholz, R./Vrohlings, A./Raster M. [Hrsg.], Prozeßmanagement, München 1994, S. 37-56.

SCHULTE, CHR. [HRSG.]: Lexikon des Controlling, München et al. 1996.

SCHWEER, D./DEYSSON, C.: Auf den Kopf stellen, in: Wirtschaftswoche, Nr. 6/1996, S. 44-48.

SELCHERT, F.W.: Die Ausgliederung von Leistungsfunktionen in betriebswirtschaftlicher Hinsicht, Berlin 1971.

SENTKER, A.: Der Cäsar des Fastfood, in: Die Zeit, 23.2.1996.

SIMON, H.: Management strategischer Wettbewerbsvorteile, in: Zeitschrift für Betriebswirtschaft, Nr. 4/1988, S. 461-480.

SIMON, H.: Die heimlichen Gewinner: Die Erfolgsstrategien unbekannter Welt-marktführer - (Hidden Champions), Frankfurt/M./New York 1996.

SNYDER, A.V./EBELING, W.H.: Targeting a Company's Real Core Competencies, in: Journal of Business Strategy, Nov./Dec. 1992, S. 27-32.

SPRENGER, R.K.: Das Prinzip Selbstverantwortung, 2. Aufl., Frankfurt/Main 1995.

STALK, G./EVANS, P./SHULMAN, L.E.: Kundenbezogene Leistungspotentiale sichern den Vorsprung, in: Harvard Business Manager, Nr. 1/1993, S. 59-71.

STEWART, T.A.: GE keeps those Ideas coming, in: Fortune, Nr. 16/1991, S. 19-25.

STEWART, T.A.: 3M fights back, in: Fortune, Nr. 2/1996, S. 42-47.

THUROW, L.: The Future of Capitalism, New York 1996.

VON KROGH, G./VENZIN, M.: Anhaltende Wettbewerbsvorteile durch Wissens-management, in: Die Unternehmung, Nr. 6/1995, S. 417-436.

VON OETINGER, B. [HRSG.]: Das Boston Consulting Group Strategie-Buch, Düsseldorf 1994.

WARNECKE, H.J.: Die fraktale Fabrik: Revolution der Unternehmenskultur, Berlin 1992.

WEIS, H.C./STEINMETZ, P.: Marktforschung, Ludwigshafen/Kiel 1995.

WIESELHUBER, N. UND PARTNER [HRSG.]: Handbuch lernende Organisation, Wiesbaden 1997 (im Druck).

WILD, J.: Betriebswirtschaftliche Führungslehre und Führungsmodelle, in: Wild, J. [Hrsg.]: Unternehmungsführung - Festschrift für Erich Kosiol, Berlin 1974, S. 141-179.

WILD, J. [HRSG.]: Unternehmungsführung - Festschrift für Erich Kosiol, Berlin 1974.

WILLIAMSON, O. E.: Strategizing, Economizing, and Economic Organisation, in: Strategic Management Journal, Special Issue Winter 1991, S. 75-94.

WOLFRUM, B.: Strategisches Technologiemanagement, Wiesbaden 1991.

WOMACK, J.P./JONES, D.T./ROOS, D.: The Machine that changed the World, New York 1990.

ZAHN, E. [HRSG.]: Handbuch Technologiemanagement, Stuttgart 1995.

Stichwortverzeichnis

(Firmennamen sind *kursiv* gedruckt)

Margit Osterloh/Jetta Frost

Prozeßmanagement als Kernkompetenz

Wie Sie Business Reengineering strategisch nutzen können

1996, 249 Seiten, gebunden DM 78,–
ISBN 3-409-13788-2

Prozeßmanagement als Kernkompetenz zeigt, wie Sie Business Reengineering strategisch nutzen und zum Erfolg machen können.

Business Reengineering wurde bisher vorwiegend zur Optimierung operativer Prozesse eingesetzt. Die Potentiale von Business Reengineering werden aber erst dann vollständig genutzt, wenn dieses Konzept zu einem umfassenden Prozeßmanagement erweitert wird. Statt "Process follows structure" heißt es nun "Process follows strategy". Die Prozeßorientierung impliziert einen horizontalen Blick auf die Geschäftätigkeit, durchbohrt die Organisation im Querschnitt und zeigt sie als ein strategisches Prozeßsystem.

Osterloh/Frost zeigen, wie Sie die Organisation Ihres Unternehmens als Kernkompetenz ausgestalten können. Kernkompetenzen verhelfen Ihrem Unternehmen zu einem nachhaltigen Wettbewerbsvorteil, der Ihnen einen schwer einholbaren Vorsprung vor Ihrer Konkurrenz sichert.

Zahlreiche detaillierte Unternehmensbeispiele verdeutlichen, wie Prozeßmanagement als Kernkompetenz erfolgreich umgesetzt wird. Die Autorinnen schildern, welche Stolpersteine dabei auftreten können und geben praxisorientierte Hinweise, wie Sie diese überwinden können. Diese Studie wurde durch die Schweizerische Gesellschaft für Organisation SGO initiiert und gefördert.

Betriebswirtschaftlicher Verlag Dr. Th. Gabler GmbH, Abraham-Lincoln-Str. 46, 65189 Wiesbaden